LA BONNE CUISINE SANTÉ

Ragoût de bœuf à la méridionale

LA BONNE
CUISINE SANTÉ

Sélection du Reader's Digest
Montréal

LA BONNE CUISINE SANTÉ

Collaborateurs à cette édition

Traduction : Suzette Thiboutot-Belleau
Rédaction : Geneviève Beullac
Index : Sylvie Côté Chew

Cet ouvrage est l'adaptation française de *Great Recipes for Good Health*, publié par The Reader's Digest Association, Inc., Pleasantville, N.Y. 10570, © 1988
Rédaction : Inge N. Dobelis
Conception graphique : Gerald Ferguson

Photographies des plats : William Pell
Stylisme des plats : Betty Pell
Mise au point des recettes : Jo Ann Billowitz, Georgia Downard, Sandra Gluck, Michele Scicolone

Consultants

Consultant principal : Jean Anderson
Consultant en nutrition : Paul A. LaChance, Ph.D., professeur en nutrition et sciences de l'alimentation, Université Rutgers, N.J.

Remerciements

Harry Hartman pour les photographies de la couverture et de la page 160.
Gordon Smith pour les photographies de la page 152.
Villeroy & Boch Tableware Ltd. pour la porcelaine des pages 76, 115, 122, 168, 195, 233.

Équipe de Sélection du Reader's Digest

Rédaction : Agnès Saint-Laurent
Préparation de copie : Joseph Marchetti
Recherche : Wadad Bashour
Supervision graphique : John McGuffie
Graphisme : Andrée Payette
Coordination : Marilyn Ghadirian
Fabrication : Holger Lorenzen

Données de catalogage avant publication
Vedette principale au titre :
La Bonne cuisine santé
Traduction de : *Great recipes for good health.*

ISBN 0-88850-173-0

1. Alimentation. 2. Cuisine. I. Sélection du Reader's Digest (Canada) (Firme)

RA784.G7414   1991   641.5'63   C90-090349-X

PREMIÈRE ÉDITION
© 1991, Sélection du Reader's Digest (Canada) Ltée
215, avenue Redfern, Montréal, Qué. H3Z 2V9

ISBN 0-88850-173-0

Imprimé au Canada

91 92 93 94 / 4 3 2 1

Table des matières

Avant-propos

Depuis quelques annés, les goûts se raffinent en matière culinaire et des mets naguère considérés comme des plats de gourmets apparaissent couramment sur la table. En même temps, on se préoccupe davantage de santé et d'hygiène alimentaire : il n'est pas rare de trouver, à la une des journaux, les derniers résultats d'une recherche en nutrition. Bref, on cherche à concilier les deux sens de l'expression « bien manger ».

Fort heureusement, l'expression n'est pas du tout contradictoire. Il n'est pas nécessaire, pour s'alimenter sainement, de se limiter aux légumineuses et au granola et, comme en témoigne ce livre, on peut réaliser des plats savoureux tout en respectant les règles de la diététique. Les recettes de LA BONNE CUISINE SANTÉ ont été créées conformément aux recommandations des médecins et des nutritionnistes, pour vous permettre de bien manger pendant de plus nombreuses années.

Vous trouverez ici plus de 550 recettes originales, alléchantes et variées, allant du potage au dessert en passant par la viande, la volaille, le poisson, les pâtes alimentaires, les salades et les plats végétariens. Bon nombre d'entre elles représentent une version modifiée d'un plat classique. Chaque recette s'accompagne de la liste de son contenu nutritif : calories, graisses, cholestérol, sodium, sucre, protéines, hydrates de carbone et fibres. Grâce à ces données et à l'information que vous offre le premier chapitre, vous serez en mesure de composer des menus qui correspondent à vos besoins quotidiens.

Tous les spécialistes en nutrition s'accordent pour condamner les excès de graisses, de sucre et de sodium dans l'alimentation nord-américaine. Voilà pourquoi aucun de nos plats de résistance ne renferme plus de 18 grammes de graisses par portion : moins que n'en contient une tasse de fromage Cottage. Pour réduire le sodium, on a remplacé le sel par des fines herbes et des épices, en s'inspirant de la cuisine traditionnelle de plusieurs pays. On se sert très peu de sucre, sauf dans les desserts et, là encore, moins que dans les recettes ordinaires du même genre. Et pourtant, aucune de nos recettes ne sacrifie la saveur au nom de la santé !

Ce livre n'a pas la prétention de remplacer les conseils d'un médecin ; cependant, les personnes soumises à un régime, même sévère, sont assurées d'y trouver une foule de plats délectables conformes aux recommandations de leurs spécialistes, en particulier des recettes à très faible teneur en graisses, en sucre et en sodium, identifiées comme telles par un symbole de couleur vert foncé.

Nous sommes convaincus que notre répertoire de recettes de LA BONNE CUISINE SANTÉ se retrouvera, avant longtemps, dans toutes les cuisines, chez les grandes et les petites familles comme chez les personnes seules ; car il encourage à la fois à « bien manger » et à « manger bien ».

— Les éditeurs

Bien manger, rester en bonne santé

Pour manger sainement, faut-il renoncer aux aliments qu'on aime ? LA BONNE CUISINE SANTÉ vous prouvera que non. Lisez donc ce chapitre : on y explique le rôle des graisses, du cholestérol, du sodium, des protéines et des hydrates de carbone dans l'alimentation ; vous maîtriserez ensuite les principes d'une cuisine à la fois saine et délicieuse.

« Dis-moi ce que tu manges, je te dirai comment tu es. » C'est ce qu'on entend de plus en plus. La diététique est devenue un sujet à la mode et les goûts du public évoluent. La vague a même atteint les manufacturiers qui proposent maintenant des aliments préparés « sans addition de sel » et « sans cholestérol ». Parce que personne n'ignore désormais les effets d'une consommation excessive de sel, de cholestérol et de matières grasses, les habitudes alimentaires sont en train de changer radicalement.

Les conséquences ne se sont pas fait attendre. Après avoir atteint des sommets records, le nombre des maladies cardiaques et des accidents cérébrovasculaires diminue progressivement. Des études effectuées dans les années 50 aux États-Unis avaient déjà démontré que les maladies cardiaques frappent davantage les pays riches, où la consommation de viande, d'œufs et de fromage est forte, que les pays pauvres où l'alimentation est à prédominance de grains, de fruits et de légumes. Depuis lors, la recherche a établi qu'en remplaçant les graisses saturées, comme le beurre et le saindoux, par des graisses polyinsaturées et insaturées, comme les huiles de maïs et d'olive, on diminue l'incidence de ces maladies. Les dernières découvertes en ce domaine tendent à prouver qu'une modification profonde du régime alimentaire peut stopper ou même inverser leur progression.

Par ailleurs, il semble aussi que certains cancers seraient reliés à l'alimentation, en particulier les cancers du sein, du colon et de la prostate, lesquels frappent de préférence les individus qui consomment beaucoup de graisses. Même si rien à ce jour ne permet d'affirmer qu'on peut prévenir le cancer en modifiant son régime, plusieurs autorités n'en estiment pas moins que l'effort en vaut la peine. De toute façon, une alimentation moins riche en matières grasses apporte des avantages non négligeables sur quantité d'autres plans.

En même temps qu'on décourage la consommation de matières grasses, on encourage fortement celle de pain et de céréales de grains entiers, de fruits et de légumes frais pour fournir plus de fibres, de vitamines et de minéraux. On croit aussi qu'une consommation accrue de fibres alimentaires pourrait réduire les risques de cancer du colon et remédier à certains problèmes intestinaux communs.

Mais, au milieu de toutes ces considérations, comment se portent aujourd'hui nos papilles gustatives ? Grâce à de bonnes recettes, aussi bien qu'avant, assurément. Manger raisonnablement ne signifie pas adopter un régime ennuyeux et des produits dits « de santé ». Il suffit de cuisiner en diminuant les matières grasses, lesquelles n'apportent rien à la santé mais beaucoup au tour de taille, en réduisant le sel au profit des fines herbes et des épices, et en rejetant les calories que renferment en pure perte des sous-produits trop sucrés. Ce livre veut démontrer qu'en adoptant certaines règles diététiques toutes simples, il est possible à la fois de bien manger et de mieux se porter, et peut-être même d'augmenter son espérance de vie.

Les graisses

En petite quantité, elles sont nécessaires. Les graisses donnent du corps et de la saveur aux aliments, jouent un rôle essentiel dans l'entretien des membranes cellulaires et fournissent les acides gras dont l'organisme a besoin. En outre, elles empêchent l'épiderme de se dessécher et favorisent l'absorption des vitamines A, D, E et K.

Il en faut cependant très peu pour que toutes ces fonctions s'accomplissent. Une seule cuillerée à soupe de graisse polyinsaturée par jour (on en trouve dans la plupart des huiles végétales) suffit. Pourtant, la majorité des gens vont chercher dans les corps gras la moitié de leur ingestion quotidienne de calories. C'est beaucoup trop. Il ne suffit pas d'éliminer certains aliments gras comme le beurre ou la mayonnaise ; on peut absorber une grande quantité de graisses en mangeant de la viande, des noix, du lait complet et du fromage. La préparation des aliments implique souvent aussi beaucoup de corps gras. Les fritures sont terribles de ce point de vue, tout comme le sont les sauces classiques, les pizzas et les desserts.

Comparées aux hydrates de carbone et aux protéines, les graisses sont une source d'énergie très concentrée : neuf calories dans un seul gramme, alors qu'il n'y en a que quatre dans une quantité équivalente de protéines ou d'hydrates de carbone. Rien d'étonnant à ce qu'on perde si rapidement du poids quand on coupe les aliments gras ! Et comme il faut très peu de graisses pour rester en santé, on peut sans danger limiter sa consommation.

Même si médecins et diététiciens recommandent de manger moins de graisses, ils ne suggéreront jamais de s'en tenir à une seule cuillerée à soupe par jour. Un régime alimentaire aussi excessif ferait disparaître tous les plaisirs de la table. Ce qu'ils recommandent, c'est de changer ses habitudes alimentaires de façon que les matières grasses ne représentent pas plus de 20 à 30 p. 100 de l'apport quotidien en calories. Cela suffit pour diminuer les risques de maladies cardiaques et de cancer, et pour se débarrasser, au besoin, d'un excès de poids.

La filière cholestérol

Plus personne n'ignore qu'il existe un rapport entre les régimes à haute teneur en graisses et les maladies cardiaques, de même qu'entre le cholestérol et la santé en général. En revanche, le rapport entre les matières grasses et le cholestérol est encore mal connu et on ne comprend pas toujours le rôle que jouent l'un et l'autre dans la santé du cœur.

Le cholestérol est une matière grasse synthétisée par le foie ; l'organisme s'en sert pour entretenir les membranes des cellules et les tissus protecteurs des fibres nerveuses et pour fabriquer la vitamine D et certaines hormones. Bien que notre organisme produise la majeure partie du cholestérol qu'il utilise, il en puise aussi dans certaines sources alimentaires d'origine animale comme les viandes rouges, les œufs et les produits laitiers.

On impute à un fort taux de cholestérol dans le sang une augmentation des risques d'athérosclérose ou durcissement des artères, état pathologique qui peut entraîner crises cardiaques et accidents cérébro-vasculaires. L'accumulation au fil des ans de dépôts graisseux sur les parois internes des artères qui amènent le sang au cœur et sur celles des artères périphériques serait responsable de l'athérosclérose. Ces dépôts, appelés plaques, finissent parfois par obstruer les artères au point d'entraver la circulation du sang vers le cœur et vers d'autres organes. La crise cardiaque se produit au moment où un caillot sanguin bloque la circulation parce qu'il n'arrive pas à pénétrer dans une artère rétrécie.

On sait maintenant qu'il existe deux types de cholestérol, un « bon » et un « mauvais ». En réalité, la différence tient, non pas au cholestérol lui-même, mais à la façon dont il voyage dans le sang. Comme il s'agit d'un corps gras non soluble dans le plasma sanguin, il ne se déplace pas de lui-même. Il a besoin d'un véhicule complexe, qu'on appelle les lipoprotéines, formé de graisses et de protéines. Quand les médecins parlent de bon ou de mauvais cholestérol, ils se réfèrent en réalité au type de lipoprotéines dans lesquelles voyage le cholestérol.

Les lipoprotéines de haute densité (HDL) sont les bonnes. Elles enlèvent plus de cholestérol qu'elles n'en déposent et semblent offrir une certaine protection contre l'athérosclérose en entraînant vers le foie le cholestérol qui adhère aux parois des artères. Celui-ci le traite et l'envoie dans le tractus intestinal qui l'élimine. Les mauvaises sont les lipoprotéines de très basse densité (VLDL) et de basse densité (LDL). Les premières déposent leurs triglycérides, source d'énergie, dans les cellules du corps pour se transformer en lipoprotéines de basse densité. Mais comme celles-ci ont pour fonction principale de faire circuler le cholestérol, elles n'en nettoient pas les résidus comme les lipoprotéines de haute densité.

Abaisser son taux sanguin de cholestérol n'est pas une mince affaire puisqu'il faut respecter un certain équilibre entre les lipoprotéines de haute et de basse densité. Les premières sont excellentes ; plus en on a, mieux on se porte. C'est malheureusement plus souvent le contraire qui se produit. On peut remédier à cet état de choses avec un régime approprié et de l'exercice. En règle générale, on commence par remplacer les graisses saturées par des graisses insaturées (comme l'huile d'olive ou de maïs) qui ont le grand avantage de faire baisser le taux sanguin de cholestérol. Si celui-ci est particulièrement élevé, il est recommandé de restreindre sa consommation d'aliments qui en contiennent, comme les abats et les jaunes d'œufs.

Directives alimentaires

Santé et Bien-être social Canada ainsi que d'autres organismes chargés de la santé publique ont émis des recommandations visant à corriger les habitudes alimentaires de la population. En voici les grandes lignes.

Variez votre alimentation

Faites entrer dans votre régime quotidien les quatre groupes d'aliments : 1) fruits et légumes ; 2) pain de blé entier ou enrichi, céréales et autres produits de grains entiers ; 3) lait, fromage, yogourt et autres produits laitiers ; 4) viande, volaille, poisson, œufs et légumineuses.

Conservez votre poids idéal

Pour éviter la suralimentation, mangez lentement, réduisez les portions et ne vous resservez pas. Pour perdre du poids, mangez plus de légumes, de fruits et de produits de grains entiers ; diminuez les graisses et les sucres ; buvez moins d'alcool ; faites plus d'exercice.

Évitez le sel

Apprenez à apprécier la vraie saveur des aliments. Cuisinez sans sel ou utilisez-en très peu ; remplacez-le par des fines herbes, des épices ou du jus de citron. Salez le moins possible à table. Autant que vous le pouvez, tenez-vous loin des amuse-gueule comme les croustilles de pommes de terre, les bretzels, les noix et le maïs salés ; évitez les condiments (sauce soja, sauces à bifteck, sel d'ail), les marinades et les viandes traitées ; et soyez vigilant pour ce qui est des fromages, des soupes et des légumes en conserve. Dans ce dernier cas, vérifiez sur l'étiquette le contenu en sodium et, chaque fois que vous avez le choix, ayez recours aux conserves hyposodiques.

Mangez plus d'amidon et de fibres

Choisissez des aliments qui renferment une bonne proportion d'amidon et de fibres : pain et céréales de grains entiers, fruits, légumes et légumineuses. Consommez des féculents de préférence à des aliments gras ou sucrés.

Évitez le sucre

Diminuez votre consommation de sucre et de produits sucrés : sucre blanc, cassonade, sucre naturel, miel et friandises (sodas, bonbons, gâteaux et biscuits). Consultez toujours les étiquettes : si l'un des mots *sucre, sucrose, glucose, maltose, dextrose, lactose* ou *fructose* apparaît en première place, c'est que le produit en question est constitué majoritairement de sucre. Aux fruits conservés dans des sirops épais et très sucrés, préférez les fruits sans sirop ou dans un sirop léger.

Évitez les graisses, les graisses saturées et le cholestérol

Comme sources de protéines, choisissez la viande maigre, le poisson, la volaille et les légumineuses. Utilisez des produits laitiers écrémés ou partiellement écrémés. Mangez très peu de jaunes d'œufs et d'abats. N'abusez pas des graisses et des huiles, surtout si elles sont saturées comme le beurre, la crème, le saindoux, les graisses fortement hydrogénées (certaines margarines), la graisse végétale et les aliments renfermant de l'huile de copra ou de palme. Cherchez sur l'étiquette la quantité et la nature des graisses que renferme un produit. Dégraissez les viandes. À la friture, préférez la cuisson au gril, au four ou à l'étuvée. Évitez les aliments panés et cuits en grande friture.

Si vous consommez de l'alcool, faites-le avec modération

Les boissons alcooliques, bien que peu nutritives, renferment beaucoup de calories. Les femmes enceintes devraient s'en abstenir tout à fait, mais autrement, une ou deux consommations par jour ne semblent pas causer de tort aux personnes en santé. Rappelez-vous toutefois que 340 ml (12 oz) de bière, 140 ml (5 oz) de vin et 40 ml (1½ oz) de boisson forte ont à peu près la même teneur en alcool.

Bonnes et mauvaises graisses

Les graisses que l'on consomme ne modifient pas toutes de la même façon le niveau du cholestérol dans le sang. Tout dépend de leur source.

Les *graisses saturées* sont celles qu'on trouve dans la viande et la volaille, le lait, le beurre, le fromage, le jaune d'œuf, la margarine, le saindoux, les huiles de copra et de palme, et souvent dans le chocolat. Les graisses saturées contribuent à augmenter les taux sanguins de cholestérol parce qu'elles incitent le foie à produire des lipoprotéines de densité basse et très basse. Les graisses de ce type, contrairement aux autres, se solidifient à la température ambiante.

Les *graisses insaturées*, que renferment les olives, les cacahuètes, les pacanes et les avocats, réduisent les niveaux de mauvais cholestérol. On les consomme en grande partie sous forme d'huile d'olive et d'arachide. Les Méditerranéens, qui utilisent beaucoup ces huiles en cuisine, souffrent moins que la moyenne de maladies cardiaques.

Les *graisses polyinsaturées* sont fournies par les amandes, les noix, les pacanes, le maïs, la graine de coton, la graine de carthame, les fèves soja et la graine de tournesol. Elles réduisent les taux sanguins de cholestérol parce qu'elles favorisent la circulation des lipoprotéines de haute densité et s'opposent à la formation de celles à densité basse et très basse.

Les *acides gras oméga-3*, c'est-à-dire l'huile des poissons gras, contribuent aussi à abaisser les taux de cholestérol. C'est au cours d'observations médicales effectuées auprès des habitants du Groenland qu'on a découvert cette particularité. Chez ces gens qui se nourrissent presque exclusivement de chair de phoque et de baleine, de poissons gras et de graisse de baleine, on trouve en effet très peu de cardiaques. D'autres études ont confirmé par la suite que les personnes qui consomment beaucoup de poisson ont des taux de cholestérol inférieurs à la moyenne et sont moins sujettes aux maladies cardiaques. Thon, saumon, sardines, maquereau, morue charbonnière, corégone, goberge, espadon, truite arc-en-ciel et hareng sont de bonnes sources d'acides gras oméga-3, tout comme les crevettes et le homard. Ces deux crustacés, parce qu'ils contiennent du cholestérol, étaient jusqu'à tout récemment interdits aux cardiaques. On estime maintenant que l'acide oméga-3 qu'ils renferment annule les effets néfastes du cholestérol et que même ceux qui souffrent d'un excès de cholestérol peuvent en consommer à l'occasion. En fait, les cardiologues sont tellement convaincus des bienfaits de l'oméga-3 qu'ils invitent tout le monde à remplacer le plus souvent possible la viande et la volaille par du poisson.

Voici les directives que donne en la matière la Fondation canadienne des maladies du cœur. Puisque l'apport quotidien en calories tirées des graisses ne doit pas dépasser 30 p. 100, on recommande de limiter à 10 p. 100 les graisses saturées et de diviser les 20 p. 100 qui restent entre les graisses insaturées et polyinsaturées.

Surveiller son poids

Les graisses, dans le régime alimentaire, ont des effets plus apparents que ceux du cholestérol. Or, perdre du poids est devenu un souci général, autant par esthétique que par hygiène.

Manger moins et faire plus d'exercice est la seule solution sûre. Pourtant, des milliers de gens la rejettent pour se lancer dans des régimes forcenés ou fantaisistes qui ne peuvent pas donner de résultats durables parce qu'ils sont ou trop excessifs, ou trop aberrants, ou trop frustrants pour qu'on puisse les respecter longtemps. Certes, on commence par perdre du poids, mais pas pour longtemps. Il s'ensuit une nouvelle augmentation et les kilos repris sont encore plus difficiles à perdre. Sans compter que les risques de maladies cardiaques augmentent à ce jeu.

Il n'y a pas de doute que bon nombre de gens ont du poids à perdre, avant tout pour des raisons de santé car l'obésité ouvre la voie à l'hypertension, au diabète et aux maladies cardiaques. On considère actuellement que plus de 37 millions de Nord-Américains souffrent d'un excès de poids qui met leur santé en péril. Pour certains, le risque est plus grand que pour d'autres. Des études ont montré que l'endroit où s'accumule la graisse est plus déterminant que le chiffre indiqué sur le pèse-personne. Le danger est plus marqué lorsqu'elle se concentre sur l'abdomen ; les statistiques démontrent en effet que les hommes pansus sont plus exposés que les autres à des accidents de santé. Un excès de poids est moins grave si la graisse s'accumule sur les hanches et les cuisses, comme c'est souvent le cas chez les femmes.

Trouver son poids idéal est moins simple qu'il n'y paraît. On a généralement recours aux tables de concordance entre taille et poids établies par les compagnies d'assurance. Mais elles sont fondées uniquement sur des statistiques d'espérance de vie et ne tiennent évidemment pas compte de la proportion de graisse par rapport aux muscles. En règle générale, l'organisme d'un homme en santé renferme de 10 à 15 p. 100 de graisse ; plus forte pour la femme, la proportion est de 20 à 25 p. 100. Les athlètes ont parfois un poids supérieur à la normale, mais cela ne leur fait courir aucun risque car il s'agit de muscles et non de graisse. Par contre, certaines personnes relativement minces peuvent néanmoins souffrir d'obésité et être considérées en mauvaise santé parce qu'elles ont trop de tissus adipeux par rapport aux tissus musculaires.

Voici quelques petits tests qui vous permettront de savoir si vous vous situez dans la moyenne ou non.

Vous êtes du sexe masculin ? Prenez votre tour de poitrine et votre tour de taille. Si le second est supérieur au premier, vous devez perdre du poids.

Si vous êtes du sexe féminin, mesurez votre tour de taille et votre tour de hanches. Si le premier est plus de 80 p. 100 du second, mettez-vous au régime.

Prenez une pincée sur la partie interne du bras. Si son épaisseur dépasse 2,5 cm (1 po), vous avez du poids à perdre.

Perdre du poids en restant en forme

Que vous ayez peu ou beaucoup à perdre, la méthode est la même : il va falloir diminuer vos apports en calories en réduisant votre consommation de graisse et de sucre. Si vous parvenez à absorber 500 calories de moins par jour, vous perdrez presque 500 grammes (1 livre) par semaine.

On souhaite toujours maigrir rapidement. Pourtant, une diminution progressive du poids fondée sur des habitudes alimentaires plus saines donne habituellement des résultats plus stables. Les spécialistes déconseillent fortement les régimes excessifs ; privé du jour au lendemain de sa ration habituelle de calories, l'organisme réagit en les épargnant comme s'il se trouvait en période de famine. Ce ralentissement du métabolisme empêche de perdre du poids puisque le corps lui-même refuse de brûler ses calories. Le résultat est prévisible : découragé, le sujet renonce à poursuivre son régime et même à conserver les progrès acquis.

Autre volet d'un régime amaigrissant : faire de l'exercice. Il ne s'agit pas, ici non plus, de se lancer dans un programme exténuant de course ou de jogging encore que l'un et l'autre soient d'excellents moyens de perdre des calories si vous êtes en forme. Une marche rapide d'une demi-heure par jour permet de brûler 180 calories environ. Cela représente une perte d'environ 8 kilos (18 livres) par an.

Les protéines

Les protéines, qu'elles soient de source animale ou végétale, constituent traditionnellement l'élément central d'un repas. Chaque protéine se compose de 23 acides aminés qui ont pour fonction l'entretien des muscles, des os et des nerfs, et la régénération de la peau et du sang. Certes, les protéines sont indispensables, mais il ne faut pas pour autant en abuser comme on a tendance à le faire sous prétexte de bien s'alimenter. L'organisme en requiert une certaine quantité quotidiennement, mais sachez qu'une seule petite protéine fait de grandes choses, et que toutes celles que vous absorbez sans les utiliser vont être transformées en graisse.

Un adulte n'a besoin en moyenne que de 0,36 gramme de protéines par 500 grammes de son poids idéal. Cela signifie, par exemple, 54 grammes par jour pour un homme de 68 kilos (150 livres). C'est peu si l'on songe qu'il y a 26 grammes de protéines dans une tranche de blanc de poulet de 115 grammes (4 onces). Les besoins des jeunes enfants, des femmes enceintes ou qui allaitent sont plus grands.

Le Nord-Américain moyen consomme beaucoup trop de protéines, mais cela n'entraîne généralement pas de problèmes, sauf pour ceux qui ont du poids à perdre. Comme l'organisme n'emmagasine pas les protéines non utilisées, elles sont converties en graisse. Il est vrai que les protéines pures ne dégagent que 4 calories par gramme ; cependant comme un bon nombre d'aliments très protéiniques sont également gras, la somme totale des calories risque de devenir assez importante.

La croyance populaire voulant qu'un athlète doive aller chercher ses protéines dans la viande rouge pour se construire des muscles et augmenter ses ressources énergétiques relève de la pure fantaisie. Les protéines de la viande rouge ne sont pas supérieures aux autres pour l'entretien des muscles ; par ailleurs, des études ont démontré que les meilleures sources d'énergie organique sont les hydrates de carbone et non pas les protéines.

En plus de contribuer à une augmentation de poids, les protéines peuvent entraîner d'autres risques dans un cas bien précis. Quand on absorbe trop de protéines, l'organisme est obligé d'éliminer, dans l'urine, le sous-produit des protéines qu'est l'azote. Les personnes en santé ne s'en portent pas plus mal, mais chez celles qui souffrent d'insuffisance rénale, il peut en résulter de sérieux problèmes ; voilà pourquoi on leur recommande généralement un régime pauvre en protéines.

Protéines animales, protéines végétales
La plupart des protéines que nous absorbons proviennent de la viande, des œufs et des produits laitiers. Comme ces protéines d'origine animale, à quelques exceptions près, renferment en proportion voulue tous les acides aminés nécessaires à la santé, on les qualifie de protéines *complètes*.

Les protéines végétales sont dites *incomplètes* : aucune ne renferme à elle seule tous les acides aminés nécessaires et dans les bonnes proportions. On remédie à cette lacune en effectuant d'heureuses combinaisons entre les divers éléments d'un menu. Il suffit de réunir au même repas et en quantités suffisantes les deux types de protéines végétales qui se complètent. Il y a trois façons d'effectuer ces associations : 1) grains (blé, maïs ou riz) avec légumineuses (haricots, petits pois ou lentilles) ; 2) grains avec produits laitiers (lait, œufs, yogourt, fromage) ; 3) légumineuses avec graines ou noix (graine de sésame, de citrouille et de tournesol, noix de tous genres et tahini). Les végétariens sont passés maîtres dans l'art d'effectuer ces combinaisons alimentaires, au point qu'on entend parfois dire aujourd'hui qu'ils se nourrissent plus sainement que la moyenne des Nord-Américains.

Bons aliments, mauvais aliments

Pour s'alimenter sainement, il y a des aliments qu'il faut éviter autant que possible et d'autres sur lesquels il faut insister. Dans certains cas, vous aurez intérêt à utiliser les recettes santé de base qui figurent dans ce livre à partir de la page 26.

Aliments à éviter

Jaunes d'œufs
Beurre
Saindoux
Mayonnaise
Lait entier
Crème
Crème sure
Crème glacée
Yogourt aromatisé aux fruits
Biftecks de surlonge et d'aloyau
Bœuf haché ordinaire
Salami de bœuf ou de porc
Jambon
Côtes levées de porc
Bacon
Peau du poulet ou de la dinde
Soupes et bouillons en boîte
Pain blanc
Céréales traitées
Croustilles de pommes de terre
Sauce soja

Aliments à rechercher

Blancs d'œufs
Huiles végétales insaturées et
    polyinsaturées
Lait écrémé
Babeurre
Lait écrémé en poudre
Yogourt nature partiellement écrémé
Fromage Cottage partiellement écrémé
Lait glacé
Bifteck dans la ronde
Bœuf haché maigre
Blanc de poulet ou de dinde
Dinde hachée maigre
Jambon hyposodique
Soupes et bouillons hyposodiques
Pain de grains entiers
Céréales de grains entiers
Maïs soufflé non aromatisé
Riz brun
Riz sauvage
Sauce soja hyposodique

Abaissez votre cholestérol en 10 points

1. Mangez plus de fruits, de légumes et de grains, surtout ceux qui sont riches en fibres et susceptibles d'abaisser le taux de cholestérol : farine et son d'avoine, baies, pommes, agrumes, légumineuses.
2. Ne consommez pas plus de 170 grammes (6 onces) de viande ou de volaille par jour ; choisissez une viande rouge maigre et, dans la volaille, ne mangez que la chair blanche.
3. Évitez les abats.
4. Mangez du poisson au moins deux fois par semaine.
5. Ne mangez pas plus de deux ou trois jaunes d'œufs par semaine.
6. Choisissez des produits laitiers écrémés ou à teneur réduite en matières grasses.
7. Utilisez moins de corps gras en cuisine. À la friture, préférez la cuisson au four.
8. De façon générale, utilisez des huiles insaturées ou polyinsaturées.
9. Si vous souffrez d'un excès de poids, faites l'effort de maigrir.
10. Si vous raffolez d'un plat chargé de cholestérol, plutôt que de vous torturer, réservez-le aux grandes occasions.

Les hydrates de carbone

Sur le plan alimentaire, certains aliments chargés d'hydrates de carbone — pain, pâtes, riz, pommes de terre, céréales, tous les fruits et légumes — sont de vraies aubaines. Toutes les calories qu'ils fournissent (4 par gramme seulement, comme les protéines) sont riches en éléments énergétiques. Et, contrairement à la croyance populaire, les hydrates de carbone ne vous feront pas engraisser plus que les autres éléments.

Les hydrates de carbone se composent de carbone, d'hydrogène et d'oxygène sous forme d'amidons et de sucres. La digestion convertit les hydrates de carbone en glucose, nourriture essentielle au cerveau et au système nerveux et source de l'énergie dont l'organisme a besoin.

Les hydrates de carbone complexes

Les meilleures sources d'énergie sont les hydrates de carbone complexes qu'on trouve dans les féculents comme les grains, les légumineuses, les légumes et certains fruits. Voilà pourquoi les athlètes se gavent d'hydrates de carbone — sous forme de pâtes alimentaires — avant un match ou une course.

Dans l'état actuel des connaissances, il est recommandé d'absorber la plus grande partie de sa ration quotidienne de calories sous forme d'hydrates de carbone complexes. Il ne faut pas oublier, cependant, que les aliments les plus riches à cet égard perdent leur valeur s'ils sont traités ou raffinés avec excès. Par exemple, la farine blanche, dont on a retiré le son et le précieux germe de blé, est loin d'avoir la même valeur alimentaire que la farine de blé entier. (La farine blanche enrichie est additionnée de vitamines synthétiques, mais cela ne lui rend pas sa valeur nutritive originale, c'est-à-dire les fibres du son et les riches vitamines du germe.) Il en va de même des autres grains. Bref, plus un aliment riche en hydrates de carbone est naturel, meilleur il est pour la santé. Le pain et les céréales de blé entier, les légumineuses et le riz brun, qui nous arrivent sur la table chargés des vitamines, minéraux, fibres et protéines dont la nature les a dotés, sont qualifiés de « denses » sur le plan alimentaire.

Le sucre

Le sucre aussi contient des hydrates de carbone. Bien qu'il ne fasse pas engraisser plus que les autres hydrates de carbone, il est utilisé en si grande quantité dans la plupart des desserts et bonbons qu'il finit par entraîner une augmentation de poids chez un grand nombre de personnes. Il y a cinq cuillerées à soupe de sucre, source de 240 calories, dans une portion de gâteau au chocolat et quatre dans une petite pointe de tarte aux pommes.

Même si vous vous privez de desserts et de friandises, vous aurez du mal à éliminer les sucres ajoutés. Les aliments traités, du ketchup aux soupes en boîte, sont des sources cachées de sucre. Il en va de même des céréales présucrées (certaines renferment en sucre plus de 40 p. 100 de leur poids) et des boissons gazeuses qui contiennent entre deux et trois cuillerées à soupe de sucre par canette.

Bref, le Nord-Américain moyen consomme environ 600 calories par jour sous forme de sucre. Si seulement 100 de ces calories, non consumées par l'exercice, se transforment en graisse, il en résulte un gain de poids de 4,5 kilos (10 livres) au cours d'une année.

Les fibres

Les aliments riches en hydrates de carbone ont un autre atout pour la santé : ils donnent du volume au bol alimentaire. Aujourd'hui, on parle beaucoup de fibres. Ce sont les déchets des grains entiers, des fruits et des légumes; les enzymes de la digestion sont incapables de les fractionner dans l'intestin grêle et les bactéries du gros intestin ne les attaquent que partiellement. Non seulement trouve-t-on des fibres dans les sons de blé et d'avoine (comme le répètent tant d'annonces à la télévision), mais aussi dans la plupart des aliments d'origine végétale : les haricots rouges ou de Lima, le maïs soufflé, les figues sèches, les pruneaux, les pommes, les amandes et les cacahuètes. Rappelez-vous que seuls les aliments d'origine végétale renferment des fibres; jamais les aliments d'origine animale.

Le public s'est intéressé aux fibres alimentaires avec la publication, en 1970, du rapport d'un médecin britannique. Celui-ci démontrait que les personnes qui mangent de grandes quantités de fibres sont, moins que d'autres, victimes des cancers du colon et du rectum et moins vulnérables à certains problèmes intestinaux communs dans notre société : constipation chronique, syndrome de l'intestin irritable (état chronique imputable au stress et dont les symptômes peuvent être la constipation ou la diarrhée), hémorroïdes et hernie hiatale. Il semble que certains types de fibres, et notamment les fibres des haricots, des pois et d'autres légumineuses, seraient utiles dans le contrôle du sucre sanguin, surtout si elles sont consommées de pair avec un régime axé sur les hydrates de carbone complexes.

On ne sait pas encore de quelle façon les fibres arrivent à réduire les risques de cancer du colon et du rectum. Une théorie veut qu'en accélérant le transit des déchets dans l'intestin, elles diminuent le temps de contact entre les substances cancérigènes des aliments et les parois du colon. Par ailleurs, selon certaines observations scientifiques, elles auraient la capacité de se fixer aux éléments cancérigènes des aliments et de les rejeter hors de l'organisme.

En dépit de leurs avantages, les fibres présentent certains inconvénients. Elles ont tendance à produire des gaz intestinaux et peuvent donner lieu à du ballonnement et de la diarrhée, surtout si le passage à un régime riche en fibres se fait trop rapidement. On recommande donc d'augmenter sa consommation peu à peu, pour que l'organisme s'y habitue, avant d'atteindre un apport maximum de 25 à 35 grammes de fibres par jour.

Quelques fibres ont aussi la particularité de se fixer à certains minéraux, comme le calcium et le fer, avant qu'ils soient absorbés et d'en priver ainsi l'organisme. Cela ne se produit, cependant, que chez les personnes qui consomment beaucoup plus de fibres que les quantités recommandées.

Cela dit, un régime équilibré devrait fournir beaucoup plus de fibres qu'on n'en consomme généralement. Vous pouvez augmenter votre ration quotidienne tout simplement en mangeant beaucoup de fruits et de légumes, en remplaçant le pain ordinaire par du pain à grains entiers et le riz blanc par du riz brun, et en consommant davantage de grains et de céréales, comme le maïs et l'orge.

Le sodium

Le sel, ou chlorure de sodium, se consomme surtout sous forme de sel de table. Bien que ce soit un minéral essentiel à la vie, il en faut très peu dans l'alimentation : tout juste 200 milligrammes par jour, à peine un dixième de cuillerée à thé. Les spécialistes en nutrition estiment qu'on peut en consommer entre une demie et une cuillerée et demie par jour sans problème. Toutefois, parce qu'un grand nombre d'aliments courants contiennent du sodium, vous en absorbez probablement beaucoup plus, même si vous ne salez pas à table.

On estime qu'une consommation excessive de sel augmente les risques d'hypertension chez les personnes qui ont une prédisposition héréditaire à cette maladie. Dans bien des cas, l'hypertension ne se manifeste pas par des symptômes, mais augmente les risques de crise cardiaque, d'accident cérébrovasculaire et de maladie du rein. Les victimes d'hypertension n'améliorent pas nécessairement leur état en diminuant l'ingestion de sel ; dans bien des cas, une médication appropriée se révèle nécessaire. Il est vrai, par ailleurs, que certaines personnes peuvent abuser du sel impunément ; mais étant donné les risques réels que présente une consommation excessive de sel et les maladies graves auxquelles elle expose ceux qui y sont vulnérables, les professionnels de la santé recommandent à tout le monde d'user de sel avec la plus grande modération.

Autres sources de sodium

Le sel dont on se sert à table ou qu'on ajoute en cours de cuisson n'est pas la seule source de sodium. On en trouve dans la plupart des aliments, depuis les légumes frais jusqu'aux dîners surgelés. Ceux qui en contiennent le moins sont les fruits et jus de fruits frais, surgelés ou en boîte, les légumes frais ou surgelés, les grains non traités, la viande maigre, la volaille et certains poissons frais. Ceux qui en contiennent le plus sont les soupes et le poisson en conserve, les dîners surgelés, les soupes et sauces en sachets, les vinaigrettes préparées, la sauce soja, la choucroute, le ketchup, la moutarde, la sauce tartare, la sauce chili, les cornichons marinés, les olives vertes et les amuse-gueule salés. Certains médicaments vendus sans ordonnance, comme les antiacides et les médicaments effervescents contre le mal de tête, contiennent souvent énormément de sodium.

Le sodium sert aussi à mariner, à traiter ou à conserver la viande et la charcuterie, comme les saucisses de tous genres, le jambon et les viandes en conserve. Les fromages fondus, les produits à base de fromage et les fromages à tartiner sont également plus salés que les fromages naturels.

Moins saler

Pour réduire votre consommation de sel, vérifiez sur l'étiquette des produits en conserve la quantité de sodium qu'ils renferment et donnez la préférence aux viandes, aux fruits et aux légumes frais. En cuisine, commencez par couper de moitié les additions de sel. Après quelques semaines, refaites la même opération. Diminuez de plus en plus jusqu'à l'élimination complète. Mieux encore, remplacez le sel par des herbes fines et des épices, comme les recettes de ce livre vous invitent à le faire (voir « Échec au sel — vive les fines herbes », p. 17). Et quand vous vous asseyez à table, goûtez avant d'ajouter du sel, du ketchup ou tout autre condiment chargé de sel.

Si vous songez à utiliser l'un ou l'autre des succédanés du sel qu'on trouve sur le marché, sachez qu'ils remplacent la plupart du temps le sodium par du potassium. Les personnes souffrant d'insuffisance rénale doivent consulter leur médecin avant d'effectuer une telle substitution.

Comment lire les étiquettes

Plus vous surveillez votre alimentation, plus vous avez intérêt à lire attentivement les étiquettes des produits vendus sous emballage.

La loi exige que les ingrédients apparaissent sur l'étiquette par ordre décroissant de quantité. Par exemple, sur une boîte de céréales, le grain utilisé devrait normalement être en tête de liste. Si c'est le sucre qui figure en premier, méfiez-vous : c'est signe que le produit contient beaucoup d'édulcorants — sucre ou autres — peu avantageux sur le plan de l'alimentation. L'étiquette doit aussi signaler les agents de conservation, de stabilisation ou d'épaississement. Les épices, les assaisonnements et les colorants ne sont pas toujours énumérés en détail ; l'étiquette peut les grouper sous une simple mention comme « épices », « saveurs artificielles » ou « colorants artificiels ».

Les trois grands : graisses, sucre et sodium

N'oubliez pas d'établir une distinction entre les graisses saturées, qui augmentent les taux de cholestérol, et les graisses insaturées, qui peuvent avoir l'effet contraire. Beurre, graisse végétale hydrogénée, crème sure, crème douce, lait entier, fromage de lait entier et produits dérivés de la viande ou de la volaille renferment des graisses saturées. Ne vous laissez pas abuser par la mention *huiles végétales ;* elles ne sont pas toutes bénéfiques. Vous apercevrez peut-être entre parenthèses les mots « huile de palme et/ou huile de copra » — toutes deux à forte teneur aux graisses saturées. Accordez votre préférence aux graisses insaturées : huiles de maïs, de coton, d'olive, d'arachide, de carthame et de soja.

Le sucre se présente lui aussi sous divers déguisements. Attention au mot *sucre* (qui peut être du sucre de canne, de betterave ou de maïs), mais aussi aux termes *miel, mélasse, dextrine, dextrose, fructose, galactose, glucose, lactose, maltose* et *sucrose.*

Quand vous vérifiez la teneur en sodium d'un produit, ne négligez pas les ingrédients autres que le sel qui peuvent renfermer eux aussi du sodium : levure chimique, bicarbonate de soude, farine autolevante et tout additif accompagné d'un qualificatif renfermant le terme *sodique* : monosodique, disodique, trisodique.

Sur les étiquettes ou les emballages, on trouve de plus en plus couramment des renseignements sur la valeur alimentaire des produits, c'est-à-dire sur leur teneur en calories, en protéines, en hydrates de carbone et en graisses, calculée par portion. Cette pratique, encouragée par Santé et Bien-être social Canada, s'étend parfois à l'apport nutritionnel recommandé (ANR) pour les vitamines A et C, la thiamine, la riboflavine, la niacine, le calcium et le fer. Les teneurs en sodium, exprimées en milligrammes (les produits dits hyposodiques sont réglementés), en graisses saturées et insaturées, exprimées en grammes, et en cholestérol, exprimées en milligrammes, peuvent aussi figurer sur les étiquettes. Enfin, certains fabricants vont jusqu'à préciser, par portion, le pourcentage de l'ANR pour les vitamines D, E, B_6, B_{12}, pour l'acide folique, la biotine et l'acide pantothénique, ainsi que pour les minéraux comme le phosphore, l'iode, le magnésium, le zinc et le cuivre. La teneur en grammes d'hydrates de carbone par portion est aussi parfois mentionnée.

Les additifs

Beaucoup de gens se méfient aujourd'hui des aliments préparés commercialement, à cause des agents chimiques qu'on y ajoute pour protéger leur fraîcheur, leur texture, leur apparence et leur saveur. Bien que Santé et Bien-être social Canada approuve l'utilisation de ces additifs, certains d'entre eux ne font pas l'unanimité. Ce sont :

1. l'hydroxyanisole tertiobutylé (B.H.A.) et l'hydroxytoluène ditertiobutylé (B.H.T.) servant à retarder le vieillissement des céréales, des produits apprêtés et de certains autres aliments ;

2. le nitrite de sodium, lequel se retrouve dans le bacon, le jambon, les saucisses fumées et la charcuterie et sert à prévenir le botulisme et la décoloration ;

3. les sulfites (anhydride sulfureux, bisulfite de sodium, sulfite de sodium, métasulfite de sodium et métasulfite de potassium), utilisés pour préserver la fraîcheur et prévenir la décoloration de certains aliments : bières et vins, pommes de terre surgelées, déshydratées et en conserve, sauces à salade en flacons ou en poudre, sauces en conserve ou en poudre, soupes, vinaigre de vin et fruits de mer frais ;

4. les polysorbates 60, 65 et 80 qui empêchent l'huile de se séparer dans les crèmes glacées, les boissons et les bonbons et prolongent la durée de conservation des aliments apprêtés ;

5. le glutamate monosodique, employé comme agent de sapidité.

Certaines personnes réagissent mal aux sulfites, d'autres au glutamate monosodique. Ce dernier provoque parfois des maux de tête et un malaise particulier appelé « syndrome du restaurant chinois » (la cuisine chinoise faisant un grand usage de cet additif). Les sulfites nuisent surtout aux asthmatiques et peuvent entraîner une vaste gamme de symptômes allergiques : difficultés respiratoires, urticaire et rhinite. Dans quelques cas, les réactions ont été fatales.

Les autres additifs énumérés ci-dessus ont été reliés à l'apparition de tumeurs chez des animaux sous observation. Il n'y a cependant encore aucune preuve formelle à cet égard. Dans les cas du B.H.T. et du B.H.A., par exemple, certaines études ont laissé croire qu'ils pouvaient causer des tumeurs ; d'autres permettent d'affirmer le contraire.

La cuisine santé

Consommer moins de graisses, de cholestérol et de sel, ce n'est pas seulement changer son régime alimentaire, c'est aussi modifier sa façon de cuisiner et d'acheter. Vous pouvez réduire de moitié la teneur en graisses du bœuf haché si vous achetez celui étiqueté « maigre ». (Dans ce livre, les recettes spécifient toutes « du bœuf haché maigre » et les valeurs nutritionnelles sont calculées en conséquence.) Aujourd'hui, le bétail est alimenté de telle sorte que la bête sur pied pèse jusqu'à 50 p. 100 moins qu'il y a 20 ans; la viande est de 10 p. 100 moins grasse. Cela ne doit pas vous empêcher de préférer les coupes maigres. Dans le cas du bœuf, achetez des biftecks de ronde ou de filet, des rosbifs découpés dans la noix de ronde ou la pointe de surlonge. Évitez les pièces grasses comme les biftecks d'aloyau, de surlonge et de côte, les rosbifs de surlonge et les tranches de palette. Rejetez aussi les pièces dont la chair est marbrée, c'est-à-dire ponctuée de gras.

Dans tous les cas, dégraissez parfaitement la viande avant de la faire cuire. (Les bouchers eux-mêmes la dégraissent mieux qu'auparavant, mais soyez encore plus méticuleux qu'eux.)

La volaille est moins grasse que la viande rouge; encore faut-il ôter la peau et ne manger que le blanc. La plupart des recettes présentées ici recommandent de dépouiller la volaille et d'acheter des poitrines, car la viande brune renferme deux fois plus de graisses et beaucoup plus de cholestérol.

Une cuisine moins grasse
Vous avez choisi des viandes maigres et vous les avez dégraissées; n'allez pas gâter votre ouvrage à la cuisson. Pour faire sauter les légumes, utilisez un enduit antiadhésif ou une ou deux cuillerées à thé d'huile dans une poêle antiadhésive. Remplacez le beurre par de la margarine ou de l'huile végétale contenant des graisses insaturées ou polyinsaturées. Préparez les ragoûts ou les soupes d'avance et réfrigérez-les pour pouvoir enlever la graisse figée.

En choisissant des viandes maigres et en diminuant les graisses de cuisson, vous réduisez par le fait même votre consommation de cholestérol. Mais n'oubliez pas qu'il existe d'autres sources de graisses et de cholestérol, comme les œufs et les produits laitiers, dont vous auriez intérêt à faire un moins grand usage. Employez un seul jaune d'œuf (c'est lui qui renferme le plus de graisses et de cholestérol) pour trois ou quatre blancs. Les omelettes aux blancs d'œufs sont étonnamment délicieuses, surtout si vous les agrémentez de quelques légumes hachés.

La plupart des produits laitiers, comme le fromage Cottage et le yogourt, se vendent partiellement écrémés. Ils renferment de ce fait beaucoup moins de corps gras et de cholestérol que les produits non écrémés, mais parfois autant de calories. Ici, elles ne proviennent pas des graisses, mais bien des protéines que comportent les éléments solides du lait, lesquels sont plus abondants dans les produits partiellement écrémés.

Remplacez le lait entier (3,5 p. 100 de matières grasses, 150 calories et plus de 8 grammes de graisses par tasse) par du lait écrémé (86 calories et moins de 50 milligrammes de corps gras), en vous assurant qu'on lui a redonné les vitamines A et D perdues avec la crème. Le lait à 1 p. 100 renferme six fois plus de corps gras que le lait écrémé; le lait à 2 p. 100, quant à lui, en renferme 11 fois plus.

Remplacez aussi la crème sure, riche en matières grasses, par la crème sure santé (recette, p. 26) ou par le yogourt nature partiellement écrémé (le tiers des calories et 7 p. 100 des corps gras de la crème sure). Leur degré d'acidité est si semblable que vous remarquerez à peine la différence.

Les repas sans viande
Les repas sans viande, moins chers, moins gras et plus riches en fibres, font de plus en plus d'adeptes et le nombre des végétariens se multiplie. Si c'est votre cas, vous devez équilibrer vos menus pour absorber des protéines complètes, celles qui renferment les neuf acides aminés essentiels, dans les proportions que réclame l'organisme et qu'on trouve généralement dans la viande, la volaille et le poisson (voir « Protéines », p. 11). Les céréales associées aux légumineuses ou aux produits laitiers, les légumineuses combinées aux noix ou aux graines fournissent cet équilibre. Les régimes à base de riz et de haricots secs en Amérique du Sud et dans les Antilles, de maïs et de haricots secs au Mexique, de riz et de lentilles en Asie, de yogourt et de boulgour au Moyen-Orient montrent bien comment, un peu partout dans le monde, les peuples ont su tirer le meilleur parti des aliments qu'ils avaient à leur disposition. Nous pouvons très bien nous en inspirer.

Moins de sodium
Les aliments surgelés ou en conserve et les viandes traitées renferment une quantité étonnante de sel. Les soupes en boîte, les mélanges à sauces et les condiments comme le ketchup et la sauce soja sont notoirement salés. Recherchez les produits auxquels on n'a pas ajouté de sel. Ils sont identifiés par les mentions « pas de sel ajouté », ou « aucune addition de sel » ou « hyposodique ». Vous les trouverez probablement quand même suffisamment salés.

Quand c'est possible de le faire, vous pouvez réduire la teneur en sel des aliments en boîte, celle des haricots par exemple, en les passant sous le robinet d'eau froide. Le thon en boîte sera, lui aussi, moins salé si vous le rincez, mais vous perdrez de la sorte une partie des vitamines et des sels minéraux qu'il renferme.

(suite page 19)

Échec au sel — vive les fines herbes!

Pour diminuer votre consommation de sel, remplacez-le par des fines herbes et des épices. Pour les herbes fraîches, employez trois fois la quantité d'herbes sèches. Mariez les saveurs à votre guise, mais assaisonnez toujours faiblement au début, pour ajuster plus tard, en cours de cuisson. Rappelez-vous aussi qu'une pointe de jus de citron ou de lime fait ressortir la saveur d'à peu près tous les mets. Voici une liste d'aliments avec les assaisonnements qui leur conviennent le mieux.

Agneau	Ail, aneth, cari, menthe, origan, romarin, thym
Bœuf	Ail, assaisonnement au chile, basilic, cari, cumin, gingembre, laurier, marjolaine, origan, piment de la Jamaïque, thym
Porc	Ail, aneth, assaisonnement au chile, cari, coriandre, cumin, gingembre, graine de carvi, romarin, sauge, thym
Veau	Ail, aneth, coriandre, laurier, origan, romarin, sauge, thym
Volaille	Ail, basilic, cari, ciboulette, coriandre, estragon, gingembre, laurier, marjolaine, origan, romarin, sauge, thym
Œufs	Cari, ciboulette, cumin, estragon, sarriette
Poisson	Aneth, coriandre, estragon, laurier, muscade, sauge, thym
Fruits de mer	Aneth, basilic, cari, cerfeuil, clou de girofle, coriandre, estragon, laurier, marjolaine, origan, thym
Asperges	Aneth, basilic, ciboulette, estragon, graine de sésame, muscade
Aubergine	Ail, basilic, marjolaine, origan, sauge, thym
Betteraves	Aneth, ciboulette, gingembre, graine de carvi, marjolaine, raifort
Brocoli, chou-fleur, chou, choux de Bruxelles	Ail, basilic, cari, estragon, gingembre, graine de carvi, marjolaine, origan, thym
Carottes	Ciboulette, cumin, estragon, gingembre, graine de carvi, marjolaine, muscade
Champignons	Ail, aneth, basilic, ciboulette, estragon, marjolaine, origan, romarin
Courges, courgettes	Ail, aneth, basilic, ciboulette, coriandre, estragon, gingembre, marjolaine, origan, romarin, sarriette
Courges d'hiver	Cannelle, cari, clou de girofle, gingembre, macis, muscade, piment de la Jamaïque
Épinards	Ail, basilic, estragon, muscade
Haricots de Lima	Aneth, basilic, ciboulette, estragon, marjolaine, sarriette, sauge
Haricots mange-tout	Ail, aneth, basilic, estragon, laurier, marjolaine, romarin, sarriette
Haricots secs	Ail, assaisonnement au chile, coriandre, cumin, estragon, marjolaine, origan, romarin, sarriette, sauge, thym
Maïs	Ciboulette, coriandre, cumin, romarin, sarriette, sauge, thym
Navets	Cannelle, gingembre, muscade, piment de la Jamaïque
Petits pois	Aneth, basilic, ciboulette, estragon, marjolaine, menthe, origan, sarriette
Poivrons	Ail, ciboulette, coriandre, marjolaine, origan, thym
Pommes de terre	Ail, aneth, cari, ciboulette, coriandre, estragon, graine de carvi, laurier, menthe, origan, thym
Riz	Ail, cari, ciboulette, cumin, estragon, sauge
Tomates	Ail, aneth, basilic, ciboulette, coriandre, estragon, marjolaine, origan, romarin, sarriette, sauge, thym

Les repas au restaurant

Vous pouvez déterminer la quantité de graisses, de sodium et de sucre que vous consommez plus facilement à la maison qu'au restaurant, surtout si vous avez l'habitude de prendre votre repas sur le pouce dans un restaurant minute. Les pizzas, hambourgeois, poulet barbecue et autres mets de ce genre fournissent certes suffisamment de viande, de volaille ou de salade pour satisfaire les besoins d'un adulte sur le plan des vitamines et des sels minéraux, mais ils renferment par ailleurs une quantité renversante de graisses, de sodium, de sucre et de calories.

Par exemple, les frites qu'on vous sert au restaurant du coin sont généralement cuites dans des graisses saturées et salées à outrance ; les pizzas, la viande et le fromage fondu qui garnissent les hambourgeois et les tacos sont imprégnés de corps gras ; les laits fouettés, trop sucrés, renferment plus de 350 calories.

Dans un établissement plus recherché, vous pouvez davantage exercer votre libre arbitre. Le menu comporte habituellement assez de choix pour vous permettre de restreindre vos apports de graisses, de sodium et de sucre. En outre, vous pouvez demander qu'on omette la sauce, si le plat qui vous tente en comporte une, ou qu'on vous la serve à part.

Voici quelques suggestions qui vous aideront à mieux manger au restaurant.

Comme premier service, choisissez une soupe claire ou des fruits de mer en coupe ; évitez les entrées cuites en friture et celles qui comportent du beurre ou de la crème. Si vous prenez une salade, écartez les sauces crémeuses ou à base de fromage, riches en graisses et en sodium, pour choisir une vinaigrette classique à base d'huile et de vinaigre. Mieux encore, demandez qu'on vous apporte le vinaigrier et l'huilier et composez votre sauce vous-même avec peu d'huile. Enfin vous pouvez toujours, pour un repas plus léger, commander deux entrées, comme une soupe et un cocktail de crevettes, plutôt qu'une entrée et un plat principal : cette formule est de plus en plus populaire.

Si vous choisissez du poulet, de la dinde ou une autre volaille, ne mangez pas la peau. Évitez le canard ; il baigne généralement dans la graisse. Parmi les viandes rouges, laissez tomber les coupes grasses et le bœuf haché pour accorder votre préférence aux coupes maigres : biftecks de flanc, de ronde ou de filet, rosbifs de ronde ou de croupe. N'hésitez pas à demander dans quelle pièce est coupé le rosbif.

Les poissons et les fruits de mer ne présentent aucun problème à condition de n'être ni sautés ni frits et de ne pas baigner dans le beurre. (Rappelez-vous que le cholestérol de ces aliments est contrebalancé par leurs bienfaisants acides gras oméga-3.) Ne touchez pas à la sauce tartare ou tomate qui les accompagne ; prenez plutôt du citron, tout simplement.

Avant de commander, demandez si les légumes sont présentés en sauce. Le cas échéant, faites-la supprimer ou demandez qu'on vous la serve à part.

Les plats pour régimes amaigrissants figurent de plus en plus aux menus des restaurants. Mais ils ne sont pas nécessairement avantageux sur le plan de la nutrition. Ils comportent typiquement une boulette de bœuf haché, du fromage Cottage et une salade. Or, une boulette de 85 grammes (3 onces) peut contenir jusqu'à 19 grammes de graisses et le fromage Cottage, 5 grammes de matières grasses par demi-tasse.

Dans la corbeille à pain, jetez votre dévolu sur les gressins, le pain pita, les biscottes et les melbas. Et laissez de côté les pains qui vous paraissent contenir du beurre ou du sucre : pain de mie, croissants, muffins et autres petits pains sucrés.

Au moment du dessert, pensez aux fruits, aux gélatines parfumées, aux sorbets de fruit ou aux plats à base de yogourt partiellement écrémé. Les génoises, les pains de Savoie sont acceptables dans la mesure où ils ne sont pas surchargés d'une garniture très sucrée. Demandez toujours qu'on serve la crème fouettée ou les sauces d'accompagnement à part ou, mieux encore, qu'on les omette tout à fait sauf s'il s'agit d'une purée de fruits.

Si vous suivez un régime hyposodique, rappelez-vous que les plats de hors-d'œuvre variés sont la plupart du temps excessivement salés. Évitez systématiquement les légumes marinés, les sauces condimentées et les viandes traitées. N'oubliez pas que la moutarde, la sauce Worcestershire, le ketchup et toutes les sauces à biftecks ou à poulet sont chargés de sel.

Il y a peu de sel, quand il y en a, dans les recettes de ce livre ; en général, les fines herbes et les épices le remplacent. Essayez d'assaisonner avec des herbes fines (voir le tableau de la page 17). À tour de rôle, utilisez des épices et des fines herbes différentes pour déterminer ce qui plaît à votre famille. Faites des mélanges expérimentaux, sans toutefois forcer la note au début.

Vous constaterez qu'un assaisonnement différent transforme souvent le plus simple des plats en un mets exotique. Voici une liste d'aromates caractéristiques des cuisines de divers pays. Vous pouvez les utiliser un à un pour commencer, puis en combiner deux ou trois pour créer vos propres gammes de saveurs — sans toucher au sel.

Allemagne : Graine de carvi, vinaigre

Antilles : Gombo, feuille de laurier, sauce forte aux piments rouges

Chine : Gingembre frais, graine ou huile de sésame, sauce soja, zeste ou jus de citron ou d'orange

Espagne et Portugal : Ail, paprika, coriandre, zeste ou jus de citron, zeste ou jus d'orange

France : Estragon, cerfeuil, thym

Grèce : Jus de citron, ail, cannelle, romarin, menthe

Hawaï : Ananas, sauce soja

Hongrie : Paprika et crème sure ou yogourt

Inde : Ail, coriandre fraîche, gingembre frais, poudre de cari

Italie : Basilic, origan, ail

Mexique : Assaisonnement au chile, cumin, coriandre fraîche, flocons de piment rouge

Moyen-Orient : Graine de sésame, jus de citron, menthe

Scandinavie : Aneth, graine de carvi, cardamome

Le sucre

Employez le moins de sucre possible. Rappelez-vous que le miel n'est pas un substitut avantageux pour la santé : c'est de la sucrose, tout comme le sucre, et ses éléments nutritifs sont négligeables. En fait, une cuillerée à soupe de miel renferme 18 calories de plus que la même quantité de sucre. Pour sucrer un plat, employez autant que possible de la purée de fruits. Du yogourt partiellement écrémé, agrémenté de fruits frais, constitue un goûter ou un dessert infiniment meilleur que les produits préparés commercialement, lesquels sont chargés de sucre.

Les vitamines

Plus vous faites cuire un légume, plus il perd de ses vitamines B et C dans l'eau de cuisson. Conservez cette eau pour vos soupes et vos ragoûts et vous retrouverez une partie des éléments nutritifs perdus. Vous pouvez aussi faire cuire les légumes à la vapeur : ils conservent ainsi leur croquant et leur couleur et perdent moins de vitamines. Troisième mode de cuisson recommandé, le wok ou la grande sauteuse. Comme la cuisson s'effectue rapidement et à chaleur vive, les vitamines demeurent intactes et le légume conserve sa saveur et sa fraîcheur. Plusieurs recettes, dans ce livre, vous invitent à faire sauter les légumes dans un peu d'huile d'olive, d'huile végétale ou de margarine. Finalement, si vous avez renoncé complètement à la cuisson en corps gras, faites-les braiser dans un peu de bouillon de poulet jusqu'à ce qu'ils soient croquants et à point.

La conservation prive les aliments de leurs vitamines et de leurs sels minéraux. Pour cette raison, ne gardez pas les restes plus de quelques jours au réfrigérateur. Et si vous avez l'intention de congeler un plat, faites-le dès qu'il a refroidi.

Pour tirer plein parti de ce livre

Les recettes que renferme ce livre ont été créées pour vous convaincre qu'on peut manger d'excellente façon tout en diminuant ses rations de graisses, de sel et de sucre. Certaines d'entre elles sont des versions en cuisine minceur de plats ou de condiments classiques : mayonnaise ou crêpes par exemple. D'autres, comme les Escalopes de porc à la moutarde et au miel ou les Spaghettis aux asperges et aux pacanes, sont des recettes nouvelles qui prendront place dans votre répertoire pour le plus grand bonheur de vos convives.

Analyses nutritionnelles

Trait marquant de ce livre, chaque recette s'accompagne d'un petit tableau donnant les teneurs en calories, graisses, graisses saturées, cholestérol, protéines, hydrates de carbone, sodium, sucre ajouté et fibres. Pour interpréter ces chiffres, vous devez connaître les apports minimaux ou maximaux recommandés pour rester en bonne santé. Voici quelques directives à ce sujet.

Calories : Le nombre de calories recommandé dépend de votre taille, de votre âge et de votre sexe ; il varie aussi selon que vous souhaitez maigrir ou engraisser. Pour connaître le nombre maximum de calories que vous pouvez absorber chaque jour sans modifier votre poids, appliquez ces formules :

Si vous êtes relativement sédentaire (comme dans un travail de bureau), multipliez votre poids en livres par 12. Si vous vous adonnez à des activités légères (le travail de maison par exemple), multipliez-le par 15. Si vous êtes une personne moyennement active (vous servez dans un restaurant ou jouez chaque jour au golf), multipliez-le par 20. Si vous êtes une personne très active (vous travaillez dans la construction et consacrez vos loisirs au tennis), multipliez-le par 25.

Le chiffre que vous obtenez, 1 560 dans le cas d'une employée de bureau pesant 59 kilos (130 lb), correspond au nombre de calories que vous pouvez absorber chaque jour sans engraisser. Pour maigrir, retranchez-en un peu tous les jours et votre organisme commencera à brûler les graisses accumulées.

Autre méthode, consultez l'encadré ci-dessous publié par Santé et Bien-être social Canada. Ces directives ont été établies en fonction des besoins énergétiques quotidiens d'une personne en santé correspondant à la moyenne. (La consommation peut varier avec la stature, le poids et le degré d'activité du sujet.)

Lorsque vous aurez identifié votre ration quotidienne idéale, vérifiez le nombre de calories par portion chaque fois que vous exécutez une recette de ce livre. Si vous optez pour un plat riche en calories (des Macaronis à la bolonaise, par exemple, à 391 calories par portion), accompagnez-le d'un plat pauvre en calories, comme des Épinards braisés, 35 calories par portion, ou une salade verte relevée de Vinaigrette au fromage bleu, 9 calories par cuillerée à soupe de sauce.

Graisses et graisses saturées: Mais d'où viennent les calories? Pour le savoir, examinez les teneurs en graisses, graisses saturées, protéines et hydrates de carbone. Sachez que 1 gramme de graisses vaut 9 calories tandis que 1 gramme de protéines ou 1 gramme d'hydrates de carbone en vaut 4. *Rappelez-vous aussi que 30 p. 100 au plus des apports quotidiens de calories doivent provenir des graisses et pas plus de 10 p. 100 des graisses saturées.* Cela signifie qu'un plat de 300 calories par portion et 15 grammes de graisses se situe à la limite du recommandable; car 15 grammes de graisses à 9 calories le gramme représentent 135 calories, c'est-à-dire 45 p. 100 de la teneur totale en calories ou une fois et demie la proportion souhaitable. Si le même plat renferme 5 grammes de graisses saturées, vous absorbez 45 calories provenant de cette source, soit beaucoup plus que la limite recommandée de 10 p. 100 par jour.

Cela ne veut pas dire que chaque plat au menu doive respecter ces directives à la lettre. Les viandes, par exemple, auront toujours plus de graisses que les quantités recommandées par portion, tout comme le lait entier et le fromage. Cela veut dire, par contre, qu'il faut équilibrer les menus en servant, avec un mets riche en graisses, un autre qui ne l'est pas: c'est la perspective globale qui est importante.

Protéines: Les adultes ont besoin en moyenne de 50 grammes de protéines par jour; 15 p. 100 des calories devraient provenir de ces protéines. Puisque 1 gramme de protéines fournit 4 calories, un repas de 400 calories devrait comporter 15 grammes de protéines (60 calories = 15 p. 100 de 400). À ce sujet, rappelez-vous qu'un verre de lait de 240 millilitres (8 onces) renferme 8-10 grammes de protéines et qu'on en trouve aussi de grandes quantités dans les œufs, le fromage et divers produits laitiers.

Hydrates de carbone: Dans un régime idéal, les hydrates de carbone complexes représentent 50-55 p. 100 des apports de calories. Céréales, légumineuses, légumes et certains fruits les fournissent. Les sucres sont aussi des hydrates de carbone, mais ils ne renferment aucun élément nutritif, seulement des calories. Puisque 1 gramme d'hydrates de carbone — complexes ou non — fournit 4 calories, si vous absorbez 1 800 calories par jour, 1 000 de ces calories devraient provenir de 250 grammes d'hydrates de carbone.

Cholestérol: Santé et Bien-être social Canada fixe comme limite 100 milligrammes de cholestérol par 1 000 calories, sans dépasser 300 milligrammes par jour. Un seul œuf en renferme 260, tous dans le jaune; il est donc préférable de cuisiner avec les blancs. Cependant, on ne peut pas toujours remplacer les œufs entiers par des blancs. Vous trouverez dans ce livre quelques façons ingénieuses de compenser l'utilisation des jaunes car il faut, autant que possible, éviter d'en consommer plus de deux ou trois par semaine.

Sucre ajouté: Fruits, légumes et produits laitiers renferment des sucres simples: fructose, galactose et glucose. En cuisine et à table, on emploie de la sucrose: sucre, cassonade, sirops divers, miel et mélasse. Les recettes de ce livre comportent peu de

Besoins énergétiques quotidiens
Sexe masculin

Âge	Calories par jour
10-15	2 500
16-18	3 000
19-24	2 700
25-49	2 600
50-75	2 300
75 et plus	2 100

Sexe féminin

Âge	Calories par jour
10-15	2 200
16-18	2 100
19-24	2 100
25-49	2 100
50-75	1 900
75 et plus	1 800
Enceintes	plus 300
Qui allaitent	plus 500

sucre ajouté, même dans les desserts. Lorsqu'un plat est additionné de sucre blanc ou de produits sucrés, comme des biscuits de gingembre ou un cocktail de canneberges, sa teneur en sucre ajouté apparaît dans le tableau des valeurs nutritionnelles.

Sodium : Le sodium doit se limiter à 1 milligramme par calorie. Autrement dit, si vos apports de sodium sont égaux ou inférieurs à vos apports de calories, vous êtes dans le droit chemin. Cependant, vous devez éviter de consommer plus de 3 000 milligrammes de sodium par jour.

Fibres : L'apport recommandé est d'au moins 25-35 grammes par jour. Les fibres proviennent seulement des végétaux, jamais des viandes ni des produits laitiers. Verdures, petits pois, haricots ou lentilles en sont les sources les plus communes. Il ne sera pas possible toutefois de respecter la norme sans consommer des fibres sous forme de céréales de son ou d'autres produits à forte teneur en fibres. La peau de certains fruits — pommes, pruneaux et raisins — et la chair des agrumes sont d'excellentes sources à cet égard.

Symboles d'une teneur extra-faible en graisses, sodium et sucre

Chaque recette est accompagnée de symboles verts étiquetés graisses, sucre et sodium. Un symbole vert foncé identifie une teneur *extra*-faible, puisque toutes les recettes sont pauvres en graisses, sucre et sodium, autant qu'en calories et en cholestérol.

GRAISSES SUCRE SODIUM   Très pauvre en graisses

Les normes varient selon la fonction du plat dans le régime quotidien. Il sera doté du symbole « très pauvre en graisses » si sa teneur en graisses est inférieure à un certain nombre de grammes par portion :

Succédanés maison : Aucune
Amuse-gueule : 2 grammes ou moins
Soupes : 2 grammes ou moins comme entrée,
　12 ou moins comme plat principal
Plats principaux : 12 grammes ou moins
Légumes et salades : 2 grammes ou moins
Sauces à salade : Aucune
Pains : Aucune
Petits déjeuners : 10 grammes ou moins
Boissons : Aucune
Desserts : 2 grammes ou moins
　Vous n'avez pas besoin de mémoriser ces données ; les symboles le font pour vous.

GRAISSES SUCRE **SODIUM**   Très pauvre en sodium

Un plat est coté « très pauvre en sodium » si le contenu en sodium par portion ne dépasse pas, en milligrammes, le nombre de calories. Par exemple, un plat de 380 calories doit contenir moins de 380 milligrammes de sodium pour mériter ce classement.

GRAISSES **SUCRE** SODIUM   Très pauvre en sucre

Une recette qui ne comporte aucun sucre *ajouté —* sucre blanc ou sucre contenu dans des produits commerciaux — reçoit cette mention.

Délais de préparation et de cuisson

Le délai de préparation correspond au temps requis pour couper, hacher et mélanger les ingrédients ; le délai de cuisson, au temps requis pour les faire cuire sur un élément de surface ou au four. Certaines personnes travaillent plus vite que d'autres ou exécutent deux opérations en même temps ; par exemple elles feront cuire un légume pendant qu'elles préparent la sauce ; certains fours aussi sont plus chauds que d'autres. Si les délais spécifiés ne correspondent pas à la réalité, servez-vous-en à titre indicatif seulement.

Les demi-recettes

La plupart des recettes de ce livre, sauf celles du chapitre intitulé « Cuisine solo ou duo », donnent quatre portions. Quand une recette se divise aisément en deux, une mention le précise dans le texte d'introduction ; lorsque toutes les recettes d'un chapitre sont dans ce cas — Salades et garnitures à salade, par exemple —, la mention apparaît dans l'introduction au chapitre.

Conseils

De petits textes précédés du mot « Conseil » offrent des renseignements qui touchent généralement les recettes qu'ils accompagnent. Ils portent surtout sur l'achat des ingrédients, leur utilisation et la conservation des restes.

Ustensiles de cuisine

Voici les dimensions des principaux ustensiles de cuisine utilisés dans ce livre. Les casseroles petites, moyennes et grandes ont une contenance respective de 4, 6 ou 8 tasses ; les cocottes, de 16 tasses. Les petites poêles font 18 cm (7 po) de diamètre ; les moyennes, 25 cm (10 po) et les grandes, 30 cm (12 po) ; les assiettes à tarte, 20-23 cm (8-9 po).

Les plats à four carrés mesurent 20 × 20 × 5 cm (8 × 8 × 2 po) ; les plats à four ou lèchefrites rectangulaires, 33 × 23 × 5 cm (13 × 9 × 2 po) et les moules à pain, 19 × 9,5 × 5 cm (7½ × 3¾ × 2 po).

Ces mesures sont purement indicatives ; vous utilisez bien évidemment les ustensiles de cuisine que vous avez à votre disposition.

Mesures

Les mesures anglaises ont été converties en mesures métriques, lesquelles ont été arrondies pour faciliter votre travail.

La différence minime qui peut exister entre les deux ne risque en aucun cas de modifier les résultats.

Des menus santé

Voici quelques menus qui respectent les directives alimentaires discutées dans ce chapitre. Sauf les « Menus solo ou duo », tous sont pour quatre personnes ; le Pâté de jambon épicé, dans les « Petits repas », convient toutefois pour huit. Les valeurs alimentaires figurant sous chaque menu sont celles d'un repas complet pour une personne.

Repas familiaux

Biftecks à la pizzaiola (p. 67)
Choux de Bruxelles, sauce au citron (p. 179)
Pommes de terre en purée crémeuse (p. 194)
Pouding aux bleuets (p. 283)

Calories	509	Hydrates de carbone	61 g
Graisses	14 g	Sodium	327 mg
Graisses saturées	3 g	Sucre ajouté	44 cal.
Cholestérol	137 mg	Fibres	9 g
Protéines	36 g		

Poulet à la créole (p. 107)
Sauté de carottes et pommes de terre (p. 181)
Salade tiède aux épinards (p. 215)
Yogourt glacé (p. 292)

Calories	550	Hydrates de carbone	58 g
Graisses	17 g	Sodium	293 mg
Graisses saturées	3 g	Sucre ajouté	25 cal.
Cholestérol	93 mg	Fibres	9 g
Protéines	44 g		

Welsh rabbit du pêcheur (p. 121)
Pain de campagne (p. 229)
Tomates farcies au brocoli (p. 178)
Glace aux pêches fraîches (p. 290)

Calories	506	Hydrates de carbone	59 g
Graisses	13 g	Sodium	414 mg
Graisses saturées	7 g	Sucre ajouté	32 cal.
Cholestérol	101 mg	Fibres	4 g
Protéines	39 g		

Consommé maison au poulet (p. 50)
Sauté de légumes au tofu (p. 139)
Salade de concombre à la menthe (p. 212)
Soufflé au citron (p. 290)

Calories	429	Hydrates de carbone	55 g
Graisses	15 g	Sodium	411 mg
Graisses saturées	3 g	Sucre ajouté	39 cal.
Cholestérol	47 mg	Fibres	2 g
Protéines	23 g		

Repas de réception

Potage aux haricots noirs (p. 56)
Poulet rôti farci
 aux abricots secs (p. 92)
Salade de romaine et de tomates
Vinaigrette à la française (p. 225)
Parfait croquant choco-
 framboises (p. 291)

Calories	731	Hydrates de carbone	79 g
Graisses	23 g	Sodium	239 mg
Graisses saturées	6 g	Sucre ajouté	24 cal.
Cholestérol	107 mg	Fibres	11 g
Protéines	50 g		

Champignons farcis aux épinards (p. 43)
Cioppino de fruits de mer
 à la californienne (p. 127)
Salade verte
Sauce crémeuse à l'ail (p. 226)
Pain croûté classique (p. 228)
Gâteau roulé au citron (p. 278)

Calories	547	Hydrates de carbone	75 g
Graisses	7 g	Sodium	572 mg
Graisses saturées	1 g	Sucre ajouté	103 cal.
Cholestérol	134 mg	Fibres	4 g
Protéines	44 g		

Consommé maison au poulet (p. 50)
Lasagnes végétariennes (p. 153)
Salade verte
Vinaigrette italienne (p. 225)
Pain croûté classique (p. 228)

Calories	472	Hydrates de carbone	73 g
Graisses	10 g	Sodium	347 mg
Graisses saturées	3 g	Sucre ajouté	0
Cholestérol	6 mg	Fibres	5 g
Protéines	22 g		

Repas minceur

Bifteck au persil (p. 68)
Salade de chou en gelée (p. 222)
Frites au four (p. 196)
Macarons aux grains de chocolat (p. 280)

Calories	360	Hydrates de carbone	40 g
Graisses	12 g	Sodium	68 mg
Graisses saturées	2 g	Sucre ajouté	34 cal.
Cholestérol	49 mg	Fibres	3 g
Protéines	24 g		

Poitrines de poulet à la dijonnaise (p. 106)
Pommes de terre au four
Ragoût braisé de courge,
  maïs et tomates (p. 200)
Gâteau au fromage lime-gingembre (p. 288)

Calories	387	Hydrates de carbone	39 g
Graisses	10 g	Sodium	421 mg
Graisses saturées	2 g	Sucre ajouté	24 cal.
Cholestérol	101 mg	Fibres	4 g
Protéines	38 g		

Pommes de terre farcies au fromage (p. 43)
Sole aux légumes en papillotes (p. 120)
Haricots verts à l'aneth (p. 174)
Yogourt et fraises fraîches

Calories	371	Hydrates de carbone	45 g
Graisses	10 g	Sodium	225 mg
Graisses saturées	1 g	Sucre ajouté	0
Cholestérol	69 mg	Fibres	7 g
Protéines	31 g		

Ragoût de haricots
  blancs (p. 143)
Pain de singe (p. 230)
Salade verte
Vinaigrette à la française (p. 225)
Fraises
Crème fouettée santé (p. 27)

Calories	392	Hydrates de carbone	65 g
Graisses	9 g	Sodium	177 mg
Graisses saturées	1 g	Sucre ajouté	2 cal.
Cholestérol	0	Fibres	11 g
Protéines	17 g		

Petits repas

Pâté de jambon épicé (p. 85)
Salade aux quatre haricots (p. 207)
Carrés au citron (p. 281)

Calories	402	Hydrates de carbone	49 g
Graisses	13 g	Sodium	527 mg
Graisses saturées	2 g	Sucre ajouté	67 cal.
Cholestérol	58 mg	Fibres	5 g
Protéines	24 g		

Potage carottes et pommes (p. 56)
Salade de poulet à
  la chinoise (p. 95)
Pain de singe (p. 230)
Gratin de pêches au gingembre (p. 282)

Calories	557	Hydrates de carbone	68 g
Graisses	19 g	Sodium	577 mg
Graisses saturées	4 g	Sucre ajouté	50 cal.
Cholestérol	62 mg	Fibres	8 g
Protéines	31 g		

Curry de thon froid aux fruits (p. 124)
Pain plat à l'oignon (p. 231)
Glace au melon (p. 290)

Calories	320	Hydrates de carbone	47 g
Graisses	5 g	Sodium	381 mg
Graisses saturées	0	Sucre ajouté	32 cal.
Cholestérol	48 mg	Fibres	1 g
Protéines	25 g		

Tagliatelles Alfredo (p. 161)
Salade à la grecque (p. 217)
Fruit frais

Calories	434	Hydrates de carbone	65 g
Graisses	10 g	Sodium	186 mg
Graisses saturées	3 g	Sucre ajouté	0
Cholestérol	65 mg	Fibres	3 g
Protéines	17 g		

Petits déjeuners

Cocktail jardinière (p. 274)
Omelettes aux asperges et
  aux champignons (p. 256)
Muffins au son (p. 240)

Calories	208	Hydrates de carbone	25 g
Graisses	10 g	Sodium	243 mg
Graisses saturées	1 g	Sucre ajouté	12 cal.
Cholestérol	92 mg	Fibres	7 g
Protéines	10 g		

¼ melon cantaloup
Pain doré à l'orange (p. 260)
Tisane aux fines herbes (p. 273)

Calories	235	Hydrates de carbone	43 g
Graisses	4 g	Sodium	303 mg
Graisses saturées	1 g	Sucre ajouté	16 cal.
Cholestérol	2 mg	Fibres	3 g
Protéines	9 g		

Jus d'orange
Crêpes aux fruits (p. 259)
Framboises
Jambon hyposodique

Calories	332	Hydrates de carbone	60 g
Graisses	9 g	Sodium	650 mg
Graisses saturées	0	Sucre ajouté	44 cal.
Cholestérol	22 mg	Fibres	4 g
Protéines	16 g		

Menus solo ou duo

Ragoût de saucisse de Pologne et de pois
    chiches (p. 244)
Épinards braisés (p. 199)
Flan au chocolat (p. 289)

Calories	530	Hydrates de carbone	77 g
Graisses	16 g	Sodium	445 mg
Graisses saturées	5 g	Sucre ajouté	64 cal.
Cholestérol	22 mg	Fibres	12 g
Protéines	26 g		

Poulet frit au four (p. 98)
Petits pois à l'anglaise (p. 190)
Salade de betteraves marinées (p. 209)
Pouding aux pêches (p. 285)

Calories	636	Hydrates de carbone	68 g
Graisses	16 g	Sodium	510 mg
Graisses saturées	5 g	Sucre ajouté	55 cal.
Cholestérol	97 mg	Fibres	7 g
Protéines	44 g		

Linguines au thon et aux petits pois (p. 253)
Salade de légumes rôtis (p. 216)
Gratin de pommes aux raisins secs (p. 282)

Calories	579	Hydrates de carbone	82 g
Graisses	18 g	Sodium	389 mg
Graisses saturées	4 g	Sucre ajouté	48 cal.
Cholestérol	32 mg	Fibres	5 g
Protéines	26 g		

Repas en un plat

Sauté d'agneau aux asperges (p. 88)
Riz brun
Pouding aux fruits
    sans sucre (p. 288)

Calories	560	Hydrates de carbone	67 g
Graisses	19 g	Sodium	564 mg
Graisses saturées	7 g	Sucre ajouté	0
Cholestérol	80 mg	Fibres	8 g
Protéines	30 g		

Poule au pot à l'anglaise (p. 96)
Salade verte
Vinaigrette rustique (p. 225)
Fruits mélangés
Sauce au miel (p. 226)

Calories	507	Hydrates de carbone	48 g
Graisses	14 g	Sodium	185 mg
Graisses saturées	4 g	Sucre ajouté	0
Cholestérol	93 mg	Fibres	5 g
Protéines	59 g		

Fruits de mer aux gombos (p. 128)
Riz bouilli
Salade verte
Vinaigrette à l'italienne (p. 225)
Tarte meringuée à la citrouille (p. 286)

Calories	595	Hydrates de carbone	90 g
Graisses	15 g	Sodium	462 mg
Graisses saturées	3 g	Sucre ajouté	55 cal.
Cholestérol	148 mg	Fibres	4 g
Protéines	35 g		

Curry végétarien, sauce au yogourt (p. 141)
Pain pita de blé entier
Tartelettes aux bleuets et
    aux pêches (p. 286)

Calories	693	Hydrates de carbone	140 g
Graisses	9 g	Sodium	536 mg
Graisses saturées	2 g	Sucre ajouté	51 cal.
Cholestérol	3 mg	Fibres	9 g
Protéines	23 g		

Recettes santé de base

Cuisinez vos propres recettes de base et jamais plus vous ne regretterez les « plaisirs défendus ». Une cuillerée à thé de Sel condimenté (p. 26), par exemple, renferme seulement 1 mg de sodium au lieu des 2 132 mg du sel ordinaire ; la Mayonnaise santé (p. 26) ne contient, quant à elle, que 18 calories par cuillerée à soupe. Faites provision de condiments maison, ketchup, moutarde, relish, et vous oublierez ces faux amis que sont le sel et le sucre. Voilà des bases toutes simples pour une bonne cuisine santé !

Sel condimenté

Préparation : **8 min**   [GRAISSES] [SUCRE] [SODIUM]

Sur la table, remplacez le sel par ce mélange de condiments qui conserve plusieurs mois sa fraîcheur. Sel sur, arrow-root et zeste de citron en poudre, bien que peu usités, se trouvent dans les supermarchés.

1   c. à soupe de poivre noir
1   c. à soupe de graine de céleri
1   c. à soupe de poudre d'oignon
2¼ c. à thé de crème de tartre
1½ c. à thé de poudre d'ail
1½ c. à thé de zeste d'orange en poudre
1½ c. à thé d'arrow-root
1½ c. à thé de sucre
¾   c. à thé de sel sur (acide citrique en poudre)
½   c. à thé de poivre blanc
½   c. à thé d'aneth
½   c. à thé de thym séché, émietté
¼   c. à thé comble de zeste de citron en poudre
¼   c. à thé de cayenne

1. Réunissez tous les ingrédients dans un moulin à café ou à fines herbes ou dans le mixer et travaillez-les 10 secondes.
2. À l'aide d'un entonnoir, versez une partie du mélange dans une salière en verre. Gardez ce qui reste dans un bocal bien fermé, dans un endroit frais, sombre et sec. Donne ½ tasse.

1 cuillerée à thé :

		Protéines	0
Calories	6	Hydrates de carbone	1 g
Graisses	0	Sodium	1 mg
Graisses saturées	0	Sucre ajouté	1 cal.
Cholestérol	0	Fibres	0

Mayonnaise santé

Préparation : **1 min**   [GRAISSES] [SUCRE] [SODIUM]
Cuisson : **1 min**

À votre gré, ajoutez une cuillerée à soupe de ketchup hyposodique et un trait de sauce piquante.

1   c. à soupe de fécule de maïs
1   tasse d'eau froide
2   c. à soupe d'huile d'olive
2   c. à soupe de vinaigre blanc
2   c. à soupe de yogourt partiellement écrémé

1   c. à thé de moutarde préparée
½   c. à thé de raifort préparé

1. Déposez la **fécule de maïs** dans une petite casserole, incorporez l'**eau** au fouet et faites chauffer à feu moyen. Remuez sans arrêt jusqu'au point d'ébullition. Prolongez la cuisson de 1-2 minutes. Quand la préparation est transparente, déposez-la dans un petit bol.
2. Incorporez au fouet l'**huile d'olive**, le **vinaigre**, le **yogourt**, la **moutarde** et le **raifort**. Se garde 2 semaines au réfrigérateur dans un bocal bien fermé. Donne environ 1 tasse.

1 cuillerée à soupe :

		Protéines	0
Calories	18	Hydrates de carbone	1 g
Graisses	2 g	Sodium	5 mg
Graisses saturées	0	Sucre ajouté	0
Cholestérol	0	Fibres	0

Crème sure santé

Préparation : **6 min** et 1 h de   [GRAISSES] [SUCRE] [SODIUM]
réfrigération   Cuisson : **5 min**

On trouve du babeurre en poudre dans les magasins d'aliments diététiques et quelques supermarchés.

1   tasse de lait
4   c. à thé de babeurre en poudre
½   c. à thé de gélatine non aromatisée
½   tasse de yogourt partiellement écrémé

1. Dans une casserole moyenne, fouettez ensemble le **lait** et le **babeurre en poudre**. Saupoudrez la **gélatine** sur le mélange et laissez-la gonfler 5 minutes.
2. Faites cuire environ 5 minutes à découvert sur un feu bas en remuant de temps à autre. Dès que la gélatine a fondu, retirez du feu et incorporez le **yogourt** au fouet.
3. Mettez la préparation dans un bol moyen, couvrez et réfrigérez au moins 1 heure pour qu'elle épaississe. Vous pouvez la conserver 5 jours au réfrigérateur dans un bocal bien fermé. Donne 1½ tasse.

1 cuillerée à soupe :

		Protéines	1 g
Calories	11	Hydrates de carbone	1 g
Graisses	0	Sodium	11 mg
Graisses saturées	0	Sucre ajouté	0
Cholestérol	2 mg	Fibres	0

Crème fouettée santé

Crème fouettée santé

Préparation : **25 min,** incluant
15 min de réfrigération

GRAISSES SUCRE SODIUM

*Préparez cette similicrème fouettée au
moment de la servir, car elle perd vite de son
volume. Pour accélérer le travail, mesurez
tous les ingrédients d'avance.*

½ **tasse de lait écrémé**
½ **tasse de lait écrémé en poudre**
⅛ **c. à thé de crème de tartre**
4 **c. à thé de jus de citron**
2 **c. à thé de sucre (facultatif)**
½ **c. à thé d'essence de vanille (facultatif)**

1. Placez le **lait écrémé** au congélateur dans un
   petit bol métallique et attendez qu'il s'y forme
   des cristaux (à peu près 15 minutes).
2. Retirez-le du congélateur et ajoutez le **lait
   écrémé en poudre** et la **crème de tartre**. Avec
   un batteur électrique à main, faites mousser
   le mélange à grande vitesse.
3. Incorporez en fouettant 1 c. à thé de **jus de
   citron** et prolongez l'opération jusqu'à ce que
   le mélange épaississe. Incorporez une seconde
   cuillerée à thé de jus de citron et, si vous le
   désirez, le **sucre**. Fouettez encore pour que
   le mélange forme des pics souples. Ajoutez le
   reste du citron et fouettez jusqu'à formation de
   pics fermes. Incorporez la **vanille** s'il y a lieu
   et servez immédiatement. Donne 2 tasses.

1 cuillerée à soupe :

Calories	5	Protéines	1 g
Graisses	0	Hydrates de carbone	1 g
Graisses saturées	0	Sodium	8 mg
Cholestérol	0	Sucre ajouté	0
		Fibres	0

Crème fraîche santé

Préparation : **2 min** et
6 h d'attente

GRAISSES SUCRE SODIUM

*La cuisine française utilise souvent une crème
fraîche, épaisse et un peu surette, pour napper
les desserts. En voici un succédané, moins
riche en calories.*

1¼ **tasse de lait écrémé évaporé**
1 **tasse de yogourt partiellement écrémé**
1½ **c. à thé de jus de citron**

Réunissez les ingrédients dans un bol moyen,
couvrez et laissez reposer au moins 6 heures à
la température ambiante. Réfrigérez. Au moment de servir, sortez la crème et fouettez-la.
Se garde 5 jours au réfrigérateur dans un récipient hermétique. Donne environ 2¼ tasses.

1 cuillerée à soupe :

Calories	11	Protéines	1 g
Graisses	0	Hydrates de carbone	1 g
Graisses saturées	0	Sodium	15 mg
Cholestérol	1 mg	Sucre ajouté	0
		Fibres	0

Base de vinaigrette aux fines herbes

Ce mélange de base et les deux qui suivent se gardent aisément 6 semaines.
Doublez les quantités si vous servez souvent de la salade.

¼ tasse de flocons de persil

2 c. à soupe chacune d'origan, de basilic et de marjolaine séchés, émiettés

2 c. à soupe de sucre

1 c. à soupe de graine de fenouil écrasée

1 c. à soupe de moutarde sèche

1½ c. à thé de poivre noir

Préparation : **5 min**

1 cuillerée à soupe du mélange de base :

Calories	13
Graisses	0
Graisses saturées	0
Cholestérol	0
Protéines	0
Hydrates de carbone	3 g
Sodium	1 mg
Sucre ajouté	6 cal.
Fibres	0

Réunissez les ingrédients dans un bocal de 4 tasses ; fermez et agitez. Gardez le mélange dans un endroit frais, sombre et sec. Donne environ 1 tasse.

Vinaigrette aux fines herbes Dans un petit bol, mélangez au fouet 1 c. à soupe du mélange de base, ¾ tasse d'eau chaude, 2½ c. à soupe de vinaigre de vin blanc ou à l'estragon, 1 c. à soupe d'huile d'olive et 1 gousse d'ail écrasée. Goûtez et ajoutez au besoin ¼ ou ½ c. à thé du mélange de base. Laissez reposer au moins 30 minutes à la température ambiante. Avant de servir, donnez quelques coups de fouet. Donne environ 1 tasse.

Base de vinaigrette au babeurre

2¼ tasses de babeurre en poudre

¾ tasse de ciboulette lyophilisée

¼ tasse d'aneth

¼ tasse de sucre

2 c. à soupe de moutarde sèche

Préparation : **5 min**

5 cuillerées à soupe du mélange de base :

Calories	113
Graisses	2 g
Graisses saturées	1 g
Cholestérol	16 mg
Protéines	8 g
Hydrates de carbone	16 g
Sodium	120 mg
Sucre ajouté	15 cal.
Fibres	0

Mélangez tous les ingrédients dans un grand bol. Déposez-les dans un bocal de 4 tasses ; fermez et réfrigérez. Donne environ 3⅔ tasses.

Vinaigrette au babeurre Dans un petit bol, mélangez au fouet 5 c. à soupe du mélange précédent, ½ tasse d'eau chaude, 2 c. à soupe de vinaigre de cidre et 1 c. à soupe de crème sure. Laissez reposer au moins 30 minutes à la température ambiante. Avant de servir, donnez quelques coups de fouet. Donne environ 1 tasse.

Base de vinaigrette au yogourt

¼ tasse d'assaisonnement au chile

¼ tasse de cumin moulu

1 c. à soupe de gingembre moulu

1½ c. à thé de cayenne

Préparation : **5 min**

2 cuillerées à thé du mélange de base :

Calories	18
Graisses	1 g
Graisses saturées	0
Cholestérol	0
Protéines	1 g
Hydrates de carbone	3 g
Sodium	29 mg
Sucre ajouté	0
Fibres	0

Réunissez tous les ingrédients dans un bocal de 2 tasses ; fermez et agitez. Se garde dans un endroit frais, sombre et sec. Donne environ ½ tasse.

Vinaigrette au yogourt Dans un petit bol, mélangez au fouet 2 c. à thé du mélange de base, ½ tasse de yogourt nature partiellement écrémé, 3 c. à soupe d'eau, 1 c. à soupe de vinaigre de cidre, 1 c. à soupe de jus de citron, 1 gousse d'ail écrasée et 2 c. à soupe de persil frais haché. Laissez reposer au moins 30 minutes à la température ambiante. Avant de servir, donnez quelques coups de fouet. Donne environ 1 tasse.

Condiments
pour sauce à spaghetti

Préparation : **5 min**　　GRAISSES SUCRE SODIUM

Avec ce mélange, vous préparerez un spaghetti en un tour de main. Et cette sauce est meilleure pour la santé que les préparations commerciales très salées.

½　**tasse de flocons d'oignon**
½　**tasse de flocons de persil**
2　**c. à soupe d'origan séché, émietté**
2　**c. à soupe de sucre**
1　**c. à soupe de thym séché, émietté**
1　**c. à soupe de basilic séché, émietté**
2　**c. à thé de poivre noir**
2　**c. à thé de flocons d'ail**
4　**grandes feuilles de laurier émiettées**

Réunissez tous les ingrédients dans un bocal de 2 tasses, fermez et agitez. Se garde 2 mois au réfrigérateur ou dans un endroit frais, sombre et sec. Donne 1½ tasse.

Sauce à spaghetti　Dans une casserole moyenne, mélangez 2 boîtes (796 ml/28 oz chacune) de tomates hyposodiques, égouttées et concassées, 1 boîte (156 ml/5½ oz) de concentré de tomate hyposodique et 1 tasse d'eau ; ajoutez ½ tasse du mélange précédent. Chauffez à feu modéré puis laissez mijoter 20 minutes à feu doux sans couvrir. Remuez de temps à autre. Servez la sauce sur des pâtes alimentaires.

Sauce à la viande　Faites revenir 450 g (1 lb) de bœuf haché maigre. Enlevez tout gras fondu avant d'ajouter les autres ingrédients. Continuez comme ci-dessus. Donne 4 portions.

½ tasse de condiments :

Calories	*72*	*Protéines*	*2 g*
Graisses	*0*	*Hydrates de carbone*	*17 g*
Graisses saturées	*0*	*Sodium*	*6 mg*
Cholestérol	*0*	*Sucre ajouté*	*24 cal.*
		Fibres	*0*

Condiments
pour sauce au chile

Préparation : **5 min**　　GRAISSES SUCRE SODIUM

On trouve les flocons de poivron vert dans les magasins d'alimentation naturelle.

1　**tasse de flocons de poivron vert**
¾　**tasse d'assaisonnement au chile**
¼　**tasse de cumin moulu**

½　**tasse de flocons d'oignon**
¼　**tasse de flocons de persil**
1　**c. à thé de flocons d'ail**
½　**c. à thé de flocons de piment rouge**

Réunissez tous les ingrédients dans un bocal de 4 tasses ; fermez et agitez. Se garde 2 mois au réfrigérateur ou dans un endroit frais, sombre et sec. Donne 2¾ tasses.

Chili con carne　Dans une casserole moyenne, faites revenir à feu modéré 450 g (1 lb) de bœuf haché maigre. Enlevez le gras fondu avant d'ajouter 1 boîte (540 ml/19 oz) de tomates hyposodiques, égouttées et concassées, 1 tasse d'eau ou de bouillon de bœuf hyposodique et ½ tasse du mélange précédent. Laissez mijoter 20 minutes à feu doux sans couvrir en remuant de temps à autre. Ajoutez 2 tasses de haricots rouges, cuits et égouttés, et réchauffez. Donne 4 portions.

½ tasse de condiments :

		Protéines	*5 g*
Calories	*124*	*Hydrates de carbone*	*22 g*
Graisses	*5 g*	*Sodium*	*243 mg*
Graisses saturées	*0*	*Sucre ajouté*	*0*
Cholestérol	*0*	*Fibres*	*0*

Condiments
pour sauce barbecue

Préparation : **5 min**　　GRAISSES SUCRE SODIUM

Saupoudrez ce mélange sur les viandes, volailles et poissons avant la cuisson.

½　**tasse d'ail en poudre**
2　**c. à soupe d'oignon en poudre**
4　**c. à thé de paprika**
2　**c. à thé de moutarde sèche**
2　**c. à thé de thym séché, émietté**
1　**c. à thé de poivre noir**

Réunissez tous les ingrédients dans un bocal de 2 tasses ; fermez et agitez. Saupoudrez ¼ c. à thé de chaque côté des biftecks, côtelettes, morceaux de poulet ou poissons avant la cuisson au gril, à la poêle ou au four. Le mélange se garde jusqu'à 6 mois au réfrigérateur ou dans un endroit frais, sombre et sec. Donne ¾ tasse.

½ c. à thé de condiments :

		Protéines	*0*
Calories	*5*	*Hydrates de carbone*	*1 g*
Graisses	*0*	*Sodium*	*0*
Graisses saturées	*0*	*Sucre ajouté*	*0*
Cholestérol	*0*	*Fibres*	*0*

Condiments pour tacos

Préparation : **3 min**   GRAISSES SUCRE SODIUM

½ **tasse de flocons d'oignon**
3 **c. à soupe de cumin moulu**
1½ **c. à thé d'assaisonnement au chile**
½ **c. à thé de cayenne**
½ **c. à thé de flocons d'ail**

Réunissez tous les ingrédients dans un bocal de 2 tasses ; fermez et agitez. Comptez 2-3 c. à soupe de mélange et ½ tasse d'eau pour 450 g (1 lb) de bœuf haché ou de haricots. Se garde 2 mois dans un endroit frais, sombre et sec. Donne environ ¾ tasse.

2 c. à soupe de condiments :

Calories	32	Protéines	1 g
		Hydrates de carbone	6 g
Graisses	1 g	Sodium	14 mg
Graisses saturées	0	Sucre ajouté	0
Cholestérol	0	Fibres	0

Chapelure condimentée pour poulet ou porc

Préparation : **3 min**   GRAISSES SUCRE SODIUM

Modifiez les condiments de la recette selon que vous préparez du poulet ou du porc : romarin et thym dans le premier cas, sauge et marjolaine dans le second.

2½ **tasses de flocons de céréales de blé écrasés fin**
2 **c. à soupe de flocons de persil**
½ **c. à thé de romarin ou de sauge séchée, émiettée**
½ **c. à thé de thym ou de marjolaine séchée, émiettée**
½ **c. à thé de zeste de citron râpé**

Réunissez les ingrédients dans un bocal de 2 tasses ; fermez et agitez. Sert à enrober du poulet ou du porc. Se garde 2 mois au réfrigérateur. Donne environ 1½ tasse.

Poulet ou porc condimenté Badigeonnez 450 g (1 lb) de chair de poulet bien aplatie ou de minces côtelettes de porc avec 1 c. à soupe d'huile ou trempez dans ½ tasse de lait écrémé ou de babeurre. Mettez ½ tasse de chapelure condimentée dans un sac ; ajoutez le poulet ou le porc, un morceau à la fois, et agitez. Enfournez le poulet à découvert dans un four porté à 180°C (350°F) et comptez 15 minutes de cuisson environ. Pour le porc, portez le four à 190°C (375°F) et comptez 20 minutes de cuisson. Donne 4 portions. *(Note : Pour du poulet non désossé, employez ½ tasse de chapelure par 450 g (1 lb) et faites cuire 30 minutes. La cuisson est à point quand la viande entaillée près de l'os ne laisse pas échapper de jus rosé.)*

½ tasse de chapelure :

Calories	87	Protéines	2 g
		Hydrates de carbone	18 g
Graisses	0	Sodium	304 mg
Graisses saturées	0	Sucre ajouté	0
Cholestérol	0	Fibres	2 g

Chapelure condimentée pour poulet ou porc

Mélange à pain éclair

Préparation : **10 min** GRAISSES SUCRE SODIUM

Ce mélange vous permet de préparer les trois recettes qui suivent : les Muffins épicés au germe de blé (ci-dessous), le Pain éclair à l'orange (ci-contre) et les Crêpes aux pommes (p. 32).

5   tasses de farine tout usage tamisée
¾   tasse et 3 c. à soupe de lait écrémé en poudre
½   tasse et 2 c. à soupe de sucre
2½ c. à soupe de levure chimique
5   c. à soupe de margarine non salée

1. Tamisez trois fois dans un grand bol la **farine**, le **lait écrémé en poudre**, le **sucre** et la **levure chimique**. Incorporez la **margarine** avec un coupe-pâte ou une fourchette ; le mélange doit ressembler à du gruau.

2. Conservez le mélange dans un bocal de 8 tasses bien couvert. Se garde 1 mois au réfrigérateur. Donne 7 tasses.

1 tasse :

Calories	476	Protéines	12 g
Graisses	9 g	Hydrates de carbone	86 g
Graisses saturées	2 g	Sodium	508 mg
Cholestérol	2 mg	Sucre ajouté	69 cal.
		Fibres	3 g

Muffins épicés au germe de blé

Préparation : **10 min**   GRAISSES SUCRE SODIUM
Cuisson : **20 min**

   Enduit végétal antiadhésif
2   tasses de Mélange à pain éclair (ci-dessus)
2   c. à soupe de cassonade brune bien tassée
2   c. à soupe de germe de blé
1   c. à thé de cannelle
½   c. à thé de muscade
⅔   tasse de lait écrémé
¼   tasse de crème sure
1   gros œuf
1   c. à thé d'essence de vanille

1. Portez le four à 200°C (400°F). Vaporisez d'**enduit antiadhésif** 12 alvéoles à muffins de 7 cm (2½ po). *(Note : Vous pouvez aussi employer des petites caissettes en papier sans les enduire.)*

2. Réunissez dans un grand bol le **Mélange à pain éclair**, la **cassonade**, le **germe de blé**, la **cannelle** et la **muscade**. Laissez en attente. Dans une tasse à mesurer transparente de 2 tasses, mélangez le **lait**, la **crème sure**, l'**œuf** et la **vanille** ; ajoutez-les d'un trait aux ingrédients secs et remuez : la pâte sera grumeleuse. Versez-la dans les moules à muffins en remplissant les alvéoles aux deux tiers.

3. Enfournez et faites cuire 15-20 minutes ; les muffins doivent être dorés et spongieux au toucher. Servez-les chauds. Donne 12 muffins.

Un muffin :

Calories	117	Protéines	3 g
Graisses	3 g	Hydrates de carbone	18 g
Graisses saturées	1 g	Sodium	101 mg
Cholestérol	25 mg	Sucre ajouté	17 cal.
		Fibres	0

Pain éclair à l'orange

Préparation : **10 min**   GRAISSES SUCRE SODIUM
Cuisson : **1 h**

   Enduit végétal antiadhésif
3   tasses de Mélange à pain éclair (ci-contre)
¾   tasse de jus d'orange
¼   tasse de crème sure
1   gros œuf
   Zeste râpé de 1 grosse orange

1. Portez le four à 160°C (325°F). Vaporisez un moule à pain d'**enduit antiadhésif**.

2. Déposez le **Mélange à pain éclair** dans un grand bol. Dans une tasse à mesurer transparente de 2 tasses, mélangez le **jus d'orange**, la **crème sure**, l'**œuf** et le **zeste d'orange**. Ajoutez-les d'un trait au mélange à pain et remuez : la pâte sera grumeleuse. Versez-la dans le moule à pain.

3. Enfournez et faites cuire environ 1 heure, jusqu'à ce qu'un cure-dents piqué dans le pain en ressorte propre.

4. Déposez le moule sur une grille et attendez 10 minutes. Dégagez ensuite le pain de tous les côtés avec un couteau, démoulez-le sur la grille et laissez-le refroidir avant de le découper. Donne 1 pain (18 tranches).

Une tranche :

Calories	96	Protéines	2 g
Graisses	3 g	Hydrates de carbone	16 g
Graisses saturées	1 g	Sodium	90 mg
Cholestérol	17 mg	Sucre ajouté	11 cal.
		Fibres	0

Sauce hollandaise santé

Crêpes aux pommes

Préparation : **5 min**
Cuisson : **12 min**

GRAISSES **SUCRE** **SODIUM**

2 tasses de Mélange à pain éclair (p. 31)
1 c. à thé de cannelle
1¼ tasse de lait écrémé
¼ tasse de crème sure
1 gros œuf, séparé
½ tasse de pommes pelées et hachées
Enduit végétal antiadhésif

1. Réunissez dans un grand bol le **Mélange à pain éclair** et la **cannelle.** Mettez de côté. Dans une tasse à mesurer transparente de 2 tasses, mélangez le **lait,** la **crème sure** et le **jaune d'œuf.** Ajoutez-les d'un trait aux ingrédients secs et remuez : la pâte sera grumeleuse. Incorporez les **pommes.**

2. Dans un petit bol, fouettez le **blanc d'œuf** ; quand il forme des pics fermes, incorporez-le à la pâte. Ne remuez pas plus qu'il ne faut ; on devrait voir un peu de blanc fouetté en surface.

3. Vaporisez une grande poêle d'**enduit antiadhésif** et posez-la sur un feu modéré. À raison de ¼ de tasse de pâte par crêpe, faites-en cuire trois à la fois 1-2 minutes. Quand des bulles apparaissent, retournez les crêpes et faites cuire encore 1-2 minutes. Donne 15 crêpes.

Une crêpe :

		Protéines	3 g
Calories	87	Hydrates de carbone	13 g
Graisses	2 g	Sodium	85 mg
Graisses saturées	1 g	Sucre ajouté	9 cal.
Cholestérol	21 mg	Fibres	0

Sauce hollandaise santé

Préparation : **10 min**
Cuisson : **7 min**

GRAISSES **SUCRE** **SODIUM**

Servez cette sauce citronnée avec des asperges, des brocolis, du chou-fleur, des haricots verts ou du poisson poché.

1 tasse de lait écrémé
2 c. à thé de fécule de maïs
1 petit jaune d'œuf
1 c. à soupe de margarine non salée
2½ c. à soupe de jus de citron
½ c. à thé de moutarde de Dijon ou de moutarde préparée à l'ancienne
1 c. à soupe de crème sure
⅛ c. à thé de sel
⅛ c. à thé de poivre blanc

1. Dans une petite casserole épaisse, fouettez ensemble le **lait,** la **fécule de maïs** et le **jaune d'œuf.** Faites cuire 5-6 minutes à feu doux. Quand le mélange a légèrement épaissi et qu'il est sur le point de bouillir, retirez-le.

2. Incorporez au fouet la **margarine,** le **jus de citron,** la **moutarde,** la **crème sure,** le **sel** et le **poivre.** Servez chaud. Donne 1¼ tasse.

Variante :

Sauce béarnaise santé Mélangez 3 c. à soupe d'échalotes ou d'oignons verts hachés, 2 c. à thé d'estragon séché et émietté, ¼ tasse de vin blanc sec et 3 c. à soupe de vinaigre de vin blanc dans une petite casserole épaisse. À feu modérément chaud et à découvert, faites réduire le liquide pour qu'il n'en reste que 2 c. à soupe, soit 2-3 minutes. Incorporez 1 c. à soupe d'eau froide. Réservez cet apprêt pendant que vous préparez la Sauce hollandaise santé comme il est dit page 32. Cette sauce sert d'accompagnement au bœuf ou à des légumes. Donne 1¼ tasse.

1 cuillerée à soupe :

		Protéines	1 g
Calories	16	Hydrates de carbone	1 g
Graisses	1 g	Sodium	25 mg
Graisses saturées	0	Sucre ajouté	0
Cholestérol	14 mg	Fibres	0

Base à béchamel

Préparation : **5 min** GRAISSES SUCRE SODIUM

Cette base vous permet de préparer des sauces et des soupes en un tour de main (voir la Crème éclair aux champignons et la Crème éclair au fromage ci-contre).

½ tasse de farine tout usage non tamisée
1 tasse de lait écrémé en poudre

Mettez les ingrédients dans un bocal de 2 tasses, fermez et agitez. Se garde 4 semaines au réfrigérateur. Utilisez cette base dans les recettes qui suivent. Donne 1½ tasse.

Béchamel claire   Dans une petite casserole, mettez ¼ tasse du mélange de base et 1 tasse de liquide (eau ou bouillon hyposodique de poulet ou de bœuf). Amenez au point d'ébullition à feu modéré en remuant sans arrêt. Faites cuire à découvert jusqu'à épaississement en remuant souvent. La sauce épaissira en 3 minutes environ ; ne la laissez pas bouillir, elle tournerait. Salez et poivrez au goût. Donne environ 1 tasse.

Béchamel moyenne   Employez ½ tasse du mélange de base avec la même quantité de liquide que pour la béchamel claire. Procédez de la même façon. Donne environ 1 tasse.

*¼ tasse de mélange
de base :*

		Protéines	5 g
Calories	78	Hydrates de carbone	14 g
Graisses	0	Sodium	62 mg
Graisses saturées	0	Sucre ajouté	0
Cholestérol	0	Fibres	0

Conseil : *Si la sauce a tourné, fouettez-la quelques secondes au mixer.*

Crème éclair
aux champignons

Préparation : **5 min** GRAISSES SUCRE SODIUM
Cuisson : **12 min**

Pour transformer ces soupes en sauces, utilisez ⅓ tasse de Base à béchamel et 1 tasse de bouillon.

⅔ tasse de Base à béchamel (ci-contre)
3 tasses de bouillon hyposodique de poulet ou de bœuf
1 c. à soupe de margarine non salée
1 oignon moyen, haché fin
1½ tasse de champignons en tranches fines
   Une pincée de muscade
   Une pincée de cayenne
¼ tasse de crème moitié-moitié
¼ tasse de lait entier
⅛ c. à thé de sel
⅛ c. à thé de poivre

1. Dans une casserole moyenne, préparez une béchamel claire avec la **Base à béchamel** et le **bouillon** (voir Béchamel claire, ci-contre). Retirez du feu.
2. Faites fondre la **margarine** à feu modéré dans une poêle moyenne. Faites-y revenir l'**oignon** et les **champignons** 6-8 minutes. Quand les champignons sont dorés et secs, ajoutez la **muscade** et le **cayenne**.
3. Ajoutez les champignons à la béchamel claire, ainsi que la **crème moitié-moitié**, le **lait**, le **sel** et le **poivre**. Si la crème vous semble trop épaisse, ajoutez un peu de bouillon. Reportez la casserole sur un feu doux et réchauffez en remuant souvent : la crème ne doit pas bouillir. Donne 4 portions.

Variante :

Crème éclair au fromage   Procédez comme ci-dessus mais supprimez les champignons et faites cuire l'oignon 5 minutes avec une gousse d'ail hachée. Incorporez à la béchamel claire 1 tasse de purée de carotte, ½ tasse de parmesan râpé, 2 c. à soupe de cheddar râpé, 1 c. à soupe de moutarde de Dijon ou de moutarde à l'ancienne et ½ tasse de lait écrémé. Supprimez la crème moitié-moitié et le lait entier.

Une portion :

		Protéines	5 g
Calories	134	Hydrates de carbone	15 g
Graisses	6 g	Sodium	130 mg
Graisses saturées	2 g	Sucre ajouté	0
Cholestérol	9 mg	Fibres	1 g

Bouillon de poulet hyposodique

Préparation : **10 min** plus 4 h GRAISSES SUCRE SODIUM
de refroidissement et réfrigération
Cuisson : **3 h**

On vend du bouillon hyposodique dans les supermarchés, mais celui que vous faites est meilleur et moins cher. En outre, vous pouvez l'aromatiser à votre goût en lui ajoutant des pieds de champignons, des clous de girofle ou un peu de thym, de marjolaine ou d'aneth.

900 g (2 lb) de dos, ailes et cous de poulet
1 gros oignon haché
3 carottes moyennes, pelées et hachées
2 grandes côtes de céleri, hachées avec leurs feuilles
2 feuilles de laurier
4 brindilles de persil
8 grains de poivre noir
16 tasses d'eau

1. Mettez tous les ingrédients dans un grand faitout et amenez à ébullition sur feu vif. Réglez la chaleur pour que le bouillon mijote doucement et écumez. Couvrez en ménageant un petit jour pour la vapeur et laissez mijoter 3 heures pour que les saveurs se dégagent. Retirez du feu et laissez tiédir.

2. Posez une double épaisseur d'étamine dans une passoire et installez celle-ci dans un grand bol à l'épreuve de la chaleur. Passez le bouillon. Couvrez et laissez refroidir.

3. Lorsque le bouillon est froid, mettez-le au moins 3 heures au réfrigérateur pour que le gras fige. Enlevez-le.

4. Transvidez le bouillon dans des contenants en plastique de 1 ou 2 tasses pour la congélation en laissant un vide de 1,5 cm (½ po). Scellez, datez et étiquetez les contenants. Le bouillon se garde 6 mois au congélateur. Donne une douzaine de tasses.

Variante :

Bouillon de bœuf hyposodique Remplacez le poulet par 450 g (1 lb) d'os de bœuf (dans le jarret ou à moelle) et 450 g (1 lb) d'épaule de bœuf maigre et désossée, détaillée en cubes de 1,5 cm (½ po).

1 tasse :

		Protéines	2 g
Calories	30	Hydrates de carbone	2 g
Graisses	1 g	Sodium	55 mg
Graisses saturées	0	Sucre ajouté	0
Cholestérol	0	Fibres	0

Relish aux trois poivrons

Préparation : **15 min** GRAISSES SUCRE SODIUM
et 30 min de marinage
Cuisson : **5 min**

1 gros poivron vert, paré, épépiné et haché
1 gros poivron rouge, paré, épépiné et haché
1 gros poivron jaune, paré, épépiné et haché
1 petit oignon haché
¼ tasse de vinaigre blanc
2 c. à soupe de sucre
½ c. à thé de graine de céleri
¼ c. à thé de flocons de piment rouge

1. Réunissez tous les ingrédients dans une grande casserole en acier inoxydable. Réchauffez à feu modéré jusqu'à ce que le vinaigre bouille. Remuez, réduisez le feu à doux, couvrez et laissez mijoter 2-3 minutes ou jusqu'à ce que les poivrons soient cuits mais croquants.

2. Retirez la casserole du feu et laissez-la en attente, sans découvrir, au moins 30 minutes avant de servir. Ou, pour servir frais, réfrigérez toute la nuit. Se garde 1 semaine au réfrigérateur dans un bocal fermé. Accompagne les viandes. Donne environ 3¾ tasses.

1 cuillerée à soupe :

		Protéines	0
Calories	3	Hydrates de carbone	1 g
Graisses	0	Sodium	0
Graisses saturées	0	Sucre ajouté	2 cal.
Cholestérol	0	Fibres	0

Relish à l'oignon

Préparation : **10 min** et 30 min GRAISSES SUCRE SODIUM
de réfrigération

Ces rondelles d'oignon marinées et épicées font merveille avec les hambourgeois.

3 petits oignons jaunes, tranchés mince et détaillés en rondelles
1 petit oignon rouge, tranché mince et détaillé en rondelles
2 c. à soupe de sucre
1 c. à soupe de vinaigre de vin balsamique ou de cidre
1 c. à soupe de vinaigre blanc
2 c. à thé de moutarde de Dijon ou de moutarde préparée à l'ancienne
⅛ c. à thé de poivre noir

Réunissez tous les ingrédients dans un petit bol en verre. Couvrez et laissez mariner au moins

Relish aux trois poivrons (à gauche) ; *Relish à l'oignon* (au centre) ; *Relish à hambourgeois* (à droite)

30 minutes à la température ambiante avant de servir. Ou, pour servir frais, réfrigérez toute la nuit. Accompagne les viandes grillées. Se garde 1 semaine au réfrigérateur dans un bocal hermétique. Donne environ 2 tasses.

1 cuillerée à soupe :

		Protéines	0
Calories	5	Hydrates de carbone	1 g
Graisses	0	Sodium	10 mg
Graisses saturées	0	Sucre ajouté	3 cal.
Cholestérol	0	Fibres	0

Relish à hambourgeois

Préparation : **10 min** et 30 min d'attente

GRAISSES SUCRE SODIUM

1 **grosse tomate mûre, parée, épépinée et hachée fin**
2 **c. à soupe de cornichons sucrés hachés**
2 **c. à soupe d'oignon haché**
2 **c. à soupe de poivron rouge haché**
1 **gousse d'ail hachée**
1 **c. à soupe de vinaigre de cidre**
1 **c. à thé de sucre**
½ **c. à thé de graine de céleri**
½ **c. à thé de moutarde de Dijon ou de moutarde préparée à l'ancienne**

Réunissez tous les ingrédients dans un bol moyen en verre. Mélangez, couvrez et laissez mariner au moins 30 minutes à la température ambiante. Ou, pour servir frais, réfrigérez toute la nuit. Mélangez bien et servez sur des hambourgeois ou avec des viandes. Se garde 1 semaine au réfrigérateur dans un bocal fermé. Donne environ 1¼ tasse.

1 cuillerée à soupe :

		Protéines	0
Calories	5	Hydrates de carbone	1 g
Graisses	0	Sodium	15 mg
Graisses saturées	0	Sucre ajouté	1 cal.
Cholestérol	0	Fibres	0

Salsa

Préparation : **5 min** et
2 h de réfrigération

GRAISSES SUCRE SODIUM

Haute en saveur, cette sauce fait des merveilles pour le poisson ou le poulet grillé.

3   **tomates** moyennes (450 g/1 lb), pelées, parées, épépinées et concassées
½   petit **oignon** rouge haché
1   gousse d'**ail** hachée
½   **piment** jalapeno frais ou en boîte, paré, épépiné et haché fin
1   c. à soupe de **vinaigre** de vin rouge
2   c. à thé de **jus de limette**
2   c. à thé d'**huile d'olive**
¼   c. à thé de **sauce Tabasco**

1. Réunissez dans un bol moyen les **tomates**, l'**oignon**, l'**ail** et le **piment jalapeno**.

2. Incorporez le **vinaigre**, le **jus de limette**, l'**huile d'olive** et la **sauce Tabasco**. Couvrez et réfrigérez au moins 2 heures avant de servir. Se garde 1 semaine au réfrigérateur dans un bocal hermétique. Donne environ 2 tasses.

1 cuillerée à soupe :

		Protéines	0
Calories	6	Hydrates de carbone	1 g
Graisses	0	Sodium	2 mg
Graisses saturées	0	Sucre ajouté	0
Cholestérol	0	Fibres	0

Ketchup

Préparation : **10 min**
Cuisson : **1 h 10** (presque sans intervention)

GRAISSES SUCRE SODIUM

Le ketchup maison est moins salé que celui du commerce et il ne renferme aucun aromate artificiel. Il se conserve 2 semaines au réfrigérateur dans un bocal hermétique.

6   grosses **tomates** (1,35 kg/3 lb), pelées, parées, épépinées et concassées
1   **oignon** moyen, haché fin
3   c. à soupe de **cassonade** brune
2   gousses d'**ail** hachées
1   grande feuille de **laurier** émiettée
¼   c. à thé chacune de **graine de céleri**, de **piment de la Jamaïque** et de **cannelle**
⅛   c. à thé de **clou** de girofle moulu
⅓   tasse de **vinaigre** de cidre

1. Déposez les **tomates** et l'**oignon** dans un grand faitout. Couvrez et faites mijoter 20-25 minutes à feu modéré en remuant souvent. Quand les légumes sont tendres, passez-les au tamis ; remettez la purée dans le faitout.

2. Ajoutez la **cassonade**, l'**ail**, le **laurier**, la **graine de céleri**, le **piment de la Jamaïque**, la **cannelle**, le **clou** et le **vinaigre**. Amenez au point d'ébullition à feu modéré. Réglez la chaleur pour que le ketchup mijote doucement et laissez cuire 35-40 minutes sans couvrir pour qu'il épaississe. Se garde au réfrigérateur dans un bocal bien fermé. Donne environ 2 tasses.

1 cuillerée à soupe :

		Protéines	0
Calories	14	Hydrates de carbone	3 g
Graisses	0	Sodium	4 mg
Graisses saturées	0	Sucre ajouté	3 cal.
Cholestérol	0	Fibres	0

Moutarde de Dijon

Préparation : **5 min**

GRAISSES SUCRE SODIUM

Cette moutarde et ses trois variantes sont excellentes et piquantes à souhait bien que dépourvues de sel. Et elles se font toutes avec de la moutarde sèche ordinaire.

½   tasse de **moutarde sèche**
1   c. à thé de **sucre**
4   c. à soupe de **vin blanc** sec
2   c. à soupe d'**huile d'olive**

Mélangez soigneusement tous les ingrédients dans un bol. La moutarde se garde 6 semaines au réfrigérateur dans un petit bocal hermétique. Donne ⅔ tasse.

Variantes :

Moutarde à graine entière   Ajoutez 2 c. à thé de graine de moutarde à peine écrasée.

Moutarde à la bière   Remplacez le vin blanc par 4 c. à soupe de bière plate.

Moutarde aux fines herbes   Ajoutez 2 gousses d'ail hachées et 2 c. à thé d'estragon séché, émietté.

1 cuillerée à soupe :

		Protéines	1 g
Calories	47	Hydrates de carbone	1 g
Graisses	4 g	Sodium	1 g
Graisses saturées	0	Sucre ajouté	3 cal.
Cholestérol	0	Fibres	0

Hors-d'œuvre

Les crevettes sauce piquante hyposodique font d'excellentes entrées et les fruits frais, de savoureux goûters. Mais on se lasse de tout. Pourquoi ne pas essayer le Guacamole (p. 39), avec 9 calories, 1 g de graisses et 2 mg de sodium par cuillerée à soupe, ou une Quiche aux trois légumes (p. 47), qui ne menacent aucun régime? Et avant de vous installer devant la télé, préparez des Croustilles de champignons (p. 48): 64 petites calories en tout et pour tout!

Feuilles de verdure farcies et Concombres farcis au thon

Amuse-gueule

Trempette aux haricots noirs

Préparation : **10 min**   `GRAISSES` `SUCRE` `SODIUM`

Servez-la avec des craquelins au riz ou des légumes nature.

2   tasses de haricots noirs, cuits et égouttés
4   c. à thé de concentré de tomate hyposodique
3   c. à soupe d'eau
1   gousse d'ail hachée
2   c. à thé de jus de limette
½   c. à thé de cumin moulu
2   oignons verts hachés fin
2   c. à soupe de piment chili vert doux, haché

1. Travaillez les **haricots noirs**, le **concentré de tomate**, l'**eau**, l'**ail**, le **jus de limette** et le **cumin** 1 minute au robot culinaire ou au mixer.

2. Dressez la purée dans un bol et incorporez-lui les **oignons verts** et le **chili vert**. Donne 2 tasses.

Variante :

Trempette aillée aux haricots blancs   Dans la recette précédente, remplacez les haricots noirs par une même quantité de haricots blancs, cuits et égouttés. Supprimez le concentré de tomate et l'eau, mais employez ½ tasse de yogourt partiellement écrémé. Remplacez les oignons verts par 2 gousses d'ail.

1 cuillerée à soupe :

Calories	16	Protéines	1 g
		Hydrates de carbone	3 g
Graisses	0	Sodium	6 mg
Graisses saturées	0	Sucre ajouté	0
Cholestérol	0	Fibres	1 g

Trempette aux fines herbes

Préparation : **10 min**   `GRAISSES` `SUCRE` `SODIUM`
et 1 h de réfrigération

1   tasse de fromage Cottage partiellement écrémé
4   radis moyens, parés et hachés
2   c. à soupe de basilic frais, haché, ou 1 c. à thé de basilic sec, émietté
1   gousse d'ail hachée
½   c. à thé de zeste de citron râpé

1. Travaillez le **fromage Cottage** 15 secondes au robot ou au mixer.

2. Dressez-le dans un petit plat et incorporez-lui les **radis**, le **basilic**, l'**ail** et le **zeste de citron**. Couvrez et réfrigérez au moins 1 heure avant de servir. Donne 1¼ tasse.

Variante :

Trempette au chutney   Remplacez radis, basilic, ail et zeste de citron par ¼ tasse de chutney à la mangue ou à la tomate.

1 cuillerée à soupe :

Calories	9	Protéines	1 g
		Hydrates de carbone	0
Graisses	0	Sodium	46 mg
Graisses saturées	0	Sucre ajouté	0
Cholestérol	0	Fibres	0

Trempette à l'ail rôti

Préparation : **2 min**   `GRAISSES` `SUCRE` `SODIUM`
Cuisson : **1 h** (sans intervention)

Avec cette trempette, servez des bâtonnets de carotte ou de courgette, des fleurs de brocoli ou des languettes de poivron rouge ou vert.

1   tête d'ail
1   tasse de ricotta partiellement écrémée
¼   c. à thé de poivre noir

1. Portez le four à 190°C (375°F). Enveloppez l'**ail** dans du papier d'aluminium, placez-le sur la grille du milieu et faites rôtir 1 heure. Retirez-le et laissez-le refroidir.

2. Détachez les gousses. Placez vos mains au-dessus du bocal du mixer ou du robot et pressez chaque gousse entre les doigts pour faire jaillir la chair rôtie. Ajoutez la **ricotta** et le **poivre** et travaillez-les 10-15 secondes. Dressez la trempette et servez. Donne 1¼ tasse.

1 cuillerée à soupe :

Calories	21	Protéines	2 g
		Hydrates de carbone	1 g
Graisses	1 g	Sodium	16 mg
Graisses saturées	1 g	Sucre ajouté	0
Cholestérol	4 mg	Fibres	0

Guacamole

Préparation : **20 min**   GRAISSES SUCRE SODIUM

Vous pouvez servir ce plat comme trempette ou comme entrée sur chiffonnade de laitue.

1   petit avocat mûr, pelé et dénoyauté
2   c. à soupe de yogourt partiellement écrémé
2   tomates moyennes, pelées, parées, épépinées et concassées
¼   tasse de coriandre fraîche, hachée, ou de persil frais
½   c. à thé de coriandre moulue
½   petit oignon rouge haché fin
4   c. à thé de jus de limette
1   gousse d'ail hachée
½   petit piment jalapeno, épépiné et haché fin

Passez l'**avocat** au presse-purée dans un grand bol en laissant quelques grumeaux pour la texture. Incorporez les autres ingrédients. Donne 2¼ tasses.

1 cuillerée à soupe :

Calories	9	Protéines	0
Graisses	1 g	Hydrates de carbone	1 g
Graisses saturées	0	Sodium	2 mg
Cholestérol	0	Sucre ajouté	0
		Fibres	0

Conseil : Si le guacamole doit attendre, plongez-y le noyau de l'avocat : il réduira la décoloration. Couvrez avec une pellicule de plastique et réfrigérez.

Tartinade à la dinde

Préparation : **5 min**   GRAISSES SUCRE SODIUM
et 2 h de réfrigération
Cuisson : **5 min**

Servez-la sur des toasts melba ou au creux de petites côtes de céleri. Vous pouvez utiliser ici des restes de dinde ou de poulet.

225 g (½ lb) de dinde hachée
1   petit oignon haché
2   c. à soupe de relish sucrée aux cornichons
2   c. à soupe de yogourt partiellement écrémé
¼   c. à thé de paprika
    Une pincée de muscade
⅛   c. à thé de poivre noir

1. Dans une sauteuse antiadhésive moyenne, faites revenir la **dinde** 5 minutes à feu modéré.
2. Quand elle est cuite à point, passez-la 15 secondes au robot ou au mixer avec le reste des ingrédients : **oignon, relish, yogourt, paprika, muscade** et **poivre noir**. Réfrigérez la tartinade au moins 2 heures dans un bol couvert avant de la servir. Donne 1 tasse.

1 cuillerée à soupe :

Calories	27	Protéines	3 g
Graisses	1 g	Hydrates de carbone	1 g
Graisses saturées	0	Sodium	26 mg
Cholestérol	9 mg	Sucre ajouté	0
		Fibres	0

Bouchées de poulet citronné à la chinoise

Préparation : **15 min**   GRAISSES SUCRE SODIUM
et 1 h de réfrigération
Cuisson : **14 min**

⅓   tasse de jus de citron
2   c. à soupe de sauce soja hyposodique
2   c. à soupe de moutarde de Dijon ou de moutarde préparée à l'ancienne
1   c. à thé d'huile végétale
⅛   c. à thé de cayenne
2   poitrines de poulet (environ 450 g/1 lb), en morceaux de 2 cm (¾ po), sans la peau

1. Dans un bol moyen, mettez le **jus de citron**, la **sauce soja**, la **moutarde**, l'**huile végétale** et le **cayenne**. Ajoutez les morceaux de **poulet** et remuez. Couvrez et réfrigérez au moins 1 heure en remuant de temps à autre.
2. Allumez le grilloir ; graissez légèrement la grille d'une lèchefrite. Déposez les morceaux de poulet sur la grille, à 10-12 cm (4-5 po) de l'élément, en les espaçant de 2,5 cm (1 po). Comptez 7 minutes de cuisson et badigeonnez la viande de sauce à mi-temps. Tournez le poulet et prolongez la cuisson de 7 minutes en arrosant encore une fois la viande à mi-temps. Donne 24 bouchées.

Une bouchée :

Calories	26	Protéines	4 g
Graisses	1 g	Hydrates de carbone	0
Graisses saturées	0	Sodium	101 mg
Cholestérol	11 mg	Sucre ajouté	0
		Fibres	0

Ailes de poulet à la diable

Ailes de poulet à la diable

Préparation : **8 min**
Cuisson : **20 min**

GRAISSES SUCRE SODIUM

Un succès à tout coup, grâce à l'heureux mariage du fromage bleu et du poivre.

16 ailes de poulet (900 g/2 lb)
1 c. à thé d'huile d'arachide ou autre
1 c. à thé de cayenne
½ tasse de yogourt partiellement écrémé
¼ tasse de babeurre
¼ tasse de fromage bleu, émietté (30 g/1 oz)
½ petit oignon râpé
1 c. à thé de vinaigre de cidre

1. Allumez le grilloir. Coupez les **ailes de poulet** à l'articulation pour en débarrasser les pointes. Mettez dans un bol l'**huile d'arachide** et le **cayenne** ; enrobez-en le poulet.

2. Déposez les ailes sur la grille d'une lèchefrite, à 20 cm (8 po) de l'élément. Prévoyez environ 20 minutes pour les rendre dorées et croustillantes ; tournez-les de temps à autre.

3. Entre-temps, préparez la trempette. Fouettez ensemble le **yogourt**, le **babeurre**, le **fromage** bleu, l'**oignon** et le **vinaigre** ; dressez la trempette dans un petit bol au centre d'une grande assiette et disposez les ailes de poulet tout autour. Donne 8 portions.

Une aile de poulet avec trempette :

Calories	114	Protéines	10 g
Graisses	6 g	Hydrates de carbone	1 g
Graisses saturées	2 g	Sodium	62 mg
Cholestérol	30 mg	Sucre ajouté	0
		Fibres	0

Crevettes sauce piquante

Préparation : **15 min**
Cuisson : **22 min**

GRAISSES SUCRE SODIUM

12 grains de poivre noir
12 graines de coriandre
½ c. à thé chacune de graine de moutarde, de flocons de piment rouge et de thym séché
4 clous de girofle
1 feuille de laurier
1 oignon moyen, haché
1 petite côte de céleri hachée
3 tranches de citron
3 gousses d'ail en fines tranches

2 c. à soupe de vinaigre de vin blanc
24 grosses crevettes décortiquées et parées
2 c. à soupe de jus de citron
1 c. à soupe d'huile d'olive
⅛ c. à thé de cayenne ou à volonté
Sauce Tabasco à volonté

1. Enveloppez dans un carré d'étamine les **grains de poivre**, les **graines de coriandre** et **de moutarde**, les **flocons de piment**, le **thym**, les **clous de girofle** et la **feuille de laurier** et fermez avec une ficelle. Dans un grand faitout, amenez à ébullition 4 tasses d'eau non salée ; ajoutez l'**oignon**, le **céleri**, les **tranches de citron**, l'**ail**, le **vinaigre** et le sachet de condiments. Réduisez la chaleur et laissez mijoter 15 minutes sans couvrir. Ajoutez les **crevettes** et cuisez-les 2-3 minutes en les remuant. Quand elles sont roses, videz le tout dans un grand bol et laissez refroidir. Couvrez et réfrigérez.

2. Égouttez les crevettes et disposez-les dans un plat de service. Arrosez-les avec le **jus de citron**, l'**huile d'olive**, le **cayenne** et la **sauce Tabasco** ; remuez et servez avec des cure-dents. Donne 8 portions en amuse-gueule.

Une crevette :

		Protéines	3 g
Calories	24	Hydrates de carbone	1 g
Graisses	1 g	Sodium	24 mg
Graisses saturées	0	Sucre ajouté	0
Cholestérol	23 mg	Fibres	0

Œufs farcis vert-pré

Préparation : **10 min**
Cuisson : **14 min**

GRAISSES SUCRE SODIUM

Un jaune pour six œufs : voici des œufs farcis pauvres en cholestérol et non moins bons.

6 gros œufs, cuits dur
1 oignon vert, haché fin avec sa tige
1 c. à soupe de mayonnaise hypocalorique
1 c. à soupe de persil haché
2 petits cornichons sucrés, hachés fin
½ c. à thé de moutarde de Dijon ou de moutarde préparée à l'ancienne
⅛ c. à thé de sel
⅛ c. à thé de poivre noir moulu
8 brindilles de persil (facultatif)

1. Écaillez les **œufs**, tranchez-les en deux sur la longueur et retirez les jaunes. Servez-vous d'un seul jaune d'œuf : écrasez-le à la fourchette avec 4 moitiés de blancs. Incorporez l'**oignon vert**, la **mayonnaise**, le **persil**, les **cornichons**, la **moutarde**, le **sel** et le **poivre**.

2. Dressez cette pâte dans les moitiés de blancs qui restent et décorez, à votre gré, d'une **brindille de persil**. Recouvrez d'une feuille de papier paraffiné et réfrigérez jusqu'au moment de servir. Donne 8 moitiés d'œufs farcis.

Une moitié d'œuf :

		Protéines	4 g
Calories	26	Hydrates de carbone	3 g
Graisses	1 g	Sodium	176 mg
Graisses saturées	0	Sucre ajouté	0
Cholestérol	35 mg	Fibres	0

Doigts au fromage

Préparation : **2 min**
Cuisson : **5 min** et 3 h de réfrigération

GRAISSES SUCRE SODIUM

Un amuse-gueule original et simple à préparer, qui se cuisine deux ou trois jours d'avance.

Enduit végétal antiadhésif
⅓ tasse de bouillon de poulet hyposodique
1 sachet de gélatine non aromatisée
2 tasses de ricotta partiellement écrémée
½ tasse de parmesan râpé
60 g (2 oz) de fromage à la crème, ramolli
⅓ tasse de yogourt partiellement écrémé
3 c. à soupe de basilic frais, haché, ou 3 c. à soupe de persil frais, haché et 1 c. à thé de basilic séché
¼ c. à thé de poivre noir
⅛ c. à thé de sel

1. Vaporisez d'**enduit antiadhésif** un moule carré de 20 cm (8 po). Versez le **bouillon de poulet** dans une petite casserole, égrenez-y la **gélatine** et laissez-la gonfler 5 minutes. Ensuite faites fondre à feu doux 5 minutes et réservez.

2. Fouettez la **ricotta**, le **parmesan** et le **fromage à la crème** 1 minute à vitesse modérée dans le grand bol du mélangeur électrique ; ajoutez tout en fouettant le **yogourt**, le **basilic**, le **poivre**, le **sel** et la gélatine. Versez l'apprêt dans le moule, couvrez et réfrigérez au moins 3 heures pour qu'il prenne.

3. Avant de servir, détachez la pâte du moule à l'aide d'un couteau et renversez-la sur une assiette. Découpez-y huit bandes dans un sens et six dans l'autre pour obtenir 48 doigts. Donne 16 portions en amuse-gueule.

Un doigt de fromage :

		Protéines	2 g
Calories	24	Hydrates de carbone	1 g
Graisses	2 g	Sodium	39 mg
Graisses saturées	1 g	Sucre ajouté	0
Cholestérol	5 mg	Fibres	0

Super nachos

4 tortillas au maïs de 15 cm (6 po)

1½ c. à thé d'huile végétale

½ tasse de sauce tomate hyposodique

1 gousse d'ail hachée

½ c. à thé de cumin moulu

½ c. à thé d'assaisonnement au chile

Une pincée de cannelle
Une pincée de clou de girofle

2 petits piments jalapenos, épépinés et hachés fin

½ tasse de mozzarella partiellement écrémée, râpée (60 g/2 oz)

3 c. à soupe de parmesan râpé

2 c. à soupe de persil haché

GRAISSES SUCRE SODIUM

Préparation :
15 min
Cuisson :
15 min

Un nacho :

Calories	38
Graisses	2 g
Graisses saturées	1 g
Cholestérol	3 mg
Protéines	2 g
Hydrates de carbone	4 g
Sodium	105 mg
Sucre ajouté	0
Fibres	0

1. Portez le four à 200°C (400°F). Enduisez les deux côtés des **tortillas** d'**huile végétale** et coupez-les en quatre. Déposez-les sur une plaque à four non graissée et cuisez 10-12 minutes à découvert pour les rendre croustillantes.

2. Dans l'intervalle, mélangez la **sauce tomate**, l'**ail**, le **cumin**, l'**assaisonnement au chile**, la **cannelle** et le **clou de girofle** dans une petite casserole ; couvrez et amenez à ébullition à feu modérément chaud. Réduisez la chaleur pour que la sauce mijote doucement et accordez 5 minutes de cuisson à découvert pour qu'elle épaississe. Remuez souvent.

3. Garnissez les tortillas de sauce tomate, de **piments jalapenos**, de **mozzarella** et de **parmesan.** Enfournez de nouveau 3 minutes pour que les fromages fondent. Décorez de **persil.** Donne 16 nachos.

Super nachos

Champignons farcis aux épinards

On peut garnir et réfrigérer les champignons une heure avant la cuisson.

Enduit végétal antiadhésif
225 g (½ lb) d'**épinards** frais, parés
12 **champignons** moyens
(225-340 g/8-12 oz)
1 c. à soupe de **margarine** non
salée

1 gousse d'**ail** hachée
¼ c. à thé d'**origan** sec, émietté
1 c. à soupe de **jus de citron**
2 c. à soupe de **chapelure** fine

Préparation :
20 min
Cuisson :
20 min

Un champignon :

Calories	*20*
Graisses	*1 g*
Graisses saturées	*0*
Cholestérol	*0*
Protéines	*1 g*
Hydrates de carbone	*2 g*
Sodium	*19 mg*
Sucre ajouté	*0*
Fibres	*1 g*

1. Portez le four à 200°C (400°F). Vaporisez d'**enduit antiadhésif** un moule carré de 20 cm (8 po).
2. Lavez les **épinards.** Tassez-les dans une casserole épaisse qui les contienne exactement et, sans ajouter d'eau, faites-les tomber à feu modéré 2-3 minutes. Égouttez, laissez refroidir, puis essorez en les pressant dans vos mains. Hachez-les finement.
3. Retirez les pieds des **champignons** et hachez-les menu. Faites fondre la **margarine** à feu modéré dans une petite poêle en fonte ; mettez-y l'**ail** et, 30 secondes après, ajoutez le hachis de champignons. Faites dorer 5 minutes. Ajoutez alors les épinards et l'**origan** et prolongez la cuisson de 1 minute. Incorporez le **jus de citron** et retirez du feu.
4. Mettez le hachis dans les chapeaux de champignons, garnissez-les de **chapelure** et disposez-les dans le moule. Enfournez sans couvrir et faites cuire 10-15 minutes. Quand la chapelure est dorée, servez immédiatement. Donne 4 portions.

Pommes de terre farcies au fromage

Vous pouvez préparer la garniture d'avance : couvrez et réfrigérez. Mais gardez les pommes de terre cuites à la température ambiante, sans les couper, et terminez la préparation peu avant de servir.

8 petites **pommes de terre** nouvelles (225 g/½ lb)
½ tasse de **fromage Cottage** partiellement écrémé
2 c. à soupe de **persil** haché
2 c. à soupe de **ciboulette** ou de tiges d'oignons verts hachées

2 c. à soupe d'**aneth** frais, haché, ou 1 c. à thé d'aneth séché
¼ c. à thé de **poivre** noir
8 petites **brindilles d'aneth** ou de persil (facultatif)

Préparation :
5 min
Cuisson :
18 min

Une pomme de terre :

Calories	*34*
Graisses	*0*
Graisses saturées	*0*
Cholestérol	*1 mg*
Protéines	*2 g*
Hydrates de carbone	*6 g*
Sodium	*60 mg*
Sucre ajouté	*0*
Fibres	*1 g*

1. Dans une grande cocotte, amenez à ébullition sur feu modéré assez d'eau non salée pour couvrir les **pommes de terre.** Plongez-y celles-ci, réduisez la chaleur, couvrez et faites cuire 15 minutes. Égouttez.
2. Dans l'intervalle, travaillez 15 secondes le **fromage Cottage** au mixer ou au robot. Quand il est crémeux, mettez-le dans un petit bol et incorporez le **persil**, la **ciboulette**, l'**aneth** et le **poivre.**
3. Quand les pommes de terre sont tièdes, prélevez sur chacune une tranche de 1 cm (¼ po). Avec une petite cuiller ou un tire-boules pour melon, évidez-les partiellement sans briser la pelure. Remplissez-les de pâte au fromage et garnissez à volonté de **brindilles d'aneth.** Donne 4 portions.

Variante :
Pommes de terre farcies au caviar Supprimez le fromage Cottage, le persil et la ciboulette. Incorporez l'aneth frais à ½ tasse de yogourt partiellement écrémé pour en farcir les pommes de terre. Décorez avec du caviar rouge.

Entrées

Tomates-cerises farcies aux crevettes

Préparation : **20 min**   GRAISSES SUCRE SODIUM
Cuisson : **5 min**

6 crevettes moyennes (115 g/¼ lb), décortiquées et parées
2 c. à soupe de persil haché
2 c. à soupe de ciboulette fraîche, hachée
1 c. à soupe de jus de citron
1 c. à soupe d'huile d'olive
     Une pincée de poivre noir
2 tasses de tomates-cerises (24 tomates)

1. Plongez les **crevettes** dans 2 tasses d'eau non salée et faites bouillir doucement 3 minutes sans couvrir. Dès que les crevettes sont roses, retirez et égouttez-les.

2. Travaillez-les 1 minute au robot. Videz la pâte obtenue dans un bol et incorporez-y le **persil**, la **ciboulette**, le **jus de citron**, l'**huile d'olive** et le **poivre** ; couvrez et réfrigérez.

3. Découpez la calotte (1 cm/¼ po) des tomates. Avec une petite cuiller, épépinez et remplissez de pâte aux crevettes. Donne 4-6 portions.

Une tomate :

Calories	11	Protéines	1 g
Graisses	1 g	Hydrates de carbone	1 g
Graisses saturées	0	Sodium	7 mg
Cholestérol	8 mg	Sucre ajouté	0
		Fibres	0

Concombres farcis au thon

Préparation : **15 min**   GRAISSES SUCRE SODIUM
et 4 h de réfrigération

1 boîte (184 g/6½ oz) de thon pâle dans l'eau, égoutté et effeuillé
½ tasse de chapelure fraîche de pain de blé entier (1 tranche)
1 côte moyenne de céleri, hachée fin
¼ tasse de poivron rouge, haché fin
1 oignon vert, haché fin
2 c. à soupe de yogourt partiellement écrémé
1 c. à soupe de persil haché
2 c. à thé de jus de citron
2 c. à soupe de mayonnaise hypocalorique
1½ c. à thé d'huile d'arachide

1 c. à thé de moutarde de Dijon ou de moutarde préparée à l'ancienne
¼ c. à thé d'estragon séché, émietté
⅛ c. à thé de poivre noir
4 concombres moyens, non cirés

1. Mélangez tous les ingrédients, sauf les concombres, dans un petit bol pour composer la farce.

2. Coupez les **concombres** transversalement et épépinez-les en laissant environ 6 mm (¼ po) de chair tout autour. Farcissez-les, enveloppez-les de pellicule de plastique et réfrigérez-les.

3. Détaillez en tranches de 1 cm (½ po). Donne 48 amuse-gueule ou 8 entrées.

Une tranche :

Calories	12	Protéines	1 g
Graisses	0	Hydrates de carbone	1 g
Graisses saturées	0	Sodium	24 mg
Cholestérol	2 mg	Sucre ajouté	0
		Fibres	0

Feuilles de verdure farcies aux sardines

Préparation : **2 min**   GRAISSES SUCRE SODIUM
Cuisson : **25 min** (presque sans intervention)

⅓ tasse de riz à grains longs
1 c. à thé de sucre
2 c. à soupe de vinaigre blanc
16 grandes feuilles de romaine ou d'épinards
1 boîte (125 g/4⅜ oz) de sardines non salées dans l'eau, égouttées
2 oignons verts hachés fin

1. Faites cuire le **riz** selon les instructions mais en omettant le sel.

2. Faites fondre le **sucre** dans le **vinaigre** avant d'ajouter celui-ci au riz cuit.

3. Amenez assez d'eau non salée à ébullition pour couvrir les **feuilles de romaine**. Faites-les cuire 1 minute ; égouttez et asséchez-les.

4. À la base de chaque feuille, déposez une cuillerée à soupe de riz, un morceau de **sardine** et un peu d'**oignon vert**. Enroulez la feuille sur elle-même en rentrant les côtés. Se sert chaud ou froid avec de la moutarde forte. Donne 16 amuse-gueule ou 4 entrées.

Une feuille farcie :

Calories	37	Protéines	2 g
Graisses	1 g	Hydrates de carbone	4 g
Graisses saturées	0	Sodium	11 mg
Cholestérol	0	Sucre ajouté	1 cal.
		Fibres	0

Blinis au fromage

Blinis au fromage

Ces petites crêpes, simples à faire, se servent aussi bien en entrée qu'en amuse-gueule. Elles se congèlent très bien, séparées par des feuilles de papier paraffiné et enveloppées avec soin. Décongelez-les avant de les garnir.

GRAISSES **SUCRE** **SODIUM**

½ **tasse de farine tout usage,
non tamisée
Une pincée de sel**
⅔ **tasse de lait 2%**
1 **gros blanc d'œuf
Enduit végétal antiadhésif**

½ **tasse de fromage Cottage
partiellement écrémé**
2 **c. à thé de miel**
⅛ **c. à thé de gingembre moulu
Une pincée de cannelle**

Préparation :
1 min
Cuisson :
8 min

Un blinis :

Calories	56
Graisses	1 g
Graisses saturées	0
Cholestérol	1 mg
Protéines	4 g
Hydrates de carbone	9 g
Sodium	91 mg
Sucre ajouté	4 cal.
Fibres	0

1. Dans un bol moyen, mettez la **farine** et le **sel.** Dans un petit bol, mélangez le **lait** et le **blanc d'œuf.** Ménagez une fontaine au milieu de la farine, ajoutez le lait et mélangez sommairement.

2. Vaporisez une petite poêle d'**enduit antiadhésif** et posez-la sur un feu modérément chaud. Quand elle est chaude, étalez-y 2 c. à soupe de pâte en inclinant la poêle pour que la pâte s'étende. Faites cuire 30 secondes, retournez et accordez 20-30 secondes de plus pour la faire dorer. Déposez-la dans une assiette et couvrez-la de papier paraffiné pour y poser la suivante. Répétez.

3. Travaillez ensemble 1 minute le **fromage Cottage**, le **miel**, le **gingembre** et la **cannelle** au robot ou au mixer. Garnissez les blinis d'une cuillerée à soupe de cet apprêt avant de les plier en deux puis en quatre. Donne 8 blinis.

Carrés de soufflé aux épinards

Cette entrée savoureuse se prépare d'avance: il suffit de la réchauffer avant le service. Il faut alors la recouvrir de papier d'aluminium et l'enfourner 10 ou 15 minutes à 180°C (350°F).

GRAISSES SUCRE SODIUM

450 g (1 lb) d'épinards frais, nettoyés et hachés, ou 1 paquet (300 g/10½ oz) d'épinards surgelés, décongelés et hachés
Une pincée de muscade
Une pincée de sucre

1 tasse de fromage Cottage partiellement écrémé
2 c. à thé de farine
2 c. à soupe de parmesan râpé
1 gros jaune d'œuf
⅛ c. à thé de poivre noir
Une pincée de cayenne
2 gros blancs d'œufs

Préparation:
15 min
Cuisson:
25 min (presque sans intervention)

Une portion en entrée:

Calories	92
Graisses	2 g
Graisses saturées	1 g
Cholestérol	72 mg
Protéines	13 g
Hydrates de carbone	6 g
Sodium	328 mg
Sucre ajouté	1 cal.
Fibres	3 g

1. Portez le four à 200°C (400°F). Doublez le fond d'un moule carré de 20 cm (8 po) de papier paraffiné.

2. Lavez les **épinards** et mettez-les dans une grande poêle en fonte, sans ajouter d'eau. Saupoudrez-les de **muscade** et de **sucre** et faites-les cuire 5 minutes à feu modéré sans couvrir. Remuez de temps à autre. Quand ils sont tendres, laissez-les refroidir.

3. Travaillez le **fromage Cottage** 30 secondes au robot ou au mixer; ajoutez la **farine**, le **parmesan**, le **jaune d'œuf**, le **poivre noir** et le **cayenne**. Travaillez encore 30 secondes. Mettez la préparation dans un grand bol et ajoutez-y les épinards refroidis.

4. Par ailleurs, fouettez les **blancs d'œufs** en neige ferme. Ajoutez ¼ tasse environ de blancs d'œufs aux épinards, puis incorporez le reste avec une spatule en caoutchouc. Versez l'apprêt dans le moule; lissez la surface. Enfournez et faites cuire 20 minutes à découvert.

5. Laissez refroidir le moule 5 minutes sur une grille avant de le démouler sur une grande assiette. Découpez le soufflé en quatre si vous le servez en entrée, en carrés de 4 cm (1½ po) si vous le présentez en bouchées.

Tortellinis et trempette aux épinards

Ces petites pâtes font une entrée en matière charmante à un repas italien — ou de toute nationalité.

GRAISSES SUCRE SODIUM

1½ c. à soupe de pignons ou de noix de Grenoble hachées
1 gousse d'ail tranchée
½ c. à thé de jus de citron
450 g (1 lb) d'épinards frais, nettoyés et hachés, ou 1 paquet (300 g/10½ oz)

d'épinards surgelés, décongelés, égouttés et hachés
1 c. à thé d'huile d'olive
3 c. à soupe de parmesan râpé
230 g (8 oz) de tortellinis

Préparation:
10 min
Cuisson:
10 min

Une portion:

Calories	128
Graisses	3 g
Graisses saturées	1 g
Cholestérol	1 mg
Protéines	6 g
Hydrates de carbone	21 g
Sodium	72 mg
Sucre ajouté	0
Fibres	2 g

1. Travaillez les **pignons**, l'**ail**, le **jus de citron**, les **épinards** et l'**huile d'olive** 1 minute au robot ou au mixer. Déposez cet apprêt dans un petit bol et ajoutez-y le **parmesan.**

2. Faites cuire les **tortellinis** selon les instructions, mais en supprimant le sel. Égouttez, rincez à l'eau froide, puis égouttez de nouveau. Servez-les sur un seul grand plat ou dans des assiettes individuelles et suggérez à vos convives de les plonger dans la trempette aux épinards. Donne 8 portions.

Quiche aux trois légumes

Cette délicieuse quiche se sert soit comme entrée, soit comme plat principal.

GRAISSES **SUCRE** **SODIUM**

½ **tasse de riz à grains longs**
Enduit végétal antiadhésif

1 **tasse de fromage suisse râpé**
(115 g/4 oz)

3 **gros blancs d'œufs**

1 **oignon moyen, détaillé en**
deux puis en tranches fines

1 **carotte moyenne, râpée**

1 **courgette moyenne**
(225 g/8 oz), râpée

1 **tasse de bouillon de poulet**
hyposodique

¼ **c. à thé de marjolaine**

1 **gros œuf**

1 **tasse de lait écrémé**

¼ **c. à thé de poivre**

Préparation :
10 min et
20 min d'attente
Cuisson :
1 h 5 (presque
sans intervention)

Une pointe :

Calories	127
Graisses	4 g
Graisses saturées	2 g
Cholestérol	38 mg
Protéines	7 g
Hydrates de carbone	15 g
Sodium	74 mg
Sucre ajouté	0
Fibres	0

1. Faites cuire le **riz** selon les instructions, mais en omettant le sel.

2. Portez le four à 180°C (350°F). Vaporisez d'**enduit antiadhésif** une assiette à tarte de 22 cm (9 po). Incorporez au riz cuit 2 c. à soupe de **fromage** et un **blanc d'œuf**. Mouillez-vous les mains pour étaler ce mélange dans le fond et sur les bords de l'assiette à tarte. Enfournez à découvert et faites cuire 5 minutes. Retirez et laissez refroidir sur une grille, sans démouler.

3. Dans une casserole moyenne et à feu modéré, faites cuire l'**oignon**, la **carotte**, la **courgette**, le **bouillon de poulet** et la **marjolaine** 15 minutes, sans couvrir. Augmentez la chaleur et prolongez la cuisson de 5 minutes en remuant pour que tout le liquide s'évapore. Disposez la préparation dans un bol calorifuge et laissez-la bien refroidir, environ 20 minutes.

4. Fouettez les blancs d'œufs qui restent avec l'**œuf** entier ; ajoutez-les aux légumes, ainsi que le **lait**, le **poivre** et le reste du fromage. Étalez cet apprêt dans l'assiette à tarte et faites cuire au four 20 minutes pour que la quiche prenne et gonfle. Laissez reposer 15 minutes à la température ambiante avant de servir. Donne 10 pointes en entrée, 4 portions en plat principal.

Quiche aux trois légumes

Légumes frais marinés

Préparation : **20 min**
et 12 h de réfrigération

- ½ tasse de vinaigre de vin blanc
- 1 tasse d'eau
- 1 c. à soupe d'huile d'olive
- 1 gousse d'ail émincée
- ½ c. à thé de paprika
- ¼ c. à thé de poivre noir
- 2 carottes moyennes, pelées et détaillées en allumettes
- 1 côte de céleri, détaillée en allumettes
- 1 courgette moyenne (225 g/½ lb), détaillée en allumettes
- 1 petit poivron rouge, paré, épépiné et détaillé en allumettes
- 1 c. à soupe de câpres égouttées

Mélangez le **vinaigre**, l'**eau**, l'**huile d'olive**, l'**ail**, le **paprika** et le **poivre noir**. Ajoutez les **carottes**, le **céleri**, la **courgette**, le **poivron rouge** et les **câpres** et remuez bien. Couvrez et réfrigérez toute une nuit. Donne 4 entrées.

Une portion :

Calories	50	*Protéines*	*1 g*
Graisses	*2 g*	*Hydrates de carbone*	*8 g*
Graisses saturées	*0*	*Sodium*	*79 mg*
Cholestérol	*0*	*Sucre ajouté*	*0*
		Fibres	*1 g*

Goûters

Mélange à croquer

Préparation : **5 min**

Voici un goûter simple mais nourrissant.

- 5 tasses de maïs soufflé
- 1 tasse de céréales de grains entiers, non sucrées
- ½ tasse de graine de soja rôtie à sec, non salée
- ½ tasse de raisins secs

Mélangez ensemble tous les ingrédients. Donne environ 7 tasses.

½ tasse :

Calories	57	*Protéines*	*2 g*
Graisses	*1 g*	*Hydrates de carbone*	*10 g*
Graisses saturées	*0*	*Sodium*	*20 mg*
Cholestérol	*0*	*Sucre ajouté*	*0*
		Fibres	*1 g*

Croustilles de champignons

Préparation : **10 min**
Cuisson : **2 h 30** (sans intervention)

Enduit végétal antiadhésif
225 g (½ lb) de gros champignons

1. Portez le four à 120°C (250°F). Vaporisez d'**enduit antiadhésif** une grande lèchefrite.
2. Taillez les **champignons** en fines lamelles. Disposez celles-ci dans la lèchefrite sans qu'elles se superposent. Faites cuire 2 h 30-3 heures, à découvert, pour qu'elles deviennent tout à fait croustillantes. Donne 2 tasses.

½ tasse :

Calories	16	*Protéines*	*1 g*
Graisses	*0*	*Hydrates de carbone*	*3 g*
Graisses saturées	*0*	*Sodium*	*2 mg*
Cholestérol	*0*	*Sucre ajouté*	*0*
		Fibres	*1 g*

Pois chiches grillés

Préparation : **2 min**
Cuisson : **8 min**

- 2 c. à soupe de sucre
- ½ c. à thé chacune de cumin moulu, d'assaisonnement au chile et de paprika
- ¼ c. à thé de graine de coriandre moulue
- ⅛ c. à thé de cayenne
- ⅛ c. à thé de sel (facultatif)
- 2 tasses de pois chiches, cuits et égouttés
- 2 c. à thé d'huile d'arachide ou autre

1. Mélangez ensemble le **sucre**, le **cumin**, l'**assaisonnement au chile**, le **paprika**, la **coriandre**, le **cayenne**, et le **sel** s'il y a lieu. Ajoutez les **pois chiches** et remuez.
2. Chauffez l'**huile** 1 minute à feu modérément chaud dans une poêle moyenne. Ajoutez les pois chiches et faites-les revenir à découvert 7 minutes environ en agitant la poêle.
3. Avec une écumoire, déposez les pois chiches sur des essuie-tout. Quand ils sont froids, rangez-les dans un bocal hermétique. Consommez dans la semaine. Donne 2¼ tasses.

¼ tasse :

Calories	123	*Protéines*	*5 g*
Graisses	*2 g*	*Hydrates de carbone*	*18 g*
Graisses saturées	*0*	*Sodium*	*8 mg*
Cholestérol	*0*	*Sucre ajouté*	*4 cal.*
		Fibres	*4 g*

Potages

Si vous avez délaissé les potages du commerce parce que vous les trouviez trop salés, essayez ceux-ci. Ils sont à la fois particulièrement nutritifs et pauvres en sodium. En voulez-vous un exemple ? Le minestrone en boîte contient 3 g de protéines et 910 mg de sodium par portion ; le nôtre, 12 g de protéines et 145 mg de sodium. Vous trouverez ici des recettes classiques et d'autres, inédites, comme celles du Potage à l'aubergine rôtie (p. 58) et de crèmes veloutées à merveille, qui sont néanmoins hypocaloriques et hypolipidiques.

Gombo au poulet

Consommé maison au poulet

Préparation : **10 min** GRAISSES SUCRE SODIUM
Cuisson : **35 min** (presque sans intervention)

Cette recette, bien que vite faite, vaut bien cele de grand-mère. Les blancs et les coquilles d'œufs servent à clarifier le bouillon.

6 tasses de bouillon de poulet hyposodique (voir p. 34)
3 gros blancs d'œufs, légèrement battus
3 coquilles d'œufs, écrasées
3 oignons verts, tranchés fin avec leurs tiges
1 tomate moyenne, parée et hachée
1 petite carotte, pelée et tranchée
½ tasse de persil haché
½ c. à thé de thym séché, émietté
½ c. à thé de basilic séché, émietté
6 grains de poivre noir
1 feuille de laurier

1. Amenez tous les ingrédients au point d'ébullition dans un grand faitout, en fouettant constamment. Réglez la chaleur et laissez mijoter 30 minutes à découvert.

2. Déposez un linge à vaisselle humide ou deux épaisseurs d'étamine humide dans une grande passoire ; faites-y passer le consommé dans un grand bol calorifuge. Enlevez le gras en surface avant de servir. Donne 4 portions.

Variantes :

Consommé aux légumes Préparez le consommé de la même façon, mais faites-le passer dans un autre faitout et ajoutez-y les légumes suivants, pelés et hachés fin : 1 petite carotte, 1 petite côte de céleri, 1 petit navet blanc et 1 petit oignon. Laissez mijoter à découvert 5 minutes environ, pour attendrir les légumes.

Consommé madrilène Préparez le consommé en utilisant 3 tomates plutôt que 1. En outre, pelez, épépinez et hachez 2 autres tomates et répartissez-les dans des bols individuels avant d'y verser le consommé.

Consommé en gelée Une fois le consommé terminé, prélevez-en 1 tasse dans un petit bol. Saupoudrez-y un sachet de gélatine non aromatisée et laissez gonfler 5 minutes. Dans l'intervalle, amenez le reste du consommé à ébullition sur un feu modéré. Ajoutez alors la gélatine et 2 c. à soupe de madère ou de xérès sec ; laissez bouillir 2 minutes. Versez le consommé dans un bol calorifuge, attendez qu'il

refroidisse, puis couvrez et réfrigérez. Au bout de 2 heures, la gélatine sera légèrement prise. Battez vivement à la fourchette et servez dans des bols rafraîchis.

Une portion :

Calories	49	Protéines	4 g
Graisses	2 g	Hydrates de carbone	3 g
Graisses saturées	1 g	Sodium	82 mg
Cholestérol	0	Sucre ajouté	0
		Fibres	0

Soupe poulet-scarole

Préparation : **15 min** GRAISSES SUCRE SODIUM
Cuisson : **30 min** (presque sans intervention)

Pour rendre cette soupe encore plus substantielle, ajoutez-y une tasse de nouilles ou de riz cuit.

2 tasses d'eau
2 tasses de bouillon de poulet hyposodique (voir p. 34)
1 poitrine de poulet dépouillée et désossée (225 g/8 oz)
2 carottes moyennes, pelées et hachées
2 côtes de céleri moyennes, hachées
1 oignon moyen, haché
¼ tasse de persil haché
⅛ c. à thé de poivre noir
225 g (8 oz) de scarole, de bette à carde ou d'épinards, parés
1 grosse tomate, pelée, parée, épépinée et hachée

1. Dans un grand faitout, amenez à ébullition l'**eau** et le **bouillon de poulet**. Ajoutez le **poulet**, les **carottes**, le **céleri**, l'**oignon**, le **persil** et le **poivre**. Couvrez et laissez mijoter 20 minutes environ.

2. Lorsque le poulet est à point, retirez-le et mettez-le à part. Jetez la **scarole** et la **tomate** dans le faitout et laissez-les mijoter 5-10 minutes à découvert jusqu'à ce que la scarole soit tendre.

3. Détaillez le poulet en petits cubes, remettez-le dans la soupe et réchauffez-le 1 minute. Donne 4 portions.

Une portion :

Calories	184	Protéines	29 g
Graisses	2 g	Hydrates de carbone	10 g
Graisses saturées	1 g	Sodium	148 mg
Cholestérol	66 mg	Sucre ajouté	0
		Fibres	3 g

Mulligatawny

Mulligatawny

Le mulligatawny est une soupe épaisse au cari, d'origine anglaise, mais d'inspiration indienne. C'est un repas complet dans un seul plat.

GRAISSES SUCRE SODIUM

1 c. à soupe de margarine non salée

1 oignon moyen, haché

1 carotte moyenne, tranchée

1 pomme acide moyenne, pelée, parée et hachée

1 côte de céleri moyenne, en tranches

1 petit poivron vert, paré, épépiné et haché

2 c. à soupe de farine

1 c. à soupe de cari

4 tasses de bouillon de poulet hyposodique (voir p. 34)

1 boîte (398 ml/14 oz) de tomates hyposodiques, égouttées et concassées

3 clous de girofle

¼ c. à thé de macis

¼ c. à thé de muscade

⅛ c. à thé de poivre noir

1 tasse de blancs de poulet cuit, coupés en dés

½ tasse de riz cuit

¼ tasse de yogourt partiellement écrémé

4 c. à thé de persil haché (facultatif)

Préparation :
20 min
Cuisson :
50 min
(presque sans intervention)

Une portion :

Calories	239
Graisses	s7 g
Graisses saturées	2 g
Cholestérol	32 mg
Protéines	17 g
Hydrates de carbone	27 g
Sodium	130 mg
Sucre ajouté	0
Fibres	3 g

Conseil : *Si la soupe prend au fond du faitout, retirez-la du feu et laissez-la refroidir. Décollez doucement les éléments solides avec une cuiller en bois.*

1. Faites fondre la **margarine** à feu modéré dans un grand faitout. Ajoutez l'**oignon**, la **carotte**, la **pomme**, le **céleri** et le **poivron vert** et laissez cuire 5 minutes à découvert pour attendrir l'oignon. Incorporez la **farine** et le **cari**, et prolongez la cuisson de 1 minute en remuant.

2. Ajoutez le **bouillon**, les **tomates**, les **clous de girofle**, le **macis**, la **muscade** et le **poivre**. Augmentez la chaleur, couvrez, amenez à ébullition, puis réglez le feu pour que la soupe mijote doucement pendant 30 minutes. Retirez du feu, enlevez les clous de girofle et laissez refroidir 10 minutes.

3. Travaillez la soupe 20 secondes en trois portions, au robot ou au mixer. Remettez au faitout, ajoutez le **poulet** et le **riz** et réchauffez 3-5 minutes à feu modéré en remuant. Pour servir, garnissez les bols avec 1 c. à soupe de **yogourt** et 1 c. à thé de **persil**. Donne 4 portions.

Soupe de poulet à la menthe fraîche

Préparation : **10 min**
Cuisson : **15 min**

`GRAISSES` `SUCRE` `SODIUM`

*Servez-la avec une salade et du pain croûté,
et votre repas sera complet.*

1 c. à soupe de margarine non salée
2 c. à soupe de farine
5 tasses de bouillon de poulet hyposodique
1 c. à thé de zeste de citron râpé
2 c. à soupe de jus de citron
1 tasse de blancs de poulet cuit, en dés
2 c. à soupe de menthe fraîche, hachée

1. Faites fondre la **margarine** à feu modéré dans un grand faitout ; ajoutez la **farine** et laissez cuire 4 minutes en remuant. Incorporez lentement au fouet le **bouillon**, le **zeste** et le **jus de citron**. Amenez à ébullition en remuant sans arrêt.

2. Laissez mijoter doucement pendant 5 minutes. Ajoutez le **poulet**, chauffez 1 minute et, pour terminer, ajoutez la **menthe**. Donne 4 portions.

Une portion :

Calories	138	Protéines	14 g
Graisses	6 g	Hydrates de carbone	5 g
Graisses saturées	1 g	Sodium	95 mg
Cholestérol	30 mg	Sucre ajouté	0
		Fibres	0

Soupe de poulet à l'okra

Préparation : **15 min**
Cuisson : **20 min**

`GRAISSES` `SUCRE` `SODIUM`

Cette soupe est un repas complet en soi.

1 c. à soupe de margarine non salée
1 gros oignon haché
1 gousse d'ail hachée
½ petit poivron vert, paré, épépiné et haché
1 côte de céleri moyenne, hachée
2 c. à soupe de farine
1 boîte (540 ml/19 oz) de tomates concassées hyposodiques avec leur jus
1 tasse de bouillon de poulet hyposodique
¼ c. à thé de sauce Tabasco
2 tasses d'okra frais, en tranches, ou 1 paquet (250 g/9 oz) d'okra surgelé, en tranches
1½ tasse de blancs de poulet cuit, ou de blancs de dinde, coupés en dés
½ c. à thé de jus de citron

1. Faites fondre la **margarine** à feu modéré dans un grand faitout. Ajoutez l'**oignon, l'ail**, le **poivron vert** et le **céleri** ; laissez-les attendrir 5 minutes sans couvrir.

2. Incorporez la **farine** en remuant et, après 3 minutes, ajoutez lentement les **tomates**, le **bouillon de poulet** et la **sauce Tabasco**. Amenez à ébullition en remuant toujours. Quand la soupe a épaissi, ajoutez l'**okra**, couvrez et laissez cuire 6-8 minutes. Baissez le feu, ajoutez le **poulet** et réchauffez-le pendant 4 minutes. Incorporez le **jus de citron**. Donne 4 portions.

Une portion :

Calories	207	Protéines	20 g
Graisses	7 g	Hydrates de carbone	17 g
Graisses saturées	2 g	Sodium	92 mg
Cholestérol	47 mg	Sucre ajouté	0
		Fibres	4 g

Chaudrée de poisson aux tomates

Préparation : **15 min**
Cuisson : **20 min**

`GRAISSES` `SUCRE` `SODIUM`

4 c. à thé d'huile d'olive
2 gousses d'ail hachées
3 tomates moyennes (450 g/1 lb), pelées, parées, épépinées et hachées, ou 1 boîte (540 ml/19 oz) de tomates hyposodiques, concassées avec leur jus
1 c. à thé de basilic séché, émietté
½ c. à thé d'origan séché, émietté
Une pincée de cayenne
½ tasse de vin blanc sec ou de bouillon de poulet hyposodique (voir p. 34)
3 tasses d'eau
225 g (½ lb) de filets de morue ou d'un autre poisson blanc, détaillés en bouchées
2 c. à soupe de persil haché

1. Chauffez l'**huile d'olive** à feu modéré dans un grand faitout ; ajoutez l'**ail**, les **tomates**, le **basilic**, l'**origan**, le **cayenne** et le **vin.** Faites cuire à découvert 10 minutes.

2. Ajoutez l'**eau**, couvrez et amenez à ébullition. Incorporez la **morue** et laissez mijoter 5 minutes sans couvrir. Versez dans des bols et décorez de **persil.** Donne 4 portions.

Une portion :

Calories	111	Protéines	11 g
Graisses	5 g	Hydrates de carbone	6 g
Graisses saturées	1 g	Sodium	41 mg
Cholestérol	24 mg	Sucre ajouté	0
		Fibres	1 g

Minestrone

Préparation : **20 min**
Cuisson : **50 min** (presque sans intervention)

GRAISSES SUCRE SODIUM

Cette soupe-repas donne huit bonnes portions ; réfrigérez ce que vous n'utilisez pas pour le resservir plus tard dans la semaine.

- 4 c. à thé d'huile d'olive
- 2 oignons moyens, hachés
- 4 gousses d'ail hachées
- 2 carottes moyennes, pelées, coupées en deux sur la longueur et tranchées mince
- 1 pomme de terre moyenne, pelée et détaillée en gros dés
- 1 courgette moyenne (225 g/½ lb), détaillée en gros dés
- ¼ tasse de basilic frais, haché, ou 1 c. à soupe de basilic séché, émietté
- 1 c. à thé d'origan séché, émietté
- 2 grandes feuilles de laurier
- 4 tomates moyennes (675 g/1½ lb), pelées, parées, épépinées et concassées ou 1 boîte (796 ml/28 oz) de tomates hyposodiques, concassées avec leur jus
- 5 tasses de bouillon de poulet hyposodique (voir p. 34)
- 115 g (¼ lb) de haricots verts, coupés en trois
- 115 g (4 oz) de pâtes tubulaires
- 2 tasses de haricots rouges ou de haricots blancs, cuits et égouttés
- ½ tasse de parmesan râpé
- 3 c. à soupe de persil haché

1. Chauffez l'**huile d'olive** à feu doux dans un grand faitout ; faites-y revenir les **oignons** et l'**ail** 5 minutes à découvert. Augmentez la chaleur, ajoutez les **carottes**, la **pomme de terre**, la **courgette**, le **basilic**, l'**origan** et le **laurier** et faites cuire 5 minutes de plus.

2. Ajoutez les **tomates** et le **bouillon de poulet**. Amenez à ébullition et réglez la chaleur pour que la soupe mijote pendant 20 minutes, à découvert. Ajoutez les **haricots verts**, couvrez et laissez cuire environ 10 minutes pour qu'ils restent croquants. Retirez les feuilles de laurier.

3. Entre-temps, faites cuire les **pâtes** selon les directives sur le paquet, en omettant le sel. Égouttez et ajoutez-les à la soupe avec les **haricots rouges**. Réchauffez bien et servez dans des bols en saupoudrant de **parmesan** et de **persil**. Donne 8 portions.

Une portion :

Calories	239	Protéines	12 g
Graisses	5 g	Hydrates de carbone	37 g
Graisses saturées	2 g	Sodium	145 mg
Cholestérol	4 mg	Sucre ajouté	0
		Fibres	5 g

Chaudrée de poisson aux tomates

Soupe aux légumes du jardin

Soupe aux légumes du jardin

Préparation : **20 min**　　GRAISSES SUCRE SODIUM
Cuisson : **30 min**

C'est le yogourt qui donne du piquant à cette soupe haute en couleur.

1　c. à soupe de margarine non salée
4　petits oignons blancs, pelés
3　c. à soupe de farine
2½　tasses de bouillon de poulet hyposodique (voir p. 34)
1　carotte moyenne, tranchée en biseau
1½　c. à thé d'estragon séché, émietté
1　c. à thé de jus de citron
¼　c. à thé de poivre noir
½　tasse de bouquets de brocoli
½　tasse de champignons, coupés en quatre
1　petite courge (115 g/¼ lb), en tranches de 1 cm (½ po)
½　tasse de yogourt partiellement écrémé

1. Faites fondre la **margarine** à feu modéré dans un grand faitout. Ajoutez les **petits oignons** et laissez-les cuire 8-10 minutes en les tournant souvent. Quand ils sont bien dorés, posez-les dans une assiette doublée d'essuie-tout.

2. Jetez la **farine** dans le faitout et faites-la cuire 2-3 minutes en remuant. Incorporez peu à peu le **bouillon de poulet** au fouet et prolongez la cuisson jusqu'à épaississement, soit environ 3 minutes.

3. Remettez les petits oignons dans le faitout, ainsi que la **carotte**, l'**estragon**, le **jus de citron** et le **poivre**. Quand l'ébullition est prise, réglez la chaleur et laissez mijoter la soupe 8-10 minutes. Ajoutez le **brocoli**, les **champignons** et la **courge** ; couvrez et laissez cuire 5 minutes de plus.

4. Incorporez le **yogourt** au fouet et réchauffez la soupe 1-2 minutes sans la laisser bouillir : elle tournerait. Donne 4 portions.

Une portion :

Calories	110	Protéines	5 g
Graisses	4 g	Hydrates de carbone	13 g
Graisses saturées	1 g	Sodium	66 mg
Cholestérol	2 mg	Sucre ajouté	0
		Fibres	1 g

Crème de légumes

1 c. à soupe de margarine non salée	1 feuille de laurier
1 grosse carotte, pelée et tranchée mince	¼ c. à thé de thym séché, émietté
1 oignon moyen, tranché mince	2½ tasses de bouillon de poulet hyposodique (voir p. 34)
1 grosse pomme de terre, pelée et tranchée mince	2 tasses de lait 2 %
3 gousses d'ail écrasées	⅛ c. à thé de sel
	⅛ c. à thé de poivre noir

Préparation :
10 min
Cuisson :
50 min
(presque sans intervention)

Une portion :

Calories	161
Graisses	6 g
Graisses saturées	2 g
Cholestérol	10 mg
Protéines	7 g
Hydrates de carbone	19 g
Sodium	176 mg
Sucre ajouté	0
Fibres	1 g

1. Faites fondre la **margarine** à feu doux dans un faitout moyen. Jetez-y la **carotte**, l'**oignon**, la **pomme de terre**, l'**ail**, le **laurier** et le **thym**. Remuez pour les enrober. Ajoutez ½ tasse de **bouillon de poulet**, couvrez et laissez cuire 15 minutes pour que le liquide s'évapore presque entièrement.

2. Augmentez la chaleur, incorporez le reste du bouillon de poulet et le **lait,** et prolongez la cuisson de 30 minutes, sans couvrir, pour que les légumes soient très tendres et que les saveurs se développent. Remuez de temps à autre.

3. Laissez tiédir et passez à travers un tamis : réservez de part et d'autre les légumes et le bouillon. Retirez la feuille de laurier. Réduisez les légumes en purée avec 1 tasse de bouillon au robot ou au mixer. Remettez la purée et le reste du bouillon dans le faitout, ajoutez le **sel** et le **poivre** et réchauffez à feu modéré 3 minutes. Donne 4 portions.

Variantes :

Crème d'épinards Procédez comme ci-dessus, mais, à l'étape 2, ajoutez, 5 minutes avant la fin de la cuisson, 4 tasses d'épinards, hachés grossièrement, ou un paquet (300 g/10½ oz) d'épinards surgelés, décongelés et hachés. À l'étape 3, ajoutez ⅛ à thé de muscade et ⅛ c. à thé de gingembre en même temps que le sel et le poivre.

Crème de champignons Procédez comme ci-dessus, mais, à l'étape 1, jetez 1 tasse de champignons, hachés grossièrement, dans la margarine fondue avec les autres légumes. À l'étape 3, avant de remettre la purée dans le faitout, versez-y ½ tasse du bouillon réservé et ajoutez 1 tasse de champignons tranchés mince ; couvrez et laissez cuire 5 minutes à feu doux. Ajoutez alors les légumes en purée et le reste du bouillon, et poursuivez comme ci-dessus.

Crème d'asperges Pelez 450 g (1 lb) d'asperges ; détachez les pointes et coupez les tiges en trois. À l'étape 1, jetez les tiges dans la margarine fondue avec les autres légumes. À l'étape 3, avant de remettre la purée de légumes dans le faitout, versez-y ½ tasse du bouillon réservé et ajoutez les pointes d'asperges ; couvrez et faites cuire 5 minutes à feu doux. Quand les pointes sont tendres, remettez la purée et poursuivez comme ci-dessus.

Crème de cresson Employez une botte moyenne de cresson et débarrassez celui-ci de ses tiges. Préparez le potage comme ci-dessus. À la fin de l'étape 3, au moment de réchauffer la purée, ajoutez le cresson et faites-le attendrir 4 minutes sans couvrir, en remuant de temps à autre.

Crème au fromage À l'étape 1, faites cuire les légumes dans ½ tasse de bouillon de poulet plutôt que dans la margarine. À la fin de l'étape 3, au moment de réchauffer la purée, ajoutez ¼ tasse de cheddar vieux, râpé, et 1 c. à soupe de parmesan râpé. Remplacez le sel et le poivre par ⅛ c. à thé chacune de cayenne et de paprika.

Conseil : *Lorsque vous faites cuire la soupe à découvert, rappelez-vous que plus le faitout est grand, plus l'évaporation est rapide. Si le liquide diminue avec excès, ajoutez de l'eau.*

Potage aux haricots noirs

Préparation : **15 min** GRAISSES SUCRE SODIUM
Cuisson : **23 min** (presque sans intervention)

- **2** c. à thé d'huile d'olive
- **1** gros oignon haché
- **2** gousses d'ail hachées
- **½** c. à thé d'origan séché, émietté
- **¼** c. à thé de thym séché, émietté
- **¼** c. à thé de cumin moulu
- **⅛** c. à thé de cayenne
- **1½** tasse de haricots noirs, cuits et égouttés
- **1½** tasse de bouillon de poulet hyposodique
- **4** c. à thé de coriandre fraîche, hachée, ou de persil frais (facultatif)

1. Chauffez l'**huile d'olive** à feu modéré dans un grand faitout ; faites-y revenir l'**oignon** et l'**ail** 5 minutes sans couvrir. Quand ils sont tendres, ajoutez l'**origan**, le **thym**, le **cumin** et le **cayenne** ; prolongez la cuisson de 1 minute en remuant.

2. Travaillez la moitié des **haricots noirs** pendant 30 secondes au robot ou au mixer. Ajoutez cette purée, le reste des haricots noirs entiers et le **bouillon de poulet** au contenu du faitout ;

réduisez la chaleur et laissez mijoter 15 minutes sans couvrir, en remuant de temps à autre. Servez le potage dans des bols et décorez, à votre gré, de **coriandre**. Donne 4 portions.

Une portion :

Calories	*154*	*Protéines*	*8 g*
Graisses	*3 g*	*Hydrates de carbone*	*23 g*
Graisses saturées	*0*	*Sodium*	*29 mg*
Cholestérol	*0*	*Sucre ajouté*	*0*
		Fibres	*5 g*

Potage carottes et pommes

Préparation : **20 min** GRAISSES SUCRE SODIUM
Cuisson : **35 min** (presque sans intervention)

- **1** c. à soupe de margarine non salée
- **1** oignon moyen, haché
- **1** côte de céleri moyenne, tranchée
- **8** carottes moyennes (450 g/1 lb), pelées et tranchées
- **2** pommes sucrées moyennes, pelées, parées et hachées
- **5** tasses de bouillon de poulet hyposodique (voir p. 34)

Potage aux haricots noirs

½ c. à thé de sauge séchée, émiettée
¼ c. à thé de poivre noir
1 feuille de laurier
8 tranches minces de pomme sucrée non pelée, trempées dans le jus de citron (facultatif)

1. Faites fondre la **margarine** à feu modéré dans un grand faitout; jetez-y l'**oignon**, le **céleri**, les **carottes** et les **pommes hachées**, et laissez-les cuire 5 minutes sans couvrir.

2. Ajoutez le **bouillon de poulet**, la **sauge**, le **poivre** et le **laurier**. Augmentez la chaleur et portez à ébullition. Réglez le feu, couvrez et laissez mijoter doucement environ 20 minutes pour attendrir les carottes. Retirez du feu; enlevez la feuille de laurier et laissez tiédir 5 minutes.

3. Travaillez la préparation 30 secondes en trois portions, au robot ou au mixer. Remettez la purée dans le faitout, couvrez et réchauffez 2 minutes à feu modéré. Servez dans des bols individuels et décorez, à volonté, de 2 **tranches de pomme**. Donne 6 portions.

Une portion:

Calories	102	Protéines	3 g
Graisses	3 g	Hydrates de carbone	16 g
Graisses saturées	1 g	Sodium	74 mg
Cholestérol	0	Sucre ajouté	0
		Fibres	3 g

Chaudrée au maïs

Préparation: **15 min**
Cuisson: **20 min**

GRAISSES SUCRE SODIUM

1 c. à soupe de margarine non salée
1 oignon moyen, haché
1 petite côte de céleri hachée
¼ petit poivron vert, paré, épépiné et haché
1 c. à soupe de farine
½ c. à thé de paprika
1 tasse de bouillon de poulet hyposodique (voir p. 34)
2 tasses de maïs à grains entiers, frais ou surgelé
1 tasse de lait écrémé
1½ c. à thé de jus de citron
⅛ c. à thé de poivre noir

1. Faites fondre la **margarine** à feu modéré dans un grand faitout. Jetez-y l'**oignon**, le **céleri** et le **poivron vert**; laissez-les cuire 5 minutes sans couvrir.

2. Quand les légumes sont tendres, ajoutez la **farine** et le **paprika** et prolongez la cuisson de

3 minutes en remuant. Incorporez peu à peu le **bouillon de poulet** et laissez épaissir 3-5 minutes en remuant constamment.

3. Ajoutez le **maïs**, couvrez et laissez cuire 5 minutes avant d'incorporer le **lait**, le **jus de citron** et le **poivre noir**; réchauffez la soupe 2-3 minutes à feu doux. Ne la laissez pas bouillir: elle tournerait. Donne 4 portions.

Une portion:

Calories	134	Protéines	5 g
Graisses	4 g	Hydrates de carbone	22 g
Graisses saturées	1 g	Sodium	55 mg
Cholestérol	1 mg	Sucre ajouté	0
		Fibres	2 g

Potage froid aux concombres

Préparation: **10 min**
et 5 h de réfrigération

GRAISSES SUCRE SODIUM

Rien n'est plus frais, par une chaude journée d'été, qu'un frais potage aux concombres.

2 concombres moyens, pelés, épépinés et hachés
1 oignon rouge moyen, tranché mince
⅓ tasse d'aneth frais, haché, ou 1½ c. à thé d'aneth séché
2 c. à soupe de menthe fraîche, hachée, ou 2 c. à thé de flocons de menthe
2 tasses de babeurre
½ tasse de yogourt partiellement écrémé
½ tasse de bouillon de poulet hyposodique
1½ c. à soupe de noix de Grenoble hachées
3 c. à soupe de vinaigre de vin rouge
¼ c. à thé de sel
¼ c. à thé de poivre noir
⅛ c. à thé de cayenne

1. Travaillez 30 secondes les **concombres**, l'**oignon**, l'**aneth** et la **menthe** au robot. Ajoutez le **babeurre**, le **yogourt**, le **bouillon de poulet** et les **noix de Grenoble**; travaillez 20 secondes de plus pour bien amalgamer le mélange.

2. Versez la préparation dans un bol; ajoutez le **vinaigre**, le **sel**, le **poivre noir** et le **cayenne**. Couvrez et réfrigérez au moins 5 heures. Donne 4 portions.

Une portion:

Calories	114	Protéines	7 g
Graisses	4 g	Hydrates de carbone	14 g
Graisses saturées	1 g	Sodium	298 mg
Cholestérol	7 mg	Sucre ajouté	0
		Fibres	1 g

Potage
à l'aubergine rôtie

Préparation : **10 min**   `GRAISSES` `SUCRE` `SODIUM`
Cuisson : **45 min** (presque sans intervention)

L'aubergine rôtie perd toute trace d'amertume et confère au potage une saveur très particulière.

3 petites aubergines non pelées (675 g/1½ lb)
1 c. à soupe d'huile d'olive
1 gros oignon, en tranches minces
2 gousses d'ail écrasées
1 c. à soupe de gingembre frais, haché, ou ½ c. à thé de gingembre moulu
¼ c. à thé de flocons de piment rouge
2 poivrons rouges moyens, parés, épépinés et tranchés mince
¼ c. à thé de sel
3 tasses de bouillon de poulet hyposodique (voir p. 34)
4 c. à thé de vinaigre de vin rouge
¼ tasse de yogourt partiellement écrémé

1. Portez le four à 190°C (375°F). Piquez les **aubergines** à plusieurs endroits avec une fourchette ; déposez-les dans une lèchefrite non graissée. Enfournez et faites cuire 40 minutes environ pour qu'elles soient très tendres à la fourchette.

2. Dans l'intervalle, chauffez l'**huile d'olive** à feu doux dans un faitout moyen. Ajoutez l'**oignon**, l'**ail**, le **gingembre** et les **flocons de piment rouge**, et laissez cuire 10 minutes sans couvrir.

3. Ajoutez les **poivrons rouges** et le **sel** ; couvrez et prolongez la cuisson de 10 minutes. Dès que les poivrons sont tombés, versez le **bouillon de poulet**, augmentez la chaleur et laissez cuire 20 minutes sans couvrir. Quand les poivrons sont tendres, retirez le potage du feu et passez-le en réservant séparément les légumes et le bouillon.

4. Dès que les aubergines sont cuites et qu'elles ont un peu tiédi, débarrassez-les de leur peau, coupez-les en deux, retirez-en la semence avec une cuiller et détaillez-les en gros dés.

5. Mettez l'aubergine dans le bocal du robot ou du mixer, ajoutez les légumes réservés et 1 tasse de bouillon ; travaillez 1 minute pour obtenir une purée lisse. Remettez cette purée dans le faitout ; versez-y le reste du bouillon et le **vinaigre**. Réchauffez 5 minutes à feu modéré

sans couvrir. Servez la soupe dans des bols individuels et décorez d'une cuillerée à soupe de **yogourt**. Donne 4 portions.

Une portion :

Calories	125	Protéines	5 g
Graisses	5 g	Hydrates de carbone	17 g
Graisses saturées	1 g	Sodium	193 mg
Cholestérol	1 mg	Sucre ajouté	0
		Fibres	3 g

Potage de champignons
à l'orge

Préparation : **20 min**   `GRAISSES` `SUCRE` `SODIUM`
Cuisson : **45 min** (presque sans intervention)

Ce potage nourrissant est encore plus savoureux lorsqu'on le prépare à l'avance.

2 gros oignons hachés
3 carottes moyennes, pelées et tranchées
225 g (½ lb) de champignons, tranchés mince
4 tasses de bouillon de bœuf hyposodique (voir p. 34)
¼ tasse de persil haché
½ tasse d'orge mondé
¼ c. à thé de poivre noir

Réunissez tous les ingrédients dans un grand faitout et amenez-les à ébullition à feu modéré. Réglez la chaleur pour que le potage mijote doucement, à demi couvert, et laissez-le ainsi 40 minutes ou jusqu'à ce que l'orge soit à point. Donne 4 portions.

Variante :

Potage aux champignons, à l'orge et aux poivrons rouges Remplacez les carottes par 2 côtes moyennes de céleri, en tranches. Ajoutez ½ poivron rouge moyen, haché, et procédez comme ci-dessus.

Une portion :

Calories	172	Protéines	5 g
Graisses	1 g	Hydrates de carbone	37 g
Graisses saturées	0	Sodium	30 mg
Cholestérol	0	Sucre ajouté	0
		Fibres	3 g

Conseil : Si vous faites votre propre bouillon de bœuf, n'oubliez pas de briser les os (ou bien demandez au boucher de le faire pour vous). Cela le rendra plus gélatineux et augmentera sa saveur.

Soupe à l'oignon classique

GRAISSES SUCRE SODIUM

½ c. à soupe de margarine non salée

4 oignons moyens, tranchés

⅛ c. à thé de sucre

2 c. à soupe de farine

5 tasses de bouillon de bœuf hyposodique (voir p. 34)

½ tasse de vin blanc sec

½ c. à thé de thym séché, émietté

1 feuille de laurier

¼ c. à thé de poivre noir

1 c. à soupe de brandy (facultatif)

4 tranches de pain croûté, grillées, épaisses d'environ 6 mm (¼ po)

1 gousse d'ail, fendue sur la longueur

2 c. à soupe de parmesan râpé

Préparation :
10 min
Cuisson :
50 min
(presque sans intervention)

Une portion :

Calories	*129*
Graisses	*3 g*
Graisses saturées	*1 g*
Cholestérol	*2 mg*
Protéines	*4 g*
Hydrates de carbone	*28 g*
Sodium	*128 mg*
Sucre ajouté	*8 cal.*
Fibres	*1 g*

1. Faites fondre la **margarine** à feu modéré dans un grand faitout ; ajoutez les **oignons** et faites les cuire 8-10 minutes à découvert en remuant constamment. Quand ils sont dorés, ajoutez le **sucre** et la **farine** et prolongez la cuisson de 3 minutes.

2. Ajoutez le **bouillon de bœuf**, le **vin**, le **thym**, la **feuille de laurier** et le **poivre** ; à feu modérément chaud, portez à ébullition en remuant. Réglez la chaleur pour que la soupe mijote doucement, couvrez partiellement et laissez cuire 30 minutes. Retirez alors la feuille de laurier et ajoutez le **brandy.**

3. Allumez le grilloir. Frottez les **tranches de pain** avec l'**ail** et parsemez-les de **parmesan.** Répartissez la soupe dans 4 bols allant au four et déposez-y une tranche de pain, fromage dessus. Placez les bols à 10-15 cm (4-6 po) de l'élément et faites gratiner 2 minutes pour que le fromage soit bien doré. Donne 4 portions.

Vichyssoise santé

GRAISSES SUCRE SODIUM

Une version hypocalorique de cet onctueux potage.

1 c. à soupe de margarine non salée

1 oignon moyen, haché

1 poireau moyen, haché

1 côte de céleri moyenne, hachée

2 pommes de terre moyennes (225 g/½ lb), pelées et coupées en dés

1¾ tasse de bouillon de poulet hyposodique (voir p. 34)

1 tasse de babeurre

1 c. à soupe de ciboulette fraîche ou lyophilisée, hachée

2 c. à thé de jus de citron

¼ c. à thé de sauce Tabasco

Préparation :
15 min et 2 h de réfrigération
Cuisson :
30 min
(presque sans intervention)

Une portion :

Calories	*124*
Graisses	*4 g*
Graisses saturées	*1 g*
Cholestérol	*2 mg*
Protéines	*5 g*
Hydrates de carbone	*17 g*
Sodium	*78 mg*
Sucre ajouté	*0*
Fibres	*1 g*

1. Faites fondre la **margarine** à feu modéré dans un grand faitout. Ajoutez l'**oignon**, le **poireau** et le **céleri** ; laissez cuire 6-8 minutes, sans couvrir. Quand les légumes sont tendres, ajoutez les **pommes de terre** et prolongez la cuisson de 3 minutes en remuant de temps à autre.

2. Incorporez le **bouillon de poulet** et amenez à ébullition. Réglez la chaleur pour que la soupe mijote doucement et couvrez. Laissez cuire 20 minutes environ pour que les pommes de terre soient très tendres.

3. Travaillez la préparation 30 secondes en deux ou trois portions, au robot ou au mixer. Incorporez le **babeurre**, la **ciboulette**, le **jus de citron** et la **sauce Tabasco.**

4. Couvrez et réfrigérez au moins 2 heures. Donne 4 portions.

Variante :

Vichyssoise au cari Procédez comme ci-dessus, mais ajoutez 2¼ c. à thé de cari dans la margarine fondue. Garnissez de pomme grossièrement hachée.

Potage Parmentier aux pois cassés

Potage Parmentier aux pois cassés

Préparation : **20 min**
Cuisson : **45 min** (presque sans intervention)

Accompagnez cette soupe d'une Salade Waldorf (p. 221) et votre repas sera complet.

1   **c. à soupe de margarine non salée**
1   **oignon moyen, haché**
2   **tasses de bouillon de bœuf hyposodique**
2   **tasses d'eau**
½   **tasse de pois cassés, lavés et triés**
2   **pommes de terre moyennes, pelées et coupées en quatre**
¼   **c. à thé de poivre noir**

1. Faites fondre la **margarine** à feu modéré dans un grand faitout. Ajoutez l'**oignon** et faites-le attendrir 5 minutes à découvert. Versez le **bouillon de bœuf** et l'**eau** ; amenez à ébullition. Ajoutez les **pois** et les **pommes de terre**, réduisez la chaleur, couvrez et laissez mijoter doucement pendant 30 minutes. Quand pois et pommes de terre sont tendres, retirez du feu et laissez tiédir 10 minutes.

2. Par petites portions, travaillez la préparation 15 secondes au robot ou au mixer. Remettez la purée dans le faitout et réchauffez à feu doux en remuant souvent. Ajoutez le **poivre**. Donne 4 portions.

Une portion :

Calories	173	Protéines	8 g
Graisses	4 g	Hydrates de carbone	29 g
Graisses saturées	1 g	Sodium	16 mg
Cholestérol	0	Sucre ajouté	0
		Fibres	1 g

Potage Parmentier au chou vert

Préparation : **20 min**
Cuisson : **45 min** (presque sans intervention)

Accompagnez cette soupe hivernale d'un sandwich à la dinde et vous aurez là un excellent repas.

4   **c. à thé d'huile d'olive**
1   **oignon moyen, haché**
3   **gousses d'ail hachées**
3   **pommes de terre moyennes (340 g/¾ lb), pelées et tranchées**
4   **tasses d'eau**
225 **g (½ lb) de chou vert, paré et coupé en chiffonnade**
¼   **c. à thé de poivre noir**

1. Chauffez l'**huile d'olive** 1 minute à feu modéré dans un grand faitout. Ajoutez l'**oignon** et laissez cuire 5 minutes sans couvrir.

2. Quand l'oignon est tendre, ajoutez l'**ail**, les **pommes de terre** et l'**eau**. Couvrez et amenez à ébullition à feu modérément chaud. Réglez la chaleur pour que la soupe mijote doucement à découvert et laissez cuire 20 minutes.

3. Avec un presse-purée, écrasez les pommes de terre dans le faitout. Ajoutez le **chou vert** et le **poivre**, couvrez et laissez mijoter 15 minutes pour que le chou ramollisse. Donne 4 portions.

Une portion :

Calories	134	Protéines	3 g
Graisses	5 g	Hydrates de carbone	21 g
Graisses saturées	1 g	Sodium	21 mg
Cholestérol	0	Sucre ajouté	0
		Fibres	4 g

Potage à la courge butternut

Préparation : **15 min** GRAISSES SUCRE SODIUM
Cuisson : **40 min** (presque sans intervention)

1 c. à soupe de margarine non salée
1 oignon moyen, haché
1 gousse d'ail hachée
1 petite côte de céleri hachée
1 courge butternut moyenne (680 g/1½ lb), pelée, épépinée et détaillée en gros dés
4 tasses de bouillon de poulet hyposodique
½ c. à thé de marjolaine séchée, émiettée
1 feuille de laurier
¼ c. à thé de poivre noir
1 tasse de babeurre
   Brindilles de persil (facultatif)

1. Faites fondre la **margarine** à feu modéré dans un grand faitout. Ajoutez l'**oignon**, l'**ail** et le **céleri**, et faites revenir à découvert 5 minutes.

2. Quand l'oignon est tendre, ajoutez la **courge**, le **bouillon**, la **marjolaine**, le **laurier** et le **poivre**. Augmentez la chaleur pour amener à ébullition. Réglez le feu pour que la soupe mijote doucement ; couvrez et prolongez la cuisson de 20 minutes. Quand la courge est tendre à la fourchette, enlevez la feuille de laurier et laissez tiédir 5 minutes.

3. Travaillez la préparation 30 secondes en quatre portions, au robot ou au mixer. Remettez dans le faitout, incorporez le **babeurre** et réchauffez 5 minutes à feu modéré avant de servir. Ne faites pas bouillir le potage : il tournerait. Garnissez chaque portion, s'il y a lieu, d'une **brindille de persil**. Donne 6 portions.

Une portion :

Calories	103	Protéines	4 g
Graisses	3 g	Hydrates de carbone	16 g
Graisses saturées	1 g	Sodium	87 mg
Cholestérol	2 mg	Sucre ajouté	0
		Fibres	0

Potage à la courge

Préparation : **10 min** GRAISSES SUCRE SODIUM
Cuisson : **40 min** (presque sans intervention)

Les zestes de citron et d'orange et le jus de citron donnent à ce potage un piquant inusité.

1 c. à soupe de margarine non salée
2 oignons moyens, en dés de 1 cm (½ po)
3 gousses d'ail hachées
3 languettes d'écorce de citron
3 languettes d'écorce d'orange
1 feuille de laurier
½ c. à thé de marjolaine séchée, émiettée
2 courges moyennes (450 g/1 lb), en dés de 1 cm (½ po)
3 tasses de bouillon de poulet hyposodique (voir p. 34)
¼ c. à thé de sel
5 c. à thé de jus de citron

1. Faites fondre la **margarine** à feu doux dans un faitout moyen. Ajoutez les **oignons**, l'**ail**, l'**écorce de citron**, l'**écorce d'orange**, la **feuille de laurier** et la **marjolaine**. Couvrez et laissez cuire 10 minutes.

2. Quand les oignons sont tendres, ajoutez la **courge** et remuez-la pour bien l'enrober de gras. Ajoutez alors le **bouillon de poulet** et le **sel**. Augmentez la chaleur, couvrez et faites prendre ébullition. Réglez le feu pour que la soupe mijote doucement et prolongez la cuisson de 25 minutes.

3. Dès que la courge est tendre à la fourchette, le potage est prêt. Avant de servir, retirez les zestes et la feuille de laurier et ajoutez le **jus de citron**. Donne 4 portions.

Une portion :

Calories	90	Protéines	3 g
Graisses	4 g	Hydrates de carbone	10 g
Graisses saturées	1 g	Sodium	180 mg
Cholestérol	0	Sucre ajouté	0
		Fibres	2 g

Gaspacho à l'andalouse

Préparation : **30 min**
et 1 h de réfrigération

GRAISSES SUCRE SODIUM

1 petit oignon, coupé en quatre
1 gousse d'ail hachée
1 petit poivron rouge ou vert, paré, épépiné et haché
½ concombre moyen, pelé, coupé en deux, épépiné et tranché mince
2 tomates moyennes, pelées, parées, épépinées et hachées
1½ tasse de bouillon de poulet hyposodique (voir p. 34)
2 c. à soupe de jus de citron
1 c. à soupe d'huile d'olive
⅛ c. à thé de cayenne
⅛ c. à thé de sauce Tabasco
Garnitures de légumes :
1 petit poivron rouge ou vert, paré, épépiné et haché
2 oignons verts, tranchés mince, avec leur tige
1 tomate moyenne, parée, épépinée et hachée
½ concombre moyen, pelé, coupé en deux, épépiné et haché
¼ tasse de persil frais ou de basilic frais, haché

1. Travaillez tous les ingrédients du potage 30 secondes au robot ou au mixer. Versez la purée dans un grand bol, couvrez et réfrigérez au moins 1 heure.

2. Au moment de servir, ajoutez les garnitures de légumes. Présentez dans des bols individuels, rafraîchis au préalable. Donne 4 portions.

Variante :

Gaspacho vert La préparation reste la même, mais vous remplacez les ingrédients de la recette principale par ceux-ci : 1 gousse d'ail coupée en deux ; 1 gros concombre, pelé, épépiné et haché ; 2 oignons verts tranchés ; 2 c. à soupe de persil haché ; ¼ c. à thé de poivre blanc ou noir ; 2 tasses de bouillon de poulet hyposodique ; 1 tasse de yogourt partiellement écrémé ou 1 tasse de babeurre ; 1 c. à soupe de vinaigre blanc. Comme garniture, utilisez simplement 1 petite tomate parée, épépinée et hachée.

Une portion :

Calories	83	Protéines	3 g
Graisses	4 g	Hydrates de carbone	10 g
Graisses saturées	1 g	Sodium	39 mg
Cholestérol	0	Sucre ajouté	0
		Fibres	2 g

Crème de tomate rafraîchie

Préparation : **15 min**
et 2 h de réfrigération
Cuisson : **20 min** (presque sans intervention)

GRAISSES SUCRE SODIUM

Cette crème est idéale en été — surtout si vous la faites avec les tomates de votre jardin.

1½ c. à soupe de margarine non salée
1 oignon moyen, haché
1 carotte moyenne, râpée
3 grosses tomates (680 g/1½ lb), pelées, parées, épépinées et hachées, ou 2 boîtes (540 ml/19 oz chacune) de tomates hyposodiques, concassées avec leur jus
1 tasse de bouillon de poulet hyposodique
2 c. à soupe de basilic frais, haché, ou ¼ c. à thé de basilic séché, émietté
1 tasse de yogourt partiellement écrémé
1 c. à thé de jus de citron
¼ c. à thé de poivre noir

1. Faites fondre la **margarine** à feu doux dans un grand faitout. Ajoutez l'**oignon** et la **carotte** ; laissez cuire 5-8 minutes sans couvrir.

2. Quand les légumes sont tendres, ajoutez les **tomates**, le **bouillon de poulet** et le **basilic**. Amenez à ébullition à feu modéré, réglez la chaleur pour que la soupe mijote et prolongez la cuisson de 10 minutes, sans couvrir et en remuant de temps à autre.

3. Travaillez la préparation 30 secondes en trois portions, au robot ou au mixer. Incorporez le **yogourt**, le **jus de citron** et le **poivre**.

4. Couvrez et réfrigérez au moins 2 heures avant de servir. Donne 4 portions.

Une portion :

Calories	83	Protéines	2 g
Graisses	5 g	Hydrates de carbone	9 g
Graisses saturées	1 g	Sodium	35 mg
Cholestérol	0	Sucre ajouté	0
		Fibres	1 g

Conseil : *Avant de servir des soupes froides ou des consommés en gelée, rafraîchissez les bols quelques minutes au congélateur.*

Les viandes

Ne craignez plus de vous offrir un bon bifteck :
la viande de nos jours est moins grasse !
Le bœuf, le porc, l'agneau et le veau constituent
toujours d'excellentes sources de protéines et de
sels minéraux, tandis que leurs proportions de
graisse et de cholestérol a été réduite par de
judicieuses pratiques de sélection et d'élevage.
Avec de bonnes coupes et de bonnes recettes, vous
pouvez manger de la viande tous les jours.

Bifteck aux poivrons

Bœuf en daube à l'américaine

Préparé la veille, le bœuf en daube est meilleur et plus facile à trancher. Pour servir, placez la viande découpée, nappée de sauce, dans un plat allant au four, couvrez et réchauffez 15 à 20 minutes à 160°C (325°F).

GRAISSES SUCRE SODIUM

700 g (1½ lb) d'extérieur de ronde désossé

¼ c. à thé de poivre noir

2 oignons moyens, tranchés mince

2 gousses d'ail hachées

1½ tasse de bouillon de bœuf hyposodique

1 tasse d'eau

2 c. à soupe de concentré de tomate hyposodique

½ c. à thé chacune de thym, de marjolaine et de basilic séchés, émiettés

Enduit végétal antiadhésif

115 g (¼ lb) de champignons émincés

1 c. à soupe de persil haché

Préparation :
20 min
Cuisson :
2 h 15
(presque sans intervention)

Une portion :

Calories	295
Graisses	11 g
Graisses saturées	4 g
Cholestérol	100 mg
Protéines	39 g
Hydrates de carbone	8 g
Sodium	110 mg
Sucre ajouté	0
Fibres	1 g

1. Allumez le grilloir. Assaisonnez l'**extérieur de ronde** avec le **poivre**. Placez la viande sur la grille d'une lèchefrite et saisissez-la 10 minutes à 10 cm (4 po) de l'élément, en la retournant de tous les côtés. Réglez le four à 160°C (325°F).

2. Dans une grande cocotte, mettez les **oignons**, l'**ail**, le **bouillon de bœuf**, l'**eau**, le **concentré de tomate**, le **thym**, la **marjolaine** et le **basilic**. Placez-y le bœuf et amenez à ébullition à feu modéré. Fermez bien la cocotte et enfournez-la. Accordez 2 heures-2 h 30 de cuisson.

3. Détaillez la viande en tranches de 6 mm (¼ po) et disposez celles-ci, se chevauchant légèrement, sur une assiette réchauffée. Gardez au chaud.

4. Réduisez les légumes en purée au robot ou au mixer.

5. Vaporisez une poêle moyenne d'**enduit antiadhésif** et posez-la 30 secondes sur un feu modéré. Faites-y revenir les **champignons** 5 minutes en les remuant constamment. Quand ils ont bruni, joignez-y la purée de légumes. Nappez la viande de cette sauce et décorez de **persil**. Servez avec du Chou rouge braisé aux canneberges (p. 180). Donne 4 portions.

Conseil : Les restes de bœuf en daube sont savoureux, mais ils ne se gardent pas plus de quatre jours au réfrigérateur.

Steak au poivre

GRAISSES SUCRE SODIUM

2 c. à soupe de grains de poivre noir

450 g (1 lb) de bifteck de surlonge désossé, de 4 cm (1½ po) d'épaisseur, dégraissé

1 c. à soupe d'huile d'olive ou autre

3 oignons verts, hachés fin

2 c. à soupe de vin blanc sec

1 tasse de bouillon de bœuf hyposodique

Préparation :
10 min
Cuisson :
9 min

Une portion :

Calories	222
Graisses	13 g
Graisses saturées	4 g
Cholestérol	68 mg
Protéines	23 g
Hydrates de carbone	2 g
Sodium	65 mg
Sucre ajouté	0
Fibres	0

1. Portez le four à 290°C (550°F). Déposez les **grains de poivre** dans un poêlon épais pour les écraser avec une petite casserole massive. Garnissez-en les deux côtés du **bifteck.**

2. Posez une poêle moyenne allant au four sur un feu modérément chaud pendant 1 minute. Ajoutez l'**huile d'olive** et, 1 minute après, ou dès qu'elle fume, saisissez le bifteck 30 secondes de chaque côté.

3. Placez la poêle dans la partie supérieure du four et faites rôtir le bifteck à découvert 4-5 minutes pour l'avoir saignant, 6-7 minutes, à point, 7-8 minutes, bien cuit. Posez-le sur une assiette chaude et tranchez-le mince.

4. Dans la même poêle, faites revenir les **oignons verts** 30 secondes à feu modéré. Déglacez au **vin blanc** puis ajoutez le **bouillon de bœuf**. Laissez diminuer 2-3 minutes pour qu'il reste tout au plus ½ tasse de fond de cuisson. Nappez la viande et servez avec des Pommes de terre Suzette (p. 196), des carottes ou des haricots de Lima. Donne 4 portions.

Sauerbraten à l'ancienne

Ce plat allemand doit sa saveur à un long marinage; la préparation proprement dite ne prend que 15 minutes.

GRAISSES SUCRE SODIUM

1 gros oignon tranché
⅔ tasse de vinaigre blanc
1⅓ tasse d'eau
½ tasse de vin blanc sec
1 petite carotte, pelée et tranchée mince
2 c. à soupe d'épices à marinade mélangées, réunies en sachet

1 c. à thé de zeste de citron râpé
¼ c. à thé de sel
700 g (1½ lb) d'extérieur de ronde désossé
3 c. à soupe de biscuits au gingembre émiettés

Préparation:
15 min et 3 jours de marinage
Cuisson:
2 h 15
(presque sans intervention)

Une portion:

Calories	305
Graisses	11 g
Graisses saturées	4 g
Cholestérol	102 mg
Protéines	38 g
Hydrates de carbone	11 g
Sodium	270 mg
Sucre ajouté	11 cal.
Fibres	1 g

1. Dans une grande cocotte en fonte émaillée ou en pyrex, amenez à ébullition l'**oignon**, le **vinaigre**, l'**eau**, le **vin**, la **carotte**, les **épices**, le **zeste de citron** et le **sel**. Réglez la chaleur pour que le fond mijote doucement et faites-le cuire 5 minutes; laissez tiédir. Ajoutez l'**extérieur de ronde**; mouillez bien la pièce. Couvrez et réfrigérez 3 jours, en la retournant une fois ou deux.

2. Allumez le grilloir. Retirez la pièce de la marinade, asséchez-la et déposez-la dans une lèchefrite non graissée. Saisissez-la, à 10 cm (4 po) de l'élément, en la retournant de temps à autre. Après 10 minutes, réglez la température du four à 180°C (350°F).

3. Amenez la marinade à ébullition sur un feu modéré et ajoutez-y le bœuf. Couvrez la cocotte, enfournez-la et laissez cuire 2 heures-2 h 30. Quand le bœuf est à point, découpez des tranches de 6 mm (¼ po) et disposez-les, se chevauchant légèrement, sur une assiette de service chaude. Gardez au chaud.

4. Retirez la feuille de laurier et passez le fond de cuisson au robot ou au mixer avec les **biscuits au gingembre.** Versez la sauce sur la viande et servez avec une Crêpe gratinée à la courgette (p. 203). Donne 4 portions.

Conseil: *Si vous faites braiser la viande d'avance, le gras réfrigéré s'enlèvera plus facilement. Et, en réchauffant le plat, vous en augmenterez la saveur.*

Steak au poivre

Roulade de bœuf à la sauce au chile

Roulade de bœuf à la sauce au chile

450 g (1 lb) de bifteck de flanc, de 2,5 cm (1 po) d'épaisseur
1 tasse de légumes mélangés surgelés
2 oignons moyens, hachés fin
2 gros poivrons verts, parés, épépinés et hachés fin
½ tasse de céleri, haché fin
1 c. à soupe de chapelure
3 gousses d'ail hachées
¼ c. à thé de poivre noir

¼ c. à thé de flocons de piment rouge
1 c. à thé de zeste de citron râpé
1½ tasse de bouillon de bœuf
1 boîte (213 ml/7½ oz) de sauce tomate hyposodique
1½ c. à thé d'assaisonnement au chile
½ c. à thé d'origan séché
1 c. à soupe de farine

Préparation :
15 min
Cuisson :
45 min
(presque sans intervention)

Une portion :

Calories	*299*
Graisses	*13 g*
Graisses saturées	*5 g*
Cholestérol	*55 mg*
Protéines	*24 g*
Hydrates de carbone	*22 g*
Sodium	*138 mg*
Sucre ajouté	*0*
Fibres	*1 g*

1. Portez le four à 200°C (400°F). Dégraissez le **bifteck** et, avec un bon couteau, ouvrez-le en deux sur l'épaisseur jusqu'à 1,5 cm (½ po) du bord.

2. Faites blanchir 1 minute les **légumes surgelés** avec la moitié des **oignons**, des **poivrons verts** et du **céleri** dans une tasse d'eau bouillante. Égouttez les légumes et mettez-les dans un bol. Incorporez-y la **chapelure,** la moitié de l'**ail,** le **poivre noir,** les **flocons de piment rouge** et le **zeste de citron.**

3. Étalez ce mélange sur le bifteck ouvert en laissant tout autour une marge de 2,5 cm (1 po). Enroulez-le sur lui-même à partir du bout plus étroit et scellez avec des cure-dents tous les 2,5 cm (1 po). Faites rôtir à découvert 45 minutes dans un moule carré non graissé. Tournez la viande deux ou trois fois.

4. Entre-temps, préparez la sauce. Mettez le reste des oignons, des poivrons, du céleri et de l'ail dans une grande casserole. Ajoutez-y le **bouillon de bœuf,** la **sauce tomate, l'assaisonnement au chile, l'origan** et la **farine.** Couvrez et laissez mijoter 30 minutes à feu doux. Gardez la sauce au chaud.

5. Quand la roulade est à point, déposez-la sur un plat et, 15 minutes plus tard, retirez les cure-dents. Détaillez en tranches de 1,5 cm (½ po), nappez de sauce et servez avec une Salade de chou au yogourt (p. 210). Donne 4 portions.

Biftecks minute aux champignons chinois

Préparation : **25 min** avec le trempage des champignons   Cuisson : **25 min**

[GRAISSES] [SUCRE] [SODIUM]

Les biftecks minute sont des tranches de bœuf minces et maigres. Vous pouvez aussi employer un bifteck de ronde de 6 mm (¼ po), le dégraisser et le couper en quatre.

30 g (1 oz) de champignons chinois ou, à défaut, 115 g (¼ lb) de champignons frais, émincés
1½ c. à soupe de margarine non salée
8 petits oignons blancs, pelés
1⅓ tasse de bouillon de bœuf hyposodique
¼ c. à thé de thym séché, émietté
4 biftecks minute (115 g/4 oz chacun)
2 gousses d'ail, coupées en deux
¼ c. à thé de poivre noir
Enduit végétal antiadhésif
⅓ tasse de vin blanc sec
1 bocal (125 ml/4 ½ oz) de piment rouge rôti, égoutté
2 c. à thé de fécule de maïs délayée dans 1 c. à soupe d'eau froide
1 c. à thé de moutarde de Dijon ou de moutarde préparée à l'ancienne

1. Faites tremper les **champignons chinois** dans 1 tasse d'eau bouillante 15-20 minutes. Égouttez, ôtez les tiges et détaillez les chapeaux en tranches de 6 mm (¼ po). Réservez.
2. Faites fondre ½ c. à soupe de **margarine** à feu modéré dans une petite casserole. Ajoutez les **oignons** et laissez-les cuire 3 minutes sans couvrir en les remuant de temps à autre. Ajoutez le **bouillon de bœuf** et le **thym** ; couvrez et faites mijoter 10 minutes à feu doux jusqu'à cuisson complète des oignons. Retirez du feu.
3. Frottez les **biftecks** avec l'**ail** et saupoudrez-les de **poivre.** Vaporisez une poêle moyenne d'**enduit antiadhésif,** ajoutez ½ c. à soupe de margarine et, quand elle est fondue, faites griller les biftecks deux par deux à feu modérément vif. Laissez cuire 1 minute de chaque côté. Gardez-les au chaud.
4. Débarrassez la poêle de son gras, jetez-y le **vin** et faites réduire 1 minute à découvert. Ajoutez le bouillon, les oignons et les champignons, ainsi que le **piment rouge rôti.** Laissez mijoter 5 minutes de plus à découvert.
5. Incorporez la **fécule de maïs** délayée, laissez épaissir 1-2 minutes en remuant sans arrêt, puis ajoutez la **moutarde.** Nappez les biftecks. Donne 4 portions.

Une portion :

Calories	248	Protéines	27 g
Graisses	10 g	Hydrates de carbone	12 g
Graisses saturées	3 g	Sodium	108 mg
Cholestérol	65 mg	Sucre ajouté	0
		Fibres	1 g

Biftecks à la pizzaiola

Préparation : **2 min**
Cuisson : **5 min**

[GRAISSES] [SUCRE] [SODIUM]

Cette recette se divise aisément en deux.

1 c. à soupe d'huile d'olive ou autre
4 biftecks minute (115 g/4 oz chacun)
¼ c. à thé de sel
¼ c. à thé de poivre noir
1½ tasse de tomates hyposodiques concassées
2 gousses d'ail hachées
½ c. à thé d'origan séché, émietté

1. Dans une grande poêle, chauffez l'**huile d'olive** à feu modérément chaud. Dès qu'elle commence à fumer, assaisonnez les **biftecks** de **sel** et de **poivre** et saisissez-les 30 secondes de chaque côté. Réservez au chaud.
2. Jetez les **tomates,** l'**ail** et l'**origan** dans la poêle et prolongez la cuisson de 4 minutes en remuant constamment. Quand la sauce a réduit, nappez-en les biftecks. Donne 4 portions.

Une portion :

Calories	209	Protéines	26 g
Graisses	9 g	Hydrates de carbone	5 g
Graisses saturées	2 g	Sodium	211 mg
Cholestérol	66 mg	Sucre ajouté	0
		Fibres	1 g

Bifteck au persil

GRAISSES **SUCRE** **SODIUM**

1 c. à soupe d'huile d'olive
   ou autre
340 g (¾ lb) de bifteck minute,
   tranché en languettes
¼ c. à thé de poivre noir
3 oignons verts, hachés fin avec
   leur tige

1 c. à thé de zeste de citron
   râpé
⅓ tasse de bouillon de bœuf
   hyposodique
3 c. à soupe de persil haché

Préparation : **10 min**
Cuisson : **6 min**

Une portion :

Calories	*154*
Graisses	*8 g*
Graisses saturées	*2 g*
Cholestérol	*49 mg*
Protéines	*19 g*
Hydrates de carbone	*1 g*
Sodium	*50 mg*
Sucre ajouté	*0*
Fibres	*0*

1. Chauffez l'**huile d'olive** à feu modérément chaud dans une poêle moyenne. Dès qu'elle commence à fumer, faites-y sauter les languettes de **bifteck** 1 minute. Lorsque la viande n'est plus rose, déposez-la dans un plat.
2. Jetez dans la poêle le **poivre**, les **oignons verts**, le **zeste de citron** et le **bouillon de bœuf**. Faites réduire le liquide de moitié, 4-6 minutes. Remettez-y la viande, ajoutez le **persil** et réchauffez. Servez avec du riz brun vapeur et des Tomates farcies au brocoli (p. 178). Donne 4 portions.

Bifteck aux poivrons

GRAISSES **SUCRE** **SODIUM**

1 c. à soupe de sauce soja
   hyposodique
1 c. à soupe de xérès sec
1 c. à soupe de vinaigre blanc
1 c. à thé de gingembre frais,
   haché
340 g (¾ lb) d'intérieur de ronde
   désossé, détaillé en
   languettes, à contre-fibre
1 c. à soupe d'huile d'arachide
   ou de maïs
1½ c. à thé d'huile de sésame
   ou d'arachide
2 gousses d'ail émincées

115 g (¼ lb) de champignons,
   coupés en quatre
1 petit oignon, tranché mince
1 poivron vert moyen, paré,
   épépiné et détaillé en lanières
   de 6 mm (¼ po) sur la
   longueur
1 poivron rouge moyen, paré,
   épépiné et détaillé en lanières
   de 6 mm (¼ po) sur la
   longueur
⅔ tasse de bouillon de bœuf
   hyposodique
2 c. à thé de fécule de maïs

Préparation :
20 min
Cuisson :
7 min

Une portion :

Calories	*195*
Graisses	*9 g*
Graisses saturées	*2 g*
Cholestérol	*49 mg*
Protéines	*21 g*
Hydrates de carbone	*7 g*
Sodium	*200 mg*
Sucre ajouté	*0*
Fibres	*1 g*

1. Réunissez la **sauce soja**, le **xérès**, le **vinaigre** et le **gingembre** dans un bol moyen. Ajoutez les languettes d'**intérieur de ronde** et remuez.
2. Chauffez 1½ c. à thé d'**huile d'arachide** et toute l'**huile de sésame** à feu modérément chaud dans une poêle moyenne. Égouttez les languettes de bœuf en réservant la marinade et faites-les sauter 1 minute dans la poêle. Retirez-les avec une écumoire et posez-les dans une assiette.
3. Jetez dans la poêle le reste de l'huile d'arachide, l'**ail**, les **champignons**, l'**oignon**, le **poivron vert** et le **poivron rouge.** Faites-les revenir 1 minute en remuant puis baissez le feu et prolongez la cuisson de 2-3 minutes pour que les légumes soient tendres mais croquants.
4. À la marinade, ajoutez le **bouillon de bœuf** et la **fécule de maïs.** Versez le tout dans la poêle et faites cuire en remuant jusqu'à ce que la sauce épaississe, environ 1 minute. Ajoutez le bifteck avec ses jus de cuisson et réchauffez en remuant. Servez avec du riz. Donne 4 portions.

Steak de flanc à l'orientale

Préparation : **10 min** et une nuit de marinage   Cuisson : **9 min**

GRAISSES SUCRE SODIUM

L'huile de sésame est une huile particulièrement aromatique.

450 g (1 lb) de bifteck de flanc dégraissé
2 c. à soupe de sauce soja hyposodique
1 c. à soupe de cassonade
1 c. à soupe de jus de citron
2 c. à thé de moutarde de Dijon ou de moutarde préparée à l'ancienne
2 c. à thé de gingembre frais, haché
2 gousses d'ail hachées
2 c. à thé d'huile de sésame ou d'arachide
¼ c. à thé de poivre noir
¼ tasse de xérès sec ou de vin blanc sec
   Enduit végétal antiadhésif
2 c. à soupe de vinaigre blanc
2 c. à soupe d'eau
1 c. à thé de sucre granulé

1. Déposez le **bifteck de flanc** dans un plat à sa taille et piquez-le un peu partout avec une fourchette. Dans un petit bol, mélangez la **sauce soja**, la **cassonade**, le **jus de citron**, la **moutarde**, le **gingembre**, l'**ail**, l'**huile de sésame**, le **poivre** et la moitié du **xérès**. Versez la marinade sur la viande, couvrez et réfrigérez toute une nuit en tournant la pièce une fois.

2. Retirez la viande, asséchez-la et ciselez-la en diagonales croisées. Vaporisez une poêle d'**enduit antiadhésif** et posez-la 30 secondes sur un feu modéré. Faites cuire la pièce 3 minutes de chaque côté pour l'avoir saignante, 5-6 minutes, à point. Gardez-la au chaud.

3. Laissez tiédir la poêle. Par ailleurs, mélangez le reste du xérès, le **vinaigre**, l'**eau** et le **sucre granulé** dans un petit bol ; versez-les dans la poêle et, en remuant, faites-les cuire à feu modéré 1-2 minutes, jusqu'à consistance sirupeuse.

4. Étalez ce glacis sur la pièce de viande et détaillez-la de biais en tranches de 1,5 cm (½ po). Donne 4 portions.

Une portion :

Calories	280	Protéines	22 g
Graisses	17 g	Hydrates de carbone	8 g
Graisses saturées	7 g	Sodium	461 mg
Cholestérol	59 mg	Sucre ajouté	15 cal.
		Fibres	0

Conseil : *Mises à mariner dans un milieu acide (vin, jus de citron ou vinaigre), les parties les plus coriaces du bœuf s'attendrissent.*

Émincé de bœuf sur légumes frais

Préparation : **20 min**   Cuisson : **3 min**

GRAISSES SUCRE SODIUM

1 petite pomme de romaine en chiffonnade
1 petit concombre, pelé, épépiné et tranché
½ gros oignon rouge, tranché mince
2 tomates moyennes, coupées en quatre
½ tasse de coriandre fraîche, hachée, ou de persil frais
340 g (¾ lb) de biftecks minute
1 gousse d'ail, coupée en deux
2 c. à thé de jus de lime
¼ c. à thé de poivre noir
1 c. à soupe d'huile d'arachide ou de maïs
¼ tasse de bouillon de bœuf hyposodique
Pour la garniture :
¼ tasse de jus de lime
3 c. à soupe de bouillon de bœuf hyposodique
1 c. à soupe de sauce soja hyposodique
1 gousse d'ail hachée
1 c. à thé de gingembre frais, haché
¼ c. à thé de pâte d'anchois

1. Mettez la **romaine**, le **concombre**, l'**oignon**, les **tomates** et la **coriandre** dans un bol à salade.

2. Frottez les **biftecks** avec l'**ail**, le **jus de lime** et le **poivre**.

3. Par ailleurs, travaillez tous les **ingrédients de la garniture** au mixer 10-15 secondes.

4. Chauffez l'**huile d'arachide** 30 secondes à feu modérément chaud dans une poêle moyenne. Ajoutez les biftecks et saisissez-les 1 minute de chaque côté. Déposez-les sur une planche à découper. Versez le **bouillon de bœuf** dans la poêle et réchauffez-le à feu modéré en grattant le plat. Ajoutez-le à la purée dans le mixer et travaillez 1-2 secondes.

5. Détaillez les biftecks de biais en lanières de 1,5 cm (½ po) ; ajoutez-les à la salade, en même temps que la garniture ; remuez et servez avec du riz. Donne 4 portions.

Une portion :

Calories	201	Protéines	21 g
Graisses	8 g	Hydrates de carbone	11 g
Graisses saturées	2 g	Sodium	214 mg
Cholestérol	49 mg	Sucre ajouté	0
		Fibres	1 g

Ragoût de bœuf à la méridionale

Préparation : **15 min** GRAISSES SUCRE SODIUM
Cuisson : **2 h 10** (presque sans intervention)

1 c. à soupe d'huile d'olive
   Enduit végétal antiadhésif
450 g (1 lb) de tranche de palette désossée et
   dégraissée, en morceaux de 4 cm (1½ po)
¼ c. à thé de poivre noir
½ tasse de vin rouge sec
2 tasses de bouillon de bœuf hyposodique
1 boîte (540 ml/19 oz) de tomates
   hyposodiques, mises en purée dans leur jus
1 côte de céleri moyenne, tranchée
4 gousses d'ail hachées
2 lanières de zeste d'orange de 7,5 cm (3 po)
½ c. à thé chacune de graine de fenouil,
   de basilic et de thym séchés
1 feuille de laurier
2 oignons moyens, coupés en quatre
4 navets moyens, pelés et coupés en quatre
4 carottes moyennes, pelées et détaillées
   en tranches de 2,5 cm (1 po)
3 c. à soupe de basilic frais, haché,
   ou 2 c. à soupe de persil haché
   et 1 c. à thé de basilic sec
2 c. à soupe de concentré de tomate
   hyposodique
170 g (6 oz) de pois mange-tout

1. Chauffez l'**huile d'olive** 1 minute à feu modéré dans une poêle moyenne traitée à l'**enduit antiadhésif**. Assaisonnez la **tranche de palette** avec le **poivre** et faites-la revenir 4-5 minutes. Déposez-la dans une cocotte de 4,5 litres (4 pintes).

2. Déglacez la poêle 2 minutes avec le **vin** en la grattant avec soin. Ajoutez le **bouillon de bœuf**, les **tomates**, le **céleri**, la moitié de l'**ail**, le **zeste d'orange**, la **graine de fenouil**, le **basilic**, le **thym** et la **feuille de laurier**. Amenez à ébullition en remuant et versez dans la cocotte. Couvrez et laissez mijoter 1 h 15.

3. Ôtez la feuille de laurier et ajoutez les **oignons**, les **navets** et les **carottes** ; couvrez et prolongez la cuisson de 45 minutes.

4. Écrasez le reste de l'ail dans le **basilic frais** ; incorporez-les au **concentré de tomate** et réservez. Faites cuire les **pois mange-tout** 1 minute à l'eau bouillante, égouttez et réservez.

5. Au moment de servir, versez dans la cocotte le concentré de tomate au basilic et les pois mange-tout. Réchauffez 1 minute. Donne 4 portions.

Une portion :

Calories	335	Protéines	30 g
Graisses	11 g	Hydrates de carbone	32 g
Graisses saturées	3 g	Sodium	214 mg
Cholestérol	68 mg	Sucre ajouté	0
		Fibres	6 g

Conseil : En cuisine, on utilise généralement du vin ordinaire ; rappelez-vous toutefois que meilleur est le vin, meilleur sera le plat.

Émincé de bœuf à la mexicaine

Préparation : **6 min** et une nuit GRAISSES SUCRE SODIUM
de marinage   Cuisson : **6 min**

Les Mexicains enroulent les tranches de bœuf, ou fajitas, *dans des tortillas. Mais attention : chaque tortilla vous vaut 140 calories.*

3 c. à soupe de jus de lime
1 c. à soupe d'huile d'olive ou autre
1½ c. à thé de cumin moulu
½ c. à thé de flocons de piment rouge
1 gousse d'ail hachée
450 g (1 lb) d'intérieur de ronde désossé,
   d'une épaisseur de 2,5 cm (1 po)
1 c. à thé d'huile végétale
3 oignons verts, tranchés mince
3 c. à soupe de crème sure
3 c. à soupe de yogourt partiellement écrémé

1. Dans un petit bol, mélangez le **jus de lime**, l'**huile d'olive**, 1 c. à thé de **cumin**, les **flocons de piment rouge** et l'**ail**. Déposez l'**intérieur de ronde** dans un plat à sa taille et piquez-le à la fourchette. Ajoutez la marinade et tournez la pièce pour bien l'enrober. Couvrez et réfrigérez toute la nuit, en la retournant une fois.

2. Chauffez l'**huile végétale** 1 minute à feu modérément chaud dans une poêle moyenne. Retirez le bœuf de la marinade et asséchez-le. Faites-le cuire 3 minutes de chaque côté pour l'avoir saignant, 2-3 minutes de plus si vous le voulez à point. Détaillez-le en tranches minces que vous disposerez dans un plat chaud et garnirez d'**oignons verts.**

3. Par ailleurs, mélangez la **crème sure**, le **yogourt** et le reste du cumin. Nappez les tranches de viande de cette sauce. Donne 4 portions.

Une portion :

Calories	215	Protéines	27 g
Graisses	10 g	Hydrates de carbone	2 g
Graisses saturées	4 g	Sodium	74 mg
Cholestérol	70 mg	Sucre ajouté	0
		Fibres	0

Brochettes de bœuf

Préparation : **20 min** et 3 h `GRAISSES` `SUCRE` `SODIUM`
de marinage   Cuisson : **16 min**

En marinant dans le yogourt, la viande devient étonnamment tendre. Ici, les épices sont empruntées à la cuisine du Sud-Est asiatique.

- ¼ tasse de yogourt partiellement écrémé
- 2 c. à soupe de jus de citron
- 2 gousses d'ail hachées
- 2 c. à thé de gingembre frais, haché, ou
  ¼ c. à thé de gingembre moulu
- 2 c. à thé de paprika
- ½ c. à thé chacune de cayenne, de cardamome, de cumin et de coriandre moulus
- 350 g (¾ lb) de surlonge parée et dégraissée, détaillée en 12 morceaux
- 1 courgette moyenne de 225 g (½ lb), détaillée en 12 rondelles
- 8 tomates-cerises
- 2 oignons moyens, coupés en quatre

1. Travaillez le **yogourt**, le **jus de citron**, l'**ail**, le **gingembre**, le **paprika**, le **cayenne**, la **carda-mome**, le **cumin** et la **coriandre** 10-15 secondes au robot ou au mixer.

2. Déposez les morceaux de **surlonge** dans un bol ; ajoutez le yogourt épicé, remuez, couvrez et laissez mariner 3 heures à la température ambiante ou toute la nuit au réfrigérateur. Remuez une fois.

3. Allumez le grilloir. Dans une casserole moyenne, faites blanchir 1 minute la **courgette** dans de l'eau bouillante non salée. Égouttez.

4. Retirez les morceaux de bœuf de la marinade ; enfilez-les sur quatre longues brochettes de métal huilées, intercalées de rondelles de cour-gette, de **tomates-cerises** et de quartiers d'**oi-gnon.** Posez les brochettes sur la grille d'une lèchefrite et faites-les cuire 15-20 minutes à 12 cm (5 po) du grilloir. Retournez-les souvent.

5. Quand les brochettes sont à point, dressez-les dans des assiettes chaudes. La Sauce au concombre (p. 226) et le Ragoût de lentilles minceur (p. 138) les accompagnent à merveille. Donne 4 portions.

Une portion :

Calories	*177*	*Protéines*	*20 g*
Graisses	*7 g*	*Hydrates de carbone*	*8 g*
Graisses saturées	*3 g*	*Sodium*	*64 mg*
Cholestérol	*52 mg*	*Sucre ajouté*	*0*
		Fibres	*1 g*

Brochettes de bœuf

Bœuf Picadillo

Bœuf Picadillo

Le fromage ajoute à chaque portion 1 g de graisses et 49 calories.

GRAISSES **SUCRE** **SODIUM**

350 g (¾ lb) de bœuf haché maigre

1 gros oignon haché

1 petit poivron vert, paré, épépiné et haché

2 gousses d'ail hachées

1½ c. à thé d'assaisonnement au chile

1 boîte de 540 ml (19 oz) de tomates hyposodiques, concassées avec ⅓ tasse de leur jus

¼ tasse de raisins secs

2 c. à soupe de vinaigre de cidre

2 c. à thé de concentré de tomate hyposodique

½ c. à thé de gingembre moulu

½ c. à thé de thym séché, émietté

¼ c. à thé de poivre noir

1 petite laitue Iceberg en chiffonnade

½ tasse de yogourt partiellement écrémé, fouetté

2 oignons verts, tranchés mince

3 radis moyens, hachés

2 c. à soupe de cheddar râpé (facultatif)

Préparation :
15 min
Cuisson :
40 min

Une portion :

Calories	315
Graisses	16 g
Graisses saturées	6 g
Cholestérol	60 mg
Protéines	21 g
Hydrates de carbone	24 g
Sodium	115 mg
Sucre ajouté	0
Fibres	3 g

1. Chauffez 30 secondes une poêle moyenne à feu modéré. Faites-y revenir le **bœuf haché** 3-4 minutes. Poussez la viande sur le côté.

2. Ajoutez l'**oignon** et le **poivron vert**. Faites-les cuire 5 minutes en remuant. De la même façon, faites cuire l'**ail** et l'**assaisonnement au chile** 2 minutes. Ajoutez alors les **tomates**, les **raisins secs**, le **vinaigre**, le **concentré de tomate**, le **gingembre**, le **thym** et le **poivre noir**. Laissez mijoter à découvert 30 minutes en remuant de temps à autre.

3. Montez un nid de **laitue** dans une assiette et nichez-y la viande. Étalez le **yogourt** au centre et parsemez d'**oignon vert**, de **radis** et de **cheddar**, s'il y a lieu. Donne 4 portions.

Pain de viande, sauce chasseur

Préparation : **20 min** GRAISSES SUCRE SODIUM
Cuisson : **45 min** (presque sans intervention)

350 g (¾ lb) de bœuf haché maigre
1 oignon moyen, haché fin
½ tasse de riz cuit
2 gousses d'ail hachées
½ paquet de 300 g (10½ oz) d'épinards surgelés, décongelés, égouttés et hachés
2 c. à thé de moutarde de Dijon ou de moutarde préparée à l'ancienne
½ c. à thé de thym séché, émietté
½ c. à thé de romarin séché, émietté
¼ c. à thé de poivre noir
  Enduit végétal antiadhésif
Sauce chasseur :
1 tasse de vin rouge sec
½ oignon moyen, haché fin
115 g (4 oz) de champignons émincés
⅛ c. à thé de thym séché, émietté
⅛ c. à thé de romarin séché, émietté
1½ tasse de bouillon de bœuf hyposodique
1 c. à soupe de concentré de tomate hyposodique
1 c. à soupe de fécule de maïs délayée dans 2 c. à soupe d'eau

1. Portez le four à 180°C (350°F). Dans un grand bol, mélangez le **bœuf**, l'**oignon**, le **riz**, l'**ail**, les **épinards**, la **moutarde**, le **thym**, le **romarin** et le **poivre** ; déposez la préparation dans un moule à pain vaporisé d'**enduit antiadhésif.**

2. Faites cuire 45 minutes à découvert. Quand le pain est bien bruni, démoulez et égouttez.

3. Dans l'intervalle, réunissez le **vin**, l'**oignon**, les **champignons**, le **thym** et le **romarin** dans une petite casserole ; laissez bouillir à découvert 3-5 minutes sur un feu modéré, jusqu'à ce qu'il ne reste que ½ tasse de liquide. Ajoutez alors le **bouillon de bœuf** et le **concentré de tomate** ; couvrez et laissez mijoter 30 minutes. Incorporez la **fécule** délayée et faites épaissir 1-2 minutes.

4. Nappez le pain de viande d'un peu de sauce et servez le reste de la sauce à part. Accompagnez de Haricots verts à l'aneth (p. 174). Donne 4 portions.

Une portion :

Calories	251	Protéines	19 g
		Hydrates de carbone	18 g
Graisses	11 g	Sodium	142 mg
Graisses saturées	4 g	Sucre ajouté	0
Cholestérol	53 mg	Fibres	2 g

Macaroni à la bolonaise

Préparation : **12 min** GRAISSES SUCRE SODIUM
Cuisson : **45 min** (presque sans intervention)

225 g (½ lb) de bœuf haché maigre
¼ c. à thé de sel
¼ c. à thé de poivre noir
1 gros oignon, haché fin
2 gousses d'ail hachées
1 boîte de 540 ml (19 oz) de tomates hyposodiques, mises en purée dans leur jus
1 c. à soupe de concentré de tomate hyposodique
1 c. à thé de cannelle moulue
1 c. à thé de basilic séché, émietté
170 g (6 oz) de macaronis en coudes
1 gros blanc d'œuf légèrement battu
1 tasse de lait écrémé
2 c. à soupe de farine
3 c. à soupe de parmesan râpé

1. Chauffez 30 secondes une poêle moyenne à feu modéré. Assaisonnez le **bœuf haché** de **sel** et de **poivre** et faites saisir 3-4 minutes en remuant. Poussez la viande sur le côté.

2. Ajoutez l'**oignon** et l'**ail**, couvrez et faites cuire 3 minutes. Quand l'oignon est tendre, ajoutez les **tomates**, le **concentré de tomate**, la **cannelle** et le **basilic**. Laissez mijoter à découvert 10-15 minutes, en remuant de temps à autre, pour que le liquide réduise.

3. Dans l'intervalle, préchauffez le four à 200°C (400°F) et, d'autre part, faites cuire les **macaronis** selon les instructions, en omettant le sel. Rincez-les à l'eau froide, égouttez et mélangez-y le **blanc d'œuf**. Déposez la moitié des macaronis dans un moule carré légèrement huilé ; étalez la moitié de la viande. Terminez avec le reste des macaronis et de la viande.

4. Mélangez le **lait** et la **farine** dans une petite casserole ; faites-les cuire à feu modéré en fouettant sans arrêt jusqu'à épaississement, soit 1-2 minutes. Incorporez 1 c. à soupe de **parmesan** et étalez la préparation sur la viande.

5. Éparpillez le reste du parmesan sur le plat ; enfournez et faites cuire 25-30 minutes. Servez le macaroni bien gratiné avec une Salade à la grecque (p. 217). Donne 4 portions.

Une portion :

Calories	391	Protéines	23 g
		Hydrates de carbone	48 g
Graisses	12 g	Sodium	306 mg
Graisses saturées	5 g	Sucre ajouté	0
Cholestérol	43 mg	Fibres	2 g

Chili con carne

Boulettes de viande à la suédoise

225 g (½ lb) de bœuf haché maigre
115 g (¼ lb) de veau haché
1 oignon moyen, râpé et essoré
⅓ tasse de chapelure trempée
   dans 2 c. à soupe de lait écrémé
¼ c. à thé de poivre noir
¼ c. à thé de macis moulu
   Enduit végétal antiadhésif
1 c. à soupe de margarine non
   salée

¼ c. à thé de thym séché
1 tasse de bouillon de bœuf
   hyposodique
1½ c. à soupe de farine délayée
   dans ½ tasse de lait écrémé
1 c. à soupe de crème sure
1 c. à soupe de yogourt
   partiellement écrémé
1 c. à soupe de persil haché

GRAISSES **SUCRE** **SODIUM**

Préparation :
10 min
Cuisson :
22 min

Une portion :

Calories	302
Graisses	16 g
Graisses saturées	6 g
Cholestérol	75 mg
Protéines	24 g
Hydrates de carbone	13 g
Sodium	135 g
Sucre ajouté	0
Fibres	0

1. Dans un grand bol, mélangez le **bœuf haché,** le **veau,** l'**oignon,** la **chapelure** détrempée, le **poivre** et ⅛ c. à thé de **macis** ; façonnez des boulettes de 4 cm (1½ po).

2. Vaporisez une poêle moyenne d'**enduit antiadhésif** ; chauffez 30 secondes la **margarine** à feu modéré puis faites sauter les boulettes 10 minutes en les tournant fréquemment. Enlevez la graisse fondue ; ajoutez le **thym** et le **bouillon de bœuf,** couvrez et laissez mijoter 5 minutes. Retirez les boulettes.

3. Jetez dans la poêle la **farine** délayée dans le lait et faites épaissir 5 minutes en remuant. Ajoutez la **crème sure,** le **yogourt** et le reste du macis.

4. Remettez les boulettes avec leur jus de cuisson dans la poêle. Tournez-les dans la sauce et réchauffez-les 1-2 minutes. Dressez le plat et décorez-le de **persil.** Donne 4 portions.

Conseil : Pour essorer l'oignon râpé, pressez-le entre deux essuie-tout pliés en deux jusqu'à ce que tout le jus ait été absorbé.

Chili con carne

Préparation : **15 min**
Cuisson : **35 min**

GRAISSES SUCRE SODIUM

Le cheddar râpé est un excellent complément, mais n'oubliez pas que ¼ tasse de fromage représente 98 calories et 176 mg de sodium. Ce plat se congèle fort bien.

Enduit végétal antiadhésif
225 g (½ lb) de **bœuf haché maigre**
225 g (½ lb) de **poitrine de poulet dépouillée et désossée, hachée menu**
1 gros **oignon, haché fin**
1 **poivron vert** moyen, paré, épépiné et haché
2 gousses d'**ail** hachées
1 c. à soupe d'**assaisonnement au chile**
1 c. à soupe de **cumin** moulu
1 boîte de 540 ml (19 oz) de **tomates** hyposodiques, mises en purée dans leur jus
1 tasse de **bouillon de bœuf** hyposodique
1 c. à soupe de **concentré de tomate** hyposodique
1 c. à thé de flocons de **piment rouge**
1 c. à thé de **coriandre** moulue
1 c. à thé d'**origan** séché, émietté
1 c. à thé de **basilic** séché, émietté
1 feuille de **laurier**
1 tasse de **haricots rouges** cuits et égouttés
¼ tasse de **cheddar** fort râpé (facultatif)

1. Vaporisez une poêle moyenne d'**enduit antiadhésif** et chauffez-la 30 secondes à feu modéré. Ajoutez le **bœuf haché** et le **poulet** ; laissez cuire 5 minutes en remuant souvent. Quand la viande n'est plus rose, tassez-la sur le côté.

2. Jetez dans la poêle l'**oignon**, le **poivron vert**, l'**ail**, l'**assaisonnement au chile** et le **cumin**. Couvrez et laissez cuire 5 minutes. Quand l'oignon est tendre, ajoutez les **tomates**, le **bouillon de bœuf**, le **concentré de tomate**, le **piment rouge**, la **coriandre**, l'**origan**, le **basilic** et le **laurier**. Laissez mijoter 20 minutes sans couvrir en remuant de temps à autre.

3. Ajoutez les **haricots rouges** et prolongez la cuisson de 5 minutes, toujours à découvert, en remuant de temps à autre. Retirez le laurier, servez dans des bols à soupe avec du riz. Décorez à volonté de **cheddar**. Donne 4 portions.

Une portion :

Calories	321	Protéines	30 g
Graisses	12 g	Hydrates de carbone	24 g
Graisses saturées	4 g	Sodium	357 mg
Cholestérol	72 mg	Sucre ajouté	0
		Fibres	5 g

Hambourgeois Lindström

Préparation : **10 min** et 20 min de réfrigération   Cuisson : **10 min**

GRAISSES SUCRE SODIUM

Betteraves, aneth et crème sure donnent du relief à cette recette d'origine scandinave.

225 g (½ lb) de **bœuf haché maigre**
½ tasse de **betteraves** cuites, hachées fin
⅓ tasse de **chapelure** fine
1 gros **blanc d'œuf**
2 c. à thé de **vinaigre de vin rouge**
½ c. à thé d'**aneth** séché
¼ c. à thé de **poivre** noir
1 c. à soupe de **margarine** non salée
4 c. à thé de **crème sure**
2 c. à thé d'**aneth frais**, haché, ou de persil frais

1. Mélangez le **bœuf haché**, les **betteraves**, la **chapelure**, le **blanc d'œuf**, le **vinaigre**, l'**aneth séché** et le **poivre**. Formez quatre boulettes aplaties et réfrigérez 20 minutes.

2. Faites fondre la **margarine** à feu modérément chaud dans une poêle moyenne ; saisissez la viande et laissez cuire 5 minutes de chaque côté à découvert.

3. Épongez la viande sur des essuie-tout et déposez-la sur une assiette chaude. Garnissez de **crème sure** et d'**aneth frais**. Donne 4 portions.

Une portion :

Calories	188	Protéines	13 g
Graisses	11 g	Hydrates de carbone	8 g
Graisses saturées	4 g	Sodium	117 mg
Cholestérol	37 mg	Sucre ajouté	0
		Fibres	1 g

Conseil : *Le bœuf haché ordinaire renferme 30 p. 100 de matières grasses avant cuisson ; le bœuf haché mi-maigre en renferme 23 p. 100 environ et le bœuf haché maigre, seulement 17 p. 100.*

Longe de porc farcie aux légumes

Rôti de porc au sirop d'érable

Avec les restes de ce plat, vous pourrez préparer des Tortillas fourrées au rôti de porc (p. 77).

GRAISSES SUCRE SODIUM

450 g (1 lb) d'épaule de porc désossée et dégraissée

2 gousses d'ail, tranchées mince

2 c. à thé de jus de lime

1 c. à soupe de rhum brun ou de jus d'orange

1½ c. à soupe de sirop d'érable

⅛ c. à thé de cayenne

1. Avec un petit couteau à parer, entaillez le **porc** en plusieurs endroits pour y introduire les tranches d'**ail**. Frottez la pièce avec le **jus de lime.**

2. Mélangez le **rhum**, le **sirop d'érable** et le **cayenne** dans un bol moyen. Plongez-y la pièce de viande et enrobez-la bien. Couvrez et réfrigérez au moins 8 heures. Tournez le porc à quelques reprises dans sa marinade.

3. Portez le four à 220°C (425°F). Retirez le porc de la marinade ; déposez-le sur la grille d'une lèchefrite peu profonde et faites-le rôtir à découvert 20 minutes en le badigeonnant souvent de marinade. Baissez le thermostat à 180°C (350°F) et prolongez la cuisson de 20 minutes en continuant de badigeonner la viande. Laissez le rôti en attente 10 minutes à la température ambiante avant de le découper. Donne 4 portions.

Préparation :
5 min et 8 h
de marinage
Cuisson :
40 min

Une portion :

Calories	239
Graisses	14 g
Graisses saturées	5 g
Cholestérol	82 mg
Protéines	21 g
Hydrates de carbone	6 g
Sodium	63 mg
Sucre ajouté	19 cal.
Fibres	0

Longe de porc farcie aux légumes

Aussi bon froid que chaud, ce plat peut se préparer un ou deux jours d'avance. Avec les restes, apprêtez le Porc frais aux haricots noirs et aux agrumes (p. 78).

2 **c. à soupe d'oignon, haché fin**	¼ **c. à thé de sel**
2 **c. à soupe de carotte, hachée fin**	¼ **c. à thé de gingembre moulu**
½ **poivron rouge moyen, paré, épépiné et haché**	⅛ **c. à thé de poivre noir**
	⅛ **c. à thé de clou de girofle moulu**
1 **tranche de pain de blé entier, émiettée**	1 **longe de porc désossée de 700 g (1½ lb), dégraissée**
¼ **tasse d'eau bouillante**	2 **c. à soupe de jus de citron**

Préparation :
10 min
Cuisson :
45 min (presque sans intervention)

Une portion :

Calories	332
Graisses	18 g
Graisses saturées	6 g
Cholestérol	117 mg
Protéines	36 g
Hydrates de carbone	5 g
Sodium	258 mg
Sucre ajouté	0
Fibres	1 g

1. Préchauffez le four à 200°C (400°F). Mettez l'**oignon**, la **carotte** et le **poivron rouge** dans une petite casserole ; couvrez d'eau bouillante et laissez mijoter 4 minutes à feu modéré. Quand les légumes sont tendres mais croquants, rincez-les à l'eau froide puis égouttez-les.

2. Dans un bol moyen, faites tremper le **pain** émietté dans l'**eau bouillante** 1 minute. Jetez l'eau, essorez bien le pain, remettez-le dans le bol et mélangez-y les légumes cuits, ainsi que le **sel**, le **gingembre**, le **poivre** et le **clou**.

3. Avec un couteau bien tranchant, aménagez une poche au centre de la **longe de porc** en prenant soin de ne pas la transpercer. Introduisez la farce aux légumes. Frottez la pièce de **jus de citron**.

4. Déposez le porc dans une lèchefrite non graissée et faites-le rôtir à découvert 20 minutes ; baissez le thermostat à 180°C (350°F) et prolongez la cuisson de 20 minutes.

5. Laissez la viande 20 minutes en attente à la température ambiante avant de la découper en tranches de 1 cm (⅜ po) d'épaisseur. Donne 4 portions.

Conseil : Pour conserver au porc une fois cuit toute sa fraîcheur, réfrigérez-le d'une seule pièce et utilisez-le dans les quatre jours qui suivent.

Tortillas fourrées au rôti de porc

Inspirés des quesadillas *mexicaines, ces sandwichs peuvent être préparés plusieurs heures à l'avance et gardés au réfrigérateur. Prolongez alors la cuisson de 5-10 minutes.*

Enduit végétal antiadhésif	½ **bocal de 127 ml (4½ oz) de piment rouge rôti**
8 **tortillas de 15 cm (6 po)**	
1 **tasse de fromage Monterey Jack râpé (115 g/4 oz)**	1 **c. à soupe de piment chili vert piquant ou 4 c. à soupe de chili doux, frais ou de conserve, paré, épépiné et haché**
1 **tasse de rôti de porc cuit, haché**	

Préparation :
8 min
Cuisson :
10 min

Une portion :

Calories	331
Graisses	16 g
Graisses saturées	2 g
Cholestérol	57 mg
Protéines	21 g
Hydrates de carbone	27 g
Sodium	286 mg
Sucre ajouté	0
Fibres	0

1. Préchauffez le four à 200°C (400°F). Vaporisez d'**enduit antiadhésif** quatre morceaux de papier d'aluminium de 23 cm (9 po). Déposez-y quatre **tortillas**. Répartissez-y le **fromage**, le **porc**, le **piment rôti** et le **chili vert**. Coiffez le tout de quatre autres tortillas.

2. Vaporisez d'enduit antiadhésif quatre autres morceaux de papier d'aluminium de même taille et couvrez-en les tortillas. Fermez soigneusement les papillotes en enroulant et en pinçant les bords.

3. Faites cuire 10 minutes au four pour que le fromage fonde. Servez une papillote à chaque convive qui la déballera et coupera son sandwich en quatre. Donne 4 portions.

Porc frais aux haricots noirs et aux agrumes

Voici une salade qui vaut un repas tant elle est substantielle et appétissante. Pour deux portions, diminuez les ingrédients de moitié, sauf l'oignon vert.

1 petite laitue en feuilles
1 tasse de cresson
225 g (½ lb) de rôti de porc cuit, dégraissé et tranché mince
2 pamplemousses moyens en quartiers, pelés et épépinés
2 oranges navel en quartiers, pelées
1 tasse de haricots noirs, cuits et égouttés

2 gousses d'ail
1 c. à soupe de vinaigre de vin rouge
2 c. à thé d'huile d'olive
⅛ c. à thé de cayenne
⅛ c. à thé de gingembre moulu
¼ tasse de jus d'orange
1 oignon vert, tranché mince

Préparation :
20 min

Une portion :

Calories	317
Graisses	10 g
Graisses saturées	3 g
Cholestérol	52 mg
Protéines	23 g
Hydrates de carbone	35 g
Sodium	54 mg
Sucre ajouté	0
Fibres	4 g

1. Défaites la **laitue** en feuilles avant de la laver avec le **cresson** ; asséchez et recouvrez-en un plat de service. Disposez-y les tranches de **porc** et les quartiers de **pamplemousse** et d'**orange** ; groupez les **haricots noirs** au centre.

2. Travaillez l'**ail,** le **vinaigre,** l'**huile d'olive** et le **cayenne** 10-15 secondes au mixer ; ajoutez le **gingembre** et le **jus d'orange** et malaxez 3-4 secondes de plus.

3. Versez la sauce sur la salade ; semez d'**oignon vert.** Donne 4 portions.

Porc frais aux haricots noirs et aux agrumes

Escalopes de porc aux poivrons rôtis

Préparation : **7 min**
Cuisson : **25 min**

GRAISSES SUCRE SODIUM

Cette sauce est si bonne que vous voudrez la servir seule sur des pâtes alimentaires.

2 gros poivrons rouges
   Enduit végétal antiadhésif
1 c. à soupe de farine
350 g (¾ lb) d'épaule de porc désossée et dégraissée, détaillée en tranches de 7 mm (¼ po), bien aplaties
1 oignon moyen, haché
2 gousses d'ail hachées
2 boîtes de 540 ml (19 oz) chacune de tomates hyposodiques, égouttées et concassées
2 c. à soupe de raisins secs dorés
1 c. à soupe de vinaigre de vin rouge
¼ c. à thé de cayenne
¼ c. à thé d'origan séché, émietté

1. Déposez les **poivrons rouges** dans une lèche-frite et placez-les à 15 cm (6 po) du grilloir. Faites-les griller 5-8 minutes en les retournant trois fois.

2. Entre-temps, vaporisez une poêle moyenne d'**enduit antiadhésif** et chauffez-la 30 secondes à feu modéré. Enrobez de **farine** les tranches de **porc** et faites-les cuire 4 minutes de chaque côté dans la poêle. Déposez-les dans un plat.

3. Enveloppez les poivrons bien grillés dans un sac de papier brun (la vapeur qui se dégage des légumes fera lever la peau). Quand ils sont tièdes, pelez-les et épépinez-les. Réservez le jus s'il y a lieu. Détaillez-les en lanières de 2,5 cm (1 po) de largeur.

4. Dans la poêle où a cuit le porc, faites revenir l'**oignon** et l'**ail** 5 minutes à feu modéré sans couvrir. Quand l'oignon est tendre, ajoutez les **tomates**, les **raisins secs**, le **vinaigre**, le **cayenne**, l'**origan** et le jus des poivrons rouges que vous avez réservé. Prolongez la cuisson de 5 minutes en remuant de temps à autre.

5. Déposez le porc et les poivrons dans la poêle ; réchauffez 5 minutes. Dressez dans un plat chaud et servez avec des pâtes. Donne 4 portions.

Une portion :

Calories	231	Protéines	19 g
Graisses	9 g	Hydrates de carbone	19 g
Graisses saturées	3 g	Sodium	92 mg
Cholestérol	58 mg	Sucre ajouté	0
		Fibres	3 g

Conseil : *On peut griller les poivrons en les posant sur le brûleur d'une cuisinière à gaz, à feu doux. Avec des pinces, tournez-les de temps à autre jusqu'à ce que la peau soit calcinée. Rincez-les sous le robinet en faisant glisser la peau sous vos doigts.*

Escalopes de porc à la moutarde et au miel

Préparation : **7 min**
Cuisson : **9 min**

GRAISSES SUCRE SODIUM

Si vous avez le temps, passez le porc dans la chapelure 20 minutes d'avance et réfrigérez ; la panure résistera mieux à la cuisson.

1 c. à soupe de moutarde de Dijon
1 c. à soupe de moutarde à l'ancienne
1 c. à soupe de miel
350 g (¾ lb) d'épaule de porc dégraissée et désossée, détaillée en tranches de 7 mm (¼ po), bien aplaties
1 petit œuf battu avec ¾ c. à thé d'eau
½ tasse de chapelure
   Enduit végétal antiadhésif
1 citron moyen en petits quartiers (facultatif)

1. Mélangez la **moutarde de Dijon**, la **moutarde à l'ancienne** et le **miel** dans un petit bol ; étalez cette pâte sur les deux faces de chaque escalope de **porc**.

2. Passez les escalopes dans l'**œuf battu**, puis dans la **chapelure**.

3. Vaporisez une grande poêle d'**enduit antiadhésif** et chauffez-la 30 secondes à feu modéré. Ajoutez le porc et faites-le cuire 4 minutes de chaque côté. Dès qu'il est à point, servez-le, décoré de **citron**, avec des Épinards sautés (p. 199). Donne 4 portions.

Une portion :

Calories	230	Protéines	19 g
Graisses	10 g	Hydrates de carbone	14 g
Graisses saturées	3 g	Sodium	314 mg
Cholestérol	110 mg	Sucre ajouté	16 cal.
		Fibres	0

Sauté de porc aux cinq légumes

Vous pouvez préparer les ingrédients d'avance et les réfrigérer. La cuisson ne vous demandera alors que quelques minutes. L'huile de sésame et le vinaigre de riz sont caractéristiques de la cuisine chinoise.

1 c. à soupe de fécule de maïs
½ tasse de bouillon de poulet hyposodique
4 c. à soupe de xérès sec
1 c. à thé de cassonade brune
1½ c. à soupe de sauce soja hyposodique
1 c. à thé de vinaigre de vin blanc ou de vinaigre de riz
1 c. à soupe d'huile de maïs ou de sésame
1 c. à thé de gingembre frais, haché

2 gousses d'ail hachées
1 carotte moyenne, râpée
½ gros poivron rouge, paré, épépiné et haché
½ concombre moyen, pelé, épépiné et haché
1 tasse de germes de haricots mungo
⅓ tasse d'oignons verts hachés
350 g (¾ lb) de longe de porc, parée et détaillée en fines lanières

Préparation :
17 min
Cuisson :
11 min

Une portion :

Calories	212
Graisses	10 g
Graisses saturées	3 g
Cholestérol	54 mg
Protéines	21 g
Hydrates de carbone	9 g
Sodium	299 mg
Sucre ajouté	3 cal.
Fibres	1 g

1. Dans un petit bol, fouettez ensemble la **fécule de maïs** et le **bouillon de poulet**. Incorporez 2 c. à soupe de **xérès**, ½ c. à thé de **cassonade**, la **sauce soja**, le **vinaigre** et 1½ c. à thé d'**huile de maïs**.

2. Dans une grande sauteuse ou un wok, chauffez le reste de l'huile de maïs 1 minute à feu vif. Faites-y revenir le **gingembre** et l'**ail** 30 secondes en remuant. Ajoutez la **carotte**, le **poivron rouge** et le reste de la cassonade ; faites-les sauter 2 minutes en remuant toujours.

3. Ajoutez le **concombre** et, 1 minute plus tard, les **germes de haricots mungo**, les **oignons verts** et le reste du xérès. Prolongez la cuisson de 1 minute en remuant. Retirez les légumes avec une écumoire et gardez-les au chaud.

4. Jetez le **porc** dans la sauteuse et saisissez-le 4 minutes à feu vif en remuant. Lorsqu'il n'est plus rose, ajoutez le contenu du petit bol ainsi que les légumes et prolongez la cuisson de 1 minute pour que la sauce épaississe et devienne luisante. Donne 4 portions.

Côtelettes de porc à l'indienne

Ces côtelettes ont une saveur piquante que vous accentuerez en ajoutant ¼ c. à thé de cayenne aux ingrédients aromatiques. Vous pouvez réduire cette recette à deux portions. Dans ce cas, ne mettez qu'une pincée de sel.

2 feuilles de laurier écrasées
1 c. à thé de cumin moulu
½ c. à thé de gingembre moulu
½ c. à thé de coriandre moulue
¼ c. à thé de curcuma moulu

⅛ c. à thé de sel
8 côtelettes de porc (900 g/2 lb) dégraissées
1 lime détaillée en quartiers (facultatif)

Préparation :
4 min et 1 h de marinage
Cuisson :
10 min

Une portion :

Calories	298
Graisses	17 g
Graisses saturées	6 g
Cholestérol	107 mg
Protéines	33 g
Hydrates de carbone	1 g
Sodium	146 mg
Sucre ajouté	0
Fibres	0

1. Dans un petit bol, mélangez le **laurier**, le **cumin**, le **gingembre**, la **coriandre**, le **curcuma** et le **sel** et frottez-en les deux faces de chaque **côtelette de porc**. Couvrez et laissez mariner 1 heure à la température ambiante.

2. Allumez le grilloir 5 minutes avant la cuisson. Faites griller les côtelettes 10 minutes sur la grille d'une lèchefrite, à 17-20 cm (7-8 po) de l'élément, en tournant la viande trois ou quatre fois. Servez avec les quartiers de **lime**, à votre gré, et la Salade de concombre à la menthe fraîche (p. 212). Donne 4 portions.

Côtelettes de porc Mexicali

Côtelettes de porc Mexicali

Ce plat est aussi ravissant à servir que rapide et facile à apprêter.

1 **c. à soupe de margarine non salée**

1 **gros oignon, coupé en deux et détaillé en tranches fines**

½ **poivron vert et ½ poivron rouge, parés et épépinés, détaillés en carrés de 2,5 cm (1 po)**

1 **boîte de 540 ml (19 oz) de tomates hyposodiques, égouttées et concassées**

1 **tasse de maïs en grains surgelé, décongelé et égoutté**

¼ **c. à thé de marjolaine séchée**

4 **côtelettes de porc (450 g/1 lb) dégraissées**

Préparation :
5 min
Cuisson :
30 min

Une portion :

Calories	207
Graisses	8 g
Graisses saturées	2 g
Cholestérol	36 mg
Protéines	17 g
Hydrates de carbone	17 g
Sodium	47 mg
Sucre ajouté	0
Fibres	2 g

1. Préchauffez le four à 180°C (350°F). Faites fondre la **margarine** à feu modéré dans une poêle moyenne et jetez-y l'**oignon** et les **poivrons**. Quand ils ont cuit 5 minutes, ajoutez les **tomates,** le **maïs** et la **marjolaine ;** passez à un feu vif et prolongez la cuisson de 5 minutes sans couvrir. Déposez la préparation dans un plat à four peu profond, non graissé, ou dans une assiette à tarte.

2. Dans la poêle où les légumes ont cuit, faites revenir les **côtelettes de porc** à feu modéré 2 minutes de chaque côté. Déposez-les sur les légumes.

3. Couvrez de papier d'aluminium, enfournez et faites cuire 12-15 minutes ou jusqu'à ce que le porc soit à point. Donne 4 portions.

Ragoût de porc au chou rouge

Préparé la veille, cet excellent ragoût est encore meilleur.

GRAISSES SUCRE SODIUM

350 g (¾ lb) d'épaule de porc désossée et dégraissée, en morceaux de 2,5 cm (1 po)
2 c. à soupe de farine
Enduit végétal antiadhésif
1 oignon moyen, tranché mince
1 carotte moyenne, tranchée
3 gousses d'ail, hachées fin
1 grosse pomme pelée, coupée en quatre, parée et détaillée en tranches fines

½ petit chou rouge paré et râpé grossièrement (2½ tasses)
3 c. à soupe de vinaigre de vin rouge
½ tasse de bouillon de poulet hyposodique
2 feuilles de laurier
7 piments de la Jamaïque
6 grains de poivre noir
¼ c. à thé de sauge séchée, émiettée

Préparation :
9 min
Cuisson :
1 h 30 (presque sans intervention)

Une portion :

Calories	214
Graisses	9 g
Graisses saturées	3 g
Cholestérol	58 mg
Protéines	18 g
Hydrates de carbone	16 g
Sodium	80 mg
Sucre ajouté	0
Fibres	2 g

1. Roulez les morceaux de **porc** dans la **farine** ; secouez-les pour enlever l'excès de farine. Vaporisez une cocotte d'**enduit antiadhésif**, chauffez-la 30 secondes à feu modéré et faites-y sauter le porc 10 minutes de tous les côtés sans couvrir. Réservez la viande dans un bol.

2. Préchauffez le four à 180°C (350°F). Jetez l'**oignon**, la **carotte** et l'**ail** dans la cocotte et faites-les revenir 5 minutes à feu modéré sans couvrir.

3. Ajoutez la **pomme** et le **chou**, couvrez et prolongez la cuisson de 15 minutes.

4. Ajoutez le **vinaigre**, le **bouillon de poulet**, le **laurier**, les **piments**, le **poivre**, la **sauge** et le porc réservé. Couvrez, enfournez et laissez cuire 1 heure. Retirez le laurier. Servez avec de la moutarde. Donne 4 portions.

Brochettes de porc à l'indonésienne

Ces brochettes parfumées à l'arachide s'appellent des satay *dans leur pays d'origine. Rapidement saisi, le porc conserve tous ses sucs et donne au plat une saveur incomparable.*

GRAISSES SUCRE SODIUM

¼ c. à thé de gingembre moulu
2 gousses d'ail
1 petit oignon haché
1 c. à soupe de sauce soja hyposodique
2 c. à soupe de cacahouètes non salées, rôties à sec, hachées
1 c. à soupe d'huile d'arachide

2 c. à thé de cassonade blonde
2 c. à thé de jus de lime
¼ c. à thé chacune de coriandre, de cumin et de cannelle moulus
350 g (¾ lb) d'épaule de porc désossée et dégraissée, en morceaux de 2 cm (¾ po)

Préparation :
7 min et 1 h de marinage
Cuisson :
18 min

Une portion :

Calories	215
Graisses	14 g
Graisses saturées	4 g
Cholestérol	58 mg
Protéines	18 g
Hydrates de carbone	5 g
Sodium	214 mg
Sucre ajouté	6 cal.
Fibres	0

1. Mettez tous les ingrédients, sauf la viande, dans un robot ou un mixer ; ajoutez 2 c. à soupe d'eau froide et travaillez le tout 8-10 secondes.

2. Versez la préparation dans un bol moyen, mettez-y les morceaux de **porc** et tournez-les de tous les côtés. Couvrez et laissez mariner 1 heure à la température ambiante.

3. Allumez le grilloir. Enfilez les morceaux de porc sur huit brochettes huilées de 20 cm (8 po), sans qu'ils se touchent.

4. Déposez les brochettes sur une lèchefrite non graissée et badigeonnez-les de marinade. Faites-les griller environ 18 minutes à 18-20 cm (7-8 po) de l'élément ; tournez et badigeonnez de temps à autre. Le porc doit être rôti et ferme au toucher. Servez avec du Riz brun aux noix (p. 168). Donne 4 portions.

Ragoût de porc au chou rouge

Ragoût de porc aux pois chiches

GRAISSES SUCRE SODIUM

15 g (½ oz) de champignons secs
½ tasse d'eau chaude
    Enduit végétal antiadhésif
350 g (¾ lb) d'épaule de porc désossée, détaillée en morceaux de 2,5 cm (1 po)
2 c. à soupe de farine
1 petit oignon haché
2 gousses d'ail hachées
3 c. à soupe de marsala ou de porto

½ tasse de bouillon de poulet hyposodique
1 feuille de laurier
½ c. à thé de romarin séché
¼ c. à thé de poivre noir
1 tasse de pois chiches, cuits et égouttés
225 g (½ lb) de champignons frais, coupés en quatre
1 c. à soupe de jus de citron

Préparation :
7 min
Cuisson :
1 h 20 (presque sans intervention)

Une portion :

Calories	270
Graisses	10 g
Graisses saturées	3 g
Cholestérol	58 mg
Protéines	23 g
Hydrates de carbone	23 g
Sodium	77 mg
Sucre ajouté	0
Fibres	4 g

Conseil : Le porc est plus gras que le bœuf, le veau et l'agneau, mais sa teneur en sodium est moindre. La longe est la coupe la plus maigre.

1. Dans un petit bol, faites tremper les **champignons secs** 30 minutes dans l'**eau chaude.** Retirez-les et réservez-les ainsi que l'eau de trempage. *(Note : Si les champignons étaient sableux, filtrez l'eau de trempage à travers un filtre à café ou des épaisseurs d'étamine.)*

2. Vaporisez un épais faitout d'**enduit antiadhésif.** Roulez les morceaux de **porc** dans la **farine** ; secouez-les pour enlever l'excès de farine et faites-les rissoler de tous les côtés 10 minutes à feu modéré. Réservez-les dans un bol.

3. Jetez l'**oignon** et l'**ail** dans le faitout et faites-les revenir 5 minutes à découvert. Quand ils sont tendres, remettez le porc et ajoutez le **marsala,** le **bouillon de poulet,** le **laurier,** le **romarin,** le **poivre,** les champignons trempés et ¼ tasse du liquide réservé. Couvrez et laissez mijoter 20 minutes.

4. Ajoutez les **pois chiches** et prolongez la cuisson de 35 minutes. Vers la fin de cette étape, vaporisez d'enduit antiadhésif une poêle moyenne et faites-y sauter les **champignons frais** 2 minutes.

5. Incorporez les champignons au contenu du faitout et laissez cuire 10 minutes de plus. Ajoutez le **jus de citron** au moment de servir. Donne 4 portions.

Jambon et nouilles au gratin

Boulettes de porc, sauce tomate à l'orange

GRAISSES SUCRE SODIUM

Voici un bon plat à préparer la veille. Servez-le sur des spaghettis ou, pour varier et réduire les calories, sur de la courge spaghetti.

1	oignon moyen, haché fin	1	c. à soupe de persil haché
2	gousses d'ail, hachées	¼	c. à thé de poivre noir
1	tasse de bouillon de poulet hyposodique	¼	c. à thé de sauge séchée
225	g (½ lb) de porc maigre haché	⅛	c. à thé de sel
115	g (¼ lb) de veau maigre haché	⅛	c. à thé de muscade
2	c. à soupe de raisins secs dorés	1	tasse de tomates hyposodiques en boîte, concassées avec leur jus
1	gros œuf légèrement battu	1	bâton de cannelle
2	c. à soupe de parmesan râpé	3	lanières de pelure d'orange
1	c. à soupe de chapelure	2	c. à soupe de jus d'orange

Préparation :
8 min
Cuisson :
27 min

Une portion :

Calories	226
Graisses	11 g
Graisses saturées	4 g
Cholestérol	129 mg
Protéines	21 g
Hydrates de carbone	11 g
Sodium	316 mg
Sucre ajouté	0
Fibres	1 g

1. Dans une petite casserole couverte, faites cuire l'**oignon** et l'**ail** 7 minutes dans ⅓ tasse de **bouillon de poulet** à feu modérément doux. Quand ils sont tendres, retirez-les et laissez-les refroidir.

2. Mélangez soigneusement à la main le **porc**, le **veau**, les **raisins secs**, l'**œuf**, le **parmesan**, la **chapelure**, le **persil**, le **poivre**, la **sauge**, le **sel**, la **muscade** et les oignons cuits. Façonnez la préparation en 20 boulettes de 3 cm (1¼ po).

3. Faites-les revenir de tous les côtés 5 minutes à feu modéré dans une grande poêle antiadhésive.

4. Ajoutez le reste du bouillon de poulet ainsi que les **tomates**, le **bâton de cannelle**, la **pelure d'orange** et le **jus d'orange**. Amenez à ébullition, diminuez la chaleur et laissez mijoter à couvert 10-12 minutes en remuant de temps à autre. Quand la cuisson est à point, retirez les boulettes avec une écumoire et gardez-les au chaud.

5. Sur un feu vif, faites bouillir la sauce à découvert 5 minutes. Quand elle a légèrement épaissi, retirez-en le bâton de cannelle et les pelures d'orange et versez-la sur les boulettes de porc. Donne 4 portions.

Conseil : *Au lieu de les hacher au couteau, ciselez le persil et autres fines herbes directement dans la préparation ou dans la tasse à mesurer. Cela vous fera gagner du temps.*

Jambon et nouilles au gratin

Ce plat substantiel et vite fait est idéal lorsque le temps vous manque.

GRAISSES **SUCRE** **SODIUM**

170 g (6 oz) de nouilles larges
aux œufs
4½ c. à thé de farine
1 c. à thé de moutarde en
poudre
¼ c. à thé de sauge séchée
⅛ c. à thé de muscade moulue
⅛ c. à thé de poivre noir
1½ tasse de lait écrémé
170 g (6 oz) de jambon
hyposodique, coupé en dés

2 tasses de petits pois frais
blanchis ou 1 boîte de 350 g
(12,4 oz) de pois surgelés,
décongelés et égouttés
1½ c. à soupe de mie de pain
blanc frais, émiettée
(1 tranche sans croûte)
1 c. à soupe de margarine non
salée

Préparation :
5 min
Cuisson :
30 min (presque
sans intervention)

Une portion :

Calories	338
Graisses	8 g
Graisses saturées	1 g
Cholestérol	63 mg
Protéines	20 g
Hydrates de carbone	47 g
Sodium	482 mg
Sucre ajouté	0
Fibres	3 g

1. Portez le four à 180°C (350°F). Faites cuire les **nouilles** selon le mode d'emploi, en omettant le sel.
2. Dans l'intervalle, mélangez la **farine**, la **moutarde**, la **sauge**, la **muscade** et le **poivre** ; incorporez lentement le **lait** au fouet.
3. Égouttez les nouilles ; ajoutez-leur le **jambon**, les **petits pois** et le lait assaisonné ; mélangez bien. Déposez la préparation dans un plat à four moyen, peu profond et non graissé ; garnissez de **mie de pain** et de noix de **margarine**.
4. Couvrez de papier d'aluminium et faites cuire 10 minutes au four. Retirez le papier et laissez gratiner 10 minutes. Donne 4 portions.

Pâté de jambon épicé

Ce pâté se sert chaud, froid ou en sandwich et il se congèle bien.

GRAISSES **SUCRE** **SODIUM**

Enduit végétal antiadhésif
1 oignon moyen, haché
3 carottes moyennes, hachées
fin (environ 1 tasse)
350 g (¾ lb) de champignons,
hachés fin
350 g (¾ lb) de jambon
hyposodique haché
225 g (½ lb) de porc maigre haché

2 tasses de mie de pain fraîche,
émiettée
1 tasse de lait écrémé
2 c. à soupe de moutarde jaune
préparée
½ c. à thé de poivre noir
¼ c. à thé de sauge séchée,
émiettée
1 c. à thé de zeste d'orange râpé

Préparation :
11 min
Cuisson :
1 h 35
(presque sans
intervention)

Une portion :

Calories	167
Graisses	6 g
Graisses saturées	1 g
Cholestérol	41 mg
Protéines	17 g
Hydrates de carbone	13 g
Sodium	480 mg
Sucre ajouté	0
Fibres	2 g

1. Vaporisez une poêle moyenne d'**enduit antiadhésif** et posez-la 30 secondes sur un feu modéré. Faites revenir l'**oignon** 5 minutes en remuant souvent. Quand il est tendre, ajoutez les **carottes** et les **champignons** et prolongez la cuisson de 25 minutes en remuant ; l'eau des champignons doit s'évaporer complètement. Si les légumes attachent, ajoutez un peu d'eau.
2. Préchauffez le four à 180°C (350°F). Mélangez à la main le **jambon**, le **porc**, la **mie de pain**, le **lait**, la **moutarde**, le **poivre**, la **sauge**, le **zeste d'orange** et les légumes cuits.
3. Vaporisez d'enduit antiadhésif un moule à pain. Mettez-y la préparation en pressant bien. Recouvrez de papier d'aluminium et faites cuire environ 1 heure au four ; il doit sortir du pâté un jus clair quand on l'entaille.
4. Laissez refroidir 10 minutes sur une grille, détachez les bords avec un couteau, égouttez et démoulez sur une assiette chaude. Servez ce pâté avec la Salade aux quatre haricots (p. 207). Donne 8 portions.

Gigot d'agneau farci, sauce à l'orange

Ce gigot d'agneau est tendre et facile à découper. Une pièce de 3,5 kg (7½ lb) semble peut-être excessive, mais si elle était plus petite, la viande sécherait à la cuisson. Il suffit d'apprêter les restes pour un autre repas.

GRAISSES SUCRE SODIUM

Préparation :
25 min
Cuisson :
1 h 25
(presque sans
intervention)

1 c. à soupe de margarine non salée
1 gros oignon, haché fin
4 gousses d'ail hachées
450 g (1 lb) de champignons hachés
1 orange navel moyenne
2 tranches de pain de blé entier, déchiquetées
½ tasse de persil haché
1 c. à thé de marjolaine séchée
½ c. à thé de basilic séché
¼ c. à thé de poivre noir
1 gigot d'agneau (3,5 kg/7½ lb), dégraissé et désossé
1 tasse de bouillon de bœuf hyposodique
1 c. à soupe de farine

Une portion :

Calories	337
Graisses	12 g
Graisses saturées	6 g
Cholestérol	157 mg
Protéines	46 g
Hydrates de carbone	8 g
Sodium	137 mg
Sucre ajouté	0
Fibres	2 g

1. Préchauffez le four à 230°C (450°F). Dans une poêle moyenne, faites fondre la **margarine** à feu modéré. Ajoutez l'**oignon** et l'**ail** et faites-les revenir 5 minutes à découvert. Quand ils sont tendres, ajoutez les **champignons** et prolongez la cuisson de 5 minutes pour qu'ils perdent leur eau. Retirez-les du feu.

2. Ajoutez-leur 1 c. à thé du zeste râpé de l'**orange** ainsi que le **pain**, le **persil**, la **marjolaine**, le **basilic** et le **poivre**. Mélangez le tout pour composer la farce.

3. Étalez la farce sur l'**agneau**, posé peau dessous, en laissant une marge de 1,5 cm (½ po) tout autour. Roulez la pièce sur elle-même et ficelez-la tous les 5 cm (2 po).

4. Déposez le gigot sur la grille d'une lèchefrite et faites-le rôtir 15 minutes à découvert. Baissez le thermostat du four à 180°C (350°F) et prolongez la cuisson de 55 minutes si vous l'aimez rosé (57°C/135°F au thermomètre à viande), de 1 h 15 pour l'avoir à point (71°C/160°F) et de 1 h 30 pour qu'il soit bien cuit (74°C/165°F). Retirez-le et laissez-le 20 minutes en attente.

5. Pendant ce temps, dégraissez le fond de cuisson et versez dans la lèchefrite ¾ tasse de **bouillon de bœuf**. Posez la lèchefrite sur un feu doux et grattez les sucs qui y ont adhéré. Délayez la **farine** dans le reste du bouillon, ajoutez-la au fond de cuisson et laissez cuire 3 minutes en remuant pour que la sauce épaississe. Retirez du feu. Pelez et hachez l'orange pour l'incorporer à la sauce.

6. Ôtez les ficelles, déposez le rôti sur un plat chaud ; tranchez et nappez de sauce. Donne 10 portions.

Côtelettes d'agneau grillées aux fines herbes

On peut, sans inconvénient, réduire de moitié cette recette vite faite.

GRAISSES SUCRE SODIUM

Préparation : **2 min**
Cuisson : **8 min**

8 côtelettes ou côtes de longe d'agneau, dégraissées (environ 1,2 kg/2⅔ lb)
2 gousses d'ail coupées en deux
1 c. à soupe d'huile d'olive
2 c. à thé de marjolaine, de thym ou d'estragon séché, émietté
¼ c. à thé de poivre noir
Quartiers de citron (facultatif)

Une portion :

Calories	213
Graisses	12 g
Graisses saturées	5 g
Cholestérol	85 mg
Protéines	23 g
Hydrates de carbone	1 g
Sodium	57 mg
Sucre ajouté	0
Fibres	0

1. Allumez le grilloir. Frottez les **côtelettes d'agneau** avec l'**ail**. Badigeonnez-les d'**huile d'olive** et saupoudrez-les de **marjolaine** et de **poivre**.

2. Faites-les griller à 10-12 cm (4-5 po) de l'élément, 4-5 minutes de chaque côté si vous les aimez à point. Servez avec des quartiers de **citron**, si vous le désirez, et des Frites au four (p. 196). Donne 4 portions.

Gigot d'agneau farci, sauce à l'orange

Navarin d'agneau

C'est une bonne idée que de doubler la recette de ce ragoût pour en congeler la moitié.

GRAISSES SUCRE SODIUM

2   c. à soupe de margarine non salée

450 g (1 lb) d'épaule d'agneau, désossée, détaillée en morceaux de 2,5 cm (1 po)

4   petits oignons blancs pelés

1   gousse d'ail hachée

2   tasses de bouillon de bœuf hyposodique

1   c. à soupe d'aneth frais, haché, ou 1 c. à thé d'aneth séché

¼   c. à thé de poivre noir

2   carottes moyennes, en tronçons

2   petites pommes de terre, pelées et détaillées en gros dés

2   c. à soupe de farine

1   tasse de haricots verts frais ou surgelés

Préparation :
30 min
Cuisson :
57 min
(presque sans intervention)

Une portion :

Calories	304
Graisses	15 g
Graisses saturées	6 g
Cholestérol	79 mg
Protéines	24 g
Hydrates de carbone	19 g
Sodium	94 mg
Sucre ajouté	0
Fibres	2 g

1. Faites fondre la **margarine** à feu vif dans un grand faitout. Quand elle mousse, faites saisir l'**agneau** de tous les côtés pendant 5 minutes. Retirez-le avec une écumoire et déposez-le sur des essuie-tout.

2. À feu modéré, faites sauter les **oignons** dans le faitout pendant 8 minutes, en y ajoutant l'**ail** au cours des 2 dernières minutes.

3. Versez le **bouillon de bœuf** dans le faitout et déglacez en grattant bien le fond. Remettez l'agneau, ajoutez l'**aneth** et le **poivre,** couvrez et laissez mijoter 20 minutes.

4. Ajoutez les **carottes** et les **pommes de terre** au navarin ; ramenez à ébullition, couvrez, réduisez la chaleur et laissez mijoter encore 15 minutes.

5. Délayez la **farine** en pâte avec un peu de sauce chaude, incorporez-la au navarin et prolongez la cuisson de 3 minutes pour que la sauce épaississe.

6. Ajoutez les **haricots verts,** couvrez et prolongez la cuisson de 5 minutes pour les amener à point. Donne 4 portions.

Sauté d'agneau aux asperges

Préparation : **10 min**
et 30 min de marinage
Cuisson : **10 min**

GRAISSES SUCRE SODIUM

Ce plat se fait en un tour de main, surtout si vous coupez la viande et les légumes d'avance et les réfrigérez séparément dans des sacs de plastique. Avec la partie coriace des asperges, faites une soupe.

2   c. à soupe de gingembre frais, haché, ou 1 c. à thé de gingembre moulu
2   gousses d'ail hachées
2   c. à soupe de sauce soja hyposodique
2   c. à soupe de xérès sec
2   c. à soupe d'huile de sésame ou d'arachide
450 g (1 lb) d'épaule d'agneau désossée, dégraissée et détaillée en fines lanières
450 g (1 lb) de pointes d'asperge ou 1 paquet (300 g/10,5 oz) d'asperges surgelées, coupées de biais en tronçons
1   oignon d'Espagne moyen, coupé en quatre et tranché mince
1   poivron rouge moyen, paré, épépiné et tranché en lanières
½   c. à thé de flocons de piment rouge
1   c. à thé de fécule de maïs délayée dans ¼ tasse de bouillon de bœuf hyposodique

1. Dans un petit bol, mélangez le **gingembre**, l'**ail**, la **sauce soja**, le **xérès** et 1 c. à thé d'**huile de sésame**. Ajoutez l'**agneau,** enrobez-le de marinade et laissez-le 30 minutes en attente.

2. Posez un wok ou une grande poêle sur un feu vif ; versez-y 1 c. à soupe de l'huile de sésame et faites chauffer 1 minute. Quand l'huile commence à frissonner, faites-y sauter les **asperges** 3 minutes. Ajoutez l'**oignon** et le **poivron rouge** et faites sauter 1 minute de plus. Couvrez et laissez cuire à la vapeur 1 minute. Avec une écumoire, retirez les légumes et déposez-les dans un grand plat.

3. Versez dans la poêle les 2 c. à thé d'huile de sésame qui restent, ajoutez l'agneau et toute sa marinade, saupoudrez de **flocons de piment rouge** et faites sauter à feu vif 2 minutes. Incorporez la **fécule** délayée dans le **bouillon de bœuf** et remuez jusqu'à épaississement, soit 1 minute environ.

4. Remettez les légumes dans le wok et réchauffez-les 30 secondes en remuant. Donne 4 portions.

Une portion :

Calories	276	Protéines	24 g
Graisses	16 g	Hydrates de carbone	9 g
Graisses saturées	6 g	Sodium	381 mg
Cholestérol	79 mg	Sucre ajouté	0
		Fibres	1 g

Curry d'agneau

Préparation : **20 min**
Cuisson : **45 min**

GRAISSES SUCRE SODIUM

Servez ce plat haut en couleur sur du riz brun et parsemez-le de carotte râpée.

1   c. à soupe de margarine non salée
450 g (1 lb) d'épaule d'agneau dégraissée et désossée, en morceaux de 2 cm (¾ po)
1   oignon moyen, tranché mince
½   petite côte de céleri, tranchée mince
1   gousse d'ail hachée
½   petite carotte râpée
¼   tasse de jus de pomme non sucré
1   c. à soupe de poudre de cari
½   c. à thé de cumin moulu
½   c. à thé de coriandre moulue
¼   c. à thé de cardamome moulue
⅛   c. à thé de cayenne
1   pomme à cuire ferme, pelée, parée et détaillée en dés de 2 cm (¾ po)
1   petite courgette (115 g/¼ lb) détaillée en tronçons
½   tasse de yogourt partiellement écrémé

1. Faites fondre la **margarine** à feu modérément vif dans une grande poêle. Saisissez les morceaux d'**agneau** 5 minutes en les retournant. Retirez-les et faites égoutter sur des essuie-tout.

2. Dans la poêle, jetez l'**oignon**, le **céleri** et l'**ail** ; réduisez la chaleur à feu modéré et faites revenir 5 minutes à découvert.

3. Remettez l'agneau dans la poêle et ajoutez-y la **carotte**, le **jus de pomme**, le **cari**, le **cumin**, la **coriandre**, la **cardamome** et le **cayenne**. Couvrez et laissez mijoter 30 minutes à feu doux jusqu'à ce que l'agneau soit à point.

4. Ajoutez la **pomme** et la **courgette,** couvrez et prolongez la cuisson de 5 minutes. Incorporez le **yogourt** et réchauffez-le sans le faire bouillir : il tournerait. Donne 4 portions.

Une portion :

Calories	222	Protéines	25 g
Graisses	7 g	Hydrates de carbone	14 g
Graisses saturées	4 g	Sodium	108 mg
Cholestérol	81 mg	Sucre ajouté	0
		Fibres	1 g

Osso bucco à la milanaise

Cette excellente spécialité de la cuisine italienne est idéale pour recevoir, car il n'y a pratiquement rien à faire à la dernière minute.

2 c. à soupe de margarine non salée

4 rouelles de jarret de veau (900 g-1 kg/2-2¼ lb)

1 oignon moyen, haché

1 carotte moyenne, hachée

1 côte de céleri moyenne, hachée

3 gousses d'ail hachées

1 tasse de vin blanc sec

1 tomate moyenne pelée, épépinée et hachée

1 feuille de laurier émiettée

½ c. à thé de basilic séché

½ c. à thé de thym séché

¼ c. à thé de poivre noir

2 c. à soupe de persil haché

1½ c. à thé de zeste de citron râpé

GRAISSES SUCRE **SODIUM**

Préparation :
25 min
Cuisson :
2 h 15
(presque sans intervention)

Une portion :

Calories	226
Graisses	10 g
Graisses saturées	5 g
Cholestérol	85 mg
Protéines	25 g
Hydrates de carbone	9 g
Sodium	105 mg
Sucre ajouté	0
Fibres	1 g

1. Dans un faitout ou une sauteuse de grande dimension, faites fondre 1 c. à soupe de la **margarine** sur feu vif ; quand elle est très chaude, saisissez-y le **jarret de veau** de chaque côté pendant 2 minutes. Retirez-le.

2. Baissez la chaleur à feu modéré, ajoutez le reste de la margarine, l'**oignon**, la **carotte**, le **céleri** et la moitié de l'**ail** ; faites-les revenir 5 minutes à découvert. Quand l'oignon est tendre, versez le **vin**, ramenez l'ébullition et prolongez la cuisson de 5 minutes, sans couvrir, en grattant bien le fond ; le liquide doit diminuer de moitié.

3. Remettez le jarret dans le faitout ; ajoutez la **tomate**, le **laurier**, le **basilic**, le **thym** et le **poivre**. Couvrez et laissez mijoter à feu modérément doux 2 heures ou jusqu'à ce que la viande soit tendre, sans pourtant se détacher de l'os.

4. Mélangez le **persil**, le **zeste de citron** et le reste de l'ail. Ajoutez-les juste avant de servir. Accompagnez de nouilles ou de riz vapeur. Donne 4 portions.

Escalopes de veau à la sauge

3 c. à soupe de farine

¼ c. à thé de poivre blanc

450 g (1 lb) d'escalopes de veau, aplaties à 6 mm (¼ po)

2 c. à soupe de margarine non salée

½ tasse de bouillon de bœuf hyposodique

1 c. à soupe de jus de citron

2 c. à thé de sauge fraîche, hachée, ou ½ c. à thé de sauge séchée, émiettée

½ citron, tranché mince
Cresson ou persil (facultatif)

GRAISSES **SUCRE** **SODIUM**

Préparation :
15 min
Cuisson :
6 min

Une portion :

Calories	255
Graisses	15 g
Graisses saturées	5 g
Cholestérol	81 mg
Protéines	23 g
Hydrates de carbone	7 g
Sodium	80 mg
Sucre ajouté	0
Fibres	0

1. Mélangez la **farine** et le **poivre** ; enrobez-en légèrement les **escalopes de veau**. Secouez celles-ci pour les débarrasser de l'excès de farine.

2. Dans une grande poêle, faites fondre la **margarine** sur un feu modérément vif ; saisissez les escalopes 1 minute de chaque côté. Retirez-les.

3. Jetez le **bouillon de bœuf**, le **jus de citron** et la **sauge** dans la poêle et déglacez 1 minute en raclant bien le fond.

4. Remettez le veau dans la poêle et réchauffez-le 2 minutes. Dressez les escalopes dans un plat de service chaud, nappez-les de sauce et garnissez de tranches de **citron** et de **cresson** ou de persil. Servez avec du riz ou des nouilles et les Épinards braisés (p. 199). Donne 4 portions.

Paprikash de veau

Utilisé au lieu de crème sure, le yogourt partiellement écrémé rend cette recette moins riche. Elle est encore meilleure préparée la veille.

1 c. à soupe de margarine non salée

1 oignon moyen, haché fin

1 gousse d'ail hachée

450 g (1 lb) de champignons en fines lamelles

450 g (1 lb) d'escalopes de veau, bien aplaties et détaillées en doigts

¼ c. à thé de poivre noir

⅛ c. à thé de macis moulu

⅛ c. à thé de thym séché, émietté

¼ tasse de vin blanc sec ou de vermouth

½ tasse de yogourt partiellement écrémé

1 c. à soupe de paprika

1 c. à soupe de ciboulette fraîche ou lyophilisée, hachée fin (facultatif)

Préparation :
10 min
Cuisson :
9 min

Une portion :

Calories	265
Graisses	13 g
Graisses saturées	5 g
Cholestérol	82 mg
Protéines	27 g
Hydrates de carbone	11 g
Sodium	105 mg
Sucre ajouté	0
Fibres	3 g

1. Dans une poêle moyenne, faites fondre la **margarine** à feu modérément vif ; faites-y revenir l'**oignon**, l'**ail** et les **champignons** jusqu'à évaporation de l'eau des champignons, soit 5-6 minutes.

2. Tassez les champignons sur le côté. Passez à feu vif et saisissez le **veau** 1-2 minutes pour qu'il perde sa teinte rosée.

3. Passez à feu modéré, ajoutez le **poivre**, le **macis**, le **thym** et le **vin** et prolongez la cuisson de 2-3 minutes, sans couvrir, pour que le liquide s'évapore.

4. Assaisonnez le **yogourt** de **paprika**, versez-le dans la poêle et réchauffez 1-2 minutes. Ne faites pas bouillir : le yogourt tournerait. *(Note : Si vous préparez ce plat d'avance, n'ajoutez le yogourt qu'à la dernière minute.)* Dressez sur un lit de riz ou de nouilles et décorez de **ciboulette**, s'il y a lieu. La Salade d'épinards à l'orange (p. 215) accompagne bien ce plat. Donne 4 portions.

Conseil : *Prenez garde de trop pousser la cuisson ; le veau sauté avec excès durcit et perd sa finesse.*

Ragoût de veau

1 c. à soupe d'huile d'olive

225 g (½ lb) de petits oignons blancs pelés

450 g (1 lb) d'épaule de veau, parée et détaillée en morceaux de 2,5 cm (1 po)

1 c. à soupe de farine

¼ c. à thé de poivre noir

⅓ tasse de vin blanc sec ou de bouillon de bœuf hyposodique

1 tasse de bouillon de bœuf hyposodique

1 c. à soupe de concentré de tomate hyposodique

1 c. à thé de romarin séché

2 gousses d'ail hachées

1 courgette moyenne (225 g/½ lb), en bâtonnets

1 courge moyenne (225 g/½ lb), en demi-rondelles

2 c. à soupe de persil haché

Préparation :
10 min
Cuisson :
1 h 35
(presque sans intervention)

Une portion :

Calories	297
Graisses	15 g
Graisses saturées	6 g
Cholestérol	81 mg
Protéines	25 g
Hydrates de carbone	15 g
Sodium	123 mg
Sucre ajouté	0
Fibres	1 g

1. Dans un grand faitout, chauffez l'**huile d'olive** 1 minute à feu modéré puis faites-y revenir les **oignons** 5 minutes. Quand ils sont dorés, retirez-les avec une écumoire.

2. Enrobez le **veau** de **farine** et saupoudrez-le de **poivre**. Faites-le sauter 5 minutes à feu modérément vif. Versez le **vin**, attendez 1 minute pour qu'il s'évapore, puis ajoutez les oignons avec le **bouillon de bœuf**, le **concentré de tomate**, le **romarin** et l'**ail**. Couvrez et laissez mijoter 1 h 15.

3. Quand la viande est à point, joignez-y la **courgette** et la **courge** et prolongez la cuisson de 8-10 minutes. Dès que les légumes sont cuits mais encore croquants, incorporez le **persil** et servez. Donne 4 portions.

Volaille

*La volaille est plus populaire que jamais,
et pour cause : d'une part, elle s'apprête de mille
et une façons et, d'autre part, la chair blanche
du poulet et de la dinde est riche en protéines
mais pauvre en graisses et en cholestérol.
Poulets farcis, aiguillettes délicatement saucées,
poule au pot, ragoûts hauts en saveur
et soufflés moelleux : à vous
l'embarras du choix !*

Poulet à la créole

Poulet poché, sauce verte

Préparation : **10 min**
Cuisson : **55 min**
(presque sans intervention)

GRAISSES SUCRE SODIUM

Si vous retirez la peau après cuisson, le poulet restera maigre mais onctueux. Congelez le bouillon pour l'utiliser dans d'autres recettes.

1   citron moyen
1   poulet entier (1-1,3 kg/2 ½-3 lb)
4   feuilles de laurier
½   c. à thé de romarin séché, émietté
3   gousses d'ail
1   gros oignon haché
2   carottes moyennes, en rondelles
8   brindilles de persil
Sauce verte :
2   tasses de brindilles de persil
2   gousses d'ail, pelées et blanchies 2 minutes
1   oignon vert haché
7   c. à soupe de bouillon de poulet (prises sur le fond de pochage)
3   c. à soupe de jus de citron
1   c. à soupe d'huile d'olive
⅛   c. à thé de sel

1. Avec une fourchette, piquez le **citron** une vingtaine de fois avant de l'introduire dans le **poulet** avec 2 feuilles de **laurier**, ¼ à thé de **romarin** et 2 gousses d'**ail**. Troussez la volaille et déposez-la dans une marmite ; ajoutez-y le reste du laurier, du romarin et de l'ail ainsi que l'**oignon**, les **carottes** et le **persil**.

2. Mouillez d'eau froide à hauteur et amenez au point d'ébullition à feu modéré. Réduisez la chaleur et laissez mijoter 50 minutes à découvert. Le poulet est à point quand la cuisse joue librement dans son articulation.

3. Posez-le dans un plat ; retirez les ficelles du troussage et la peau. Passez le bouillon et réservez-en 7 c. à soupe pour terminer le plat.

4. Pour la sauce, travaillez 10-15 secondes le **persil**, l'**ail** et l'**oignon vert** au mixer ou au robot ; dans l'appareil en marche, ajoutez le **bouillon** réservé, le **jus de citron**, l'**huile d'olive** et le **sel**. Malaxez 5 secondes de plus et servez en saucière. Donne 4 portions.

Une portion :

Calories	302	Protéines	35 g
Graisses	12 g	Hydrates de carbone	13 g
Graisses saturées	3 g	Sodium	183 mg
Cholestérol	100 mg	Sucre ajouté	0
		Fibres	2 g

Poulet rôti farci aux abricots secs

Préparation : **20 min**
Cuisson : **1 h 45**
(presque sans intervention)

GRAISSES SUCRE SODIUM

Cette recette sert 8 personnes. Pour 4 personnes, réduisez la farce de moitié et, avec le reste de volaille, confectionnez la Salade de poulet à la chinoise (p. 95).

3½   tasses de bouillon de poulet hyposodique
1   gros oignon haché
1   grosse côte de céleri hachée
1¼   tasse de riz à longs grains
½   tasse d'abricots secs, hachés
½   c. à thé de thym séché, émietté
2   c. à soupe de jus de citron
1   poulet de 2-2,25 kg (4½-5 lb)
¼   c. à thé de poivre noir
     Enduit végétal antiadhésif

1. Préchauffez le four à 190°C (375°F). Dans une casserole moyenne, faites chauffer à feu modéré 3 tasses de **bouillon de poulet** avec l'**oignon** et le **céleri**. Quand le bouillon mijote, couvrez et laissez cuire 5 minutes. Jetez-y le **riz**, les **abricots** et le **thym** ; prolongez la cuisson de 20 minutes, pour que tout le liquide s'absorbe. Terminez la farce en y incorporant 1 c. à soupe de **jus de citron**.

2. Frottez le **poulet** avec le jus de citron qui reste et le **poivre** ; farcissez, sans tasser, avec le riz aux abricots. Mettez le reste de la farce dans une casserole allant au four, vaporisée d'**enduit antiadhésif** ; aspergez avec ½ tasse de bouillon de poulet et recouvrez de papier d'aluminium.

3. Troussez le poulet et posez-le, poitrine dessus, sur la grille graissée d'une lèchefrite ; faites-le rôtir 1 h 15-1 h 30, jusqu'à ce que la cuisse joue librement dans son articulation. Enfournez la casserole contenant la farce pour les 30 dernières minutes de cuisson.

4. Retirez le poulet et le reste de la farce et laissez 10 minutes en attente. Dressez la volaille sur un plat de service chaud, ôtez les ficelles et servez avec un légume vert. Donne 8 portions.

Une portion :

Calories	432	Protéines	36 g
Graisses	16 g	Hydrates de carbone	32 g
Graisses saturées	5 g	Sodium	128 mg
Cholestérol	104 mg	Sucre ajouté	0
		Fibres	2 g

Poulet braisé farci à l'oignon vert

Préparation : **20 min**
Cuisson : **1 h 20**
(presque sans intervention)

GRAISSES SUCRE SODIUM

Cette recette sert 8 personnes.

½ tasse d'oignon vert, haché fin
4 c. à soupe de basilic frais, haché,
  ou de persil
1¼ c. à thé de thym séché, émietté
¼ c. à thé de poivre noir
1 poulet (2-2,25 kg/4½-5 lb)
  Enduit végétal antiadhésif
1½ c. à thé de margarine non salée
1 gros oignon, haché fin
1 côte de céleri, hachée fin
3 gousses d'ail hachées
1 grosse boîte (796 ml/28 oz) de tomates
  hyposodiques, mises en purée dans leur jus
1½ tasse de bouillon de poulet hyposodique
¾ tasse de vin blanc sec
1 feuille de laurier
¼ c. à thé de graine de fenouil écrasée

1. Préchauffez le four à 230°C (450°F). Dans un petit bol, mélangez les **oignons verts**, le **basilic**, ¾ c. à thé de **thym** et la moitié du **poivre**. Dégagez délicatement la peau de la poitrine du **poulet** en y glissant les doigts et répartissez cet assaisonnement entre chair et peau.

2. Troussez le poulet, déposez-le dans une lèchefrite non graissée et faites-le rôtir à découvert 30 minutes.

3. Dans l'intervalle, vaporisez un faitout d'**enduit antiadhésif** et faites-y fondre la **margarine** à feu modéré. Jetez-y l'**oignon**, le **céleri** et l'**ail** ; laissez cuire à découvert 5 minutes. Quand les légumes sont tendres, ajoutez la purée de **tomates** et le **bouillon de poulet.**

4. Lorsque le poulet est bien doré, mettez-le dans le faitout et baissez le thermostat du four à 200°C (400°F). Débarrassez la lèchefrite de la graisse qui s'y est déposée, versez-y le **vin** et faites bouillir 1 minute à découvert sur un feu modéré, en grattant les particules qui ont adhéré. Versez ce déglaçage dans le faitout.

5. Ajoutez le **laurier**, le **fenouil**, le reste du thym et du poivre et, quand l'ébullition est prise, remettez le faitout dans le four et prolongez la cuisson de 40 minutes. Dressez le poulet sur un plat chaud.

6. Retirez le laurier, dégraissez le fond de braisage et travaillez-en la moitié 5-10 secondes au mixer ou au robot. Remettez le tout à réchauffer quelques minutes, nappez-en le poulet et servez le reste en saucière. Donne 8 portions.

Une portion :

Calories	339	Protéines	34 g
Graisses	17 g	Hydrates de carbone	10 g
Graisses saturées	5 g	Sodium	130 mg
Cholestérol	104 mg	Sucre ajouté	0
		Fibres	1 g

Poulet grillé à l'aigre-douce

Préparation : **5 min**
Cuisson : **40 min**

GRAISSES SUCRE SODIUM

La peau de ce poulet, à la fois grillée et rôtie, devient dorée et croustillante. Cette recette se fait aussi sur un gril d'extérieur.

3 c. à soupe de vinaigre de cidre
1 c. à soupe de miel
2 gousses d'ail hachées
2 c. à thé de gingembre frais, haché,
  ou ½ c. à thé de gingembre moulu
2 c. à thé de sauce soja hyposodique
1 c. à thé de moutarde de Dijon
  ou de moutarde préparée à l'ancienne
1 poulet (1-1,4 kg/2½-3 lb) coupé en deux sur la longueur et dégraissé

1. Allumez le grilloir. Travaillez 10-15 secondes le **vinaigre**, le **miel**, l'**ail**, le **gingembre**, la **sauce soja** et la **moutarde** au mixer ou au robot.

2. Badigeonnez généreusement le **poulet** avec cette préparation ; gardez-en pour l'arroser en cours de cuisson. Déposez les deux moitiés de volaille, peau dessous en premier lieu, sur la grille graissée d'une lèchefrite et faites griller 10 minutes de chaque côté à 15 cm (6 po) de l'élément.

3. Réglez le thermostat du four à 200°C (400°F) pour faire rôtir le poulet à découvert 20-25 minutes, ou jusqu'à ce que la cuisse joue librement dans son articulation. Si la peau brunit trop vite, couvrez de papier d'aluminium.

4. Laissez reposer le poulet 10 minutes avant de le découper. Donne 4 portions.

Une portion :

Calories	322	Protéines	34 g
Graisses	17 g	Hydrates de carbone	6 g
Graisses saturées	5 g	Sodium	242 mg
Cholestérol	110 mg	Sucre ajouté	0
		Fibres	0

Salade de poulet à la chinoise

Ragoût Brunswick

Originaire du sud des États-Unis, ce plat appartient à la cuisine amérindienne qui l'apprêtait avec du lapin ou de l'écureuil. C'est un ragoût substantiel qui peut se préparer un ou deux jours d'avance.

1   poulet (1-1,4 kg/2½-3 lb) dégraissé

4   tasses de bouillon de poulet hyposodique ou d'eau

5   grosses brindilles de persil

6   grains de poivre noir

1   feuille de laurier émiettée

1½ c. à thé d'épices pour volaille

1½ c. à thé de sauge moulue

1   oignon moyen haché

2   carottes moyennes, en tronçons de 2,5 cm (1 po)

2   grosses côtes de céleri, en tronçons de 2,5 cm (1 po)

2   pommes de terre moyennes, en cubes de 2,5 cm (1 po)

1   petite boîte (298 ml/14 oz) de tomates hyposodiques avec leur jus

1   tasse de haricots de Lima frais ou surgelés

1   tasse de maïs à grains entiers frais ou surgelé

½   c. à thé de poivre noir

1. Mettez le **poulet** et ses abattis dans un grand faitout et versez-y le **bouillon.** Réunissez le **persil**, les **grains de poivre** et le **laurier** dans de l'étamine et liez avec une ficelle. Plongez ce sachet dans le bouillon et ajoutez-y ½ c. à thé chacune d'**épices pour volaille** et de **sauge.**

2. Amenez à ébullition, couvrez et réglez la chaleur pour que le bouillon mijote doucement pendant 1 heure. Quand le poulet est tendre, sortez-le du faitout avec ses abattis et dégraissez le fond de cuisson.

3. Ajoutez au bouillon l'**oignon**, les **carottes**, le **céleri**, les **pommes de terre**, les **tomates**, les **haricots**, ainsi que ½ c. à thé chacune d'épices à volaille et de sauge. Couvrez et laissez mijoter 30 minutes en remuant de temps à autre.

4. Dans l'intervalle, dépouillez et désossez le poulet. Détaillez la viande et les abattis en bouchées. Remettez au faitout, ajoutez le **maïs**; couvrez et laissez mijoter 30 minutes en remuant de temps à autre. Retirez le sachet du bouillon; assaisonnez avec le **poivre noir** et le reste d'épices pour volaille et de la sauge. Servez dans des assiettes creuses avec du Pain de maïs à l'ancienne (p. 237) et une Salade de chou confetti (p. 211). Donne 4 portions.

GRAISSES **SUCRE** **SODIUM**

Préparation :
25 min
Cuisson : **2 h**
(presque sans intervention)

Une portion :

Calories	357
Graisses	13 g
Graisses saturées	4 g
Cholestérol	90 mg
Protéines	37 g
Hydrates de carbone	31 g
Sodium	216 mg
Sucre ajouté	0
Fibres	8 g

Conseil : *La meilleure façon de dégraisser un ragoût, c'est de le cuire d'avance et de le réfrigérer. La graisse se figera en surface et s'enlèvera facilement.*

Salade de poulet à la chinoise

225 g (½ lb) de pois mange-tout
2 c. à soupe de beurre
  d'arachide
2 c. à soupe de sauce soja
  hyposodique
2 c. à soupe de vinaigre de
  cidre
1 c. à thé d'huile de sésame
  ou d'arachide
1 gousse d'ail hachée
⅛ c. à thé ou davantage
  de cayenne

1½ c. à thé de gingembre frais,
  haché, ou ¼ c. à thé de
  gingembre moulu
2 tasses de poulet cuit, détaillé
  en julienne
½ tasse de radis tranchés
½ tasse de châtaignes d'eau
  tranchées
2 c. à soupe d'oignon vert
  tranché

GRAISSES SUCRE SODIUM

Préparation :
10 min
Cuisson :
3 min

Une portion :

Calories	*242*
Graisses	*11 g*
Graisses saturées	*2 g*
Cholestérol	*62 mg*
Protéines	*25 g*
Hydrates de carbone	*11 g*
Sodium	*410 mg*
Sucre ajouté	*0*
Fibres	*2 g*

1. Parez les **pois mange-tout** et faites-les blanchir 3 minutes à l'eau bouillante non salée. Égouttez et disposez-les en couronne sur une assiette de service.

2. Dans un grand bol, fouettez ensemble le **beurre d'arachide**, la **sauce soja**, le **vinaigre** et l'**huile de sésame**. Incorporez l'**ail**, le **cayenne** et le **gingembre**. Ajoutez le **poulet**, les **radis** et les **châtaignes** et mélangez délicatement.

3. Disposez la salade de poulet au milieu des pois mange-tout ; parsemez d'**oignon vert**. Donne 4 portions.

Biriyani de poulet

En Inde, on sert le biriyani dans les grandes occasions. La version abrégée de ce plat permet de bien utiliser les restes de poulet ou de dinde.

⅔ tasse de riz à longs grains
5 gousses d'ail
1 bâton de cannelle
1 feuille de laurier
1 petit oignon haché
1 c. à soupe de gingembre frais,
  haché, ou ½ c. à thé de
  gingembre moulu
1 c. à soupe de jus de citron
½ c. à thé chacune de cumin, de
  coriandre et de curcuma
  moulus
¼ c. à thé de cannelle moulue

⅛ c. à thé chacune de clou de
  girofle et de cardamome
  moulus
⅛ c. à thé de poivre noir
1 tasse de yogourt
  partiellement écrémé
3 tasses de blancs de poulet
  cuit ou de dinde, détaillés en
  bouchées
2 tasses de chou rouge en
  chiffonnade
1 petite pomme verte acide,
  parée mais non pelée, en cubes

GRAISSES SUCRE SODIUM

Préparation :
15 min
Cuisson : **55 min**
(presque sans
intervention)

Une portion :

Calories	*370*
Graisses	*5 g*
Graisses saturées	*2 g*
Cholestérol	*94 mg*
Protéines	*39 g*
Hydrates de carbone	*40 g*
Sodium	*127 mg*
Sucre ajouté	*0*
Fibres	*1 g*

Conseil : *Si vous n'avez pas sous la main les épices indiennes que la recette requiert, remplacez le tout par 1½ c. à thé de cari de bonne qualité.*

1. Préchauffez le four à 180°C (350°F). Faites cuire le **riz** selon les instructions, en omettant le sel mais en aromatisant l'eau de cuisson avec 2 **gousses d'ail**, le **bâton de cannelle** et le **laurier** que vous retirerez en égouttant le riz.

2. Pendant ce temps, travaillez 10-15 secondes au mixer ou au robot l'**oignon**, le reste de l'ail et toutes les **épices**, de manière à obtenir une pâte. Transférez dans un grand bol ; incorporez le **yogourt**, ajoutez le **poulet** et remuez bien.

3. Déposez le riz dans un plat à four peu profond, non graissé ; recouvrez avec l'apprêt au poulet, enfournez et faites cuire 35 minutes.

4. Entre-temps, faites tomber le **chou rouge** à la vapeur environ 10 minutes pour qu'il reste croquant. Déposez-le ainsi que la **pomme** au centre du *biriyani*. Servez à même le plat de cuisson. Donne 4 portions.

Poule au pot à l'anglaise

Avec une petite salade verte, ce plat a valeur de repas.

1 **poulet (1-1,4 kg/2½-3 lb)** dépouillé et coupé en morceaux
   Enduit végétal antiadhésif
115 g (¼ lb) de petits oignons blancs pelés
2 carottes, en rondelles
1 côte de céleri tranchée
2 c. à soupe de farine
⅓ tasse de vin blanc sec ou d'eau
2 tasses de bouillon de poulet hyposodique
1 feuille de laurier

½ c. à thé de sauge séchée
½ c. à thé de thym séché
¼ c. à thé de poivre noir
1 courgette tranchée
4 pommes de terre moyennes (700 g/1½ lb), pelées et coupées en quatre
1 c. à soupe de margarine non salée
¼ tasse de lait écrémé
⅓ tasse de yogourt partiellement écrémé
⅛ c. à thé de paprika

Préparation :
15 min
Cuisson : **1 h 5**
(presque sans intervention)

Une portion :

Calories	387
Graisses	14 g
Graisses saturées	4 g
Cholestérol	92 mg
Protéines	36 g
Hydrates de carbone	34 g
Sodium	167 mg
Sucre ajouté	0
Fibres	3 g

1. Déposez le **poulet** dans une marmite préalablement vaporisée d'**enduit antiadhésif.** Saisissez-le 5 minutes à feu modéré en le tournant souvent.

2. Ajoutez les **oignons,** les **carottes** et le **céleri ;** couvrez et prolongez la cuisson de 10 minutes. Saupoudrez de **farine** puis ajoutez le **vin,** le **bouillon,** le **laurier,** la **sauge,** le **thym** et le **poivre.** Couvrez et laissez mijoter 20 minutes.

3. Retirez le poulet. Désossez-le et coupez la chair en bouchées. Remettez-le dans la marmite avec la **courgette ;** couvrez et laissez cuire 10 minutes.

4. Dans l'intervalle, faites cuire les **pommes de terre** à l'eau bouillante non salée pendant 20-25 minutes. Égouttez-les et réduisez-les en purée avec la **margarine** et le **lait.**

5. Portez le four à 200°C (400°F). Avec une écumoire, retirez le poulet et les légumes et déposez-les dans un plat à four moyen. Incorporez le **yogourt** au fouet dans le fond de cuisson que vous passerez et verserez sur le poulet. Dressez la purée de pommes de terre à la cuiller ou à la poche à douilles sur le pourtour du plat. Saupoudrez de **paprika,** enfournez et faites cuire 20 minutes à découvert. Donne 4 portions.

Conseil : *Pour peler facilement les petits oignons blancs, faites d'abord une incision en X à la base avec un petit couteau bien tranchant. Puis blanchissez-les 2 minutes, rincez-les à l'eau froide et faites glisser les peaux.*

Poule au pot à l'anglaise

Poulet Tetrazzini à la courge spaghetti

GRAISSES SUCRE SODIUM

1   courge spaghetti (1,4 kg/3 lb)
1   c. à soupe de margarine non salée
1   oignon moyen, haché fin
1   côte de céleri, hachée fin
⅛   c. à thé de poivre noir
3   c. à soupe de farine
2   tasses de bouillon de poulet hyposodique

1   tasse de lait écrémé
1   feuille de laurier
2   c. à soupe de crème sure
2   c. à soupe de persil haché
1   c. à soupe de jus de citron
2   tasses de chair de poulet cuit ou de dinde, détaillée en bouchées
2   c. à soupe de chapelure fine

Préparation :
30 min
Cuisson : **1 h 30**
(presque sans intervention)

Une portion :

Calories	329
Graisses	14 g
Graisses saturées	4 g
Cholestérol	67 mg
Protéines	27 g
Hydrates de carbone	29 g
Sodium	196 mg
Sucre ajouté	0
Fibres	0

1. Portez le four à 180°C (350°F). Ciselez la **courge** en plusieurs endroits ; placez-la sur une plaque à biscuits non graissée et faites-la cuire environ 1 heure au four. Quand elle est tendre, sortez-la et laissez-la refroidir 15 minutes.

2. Entre-temps, faites fondre la **margarine** à feu modéré dans une casserole moyenne. Faites-y revenir l'**oignon** et le **céleri** saupoudrés de **poivre** pendant 5 minutes environ, à découvert.

3. Quand l'oignon est tendre, saupoudrez la **farine** sur les légumes et remuez 1 minute. Ajoutez le **bouillon de poulet**, le **lait** et le **laurier** ; laissez cuire 20 minutes à feu modérément doux sans couvrir. Ôtez le laurier ; incorporez la **crème sure**, le **persil** et le **jus de citron**, et retirez le plat du feu.

4. Coupez la courge spaghetti en deux sur la longueur et retirez-en la semence. Avec une fourchette, grattez la chair et étalez-la dans un plat à four peu profond. Recouvrez avec le **poulet**, la sauce et la **chapelure**. Enfournez et faites cuire 30 minutes à découvert. Servez avec des Haricots verts aux tomates-cerises (p. 175). Donne 4 portions.

Poulet Tandouri

GRAISSES SUCRE SODIUM

Ce plat indonésien exige peu d'intervention et pourtant il fait toujours sensation auprès des convives. Faites mariner le poulet la veille.

½   tasse de yogourt partiellement écrémé
1   oignon moyen, haché
2   gousses d'ail hachées
1   c. à soupe de jus de lime
1   c. à soupe de gingembre frais, haché, ou ¼ c. à thé de gingembre moulu
1½ c. à thé de coriandre moulue

½   c. à thé de cumin moulu
¼   c. à thé de cardamome moulue
¼   c. à thé de curcuma moulu
⅛   c. à thé de cayenne
1   poulet (1-1,4 kg/2½-3 lb) coupé en quatre et dépouillé
    Tranches de lime (facultatif)

Préparation :
10 min et 4 h de marinage
Cuisson :
26 min

Une portion :

Calories	208
Graisses	8 g
Graisses saturées	2 g
Cholestérol	91 mg
Protéines	30 g
Hydrates de carbone	2 g
Sodium	99 mg
Sucre ajouté	0
Fibres	0

1. Au mixer ou au robot, travaillez 30 secondes le **yogourt**, l'**oignon**, l'**ail**, le **jus de lime** et toutes les **épices**. Versez la préparation sur le **poulet** dans un moule rectangulaire. Couvrez et réfrigérez au moins 4 heures en tournant les morceaux de temps à autre.

2. Allumez le grilloir ; graissez légèrement la grille. Faites griller les quarts de poulet 8 minutes de chaque côté, à 18 cm (7 po) de l'élément.

3. Réglez le thermostat du four à 160°C (325°F). Mettez le poulet dans une lèchefrite graissée et laissez-le cuire 10 minutes ; le jus qui sort de la pièce quand vous la piquez doit avoir perdu sa couleur rosée.

4. Dressez le poulet dans un plat chaud et décorez, à votre goût, de tranches de **lime**. Servez avec du Riz brun au cari (p. 168). Donne 4 portions.

Poulet frit au four

Pour réduire de moitié cette recette de poulet frit peu gras, utilisez une poitrine de poulet et la moitié des autres ingrédients.

1 **poulet (1-1,4 kg/2½-3 lb)**, dépouillé et détaillé en portions
½ **tasse de yogourt partiellement écrémé**
3 **gousses d'ail hachées**
1 **c. à thé chacune de thym et de marjolaine séchés, émiettés**

2 **tasses de mie de pain de blé entier, émiettée très fin (4 tranches)**
¼ **tasse de persil haché**
3 **c. à soupe de parmesan râpé**
1 **c. à soupe de margarine non salée**

Préparation :
15 min et 20 min de réfrigération
Cuisson :
50 min (presque sans intervention)

1. Asséchez les morceaux de **poulet**. Dans un bol moyen, mélangez le **yogourt**, l'**ail**, le **thym** et la **marjolaine**. Dans un moule à tarte, mélangez la **mie de pain** avec le **persil** et le **parmesan**.
2. Enrobez d'abord les morceaux de poulet de yogourt ; roulez-les ensuite dans la mie de pain. Déposez les morceaux sur une grille et réfrigérez-les pendant 20 minutes pour rendre la panure plus ferme.
3. Portez le four à 190°C (375°F). Dans une grande poêle antiadhésive, faites chauffer la **margarine** à feu modéré. Quand elle mousse, saisissez les morceaux de poulet 5 minutes de chaque côté en les maniant délicatement.
4. Lorsque le poulet est bien doré, déposez les morceaux côte à côte dans une lèchefrite doublée de papier d'aluminium. Enfournez et faites cuire 30 minutes pour que le poulet soit tendre. Donne 4 portions.

Une portion :

Calories	*315*
Graisses	*12 g*
Graisses saturées	*4 g*
Cholestérol	*96 mg*
Protéines	*35 g*
Hydrates de carbone	*12 g*
Sodium	*299 mg*
Sucre ajouté	*0*
Fibres	*1 g*

Conseil : *Pour émietter la mie de pain, déchiquetez-la et travaillez-la au mixer.*

Fricassée de poulet

1 **c. à soupe d'huile végétale**
1 **poulet (1-1,4 kg/2½-3 lb)**, dépouillé et détaillé en portions
8 **petits oignons blancs pelés**
8 **gousses d'ail**
1 **tasse de bouillon de poulet hyposodique**
2 **c. à soupe de whisky ou de jus d'orange**
½ **c. à thé d'estragon séché**

Enduit végétal antiadhésif
2 **carottes moyennes, en rondelles de 1,5 cm (½ po)**
170 **g (6 oz) de champignons coupés en quatre**
2 **c. à thé de jus de citron**
¼ **c. à thé de poivre noir**
½ **tasse de yogourt partiellement écrémé**

Préparation :
15 min
Cuisson : **45 min** (presque sans intervention)

1. Chauffez l'**huile** à feu modéré dans une grande poêle. Faites-y sauter le **poulet** 5 minutes environ en le retournant. Quand il a perdu sa teinte rosée, retirez-le avec une écumoire et mettez-le dans un bol.
2. Dans la même poêle, faites revenir les **oignons** et l'**ail** 5 minutes.
3. Quand ils sont tendres, ajoutez le **bouillon de poulet**, le **whisky** et l'**estragon** et prolongez la cuisson de 2 minutes. Remettez le poulet dans la poêle et laissez mijoter 10 minutes. Retirez les morceaux de poitrine et prolongez de 15 minutes la cuisson des autres morceaux.
4. Pendant ce temps, vaporisez une poêle moyenne d'**enduit antiadhésif** et posez-la 30 secondes sur un feu modéré ; faites-y revenir les **carottes** et les **champignons** 4-5 minutes à découvert pour colorer les champignons.
5. Joignez les légumes au poulet, ajoutez le **jus de citron**, le **poivre** et les blancs de poulet et réchauffez 5 minutes. Incorporez le **yogourt** et réchauffez-le 1 minute sans le laisser bouillir. Donne 4 portions.

Une portion :

Calories	*284*
Graisses	*13 g*
Graisses saturées	*4 g*
Cholestérol	*92 mg*
Protéines	*33 g*
Hydrates de carbone	*12 g*
Sodium	*138 mg*
Sucre ajouté	*0*
Fibres	*2 g*

Poulet frit au four

Poulet aux grands-pères à l'aneth

1 poulet (1-1,4 kg/2½-3 lb),
    dépouillé et coupé en morceaux
1 grosse côte de céleri tranchée
1 gros oignon tranché
1 petite carotte tranchée
2 gousses d'ail hachées
4 tasses de bouillon de poulet
    hyposodique
1 tasse d'eau
½ c. à thé d'aneth séché, émietté
½ c. à thé de thym séché, émietté
4 clous de girofle

2 c. à soupe de fécule de maïs
    délayée dans ¼ tasse de
    yogourt partiellement écrémé
Pour les grands-pères :
⅔ tasse de farine tout usage
    tamisée
1¼ c. à thé de levure chimique
⅛ c. à thé de sel
2 c. à soupe d'aneth frais,
    haché, ou de persil
2 c. à thé de margarine non salée
¼-⅓ tasse d'eau glacée

Préparation :
15 min
Cuisson : **55 min**
(presque sans
intervention)

Une portion :

Calories	352
Graisses	15 g
Graisses saturées	5 g
Cholestérol	91 mg
Protéines	36 g
Hydrates de carbone	25 g
Sodium	375 mg
Sucre ajouté	0
Fibres	1 g

1. Dans une marmite, faites mijoter 30 minutes à couvert le **poulet**, le **céleri**, l'**oignon**, la **carotte**, l'**ail**, le **bouillon de poulet**, l'**eau**, l'**aneth séché**, le **thym** et les **clous.** Laissez refroidir.

2. Désossez les morceaux et détaillez la chair en bouchées. Passez le bouillon et remettez-le dans la marmite. Faites reprendre l'ébullition à feu modéré, retirez du feu et incorporez au fouet la **fécule** délayée dans le **yogourt.** Faites cuire 1 minute pour que la sauce épaississe un peu. Ne faites pas bouillir : le yogourt tournerait. Remettez alors le poulet dans la marmite.

3. Préparez les grands-pères : dans un bol moyen, mélangez la **farine**, la **levure**, le **sel** et l'**aneth frais.** Incorporez la **margarine** avec un coupe-pâte ou deux couteaux ; la préparation sera grumeleuse. Ajoutez juste assez d'**eau glacée** pour obtenir une pâte légère, facile à travailler. Façonnez-la en 12 boules.

4. Amenez le poulet à ébullition et laissez tomber les grands-pères dans le liquide, sans qu'ils se touchent. Réglez le feu pour que la sauce mijote doucement. Couvrez et laissez cuire 20 minutes. Servez dans des assiettes creuses avec une Salade aux légumes rôtis (p. 216). Donne 4 portions.

Conseil : *Avant la cuisson, lavez le poulet à l'eau froide pour enlever une partie des bactéries. Pour les mêmes raisons, lavez-vous les mains après la manipulation, et nettoyez les ustensiles et la surface de travail.*

Poulet abricoté à l'aigre-douce

2 c. à soupe de jus de citron
2 c. à thé d'huile d'olive
2 gousses d'ail hachées
1 poulet (1-1,4 kg/2½-3 lb), dépouillé et détaillé en portions
¼ c. à thé de poivre noir
8 abricots séchés (60 g/2 oz)
¾ tasse de jus d'orange

1 c. à thé de cassonade blonde
1 c. à soupe de vinaigre de cidre
2 c. à thé de gingembre frais, haché, ou ¼ c. à thé de gingembre moulu
1 c. à thé de moutarde de Dijon ou de moutarde préparée à l'ancienne

1. Préchauffez le four à 220°C (425°F). Dans un petit bol, mélangez le **jus de citron**, l'**huile d'olive** et la moitié de l'**ail**; faites pénétrer dans le **poulet** en le frottant, puis assaisonnez-le de **poivre**.
2. Disposez les morceaux côte à côte sur la grille graissée d'une lèchefrite; enfournez et faites cuire à découvert 30 minutes.
3. Dans une petite casserole, faites mijoter les **abricots** dans le **jus d'orange** 10 minutes sans couvrir. Quand ils sont tendres, ajoutez la **cassonade**, le **vinaigre**, le **gingembre**, la **moutarde** et le reste de l'ail. Prolongez la cuisson de 2 minutes et travaillez la préparation 15 secondes au mixer ou au robot.
4. Badigeonnez le poulet avec la moitié de cet apprêt et faites-le rôtir 10 minutes de ce côté. Retournez les morceaux, badigeonnez et faites rôtir 10 minutes de plus. Quand le poulet est tendre à la fourchette, allumez le grilloir.
5. Placez la lèchefrite à environ 12 cm (5 po) de l'élément et comptez 1-2 minutes pour faire brunir. Disposez les morceaux dans un plat chaud et accompagnez d'un légume vert. Donne 4 portions.

GRAISSES SUCRE SODIUM

Préparation:
12 min
Cuisson:
50 min

Une portion:

Calories	279
Graisses	10 g
Graisses saturées	3 g
Cholestérol	90 mg
Protéines	30 g
Hydrates de carbone	16 g
Sodium	129 mg
Sucre ajouté	4 cal.
Fibres	1 g

Conseil: *Si vous utilisez un succédané du sel, ajoutez-le à la toute fin car la cuisson lui ôte beaucoup de sa saveur.*

Poulet Larédo

1 poulet (1-1,4 kg/2½-3 lb), dépouillé et détaillé en portions
2 c. à soupe d'huile d'olive
1 oignon moyen, haché fin
2 petits poivrons (1 vert et 1 rouge), parés et hachés fin
1 gousse d'ail hachée
2 c. à thé de farine

¼ c. à thé de cumin moulu
450 g (1 lb) de tomates pelées, parées et hachées ou 1 boîte de 298 ml (14 oz) de tomates hyposodiques concassées avec leur jus
⅛ c. à thé de poivre noir
⅛ c. à thé de cayenne
1 c. à soupe de persil haché

1. Allumez le grilloir et graissez légèrement la grille. Faites griller les morceaux de **poulet** 5 minutes de chaque côté à 12-15 cm (5-6 po) de l'élément pour qu'ils soient bien dorés.
2. Dans une grande sauteuse, chauffez l'**huile d'olive** 1 minute à feu modéré. Faites-y cuire l'**oignon**, les **poivrons** et l'**ail** 5 minutes en remuant. Incorporez la **farine** et le **cumin** et, 1 minute plus tard, les **tomates**, le **poivre noir** et le **cayenne**. Prolongez la cuisson de 5 minutes en remuant souvent.
3. Mettez tous les morceaux de poulet sauf les moitiés de poitrine dans la poêle en les nappant de sauce. Couvrez et laissez mijoter 15 minutes; ajoutez les moitiés de poitrine et prolongez la cuisson de 10 minutes ou jusqu'à ce que la viande soit tendre à la fourchette. Découvrez et laissez mijoter 5 minutes de plus pour que la sauce réduise. Dressez le poulet dans un plat chaud et parsemez-le de **persil**. Donne 4 portions.

GRAISSES SUCRE SODIUM

Préparation:
10 min
Cuisson:
55 min
(presque sans intervention)

Une portion:

Calories	285
Graisses	15 g
Graisses saturées	3 g
Cholestérol	90 mg
Protéines	31 g
Hydrates de carbone	7 g
Sodium	94 mg
Sucre ajouté	0
Fibres	1 g

Poulet du capitaine

Une excellente recette pour quiconque surveille ses calories.

GRAISSES SUCRE SODIUM

1 c. à soupe de margarine non salée

1 poulet (1-1,4 kg/2½-3 lb) dépouillé et détaillé en portions

1 oignon moyen, haché fin

½ poivron vert moyen, paré, épépiné et haché fin

1 gousse d'ail hachée

1 c. à soupe de cari

1 boîte (298 ml/14 oz) de tomates hyposodiques avec leur jus

1 c. à thé de jus de citron

½ c. à thé de thym séché, émietté

¼ c. à thé de poivre noir

⅓ tasse de raisins secs

2 c. à soupe d'amandes rôties, effilées

Préparation :
10 min
Cuisson :
50 min
(presque sans intervention)

Une portion :

Calories	316
Graisses	13 g
Graisses saturées	3 g
Cholestérol	90 mg
Protéines	32 g
Hydrates de carbone	18 g
Sodium	105 mg
Sucre ajouté	0
Fibres	2 g

1. Dans une grande poêle, faites fondre la **margarine** à feu modéré. Saisissez le **poulet** 5 minutes de tous les côtés pour que la chair ne soit plus rose, puis retirez-le.

2. Dans la même poêle, faites revenir l'**oignon** et le **poivron vert** avec l'**ail** et le **cari** pendant 5 minutes en remuant fréquemment. Quand l'oignon est tendre, ajoutez les **tomates**, le **jus de citron**, le **thym** et le **poivre noir.**

3. Réglez la chaleur pour que la sauce mijote et laissez-la cuire doucement 10 minutes sans couvrir. Remettez dedans tous les morceaux de poulet sauf les poitrines ; réduisez le feu à doux et comptez 15 minutes de cuisson. À ce point, ajoutez les poitrines et faites cuire 10 minutes de plus. Lorsque la chair est tendre à la fourchette, jetez les **raisins secs** dans la poêle et prolongez la cuisson de 5 minutes sans couvrir. Dressez le poulet dans un plat chaud ou un bol peu profond et parsemez d'**amandes.** Servez avec du riz bouilli. Donne 4 portions.

Poulet du capitaine

Poulet en cocotte

Préparation : **15 min** GRAISSES SUCRE SODIUM
Cuisson : **56 min** (presque sans intervention)

Avec une salade verte, ce plat diététiquement bien équilibré constitue un repas complet, idéal pour recevoir, le midi ou le soir.

1   poulet (1-1,4 kg/2½-3 lb) dépouillé et détaillé en portions
¼   c. à thé de poivre noir
     Enduit végétal antiadhésif
1½ c. à thé d'huile d'olive
1   oignon moyen, haché fin
2   gousses d'ail hachées
½   tasse de riz à longs grains
⅓   tasse de vin blanc sec
¾   tasse de bouillon de poulet hyposodique
1   c. à thé de zeste de citron râpé
1   feuille de laurier
½   c. à thé de thym séché, émietté
½   c. à thé de romarin séché, émietté
1   boîte (255 g/9 oz) de cœurs d'artichauts égouttés
1   c. à soupe de persil haché

1. Préchauffez le four à 180°F (350°F). Saupoudrez le **poulet** de **poivre.** Vaporisez une cocotte moyenne d'**enduit antiadhésif,** ajoutez l'**huile d'olive** et faites-la chauffer 30 secondes à feu modéré. Ajoutez le poulet et saisissez-le 5 minutes de tous les côtés pour que la chair ne soit plus rose à l'extérieur. Réservez-le.

2. Jetez l'**oignon** dans la cocotte et faites-le cuire 5 minutes à découvert. Quand il est tendre, ajoutez l'**ail** et le **riz** et laissez rissoler 1 minute en remuant. Ajoutez alors le **vin,** le **bouillon de poulet,** le **zeste de citron,** le **laurier,** le **thym** et le **romarin.**

3. Quand le fond mijote, remettez le poulet dans la cocotte avec les **cœurs d'artichauts.** Couvrez de papier paraffiné, posez un couvercle et prévoyez 45-50 minutes de cuisson pour que le poulet soit tendre à la fourchette et le riz bien gorgé de bouillon. Retirez le laurier et parsemez de **persil.** Donne 4 portions.

Une portion :

Calories	341	Protéines	33 g
Graisses	11 g	Hydrates de carbone	28 g
Graisses saturées	3 g	Sodium	130 mg
Cholestérol	90 mg	Sucre ajouté	0
		Fibres	1 g

Poulet en burritos

Poulet jardinière

Toutes les fines herbes conviennent à cette recette. Essayez la marjolaine ou le basilic, ou inventez vos propres mélanges.

Enduit végétal antiadhésif
1 poulet (1-1,4 kg/2½-3 lb) dépouillé et détaillé en portions
8 petites pommes de terre nouvelles, grattées
8 petits oignons blancs pelés
4 carottes moyennes, coupées en tronçons

1½ tasse de bouillon de poulet hyposodique
½ tasse de vin blanc sec
1 c. à soupe de jus de citron
3 gousses d'ail hachées
1 c. à thé d'origan séché
½ c. à thé de thym séché
¼ c. à thé de poivre noir
2 c. à soupe de persil haché

GRAISSES SUCRE SODIUM

Préparation:
15 min
Cuisson:
40 min
(presque sans intervention)

Une portion:

Calories	*342*
Graisses	*10 g*
Graisses saturées	*3 g*
Cholestérol	*90 mg*
Protéines	*34 g*
Hydrates de carbone	*32 g*
Sodium	*144 mg*
Sucre ajouté	*0*
Fibres	*3 g*

1. Portez le four à 260°C (500°F). Vaporisez une lèchefrite d'**enduit antiadhésif**. Mettez-y le **poulet**, les **pommes de terre**, les **oignons** et les **carottes**.
2. Mélangez ensemble le **bouillon de poulet**, le **vin** et le **jus de citron**; arrosez-en le poulet et les légumes; éparpillez dessus l'**ail**, l'**origan**, le **thym** et le **poivre**.
3. Enfournez et faites cuire 40-45 minutes sans couvrir; tournez la viande et les légumes à quelques reprises et arrosez-les. Si le fond s'évapore, ajoutez du bouillon.
4. Quand le poulet est tendre à la fourchette, dressez-le dans un plat chaud entouré de sa garniture et parsemez de **persil**. Donne 4 portions.

Poulet en burritos

1 c. à soupe d'huile de maïs ou d'arachide
4 cuisses de poulet (450 g/1 lb) désossées, dépouillées et détaillées en cubes de 1,5 cm (½ po)
1 gros oignon, haché fin
3 gousses d'ail hachées
2 c. à soupe de farine
2 c. à thé d'assaisonnement au chile

1 c. à thé de cumin moulu
½ tasse de bouillon de poulet hyposodique
1 tasse de babeurre
1 boîte (113,4 ml/4 oz) de chilis verts, égouttés et hachés
2 c. à thé de concentré de tomate hyposodique
8 tortillas de farine de froment de 15 cm (6 po)

GRAISSES SUCRE SODIUM

Préparation:
6 min
Cuisson:
22 min

Une portion:

Calories	*379*
Graisses	*14 g*
Graisses saturées	*3 g*
Cholestérol	*97 mg*
Protéines	*30 g*
Hydrates de carbone	*37 g*
Sodium	*638 mg*
Sucre ajouté	*0*
Fibres	*0*

Conseil: *Les tortillas à la farine de froment ont moins de goût que les tortillas à la farine de maïs, mais elles sont plus faciles à manipuler.*

1. Préchauffez le four à 190°C (375°F). Dans une poêle moyenne, faites chauffer l'**huile de maïs** 1 minute à feu modéré. Saisissez le **poulet** 5 minutes de tous les côtés pour que la viande ne soit plus rose à l'extérieur. Égouttez bien les morceaux et déposez-les dans un bol.
2. Jetez dans la poêle l'**oignon** et l'**ail** et faites-les cuire à découvert 5 minutes. Quand ils sont tendres, ajoutez la **farine**, l'**assaisonnement au chile** et le **cumin**; prolongez la cuisson de 2 minutes en remuant sans arrêt.
3. Ajoutez le **bouillon de poulet**, le **babeurre**, les **chilis** et le **concentré de tomate**. Réduisez la cuisson à feu doux et laissez mijoter 4-5 minutes sans couvrir pour que la sauce réduise un peu. Remettez le poulet et remuez.
4. Déposez ½ tasse de la préparation sur le bord de chaque **tortilla** et roulez-la sur elle-même. Déposez les tortillas, ouverture dessous, dans un moule rectangulaire non graissé et remplissez-les, en tassant, du reste de la garniture.
5. Enfournez et faites cuire 5 minutes sans couvrir. Donne 4 portions.

Cuisses de poulet grillées, sauce piquante

Vous pouvez préparer ce plat pour deux personnes seulement ; employez une tasse de tomates en boîte et réduisez les autres ingrédients de moitié.

1   **c. à thé d'huile d'olive**
1   **oignon moyen, haché**
2   **gousses d'ail hachées**
1   **boîte (540 ml/19 oz) de tomates hyposodiques avec leur jus**
2   **c. à soupe de vinaigre de cidre**

2   **c. à soupe de mélasse**
1   **c. à soupe de moutarde préparée**
½   **c. à thé d'assaisonnement au chile**
⅛   **c. à thé de cayenne**
8   **cuisses de poulet (900 g/2 lb) dépouillées**

Préparation :
15 min et 4 h
de marinage
Cuisson :
56 min

Une portion :

Calories	242
Graisses	7 g
Graisses saturées	2 g
Cholestérol	121 mg
Protéines	30 g
Hydrates de carbone	13 g
Sodium	202 mg
Sucre ajouté	22 cal.
Fibres	1 g

1. Dans une casserole moyenne, faites chauffer l'**huile d'olive** 1 minute à feu modéré. Jetez-y l'**oignon** et l'**ail** et faites-les sauter 5 minutes sans couvrir. Quand ils sont tendres, ajoutez les **tomates,** le **vinaigre,** la **mélasse,** la **moutarde,** l'**assaisonnement au chile** et le **cayenne** ; laissez mijoter 20 minutes sans couvrir pour que la sauce réduise. Retirez du feu ; laissez tiédir 20 minutes, puis travaillez 30 secondes au mixer ou au robot.

2. Versez la sauce dans un bol inoxydable ; ajoutez les cuisses de **poulet** et tournez-les pour bien les enrober. Couvrez et réfrigérez au moins 4 heures en retournant les cuisses de temps à autre.

3. Allumez le grilloir et graissez légèrement la grille. Faites griller la viande 15 minutes de chaque côté en la plaçant à 17-19 cm (7-9 po) de l'élément ; arrosez à quelques reprises. Servez avec du riz ; présentez le reste de la sauce en saucière. Donne 4 portions.

Poulet à la mode allemande

Le poulet remplace ici le porc de la recette traditionnelle.

2   **poitrines entières de poulet (900 g/2 lb) dépouillées et coupées en deux**
½   **c. à thé de poivre noir**
2   **c. à soupe de margarine non salée**
2   **pommes à cuire détaillées en cubes mais non pelées**
1   **oignon moyen, tranché**

1   **petit chou (450 g/1 lb) détaillé en tranches épaisses (3 tasses environ)**
2   **carottes moyennes, coupées en bâtonnets**
¼   **tasse de jus de pomme non sucré**
1   **c. à soupe de cassonade blonde**
1½   **c. à thé de vinaigre de cidre**
¼   **c. à thé de graine de carvi**

Préparation :
15 min
Cuisson :
35 min

Une portion :

Calories	310
Graisses	8 g
Graisses saturées	2 g
Cholestérol	86 mg
Protéines	35 g
Hydrates de carbone	24 g
Sodium	120 mg
Sucre ajouté	9 cal.
Fibres	3 g

Conseil : *Pour la cuisson, utilisez des pommes fermes et croquantes comme les rome beauty, golden delicious ou winesap.*

1. Assaisonnez le **poulet** de **poivre.** Dans une grande poêle, faites fondre 1 c. à soupe de **margarine** à feu modérément vif. Ajoutez les poitrines et saisissez-les environ 2 minutes de chaque côté ; réservez-les.

2. Baissez le feu, ajoutez les **pommes** et faites-les cuire 5 minutes en remuant souvent. Quand elles sont bien dorées, réservez-les avec le poulet.

3. Faites fondre le reste de la margarine dans la poêle et cuisez l'**oignon,** le **chou,** les **carottes** 5 minutes en remuant. Quand ils sont à point mais encore croquants, ajoutez le **jus de pomme,** la **cassonade,** le **vinaigre** et le **carvi.**

4. Remettez le poulet et la moitié des pommes dans la poêle ; réglez la cuisson à feu doux, couvrez et laissez mijoter 20 minutes. Dressez le poulet dans un plat chaud, nappez-le de sauce et décorez avec le reste des pommes. Donne 4 portions.

Poulet des îles

Poulet des îles

GRAISSES SUCRE SODIUM

1	lime moyenne
2	c. à soupe de rhum brun ou de jus d'orange
3	gousses d'ail, tranchées mince
2	c. à soupe de gingembre frais, haché, ou ½ c. à thé de gingembre moulu
1	c. à soupe de tabasco
2	poitrines de poulet (900 g/2 lb) coupées en deux, sans la peau

Enduit végétal antiadhésif
1	gros oignon haché
1	boîte (540 ml/19 oz) de tomates hyposodiques avec leur jus
2	c. à soupe de mélasse
1	bâton de cannelle
1	banane tranchée et arrosée de jus de lime ou de citron pour l'empêcher de noircir (facultatif)

Préparation :
8 min et 8 h
de marinage
Cuisson :
40 min
(presque sans
intervention)

Une portion :

Calories	258
Graisses	3 g
Graisses saturées	1 g
Cholestérol	86 mg
Protéines	36 g
Hydrates de carbone	23 g
Sodium	221 mg
Sucre ajouté	22 cal.
Fibres	2 g

1. Coupez la **lime** en deux ; avant d'en extraire le jus, pelez en lanières l'écorce d'une des moitiés. Réunissez écorce et jus dans un petit bol avec le **rhum**, l'**ail**, le **gingembre** et le **tabasco**. Plongez le **poulet** dans cette marinade. Couvrez et réfrigérez au moins 8 heures en retournant plusieurs fois le poulet.

2. Vaporisez une grande poêle d'**enduit antiadhésif** et chauffez-la 30 secondes sur un feu modéré. Égouttez le poulet et saisissez-le environ 2 minutes de chaque côté. Retirez de la poêle.

3. Dans la même poêle, faites cuire l'**oignon** 5 minutes à feu modéré. Quand il est tendre, remettez le poulet dans la poêle ; ajoutez les **tomates** préalablement réduites en purée au mixer ou au robot, ainsi que la **mélasse**, la **cannelle** et la marinade. Réglez la cuisson à feu doux et laissez mijoter 20 minutes sans couvrir. Déposez le poulet dans une assiette.

5. Faites réduire la sauce 3-5 minutes à feu vif, sans couvrir. Remettez le poulet dans la poêle ; réchauffez-le 2-3 minutes. Retirez le bâton de cannelle et dressez la volaille nappée de sa sauce dans un plat de service chaud ; décorez de tranches de **banane** si vous le désirez. Servez avec une salade verte. Donne 4 portions.

Conseil : L'écorce des limes, des citrons et des oranges peut conserver des traces d'insecticides ; brossez-les sous l'eau froide avant de prélever le zeste.

Poulet à la provençale

Voici un plat haut en couleur, idéal pour une fête. Supprimez les olives si vous voulez réduire les quantités de sel et de matières grasses.

GRAISSES **SUCRE** **SODIUM**

2 **poitrines de poulet**
   (900 g/2 lb) coupées en deux,
   sans la peau
   Enduit végétal antiadhésif
1 **c. à soupe d'huile d'olive**
1 **gros oignon haché**
4 **gousses d'ail émincées**
1 **poivron rouge moyen, paré,**
   épépiné et détaillé en carrés
   de 2,5 cm (1 po)
1 **courgette moyenne (225 g/**
   ½ lb) en demi-rondelles
   de 6 mm (¼ po)

1 **petite aubergine (225 g/½ lb)**
   coupée en morceaux de
   6 mm (¼ po)
1 **boîte (796 ml/28 oz) de**
   tomates hyposodiques,
   égouttées et concassées
¼ **c. à thé chacune de basilic,**
   de thym et d'origan séchés,
   émiettés
10 **grosses olives noires,**
   dénoyautées et coupées
   en deux
2 **c. à soupe de persil haché**

Préparation :
11 min
Cuisson :
45 min

Une portion :

Calories	*271*
Graisses	*5 g*
Graisses saturées	*1 g*
Cholestérol	*86 mg*
Protéines	*38 g*
Hydrates de carbone	*19 g*
Sodium	*221 mg*
Sucre ajouté	*0*
Fibres	*3 g*

1. Saisissez les **poitrines de poulet** 5 minutes de chaque côté à feu modéré dans une grande poêle vaporisée d'**enduit antiadhésif**. Réservez dans un grand bol.

2. Versez l'**huile d'olive** dans la poêle et faites-y revenir l'**oignon** et l'**ail** 5 minutes, sans couvrir, en remuant de temps à autre. Ajoutez le **poivron rouge** et, 5 minutes plus tard, la **courgette**. Prolongez la cuisson de 5 minutes, puis réservez les légumes avec le poulet. À feu modérément vif, faites cuire l'**aubergine** 5-7 minutes, en remuant de temps à autre.

3. Quand elle est dorée, remettez dans la poêle le poulet et les légumes ; ajoutez les **tomates**, le **basilic**, le **thym**, l'**origan** et les **olives**. Couvrez et laissez cuire 15 minutes à feu modéré. Lorsque le poulet a perdu sa teinte rosée jusqu'à l'os, dressez-le dans un plat chaud, décorez de **persil** et servez avec la Salade tiède aux épinards (p. 215). Donne 4 portions.

Conseil : Avant de congeler la volaille fraîche, enlevez et jetez son emballage commercial ; rincez-la à l'eau froide et emballez-la de nouveau. Vous la débarrasserez ainsi des bactéries qui ont pu se former entre le moment de l'emballage et celui de la vente.

Poitrines de poulet à la dijonnaise

Pour deux portions, réduisez les ingrédients de moitié sauf le pain émietté.

GRAISSES **SUCRE** **SODIUM**

2 **poitrines de poulet**
   (900 g/2 lb) coupées en deux,
   sans la peau
2 **c. à soupe de moutarde de**
   Dijon ou de moutarde
   préparée à l'ancienne

1 **c. à thé de jus de citron**
¼ **c. à thé de poivre noir**
2 **oignons verts, hachés fin**
½ **tasse de mie de pain blanc**
   émiettée (1 tranche)

Préparation :
10 min
Cuisson :
14 min

Une portion :

Calories	*152*
Graisses	*2 g*
Graisses saturées	*0*
Cholestérol	*66 mg*
Protéines	*27 g*
Hydrates de carbone	*5 g*
Sodium	*325 mg*
Sucre ajouté	*0*
Fibres	*0*

1. Allumez le grilloir ; placez la grille légèrement graissée à 12-15 cm (5-6 po) de l'élément et faites griller les **poitrines de poulet** 5 minutes de chaque côté.

2. Entre-temps, mélangez la **moutarde**, le **jus de citron**, le **poivre** et les **oignons verts**. Enrobez les poitrines de poulet grillées avec cette pâte, remettez-les sur la grille, saupoudrez avec la moitié de la **mie de pain blanc** émiettée, et remettez 2 minutes sous le grilloir.

3. Quand la chapelure est dorée, tournez les morceaux, étalez le reste de la mie et faites cuire encore 2 minutes. Pour vérifier la cuisson, entaillez la chair : elle ne doit plus être rose près de l'os. *(Note : Si le poulet rôtit trop vite, baissez la grille.)* Donne 4 portions.

Poulet à la provençale

Poulet à la créole

2 c. à soupe de margarine non salée	¼ c. à thé de cayenne
1 oignon moyen, haché	1 boîte (540 ml/19 oz) de tomates hyposodiques
1 poivron vert moyen, paré, épépiné et haché	1 c. à thé de romarin séché, émietté
1 grosse côte de céleri hachée	½ c. à thé de marjolaine séchée, émiettée
2 gousses d'ail hachées	1 feuille de laurier
2 poitrines de poulet (900 g/2 lb) coupées en deux, sans la peau	1 c. à soupe de farine délayée dans ¼ tasse de bouillon de poulet hyposodique ou d'eau
1 c. à thé de paprika	

GRAISSES **SUCRE** **SODIUM**

Préparation :
10 min
Cuisson :
30 min

Une portion :

Calories	276
Graisses	8 g
Graisses saturées	2 g
Cholestérol	86 mg
Protéines	36 g
Hydrates de carbone	15 g
Sodium	122 mg
Sucre ajouté	0
Fibres	1 g

1. Dans une grande poêle, faites fondre 1 c. à soupe de **margarine** à feu modéré. Ajoutez l'**oignon**, le **poivron vert**, le **céleri** et l'**ail** ; laissez cuire 5 minutes à feu modéré. Dès que l'oignon est tendre, retirez les légumes de la poêle.

2. Dans la même poêle, faites fondre le reste de la margarine à feu modérément vif. Saupoudrez les **poitrines de poulet** de **paprika** et de **cayenne** ; jetez-les dans la poêle et laissez-les cuire 5 minutes en les retournant.

3. Ajoutez la moitié des légumes réservés, ainsi que les **tomates**, le **romarin**, la **marjolaine** et le **laurier** ; diminuez la chaleur, couvrez et laissez mijoter 20 minutes ou jusqu'à ce que le poulet soit tendre à la fourchette.

4. Incorporez la **farine** préalablement délayée dans le **bouillon de poulet** et prolongez la cuisson de 3 minutes en remuant constamment pour que la sauce épaississe. Ajoutez alors le reste des légumes et laissez cuire 3 minutes de plus. Retirez le laurier. Servez avec du riz bouilli et de l'okra étuvé. Donne 4 portions.

Conseil : *La chair brune est plus riche en matières grasses que la chair blanche. À poids égal, les pilons sont deux fois plus gras que les blancs.*

Suprêmes de poulet au citron et aux câpres

Suprêmes de poulet au citron et aux câpres

Les câpres donnent du relief à ce plat très simple.

GRAISSES SUCRE SODIUM

¼ **tasse de farine**
¼ **c. à thé de poivre noir**
½ **c. à thé de paprika**
2 **poitrines de poulet (450 g/1 lb), coupées en deux et aplaties à 6 mm (¼ po)**

5 **c. à thé d'huile de maïs**
¼ **tasse de bouillon de poulet hyposodique**
2 **c. à soupe de jus de citron**
2 **c. à soupe de câpres égouttées**

Préparation :
10 min
Cuisson :
8 min

Une portion :

Calories	*208*
Graisses	*7 g*
Graisses saturées	*1 g*
Cholestérol	*66 mg*
Protéines	*27 g*
Hydrates de carbone	*7 g*
Sodium	*189 mg*
Sucre ajouté	*0*
Fibres	*0*

1. Mélangez la **farine**, le **poivre** et le **paprika.** Roulez les **poitrines de poulet** dans ce mélange en les tapotant pour bien les fariner ; secouez-les ensuite pour faire tomber l'excès de farine.

2. Dans une poêle moyenne, réchauffez l'**huile de maïs** 1 minute à feu modérément vif. Faites-y cuire les morceaux de volaille 3 minutes de chaque côté ; ne poussez pas trop la cuisson. Dressez le poulet dans un plat chaud.

3. Versez le **bouillon** dans la poêle et grattez les particules qui attachent. Incorporez le **jus de citron** et les **câpres.** Servez les suprêmes de poulet nappés de sauce avec des Épinards braisés (p. 199). Donne 4 portions.

Poulet en papillotes

Faites passer ces papillotes argentées du four à la table ; chaque convive ouvrira la sienne. La garniture peut se préparer d'avance.

GRAISSES **SUCRE** **SODIUM**

225	g (½ lb) de champignons, hachés fin
3	oignons verts, hachés fin
3	gousses d'ail hachées
¼	c. à thé de thym séché
¼	c. à thé de marjolaine séchée
3	c. à soupe de vin rouge sec
¼	tasse de bouillon de poulet hyposodique

2	c. à thé de jus de citron Enduit végétal antiadhésif
2	poitrines de poulet (450 g/ 1 lb) désossées, dépouillées et coupées en deux
4	minces tranches de jambon hyposodique (115 g/¼ lb)

Préparation :
6 min
Cuisson :
30 min

Une portion :

Calories	183
Graisses	3 g
Graisses saturées	0
Cholestérol	80 mg
Protéines	33 g
Hydrates de carbone	5 g
Sodium	302 mg
Sucre ajouté	0
Fibres	2 g

1. Réchauffez une poêle antiadhésive moyenne 30 secondes à feu doux. Jetez-y les **champignons**, les **oignons verts** et l'**ail**. Couvrez et faites étuver 10 minutes pour que les champignons perdent leur eau. Assaisonnez de **thym** et de **marjolaine**.

2. Versez le **vin** et laissez réduire 5 minutes à feu modéré sans couvrir. Ajoutez le **bouillon de poulet** et prolongez la cuisson de 5 minutes : le liquide doit s'évaporer presque complètement. Mettez les champignons dans un bol ; quand ils ont tiédi, ajoutez le **jus de citron**.

3. Portez le four à 180°C (350°F). Vaporisez d'**enduit antiadhésif** quatre morceaux de papier d'aluminium de 25 cm (10 po) chacun. Déposez un morceau de **poulet** sur chacun, couvrez du quart des champignons et couronnez d'une tranche de **jambon**. Repliez le papier en papillote et pincez les bords.

4. Déposez les papillotes sur une plaque, enfournez et faites cuire 10 minutes. Servez avec des Oignons en crème (p. 189). Donne 4 portions.

Poulet aux tomates fraîches

Remplacez le poulet par des aiguillettes de dinde ou des filets de poisson poêlés. Pour deux personnes, ne prenez que deux petites tomates.

GRAISSES **SUCRE** **SODIUM**

3	tomates moyennes, parées et hachées
4	oignons verts, hachés fin
¼	tasse de coriandre fraîche, hachée, ou de persil frais
2	c. à soupe d'huile d'olive
1	c. à thé de jus de lime ou de citron
¼	c. à thé de cumin moulu

1	c. à thé de chili vert haché, frais ou en boîte (facultatif)
2	poitrines de poulet (450 g/ 1 lb) désossées, dépouillées et aplaties à 6 mm (¼ po)
⅛	c. à thé de poivre noir Bouquets de coriandre ou de persil

Préparation :
10 min
Cuisson :
6 min

Une portion :

Calories	207
Graisses	8 g
Graisses saturées	1 g
Cholestérol	66 mg
Protéines	27 g
Hydrates de carbone	5 g
Sodium	82 mg
Sucre ajouté	0
Fibres	1 g

1. Allumez le grilloir et graissez légèrement la grille. Dans un petit bol, mélangez les **tomates**, les **oignons verts**, la **coriandre**, 1 c. à soupe d'**huile d'olive**, le **jus de lime**, le **cumin** et, s'il y a lieu, le **chili**, pour composer la sauce.

2. Badigeonnez des deux côtés les blancs de **poulet** avec l'huile qui reste ; assaisonnez-les de **poivre**.

3. Mettez le poulet à cuire 3 minutes à 10-12 cm (4-5 po) du grilloir. Tournez-le et faites griller 3 autres minutes pour qu'il soit doré. Faites une petite incision pour vous assurer qu'il n'est plus rose au centre.

4. Disposez le poulet dans une assiette chaude, versez la sauce sur le côté et décorez de **bouquets de coriandre**. Donne 4 portions.

Poulet à la Kiev

Un classique de la cuisine russe en version cuisine minceur.

GRAISSES SUCRE SODIUM

2 **poitrines de poulet (450 g/ 1 lb), coupées en deux et aplaties à 6 mm (¼ po)**
¼ **c. à thé de poivre noir**
2 **gousses d'ail hachées**
8 **c. à thé de ciboulette fraîche ou lyophilisée, hachée**
4 **tranches de mozzarella partiellement écrémée (environ 60 g/2 oz chacune)**

1 **gros blanc d'œuf**
1 **c. à soupe de lait écrémé**
1 **c. à soupe d'eau**
¼ **tasse de farine non tamisée**
⅓ **tasse de chapelure fine**
1 **c. à soupe de margarine non salée**

Préparation :
10 min et 20 min de réfrigération
Cuisson :
25 min

Une portion :

Calories	259
Graisses	8 g
Graisses saturées	3 g
Cholestérol	77 mg
Protéines	32 g
Hydrates de carbone	13 g
Sodium	203 mg
Sucre ajouté	0
Fibres	0

1. Assaisonnez les **poitrines de poulet** de **poivre**, d'**ail** et de la moitié de la **ciboulette**. Insérez 1 morceau de **mozzarella** au centre de chaque poitrine, repliez les extrémités et enroulez la pièce sur elle-même. Fixez avec des cure-dents.

2. Dans une assiette, fouettez le **blanc d'œuf** avec le **lait** et l'**eau**. Dans deux autres, déposez la **farine** et la **chapelure**. Passez les rouleaux de poulet dans la farine puis dans l'œuf battu et enfin dans la chapelure. Déposez-les sur une grille et réfrigérez-les sans couvrir au moins 20 minutes.

3. Portez le four à 180°C (350°F). Dans une grande poêle, faites fondre la **margarine** à feu modérément vif et saisissez les rouleaux de poulet de tous les côtés en les tournant fréquemment pendant 10 minutes environ. Enfournez-les ensuite, dans une lèchefrite moyenne, et laissez-les cuire 15-20 minutes.

4. Dressez le poulet dans un plat chaud et décorez de ciboulette. Servez avec la Kache aux légumes (p. 171). Donne 4 portions.

Conseil : *Les aiguillettes ou escalopes de poulet vendues dans les supermarchés sont précisément des blancs de poulet aplatis à 6 mm (¼ po).*

Aiguillettes de poulet au parmesan

Si vous réfrigérez les aiguillettes quelques minutes avant de les faire cuire, la panure y adhérera mieux. Pour deux personnes, réduisez tout de moitié sauf l'huile d'olive.

GRAISSES SUCRE SODIUM

⅓ **tasse de chapelure fine**
1 **c. à soupe de persil haché**
3 **c. à soupe de parmesan râpé**
2 **gros blancs d'œufs**
2 **c. à thé d'eau**

2 **poitrines de poulet (450 g/ 1 lb), coupées en deux et aplaties à 6 mm (¼ po)**
1 **c. à soupe d'huile d'olive**
1 **citron, coupé en quatre sur la longueur**

Préparation :
4 min
Cuisson :
7 min

Une portion :

Calories	218
Graisses	6 g
Graisses saturées	2 g
Cholestérol	69 mg
Protéines	31 g
Hydrates de carbone	9 g
Sodium	231 mg
Sucre ajouté	0
Fibres	0

1. Mélangez la **chapelure** et le **persil** dans une assiette. Déposez le **parmesan** dans une autre. Dans un petit bol, battez légèrement les **blancs d'œufs** avec l'**eau**.

2. Enrobez généreusement le **poulet** de fromage, puis de blancs d'œufs et finalement de chapelure. Déposez les aiguillettes sur une grille et réfrigérez-les 20 minutes sans les couvrir.

3. Dans une poêle moyenne, faites chauffer l'**huile d'olive** 1 minute à feu modérément vif ; saisissez les aiguillettes 3 minutes de chaque côté pour que la chair ne soit plus rose à l'intérieur.

4. Dressez le poulet dans un plat chaud et décorez de quartiers de **citron**. Accompagnez à votre guise de Carottes épicées (p. 181) et de Pommes de terre en purée (p. 194). Donne 4 portions.

Suprêmes de dinde farcis aux patates douces

Il va de soi que la dinde dite « imprégnée en profondeur » contient des graisses saturées indésirables.

GRAISSES SUCRE SODIUM

3 grosses patates douces (900 g/2 lb) pelées et détaillées en cubes de 5 cm (2 po)

1 grosses orange (jus et zeste râpé)

2 c. à soupe de margarine non salée

1 gros oignon haché

1 carotte moyenne, hachée

1 côte de céleri hachée

½ tasse de panais pelé et haché

1 c. à thé de sauge séchée

1 poitrine de dinde fraîche (environ 2,25 kg/5 lb)
Enduit végétal antiadhésif

Préparation :
20 min
Cuisson :
1 h 30
(presque sans intervention)

Une portion :

Calories	323
Graisses	7 g
Graisses saturées	2 g
Cholestérol	95 mg
Protéines	43 g
Hydrates de carbone	21 g
Sodium	109 mg
Sucre ajouté	0
Fibres	2 g

1. Préchauffez le four à 230°C (450°F). Déposez les **patates douces** dans une casserole moyenne, couvrez-les d'eau bouillante non salée et faites-les cuire à couvert 15 minutes. Quand elles sont tendres, égouttez-les et réduisez-les en purée. Incorporez le **zeste d'orange.**

2. Entre-temps, faites fondre 1 c. à soupe de **margarine** à feu modéré dans une poêle moyenne. Jetez-y l'**oignon,** la **carotte,** le **céleri** et le **panais ;** laissez-les cuire 10 minutes en remuant souvent. Ajoutez la **sauge.** Incorporez les légumes à la purée de patates et, quand la préparation est tiède, farcissez-en la **poitrine de dinde.** Rabattez la peau du cou avec des cure-dents.

3. Vaporisez d'**enduit antiadhésif** un plat à four rectangulaire. Déposez-y la poitrine de dinde enduite du reste de la margarine. Insérez le thermomètre à viande dans la partie la plus charnue et laissez cuire 30 minutes. Baissez le thermostat à 190°C (375°F) et prolongez la cuisson de 45 minutes en arrosant la viande de **jus d'orange ;** le thermomètre doit marquer 80°C (180°F). Si la peau rôtit avec excès, couvrez-la de papier d'aluminium.

4. Laissez reposer la pièce 10 minutes à la température ambiante. Servez avec des choux de Bruxelles ou des brocolis cuits à la vapeur. Donne 10 portions.

Conseil : *Décongelez la dinde dans le réfrigérateur et non pas à l'air ambiant. Elle sera bien plus succulente.*

Suprêmes de dinde farcis aux patates douces

Soufflé de dinde aux légumes

Une façon inusitée d'apprêter les restes de dinde.

1	tasse de lait écrémé
3	c. à soupe de farine
1	petit oignon
2	clous de girofle
1	feuille de laurier
¼	c. à thé de sauge moulue
¼	c. à thé de paprika
¼	c. à thé de tabasco
¼	c. à thé de sel
⅛	c. à thé de muscade
2	gros œufs séparés
3	gros blancs d'œufs
¾	tasse de dinde cuite, hachée fin
¼	tasse de carotte cuite, hachée fin
¼	tasse de petits pois surgelés
	Enduit végétal antiadhésif

Préparation :
5 min
Cuisson :
30 min

Une portion :

Calories	*158*
Graisses	*5 g*
Graisses saturées	*1 g*
Cholestérol	*158 mg*
Protéines	*17 g*
Hydrates de carbone	*11 g*
Sodium	*289 mg*
Sucre ajouté	*0*
Fibres	*0*

1. Préchauffez le four à 200°C (400°F). Dans une casserole moyenne et à feu doux, fouettez ensemble le **lait** et la **farine**. Piquez l'**oignon** de **clous** et ajoutez-le ainsi que le **laurier**. Faites cuire 5 minutes en remuant ; la sauce sera très épaisse. Retirez du feu, enlevez l'oignon, les clous et le laurier. Incorporez la **sauge**, le **paprika**, le **tabasco**, le **sel** et la **muscade**. Réservez.

2. Dans un grand bol, fouettez brièvement les **jaunes d'œufs**. Réchauffez-les avec un peu de béchamel, puis jetez-les dans la préparation en fouettant. Ajoutez la **dinde**, la **carotte** et les **petits pois**.

3. Fouettez les **blancs d'œufs** pour qu'ils soient fermes mais pas secs. Incorporez-les délicatement.

4. Vaporisez un moule à soufflé d'**enduit antiadhésif.** Versez-y la préparation et faites cuire 25 minutes sans couvrir. Quand le soufflé est gonflé et doré, servez-le tout de suite avant qu'il tombe. Accompagnez-le d'une petite salade verte. Donne 4 portions.

Escalopes de dinde farcies au jambon

En Italie, cette recette, préparée avec des escalopes de veau, s'appelle saltimbocca ou « saut-en-bouche ». On peut aussi apprêter le poulet de cette façon. Pour deux personnes, réduisez tous les ingrédients de moitié, sauf l'huile d'olive.

4	escalopes de blanc de dinde (450 g/1 lb) de 6 mm (¼ po)
¼	c. à thé de poivre noir
1	c. à thé de sauge séchée
4	minces tranches de jambon hyposodique (115 g/¼ lb)
1	c. à soupe de margarine non salée
1	c. à soupe d'huile d'olive
⅓	tasse de vin blanc sec ou de bouillon de poulet hyposodique

Préparation :
5 min
Cuisson :
13 min

Une portion :

Calories	*224*
Graisses	*9 g*
Graisses saturées	*2 g*
Cholestérol	*84 mg*
Protéines	*32 g*
Hydrates de carbone	*2 g*
Sodium	*298 mg*
Sucre ajouté	*0*
Fibres	*0*

1. Assaisonnez les **escalopes de dinde** de **poivre** et de **sauge**. Taillez les **tranches de jambon** aux dimensions des escalopes, posez-les dessus et fixez avec des cure-dents introduits à l'horizontale à travers jambon et dinde.

2. Dans une poêle moyenne, faites fondre la **margarine** dans l'**huile d'olive** à feu modéré. Saisissez 3 minutes de chaque côté deux des quatre pièces ; faites de même avec les deux autres. Réservez au chaud.

3. Versez le **vin** dans la poêle, déglacez à feu vif et laissez réduire 1-2 minutes en remuant constamment. Nappez la dinde de sauce et servez avec du Riz aux petits pois (p. 166). Donne 4 portions.

Soufflé de dinde aux légumes

Aiguillettes de dinde au xérès

Crème sure, yogourt, moutarde et xérès composent cette sauce élégante qui, malgré les apparences, n'a rien de compliqué.

3	c. à soupe de farine
¼	c. à thé de romarin séché
¼	c. à thé de thym séché
⅛	c. à thé de poivre noir
4	aiguillettes de blanc de dinde de 6 mm (¼ po) (450 g/1 lb) Enduit végétal antiadhésif
1	c. à soupe de margarine non salée
¼	tasse de xérès sec

⅓	tasse de bouillon de poulet hyposodique
½	c. à thé de fécule de maïs délayée dans ¼ tasse de yogourt et ¼ tasse de crème sure partiellement écrémés
1	c. à thé de moutarde de Dijon ou de moutarde à l'ancienne
1	c. à soupe de persil haché

Préparation :
10 min
Cuisson :
7 min

Une portion :

Calories	228
Graisses	8 g
Graisses saturées	3 g
Cholestérol	78 mg
Protéines	29 g
Hydrates de carbone	8 g
Sodium	136 mg
Sucre ajouté	0
Fibres	0

1. Mélangez la **farine**, le **romarin**, le **thym** et le **poivre** dans une assiette. Farinez avec soin les **aiguillettes de dinde** et secouez-les pour enlever l'excès de farine.

2. Vaporisez une poêle moyenne d'**enduit antiadhésif**, mettez-y la **margarine** et réchauffez-la 30 secondes à feu modérément vif. Saisissez les aiguillettes 2 minutes de chaque côté ; réservez-les au chaud.

3. Enlevez le gras qui a fondu dans la poêle, versez-y le **xérès** et faites-le réduire 30 secondes à gros bouillons sans couvrir. Ajoutez alors le **bouillon de poulet**, la **fécule** délayée et la **moutarde**. Prolongez la cuisson de 2-3 minutes en remuant pour que la sauce épaississe.

4. Nappez-en les aiguillettes de dinde, parsemez de **persil** et servez avec des pâtes alimentaires. Donne 4 portions.

Pain de dinde à l'estragon

Préparation : **20 min**
Cuisson : **45 min** (presque sans intervention)

GRAISSES SUCRE SODIUM

- **2** c. à thé de margarine non salée
- **1** oignon moyen, haché fin
- **1** grosse côte de céleri, hachée fin
- **450** g (1 lb) de dinde hachée
- **⅓** tasse de persil haché
- **¼** tasse de chapelure fine
- **¼** tasse de lait écrémé
- **1** gros blanc d'œuf
- **½** c. à thé d'estragon séché, émietté
- **¼** c. à thé de poivre noir
- **¼** c. à thé de muscade
   Enduit végétal antiadhésif
   Sauce aux champignons :
- **2** c. à thé de margarine non salée
- **1** tasse de champignons hachés
- **2** c. à soupe de farine
- **1** tasse de bouillon de poulet hyposodique
- **⅛** c. à thé chacune de muscade, de sel, de poivre noir et d'estragon séché

1. Portez le four à 180°C (350°F). Dans une poêle ou une casserole antiadhésive moyenne, faites-y fondre la **margarine** à feu modéré ; faites revenir l'**oignon** et le **céleri** 5 minutes.
2. Entre-temps, mélangez dans un grand bol la **dinde**, le **persil**, la **chapelure**, le **lait**, le **blanc d'œuf**, l'**estragon**, le **poivre** et la **muscade**. Ajoutez l'oignon et le céleri et mélangez bien.
3. Vaporisez un moule à pain d'**enduit antiadhésif**. Installez-y l'apprêt en le tassant bien. Enfournez et prévoyez 40-45 minutes de cuisson ; le pain doit être doré et ferme au toucher. Laissez reposer le moule 15 minutes, puis démoulez le pain sur une assiette chaude.
4. Entre-temps, préparez la sauce. Dans le même récipient qui a servi à l'étape 1, faites fondre la **margarine** à feu modéré. Jetez-y les **champignons** et faites-les cuire 3-5 minutes en remuant de temps à autre.
5. Retirez-les du feu et ajoutez-leur la **farine**, le **bouillon de poulet**, la **muscade**, le **sel**, le **poivre** et l'**estragon** ; remettez sur le feu et faites épaissir 5 minutes en remuant.
6. Nappez le pain de sauce ; servez le reste en saucière. Donne 4 portions.

Une portion :

Calories	297	Protéines	24 g
Graisses	17 g	Hydrates de carbone	12 g
Graisses saturées	6 g	Sodium	266 mg
Cholestérol	77 mg	Sucre ajouté	0
		Fibres	1 g

Fricadelles de dinde à la crème sure

Préparation : **5 min**
et 20 min de réfrigération
Cuisson : **10 min**

GRAISSES SUCRE SODIUM

- **450** g (1 lb) de dinde hachée sans gras
- **1** tasse de mie de pain blanc émiettée (2 tranches)
- **3** c. à soupe de crème sure
- **⅓** tasse de lait écrémé
- **¼** c. à thé de poivre noir
- **⅛** c. à thé de muscade
   Enduit végétal antiadhésif
- **1** c. à soupe de margarine non salée

1. Dans un bol moyen, mélangez ensemble la **dinde**, ½ tasse de **mie de pain** émiettée, la **crème sure**, le **lait**, le **poivre** et la **muscade** ; formez 4 galettes épaisses. Panez-les de tous les côtés avec le reste de la mie de pain. Posez les fricadelles sur une grille et réfrigérez-les 20 minutes à découvert.
2. Vaporisez d'**enduit antiadhésif** une poêle moyenne. Réchauffez-y la **margarine** 30 secondes à feu modéré et faites cuire les fricadelles

Pain de dinde à l'estragon

5 minutes de chaque côté. Dressez sur un plat chaud. Donne 4 portions.

Une portion :

Calories	265	Protéines	22 g
Graisses	16 g	Hydrates de carbone	7 g
Graisses saturées	6 g	Sodium	162 mg
Cholestérol	77 mg	Sucre ajouté	0
		Fibres	0

Dinde balsamique

Préparation : **5 min**
Cuisson : **11 min**

GRAISSES SUCRE SODIUM

Le vinaigre balsamique est un vinaigre moelleux de vin rouge fabriqué en Italie. On en trouve en vente courante ; on peut cependant lui substituer tout autre vinaigre de vin rouge.

2 c. à soupe de farine
⅛ c. à thé de poivre noir
4 aiguillettes de dinde (450 g/1 lb) de 6 mm (¼ po) d'épaisseur
3 c. à soupe d'huile d'olive
2 gros poivrons rouges, parés, épépinés et détaillés en anneaux de 2,5 cm (1 po)

3 gousses d'ail hachées
¼ tasse de basilic frais, haché, ou 1 c. à thé de basilic séché, émietté
2 c. à soupe de vinaigre balsamique ou de vinaigre de vin rouge

1. Mélangez la **farine** et le **poivre** dans une assiette ; farinez avec soin les aiguillettes de **dinde** et secouez-les pour enlever l'excès de farine.

2. Dans une grande poêle, faites chauffer 2 c. à soupe d'**huile d'olive** 1 minute à feu modéré. Saisissez-y la dinde 2 minutes de chaque côté ; mettez-la dans un plat chaud.

3. Jetez dans la poêle la cuillerée à soupe d'huile qui reste, ainsi que les **poivrons rouges** et l'**ail**. Couvrez et laissez cuire 5 minutes à feu doux en remuant de temps à autre.

4. Quand les poivrons sont tendres, ajoutez le **basilic** et le **vinaigre** ; remettez les aiguillettes dans la poêle et prolongez la cuisson de 2 minutes à feu modéré en remuant. Dressez les aiguillettes et nappez-les de sauce. Donne 4 portions.

Une portion :

Calories	250	Protéines	28 g
Graisses	12 g	Hydrates de carbone	7 g
Graisses saturées	2 g	Sodium	78 mg
Cholestérol	70 mg	Sucre ajouté	0
		Fibres	1 g

Poulets rock cornish farcis à l'ail

GRAISSES SUCRE SODIUM

Préparation : **9 min**
et 2 h de marinage
Cuisson : **45 min** (presque sans intervention)

Faites preuve d'imagination; ajoutez du basilic frais si vous en avez, des chilis verts si vous aimez la cuisine épicée. La marinade se conserve bien au réfrigérateur; vous pouvez l'utiliser pour préparer du poulet ou du poisson.

2   poulets rock cornish (450-680 g/1-1½ lb chacun), fendus sur le dos et ouverts
⅓   tasse de vinaigre de vin rouge
1   c. à soupe d'huile d'olive
1   feuille de laurier émiettée
½   c. à thé de thym séché, émietté
½   c. à thé de romarin séché, émietté
¼   c. à thé de poivre noir
4   lanières d'écorce d'orange
2   têtes d'ail

1. Déposez les **poulets** dans un plat creux inoxydable. Mélangez par ailleurs le **vinaigre**, l'**huile d'olive**, le **laurier**, le **thym**, le **romarin**, le **poivre** et l'**écorce d'orange**; versez ce mélange sur les volailles. Couvrez et réfrigérez 2-4 heures en tournant les poulets toutes les heures.

2. Portez le four à 200°C (400°F). Enveloppez les **têtes d'ail** individuellement dans du papier d'aluminium et faites-les cuire 25 minutes au four. Quand elles sont tendres, retirez-les et laissez-les tiédir. Détachez les gousses et pressez chacune entre vos doigts pour en extraire la chair; faites-en une purée.

3. Allumez le grilloir. Retirez les poulets de la marinade. Avec vos doigts, soulevez doucement la peau des poitrines (sans l'enlever) et recouvrez celles-ci le plus également possible avec la purée d'ail.

4. Placez les poulets, peau dessous, sur la grille d'une lèchefrite, à 18-20 cm (7-8 po) de l'élément, et faites-les griller 10-12 minutes de chaque côté.

5. Coupez les poulets en deux, dressez-les dans un plat chaud et accompagnez-les de Ratatouille (p. 186). Donne 4 portions.

Une portion :

Calories	281	Protéines	28 g
Graisses	15 g	Hydrates de carbone	6 g
Graisses saturées	4 g	Sodium	86 mg
Cholestérol	88 mg	Sucre ajouté	0
		Fibres	0

Poulets rock cornish farcis au riz sauvage

GRAISSES SUCRE SODIUM

Préparation : **15 min**
Cuisson : **45 min**

1   c. à soupe de margarine non salée
1   gros oignon haché
1   grosse côte de céleri hachée
1   grosse pomme, pelée, parée et hachée
½   c. à thé de sauge séchée, émiettée
½   c. à thé de marjolaine séchée, émiettée
¼   c. à thé de poivre noir
¾   tasse d'un mélange de riz sauvage et riz à longs grains, cuit selon les instructions, en omettant le sachet d'assaisonnement
¾   tasse de bouillon de poulet hyposodique
½   tasse de cidre
¼   tasse de vin blanc sec
2   poulets rock cornish (450-680 g/1-1½ lb chacun) dépouillés
2   c. à thé de fécule de maïs délayée dans ¼ tasse de yogourt partiellement écrémé

1. Préchauffez le four à 190°C (375°F). Faites fondre la **margarine** à feu modéré dans une cocotte. Ajoutez l'**oignon**, le **céleri**, la **pomme**, la **sauge**, la **marjolaine** et le **poivre**. Couvrez et laissez attendrir 5 minutes en remuant de temps à autre. Videz la moitié de cette préparation dans un bol et mélangez-la au **riz** cuit.

2. Au reste des légumes dans la cocotte, ajoutez le **bouillon de poulet**, le **cidre** et le **vin** et laissez mijoter 1 minute à feu doux.

3. Farcissez les **poulets**, troussez-les et déposez-les dans la cocotte. Prévoyez 30-35 minutes de cuisson au four. Quand leur chair est tendre à la fourchette, dressez les poulets dans un plat réchauffé au préalable et gardez-les au chaud.

4. Amenez le fond de cuisson sous le point d'ébullition à feu modéré; incorporez au fouet la **fécule** délayée dans le **yogourt** et laissez épaissir 1-2 minutes en remuant constamment. La sauce ne doit pas bouillir : le yogourt tournerait. Retirez du feu.

5. Coupez les poulets en deux et nappez-les de sauce. Donne 4 portions.

Une portion :

Calories	336	Protéines	28 g
Graisses	9 g	Hydrates de carbone	38 g
Graisses saturées	2 g	Sodium	103 mg
Cholestérol	69 mg	Sucre ajouté	0
		Fibres	1 g

Poissons et fruits de mer

Riches en protéines et pauvres en corps gras, les poissons et les fruits de mer ont, sans contredit, un excellent rapport qualité-prix. En outre, on sait aujourd'hui que certains poissons renferment des huiles qui réduisent les risques de maladie cardiaque. On conseille donc de manger du poisson au moins deux fois par semaine. Les pages qui suivent renferment toute une variété de recettes intéressantes. Essayez, par exemple, le Ragoût de thon à l'américaine (p. 125) et le Cocktail de crevettes épicées (p. 130).

Cioppino de fruits de mer à la californienne

Goberge au vin blanc, parfumée à l'aneth

Goberge au vin blanc, parfumée à l'aneth

1	**goberge (1,35 kg/3 lb) écaillée et vidée**
1	**oignon moyen, haché fin**
6	**grosses brindilles de persil**
4	**grosses brindilles d'aneth ou 1 c. à thé d'aneth séché**
2	**tasses de vin blanc sec**

1	**c. à soupe de margarine non salée**
2	**c. à soupe de farine**
¼	**c. à thé de poivre blanc ou noir**
¼	**tasse de crème sure**
	Tranches de citron (facultatif)
	Bouquets d'aneth ou de persil (facultatif)

GRAISSES SUCRE SODIUM

Préparation :
10 min
Cuisson :
40 min
(presque sans intervention)

Une portion :

Calories	304
Graisses	12 g
Graisses saturées	4 g
Cholestérol	102 mg
Protéines	37 g
Hydrates de carbone	11 g
Sodium	144 mg
Sucre ajouté	0
Fibres	0

1. Portez le four à 180°C (350°F). Déposez la **goberge** sur la grille graissée d'une lèchefrite. Garnissez l'intérieur du poisson avec la moitié de l'**oignon**, du **persil** et de l'**aneth** ; répartissez le reste en surface. Arrosez de **vin** et recouvrez soigneusement la lèchefrite de papier d'aluminium.

2. Prévoyez 35-40 minutes de cuisson : la chair doit céder à la fourchette. Dressez le poisson dans un plat chaud sans déranger la garniture extérieure.

3. Retirez les brindilles de persil et d'aneth à l'intérieur et travaillez-les au mixer ou au robot avec 1 tasse du fond de cuisson.

4. Dans une petite casserole, faites fondre la **margarine** à feu modéré. Incorporez la **farine,** ajoutez la préparation aux fines herbes, assaisonnez de **poivre** et laissez cuire 3 minutes en remuant sans arrêt. Quand la sauce a épaissi, ajoutez au fouet la **crème sure** et laissez réchauffer 1-2 minutes sans bouillir : la sauce tournerait.

5. Décorez le poisson de **citron** et de **bouquets d'aneth** ou de persil. Servez la sauce en saucière. Donne 4 portions.

Merlu farci, poché au vin blanc

Ce plat se prépare très bien sur le gril du jardin. Il suffit de remplacer la lèchefrite par du papier d'aluminium épais et de faire cuire 30 minutes sur un feu moyennement ardent.

GRAISSES **SUCRE** **SODIUM**

1   c. à soupe de margarine non salée
2   oignons moyens, hachés fin
1   gousse d'ail, hachée fin
½   tasse de chapelure fine
2   c. à soupe de persil haché

1   c. à thé de zeste de citron râpé
¼   c. à thé de poivre noir
4   merlus argentés ou perchaudes (225 g/8 oz chacun), écaillés et vidés
⅓   tasse de vin blanc sec

Préparation :
15 min
Cuisson :
35 min
(presque sans intervention)

Une portion :

Calories	261
Graisses	4 g
Graisses saturées	1 g
Cholestérol	125 mg
Protéines	40 g
Hydrates de carbone	13 g
Sodium	263 mg
Sucre ajouté	0
Fibres	0

1. Préchauffez le four à 200℃ (400°F). Dans une poêle moyenne, faites fondre la **margarine** à feu modéré ; ajoutez les **oignons** et laissez-les cuire 5 minutes sans couvrir. Quand ils sont tendres, retirez-les du feu.
2. Déposez la moitié des oignons dans un bol ; ajoutez l'**ail**, la **chapelure**, le **persil**, le **zeste de citron** et le **poivre**. Mélangez le tout pour composer la farce.
3. Répartissez cette farce à l'intérieur des 4 **merlus**. Refermez-les avec des cure-dents.
4. Garnissez avec la moitié des oignons qui restent le fond d'une lèchefrite légè- rement graissée. Déposez-y les poissons tête-bêche ; éparpillez sur le dessus le reste des oignons. Arrosez de **vin** et couvrez soigneusement de papier d'alumi- nium. Enfournez et prévoyez 30 minutes de cuisson : le poisson est à point quand la chair cède sous la fourchette. Donne 4 portions.

Saumon au concombre et à l'aneth

La sauce au concombre, parfumée à l'aneth, souligne la délicate saveur du saumon.

GRAISSES **SUCRE** **SODIUM**

900 g (2 lb) de saumon, d'un seul morceau prélevé au centre
1   petit concombre pelé, épépiné et haché
½   tasse de yogourt partiellement écrémé
2   c. à thé d'aneth frais, haché, ou ½ c. à thé d'aneth séché

1   c. à thé de lait écrémé ou d'eau
½   c. à thé de sucre
½   c. à thé de moutarde préparée
⅛   c. à thé de sel
⅛   c. à thé de poivre blanc

Préparation :
10 min
Cuisson :
30 min
(presque sans intervention)

Une portion :

Calories	307
Graisses	18 g
Graisses saturées	5 g
Cholestérol	53 mg
Protéines	31 g
Hydrates de carbone	3 g
Sodium	165 mg
Sucre ajouté	0
Fibres	0

1. Portez le four à 180℃ (350°F). Placez le **saumon** sur une feuille d'aluminium et posez-le sur une grille au fond d'une petite lèchefrite. Arrosez avec 2,5 cm (1 po) d'eau froide et couvrez la lèchefrite de papier d'aluminium. Enfournez et prévoyez 30 minutes de cuisson : le poisson est à point lorsque la chair cède sous la fourchette.
2. Par ailleurs, préparez la sauce en mélangeant dans un petit bol le **concombre**, le **yogourt**, l'**aneth**, le **lait**, le **sucre**, la **moutarde**, le **sel** et le **poivre**. Couvrez et réfrigérez jusqu'au moment de servir.
3. Débarrassez le saumon de sa peau et dressez-le dans un plat chaud. Avec un petit couteau, découpez le poisson le long de l'arête centrale ; détachez la moitié supérieure du poisson, retirez l'arête et reformez le poisson. Masquez de sauce et accompagnez de Céleri et cœurs d'artichauts, sauce Mornay (p. 184). Donne 6 portions.

Saumon grillé aux poivrons rouges

Les teintes vives de ce plat, sa saveur acidulée, tout sollicite le plaisir de celui qui le déguste. La même sauce convient également aux viandes ou volailles grillées.

2 **poivrons rouges** moyens	1 c. à thé d'**huile d'olive**
2 **gousses d'ail** non pelées	4 filets de **saumon** de 115 g
2 c. à thé de vinaigre de vin rouge	(4 oz) chacun

1. Allumez le grilloir. Faites griller les **poivrons rouges** à 15 cm (6 po) de l'élément pendant 5-8 minutes en les tournant de temps à autre. Quand ils sont bien calcinés, enveloppez-les dans un sac de papier brun et attendez 10 minutes : la vapeur qui se dégage des légumes fera lever la peau.

2. Entre-temps, réglez le thermostat du four à 200°C (400°F). Enveloppez les gousses d'**ail** de papier d'aluminium et faites-les rôtir 5 minutes. Quand elles sont tendres, pelez-les et réservez-les.

3. Lorsque les poivrons sont tièdes, pelez-les (de préférence au-dessus d'un bol pour recueillir leur jus) ; jetez la queue et la semence. Défaites-les en purée avec leur jus au mixer ou au robot en leur ajoutant l'ail, le **vinaigre** et l'**huile d'olive** pour composer la sauce.

4. Allumez de nouveau le grilloir. Déposez le **saumon** sur la grille d'une lèche-frite et faites-le griller 2-3 minutes de chaque côté à 20 cm (8 po) de l'élément. La chair est à point lorsqu'elle est opaque et qu'elle cède sous la fourchette. Dressez les filets dans un plat chaud et déposez deux généreuses cuillerées de sauce en ruban au centre de chacun d'eux. Donne 4 portions.

GRAISSES SUCRE SODIUM

Préparation :
6 min
Cuisson :
14 min

Une portion :

Calories	268
Graisses	16 g
Graisses saturées	5 g
Cholestérol	44 mg
Protéines	26 g
Hydrates de carbone	3 g
Sodium	86 mg
Sucre ajouté	0
Fibres	0

Sole aux légumes en papillotes

On peut préparer les papillotes quelques heures avant de les faire cuire.

1½ c. à soupe de margarine non salée	1 gros poireau, paré, lavé et détaillé en bâtonnets
1 c. à thé de ciboulette fraîche ou lyophilisée, hachée	2 gros champignons, tranchés mince
1 c. à thé de jus de citron	4 filets de sole, de plie ou de poisson blanc (140 g/5 oz chacun)
⅛ c. à thé de paprika	Enduit végétal antiadhésif
1 grosse carotte, pelée et détaillée en bâtonnets	4 minces tranches de citron

1. Préchauffez le four à 200°C (400°F). Mélangez d'abord, dans un petit bol, la **margarine**, la **ciboulette**, le **jus de citron** et le **paprika.**

2. Par ailleurs, blanchissez la **carotte**, le **poireau** et les **champignons** 1 minute dans de l'eau bouillante non salée. Égouttez et réservez.

3. Découpez quatre morceaux de papier d'aluminium assez grands pour bien envelopper chaque filet et vaporisez-les d'**enduit antiadhésif**. Déposez un **filet de sole** au centre de chaque papillotte, recouvrez-le avec les légumes et la margarine assaisonnée. Garnissez avec une tranche de **citron.** Scellez soigneusement les papillotes en pinçant les marges.

4. Déposez les papillotes sur une plaque et faites cuire 7-8 minutes. Présentez-les sur des assiettes de couvert et laissez chaque convive ouvrir la sienne. Accompagnez-les de Riz au citron et à l'aneth (p. 166). Donne 4 portions.

GRAISSES SUCRE SODIUM

Préparation :
12 min
Cuisson :
8 min

Une portion :

Calories	175
Graisses	7 g
Graisses saturées	1 g
Cholestérol	65 mg
Protéines	23 g
Hydrates de carbone	7 g
Sodium	116 mg
Sucre ajouté	0
Fibres	1 g

Saumon grillé aux poivrons rouges

Welsh rabbit du pêcheur

Cette fondue est moins riche en corps gras et en cholestérol que la version classique du welsh rabbit (les calories de la bière s'évaporent avec l'alcool durant la cuisson). Le poisson surgelé qu'on aura décongelé peut remplacer le poisson frais.

2½ c. à soupe de farine	1 tasse de cheddar râpé
¾ c. à thé de moutarde sèche	**(115 g/4 oz)**
¼ c. à thé de poivre noir	450 g (1 lb) d'aiglefin, de petite
⅔ tasse de bière	morue ou de sébaste, détaillé
1 c. à thé de sauce Worcestershire	en morceaux de 2,5 cm (1 po)

1. Préchauffez le four à 190°C (375°F). Dans un grand bol, mélangez la **farine,** la **moutarde** et le **poivre.** Incorporez au fouet la **bière** et la **sauce Worcestershire,** puis le **cheddar.** Ajoutez l'**aiglefin** et remuez pour bien enrober les morceaux. Versez cette préparation dans une assiette à tarte non graissée.

2. Couvrez de papier d'aluminium, enfournez et faites cuire 10 minutes ; découvrez et prolongez la cuisson de 5 minutes. Quand le poisson est à point, dressez sur des toasts de blé entier ou sur du riz brun. Donne 4 portions.

GRAISSES **SUCRE** **SODIUM**

Préparation :
5 min
Cuisson :
15 min

Une portion :

Calories	*231*
Graisses	*10 g*
Graisses saturées	*6 g*
Cholestérol	*98 mg*
Protéines	*29 g*
Hydrates de carbone	*6 g*
Sodium	*262 mg*
Sucre ajouté	*0*
Fibres	*0*

Turbans de poisson, sauce muscade

Sole à la graine de sésame

Cette recette toute simple vous dépannera avec élégance quand vous êtes à court de temps. Elle se réduit aisément en deux pour servir deux convives.

¼ tasse de babeurre

4 filets de sole, de plie ou de tout autre poisson blanc (140 g/5 oz chacun)

2 c. à thé de moutarde de Dijon ou de moutarde à l'ancienne

2 c. à thé de concentré de tomate hyposodique

½ c. à thé d'estragon séché

2 c. à soupe de farine

3½ c. à soupe de graine de sésame

4 c. à thé d'huile végétale
Tranches de citron (facultatif)

Préparation :
6 min et 30 min de réfrigération
Cuisson :
3 min

Une portion :

Calories	*226*
Graisses	*11 g*
Graisses saturées	*1 g*
Cholestérol	*68 mg*
Protéines	*25 g*
Hydrates de carbone	*7 g*
Sodium	*243 mg*
Sucre ajouté	*0*
Fibres	*0*

1. Versez le **babeurre** dans un plat peu profond. Trempez-y les **filets de sole** ; étalez-les ensuite sur une assiette. Mélangez la **moutarde**, le **concentré de tomate** et l'**estragon** ; appliquez cette pâte sur les deux faces des filets.

2. Mélangez la **farine** et la **graine de sésame** dans une assiette à tarte ; enrobez-en les filets sur les deux faces. Placez-les sur une grille et réfrigérez-les à découvert 30 minutes pour que l'enrobage se raffermisse.

3. Dans une grande poêle, réchauffez l'**huile végétale** à feu modérément vif. Faites-y dorer les filets de poisson 1 minute et demie de chaque côté. Si la graine de sésame grille trop vite, baissez le feu. Dressez les filets dans un plat chaud et décorez à volonté de tranches de **citron.** Donne 4 portions.

Turbans de poisson, sauce muscade

2 c. à soupe de margarine non salée	4 filets de sole, de plie ou de tout autre poisson blanc (140 g/5 oz chacun)
1 oignon vert haché	4 c. à thé de farine
⅓ tasse de carotte râpée	¾ tasse de bouillon de poulet hyposodique
½ tasse de riz brun cuit	
1 c. à thé de zeste de citron râpé	⅛ c. à thé de poivre blanc
1 c. à thé de jus de citron	¼ tasse de vin blanc sec ou de bouillon de poulet
½ c. à thé de muscade moulue	1 c. à soupe de persil haché
¼ c. à thé de poivre noir	Pointes de citron (facultatif)
⅛ c. à thé de sel	

Préparation :
45 min
Cuisson :
40 min

Une portion :

Calories	*240*
Graisses	*8 g*
Graisses saturées	*2 g*
Cholestérol	*65 mg*
Protéines	*24 g*
Hydrates de carbone	*11 g*
Sodium	*187 mg*
Sucre ajouté	*0*
Fibres	*0*

1. Préchauffez le four à 180°C (350°F). Dans une poêle moyenne, faites fondre la moitié de la **margarine** à feu modéré ; jetez-y l'**oignon vert** et la **carotte** et laissez-les cuire 3-5 minutes. Quand ils sont tendres, ajoutez le **riz** et la moitié du **zeste de citron**, du **jus de citron**, de la **muscade** et du **poivre**, et tout le **sel**.

2. Assaisonnez les **filets de sole** avec le reste du poivre noir. Déposez la farce de riz sur la moitié de chacun ; tassez avec les doigts en laissant sur les trois côtés une marge de 6 mm (¼ po). Repliez l'autre moitié des filets et fixez le turban avec un cure-dents. Repoussez à l'intérieur le riz qui aura tendance à s'échapper en cours de manipulation.

3. Faites cuire le poisson au four 25-30 minutes dans une lèchefrite légèrement graissée. Il est à point quand il cède sous la fourchette.

4. Entre-temps, préparez la sauce. Faites fondre le reste de la margarine dans une petite casserole à feu modéré. Incorporez la **farine** et laissez-la cuire 3-5 minutes en remuant. Ajoutez le **bouillon de poulet,** le reste du zeste, du jus de citron et de la muscade, et le **poivre blanc** ; faites épaissir 5 minutes en remuant. Incorporez ensuite le **vin** et le **persil.**

5. Dressez les turbans dans un plat chaud et décorez-les à volonté de pointes de **citron**. Servez la sauce en saucière. Donne 4 portions.

Conseil : *Le poisson frais se gâte rapidement : ne le gardez jamais plus d'une journée au réfrigérateur. Idéalement, on devrait l'acheter à la dernière minute.*

Darnes d'espadon poêlées au gingembre

2 c. à soupe d'huile d'olive	1 c. à thé de zeste de citron râpé
2 c. à soupe de jus de citron	
1 c. à soupe de xérès sec ou d'eau	¼ c. à thé de poivre noir
2 c. à thé de sauce soja	4 darnes d'espadon, de thon ou de requin (115 g/4 oz chacune)
2 gousses d'ail hachées	Enduit végétal antiadhésif
2 c. à thé de gingembre frais haché ou ¼ c. à thé de gingembre moulu	

Préparation :
10 min et 2 h de marinage
Cuisson :
6 min

Une portion :

Calories	*191*
Graisses	*11 g*
Graisses saturées	*2 g*
Cholestérol	*57 mg*
Protéines	*20 g*
Hydrates de carbone	*2 g*
Sodium	*159 mg*
Sucre ajouté	*0*
Fibres	*0*

1. Mélangez l'**huile d'olive**, le **jus de citron**, le **xérès**, la **sauce soja**, l'**ail**, le **gingembre**, le **zeste de citron** et le **poivre** pour composer la marinade.

2. Déposez les **darnes d'espadon** dans une assiette creuse d'une taille appropriée. Arrosez-les de marinade et tournez-les pour qu'elles soient bien enrobées. Couvrez et réfrigérez au moins 2 heures.

3. Vaporisez une grande poêle d'**enduit antiadhésif** et chauffez-la 30 secondes à feu modérément vif. Saisissez les darnes d'espadon et faites-les cuire à découvert 3 minutes de chaque côté. À point, elles demeureront fermes. Présentez sur une assiette chaude. Donne 4 portions.

Darnes de saumon grillées, sauce aux radis

Préparation : **4 min**
Cuisson : **4 min**

GRAISSES SUCRE SODIUM

Cette sauce piquante met bien en relief la richesse du saumon. La recette se divise aisément en deux.

2 tasse de yogourt partiellement écrémé
3 oignons verts, hachés fin
1 botte de radis (10 petits) parés et hachés
3 c. à soupe de raifort préparé
¼ c. à thé de cumin moulu
¼ c. à thé de poivre noir
2 c. à thé de jus de citron
2 c. à thé d'huile d'olive
4 darnes de saumon, d'espadon ou de flétan (115 g/4 oz chacune)
   Pointes de citron (facultatif)

1. Allumez le grilloir et graissez légèrement la grille d'une lèchefrite. Dans un bol moyen, mélangez avec soin le **yogourt**, les **oignons verts**, les **radis**, le **raifort**, le **cumin** et ⅛ c. à thé de **poivre** pour composer la sauce.

2. Par ailleurs, mélangez le **jus de citron** avec l'**huile d'olive** et le reste du poivre, et badigeonnez-en les **darnes de saumon** sur les deux faces. Déposez-les côte à côte sur la grille de la lèchefrite, et faites-les griller, à 10-12 cm (4-5 po) de l'élément, 2-3 minutes de chaque côté. La chair doit être opaque jusqu'au centre.

3. Dressez les darnes dans des assiettes chaudes et décorez-les, à volonté, de pointes de **citron**. Déposez la sauce tout autour dans chaque assiette. Donne 4 portions.

Une portion :

Calories	306	Protéines	28 g
Graisses	17 g	Hydrates de carbone	10 g
Graisses saturées	5 g	Sodium	163 mg
Cholestérol	44 mg	Sucre ajouté	0
		Fibres	1 g

Conseil : *Le saumon est exceptionnellement riche en huile oméga-3, substance reconnue pour réduire les taux de cholestérol dans l'organisme. Le saumon rouge en renferme plus encore que le saumon rose.*

Curry de thon froid aux fruits

Préparation : **30 min**

GRAISSES SUCRE SODIUM

Voici une assiette froide parfaite pour les chauds midis d'été. Réfrigérez-la quelques heures à l'avance pour permettre aux saveurs de s'harmoniser.

½ tasse de yogourt partiellement écrémé
1 c. à soupe de cari
¼ c. à thé de cumin moulu
¼ c. à thé de coriandre moulue
⅛ c. à thé de cardamome moulue
⅛ c. à thé de sucre
2 boîtes (184 g/6½ oz) de thon pâle dans l'eau, égoutté et effeuillé
1 grosse orange pelée et détaillée en quartiers, chaque quartier coupé en trois
1 tasse de morceaux d'ananas frais ou en conserve dans leur jus, égouttés
½ tasse de raisins verts sans pépins, coupés en deux
½ tasse de raisins rouges sans pépins, coupés en deux
½ tasse de châtaignes d'eau tranchées
12 grandes feuilles de laitue, romaine ou autre

1. Dans un grand bol, mélangez avec soin le **yogourt**, le **cari**, le **cumin**, la **coriandre**, la **cardamome** et le **sucre**.

2. Ajoutez le **thon**, l'**orange**, l'**ananas**, les **raisins verts**, les **raisins rouges** et les **châtaignes**. Mélangez bien pour que tous les éléments soient enrobés de yogourt assaisonné. Réfrigérez au moins 4 heures.

3. Disposez la **laitue** dans des bols à salade individuels et dressez-y le thon aux fruits. Servez avec des petits pains noirs croûtés. Donne 4 portions.

Une portion :

Calories	197	Protéines	23 g
Graisses	2 g	Hydrates de carbone	24 g
Graisses saturées	0	Sodium	343 mg
Cholestérol	48 mg	Sucre ajouté	0
		Fibres	1 g

Ragoût de thon à l'américaine

Préparation : **15 min**
Cuisson : **18 min**

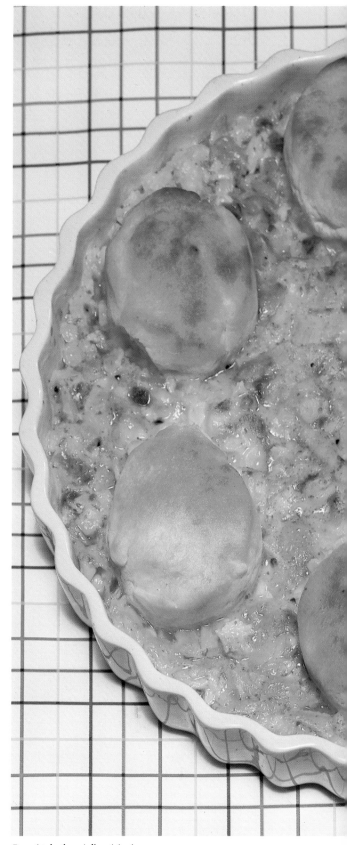

GRAISSES **SUCRE** **SODIUM**

1	c. à soupe de margarine non salée
1	oignon moyen, haché fin
2	gousses d'ail émincées
1	grosse côte de céleri, tranchée mince
1	tasse de maïs de grains entiers, frais ou surgelés
1	bocal (125 ml/4,4 oz) de piment rôti
¼	c. à thé de poivre noir
4	c. à thé de farine
1	tasse de bouillon de poulet hyposodique
½	tasse de lait écrémé
2	c. à soupe de parmesan râpé
2	c. à thé de moutarde de Dijon ou de moutarde préparée à l'ancienne
2	c. à thé de jus de citron
2	boîtes (184 g/6½ oz chacune) de thon pâle dans l'eau, égoutté et effeuillé
4	petits pains « réfrigérateur » au babeurre coupés en deux horizontalement et légèrement aplatis
⅛	c. à thé de paprika

1. Préchauffez le four à 230°C (450°F). Dans une casserole moyenne, faites fondre la **margarine** à feu modéré ; ajoutez l'**oignon**, l'**ail**, le **céleri**, le **maïs**, le **piment** et le **poivre** ; couvrez et laissez cuire 5 minutes.

2. Quand l'oignon est tendre, ajoutez la **farine** puis le **bouillon de poulet** et le **lait** ; prolongez la cuisson de 3 minutes en remuant sans arrêt. Quand la sauce a épaissi, ajoutez le **parmesan**, la **moutarde** et le **jus de citron**. Retirez du feu et incorporez le **thon**.

3. Déposez la préparation dans un plat à gratin moyen. Disposez les **petits pains** dessus, assaisonnez de **paprika** et faites cuire 10 minutes environ au four pour que les petits pains soient bien dorés. Donne 4 portions.

Une portion :

Calories	*284*	*Protéines*	*27 g*
Graisses	*8 g*	*Hydrates de carbone*	*23 g*
Graisses saturées	*1 g*	*Sodium*	*738 mg*
Cholestérol	*49 mg*	*Sucre ajouté*	*0*
		Fibres	*1 g*

Ragoût de thon à l'américaine

Tomates farcies au thon

4   tomates moyennes
2   c. à thé de jus de citron
1   c. à soupe de margarine non salée
1   petit oignon haché
1   carotte moyenne, pelée et hachée fin
1   c. à soupe de farine
1   tasse de lait écrémé

1   boîte (184 g/6½ oz) de thon pâle dans l'eau, égoutté et effeuillé
1   c. à thé de câpres, hachées fin
¼   c. à thé de poivre noir
3   c. à soupe de chapelure fine
½   tasse de fromage Monterey Jack râpé (60 g/2 oz)

GRAISSES SUCRE **SODIUM**

Préparation :
25 min
Cuisson :
25 min
(presque sans intervention)

Une portion :

Calories	191
Graisses	*8 g*
Graisses saturées	*1 g*
Cholestérol	*37 mg*
Protéines	*17 g*
Hydrates de carbone	*13 g*
Sodium	*330 mg*
Sucre ajouté	*0*
Fibres	*1 g*

1. Préchauffez le four à 180°C (350°F). Parez et évidez les **tomates** en laissant 6-15 mm (¼-½ po) de chair tout autour. Arrosez l'intérieur de **jus de citron** et laissez-les s'égoutter 10 minutes à l'envers sur des essuie-tout.

2. Dans une casserole moyenne, faites fondre la **margarine** à feu modéré ; ajoutez l'**oignon** et la **carotte** et laissez-les cuire 5 minutes sans couvrir. Quand ils sont tendres, incorporez la **farine** en remuant et, 1 minute plus tard, le **lait**. Prolongez la cuisson de 3 minutes en remuant constamment.

3. Quand la sauce a épaissi, mettez-la dans un bol moyen et mélangez-y le **thon**, les **câpres**, le **poivre**, 2 c. à soupe de **chapelure** et tout le **fromage** moins 1 c. à soupe.

4. Farcissez les tomates de cette préparation et déposez-les sur une plaque graissée. Mélangez le reste de la chapelure et le fromage, garnissez-en les tomates. Enfournez et laissez cuire 15 minutes à découvert. Quand tout est bien chaud, allumez le grilloir et installez les tomates à 15 cm (6 po) de l'élément. Laissez griller 1 minute. Donne 4 portions.

Fricadelles de saumon

Vous pouvez préparer les fricadelles plusieurs heures d'avance et les garder au réfrigérateur jusqu'au moment de la cuisson. Des restes de purée de pommes de terre trouvent ici à très bien s'employer.

2   boîtes (184 g/6½ oz) de saumon égoutté et effeuillé
1   tasse de purée de pommes de terre
2   c. à soupe de yogourt partiellement écrémé
2   c. à soupe de moutarde préparée

1   gros blanc d'œuf
1   carotte moyenne, pelée et hachée fin
1   gros oignon, haché fin
½   c. à thé de paprika
1   c. à soupe de jus de citron
½   tasse de chapelure fine
1½ c. à soupe d'huile de maïs

GRAISSES **SUCRE** SODIUM

Préparation :
7 min
Cuisson :
7 min

Une portion :

Calories	310
Graisses	*13 g*
Graisses saturées	*2 g*
Cholestérol	*33 mg*
Protéines	*23 g*
Hydrates de carbone	*23 g*
Sodium	*727 mg*
Sucre ajouté	*0*
Fibres	*1 g*

1. Dans un bol moyen, mélangez le **saumon**, la **purée**, le **yogourt**, la **moutarde**, le **blanc d'œuf**, la **carotte**, l'**oignon**, le **paprika** et le **jus de citron** ; façonnez 8 boulettes aplaties.

2. Mettez la **chapelure** dans une assiette et enrobez-en les fricadelles parfaitement.

3. Dans une grande poêle, réchauffez l'**huile de maïs** 1 minute à feu modéré ; ajoutez les fricadelles et faites-les cuire 3 minutes de chaque côté. Quand elles sont bien dorées, dressez-les dans un plat chaud. Donne 4 portions.

Pain de saumon, sauce aux petits pois

Préparation : **15 min**
Cuisson : **55 min** (presque sans intervention)

GRAISSES SUCRE SODIUM

2   c. à soupe de margarine non salée
1   petit oignon, haché fin
1   côte de céleri moyenne, hachée fin
3   c. à soupe de farine
½   tasse de lait écrémé
1   grosse boîte (439 g/15½ oz) de saumon, égoutté et effeuillé
¼   tasse de chapelure fine
1   gros blanc d'œuf légèrement battu
2   c. à thé d'aneth séché
4   c. à thé de jus de citron
¼   c. à thé de poivre noir
1   tasse de bouillon de poulet hyposodique
⅛   c. à thé de poivre blanc
½   tasse de petits pois cuits

1. Préchauffez le four à 180°C (350°F). Dans une casserole moyenne, faites fondre 1 c. à soupe de **margarine** à feu modéré ; ajoutez l'**oignon** et le **céleri** et laissez cuire sans couvrir 5 minutes. Incorporez 1 c. à soupe de **farine**, ajoutez le **lait** et faites épaissir 3-5 minutes en remuant constamment.

2. Retirez la casserole du feu ; ajoutez le **saumon**, la **chapelure**, le **blanc d'œuf**, la moitié de l'**aneth** et du **jus de citron**, et le **poivre noir**.

3. Versez la préparation dans un petit moule rectangulaire graissé et faites cuire 40-45 minutes à découvert pour que le dessus brunisse légèrement. Laissez refroidir le moule 15 minutes sur une grille.

4. Entre-temps, faites fondre le reste de la margarine à feu modéré dans une petite casserole épaisse. Incorporez le reste de la farine et laissez-la cuire 3-5 minutes en remuant sans arrêt. Ajoutez alors le **bouillon de poulet** et le reste de l'aneth ; prolongez la cuisson de 3-5 minutes en remuant toujours. Incorporez le reste du jus de citron, le **poivre blanc** et les **petits pois**. Couvrez et gardez au chaud.

5. Lorsque le pain est tiède, démoulez-le dans un plat chaud et servez-le, accompagné de la sauce en saucière. Donne 4 portions.

Une portion :

Calories	268	Protéines	24 g
Graisses	13 g	Hydrates de carbone	15 g
Graisses saturées	3 g	Sodium	475 mg
		Sucre ajouté	0
Cholestérol	33 mg	Fibres	1 g

Cioppino de fruits de mer à la californienne

Préparation : **15 min**
Cuisson : **55 min** (presque sans intervention)

GRAISSES SUCRE SODIUM

Ce plat d'inspiration italienne, que les Américains appellent « Medley », aurait vu le jour dans un restaurant du célèbre Fisherman's Wharf de San Francisco.

1   c. à soupe d'huile d'olive ou autre
1   gros oignon haché
3   gousses d'ail émincées
1   poivron vert moyen, paré, épépiné et détaillé en lanières de 6 mm (¼ po) de largeur
1   boîte (540 ml/19 oz) de tomates hyposodiques, concassées avec leur jus
1½ tasse de bouillon de poulet hyposodique
½   tasse de vin blanc sec
½   tasse de jus de palourde en bouteille
½   c. à thé chacune de basilic, de thym et d'origan séchés, émiettés
½   c. à thé de flocons de piment rouge
1   feuille de laurier
8   palourdes ou moules en coquilles, bien grattées
225 g (½ lb) de filets d'aiglefin, de flétan ou de morue, en morceaux de 4 cm (1½ po)
115 g (¼ lb) de gros pétoncles coupés en quatre
225 g (½) lb de crevettes décortiquées
3   c. à soupe de basilic ou de persil frais, haché

1. Dans une cocotte, faites chauffer l'**huile d'olive** 1 minute à feu modéré ; ajoutez l'**oignon**, l'**ail** et le **poivron vert** et laissez cuire 7 minutes en remuant pour que l'oignon soit doré.

2. Ajoutez les **tomates**, le **bouillon**, le **vin**, le **jus de palourde**, le **basilic**, le **thym**, l'**origan**, le **piment rouge** et le **laurier**. Couvrez et laissez mijoter 45 minutes.

3. Ajoutez les **palourdes** et, quand l'ébullition a repris, l'**aiglefin**, les **pétoncles** et les **crevettes**. Laissez mijoter 3-5 minutes sans couvrir, en remuant, jusqu'à ce que les palourdes s'ouvrent. Ôtez le laurier et toute palourde qui serait restée fermée. Servez dans des bols et saupoudrez de **basilic frais**. Donne 4 portions.

Une portion :

Calories	241	Protéines	33 g
Graisses	6 g	Hydrates de carbone	13 g
Graisses saturées	1 g	Sodium	377 mg
		Sucre ajouté	0
Cholestérol	131 mg	Fibres	2 g

Brochettes de pétoncles

Fruits de mer aux gombos

Vous pouvez remplacer huîtres et crevettes par d'autres mollusques et crustacés ou tout simplement par des filets de poisson détaillés en morceaux.

2   c. à soupe de margarine non salée
2   oignons moyens, hachés
1   gousse d'ail émincée
1   petit poivron vert haché
1   côte de céleri hachée
2   c. à soupe de farine
3   tasses de bouillon de poulet hyposodique
1   boîte (540 ml/19 oz) de tomates hyposodiques, concassées avec leur jus
½   tasse de jambon hyposodique haché (90 g/3 oz)

1   feuille de laurier
¼   c. à thé de tabasco
225 g (½ lb) de gombos frais, parés et tranchés, ou 1 paquet (250 g/8,8 oz) de gombos surgelés, tranchés
1   tasse de riz à longs grains
225 g (½ lb) de crevettes moyennes, décortiquées et déveinées
225 g (½ lb) de chair de crabe bien rincée
12   huîtres écaillées

Préparation :
20 min
Cuisson :
1 h 15
(presque sans intervention)

Une portion :

Calories	313
Graisses	11 g
Graisses saturées	2 g
Cholestérol	110 mg
Protéines	23 g
Hydrates de carbone	37 g
Sodium	325 mg
Sucre ajouté	0
Fibres	3 g

1. Dans une cocotte moyenne, faites fondre la **margarine** à feu modéré ; jetez-y les **oignons** et laissez-les cuire 5 minutes sans couvrir. Ajoutez l'**ail**, le **poivron vert** et le **céleri** et prolongez la cuisson de 5 minutes en remuant souvent. Ajoutez la **farine** et laissez cuire 1 minute de plus en remuant.

2. Jetez dans la cocotte le **bouillon**, les **tomates**, le **jambon**, la **feuille de laurier** et le **tabasco**. Amenez à ébullition, couvrez à demi et laissez mijoter 30 minutes. Ajoutez les **gombos** et poursuivez la cuisson à découvert 30 minutes.

3. Entre-temps, préparez le **riz** selon les instructions en omettant le sel.

4. Jetez les **crevettes** et le **crabe** dans la cocotte et cuisez 2 minutes pour que les crevettes virent au rose. Ajoutez alors les **huîtres**, le temps de les réchauffer. Servez individuellement autour d'une boule de riz. Donne 6 portions.

Conseil : La chair de crabe en morceaux convient bien aux salades et aux plats gratinés où vous voulez présenter de beaux morceaux ; pour les soupes et les ragoûts, la chair en miettes, moins chère, suffit.

Brochettes de pétoncles

Préparation : **10 min** et 4 h GRAISSES SUCRE SODIUM
de marinage   Cuisson : **5 min**

Voici un plat idéal à préparer la veille ; laissés à mariner pendant la nuit, les pétoncles se cuisent le lendemain en 5 minutes.

¼ tasse d'huile d'olive ou autre
2   c. à soupe de jus de citron
2   c. à soupe de persil haché
½   c. à thé de graine de fenouil écrasée
1   gousse d'ail hachée
    Zeste râpé de 1 petite orange
450 g (1 lb) de gros pétoncles
1   courgette moyenne (225 g/½ lb), détaillée en tranches de 6 mm (¼ po)
1   oignon rouge moyen, coupé en quatre et détaillé en petites pointes

1. Dans un bol moyen, fouettez ensemble l'**huile d'olive**, le **jus de citron**, le **persil**, la **graine de fenouil**, l'**ail** et le **zeste d'orange**. Ajoutez les **pétoncles**, remuez, couvrez et réfrigérez au moins 4 heures ou toute la nuit.

2. Allumez le grilloir. Enfilez les pétoncles sur quatre brochettes de métal légèrement huilées en alternant avec des morceaux de **courgette** et d'**oignon.**

3. Déposez les brochettes sur la grille d'une lèche-frite, placez celle-ci 10-12 cm (4-5 po) de l'élément et faites griller 5 minutes en retournant de temps à autre. Les pétoncles seront laiteux. Dressez-les dans des assiettes chaudes et servez avec du Riz brun aux noix (p. 168). Donne 4 portions.

Une portion :

Calories	244	Protéines	21 g
Graisses	15 g	Hydrates de carbone	7 g
		Sodium	188 mg
Graisses saturées	2 g	Sucre ajouté	0
Cholestérol	42 mg	Fibres	1 g

Conseil : *Les gros pétoncles sont généralement plus fins et plus succulents que les petits, lesquels ont toutefois l'avantage d'être moins chers.*

Crabe à la diable

Préparation : **20 min** GRAISSES SUCRE SODIUM
Cuisson : **17 min**

2   c. à soupe de margarine non salée
3   oignons verts, hachés fin
1   côte de céleri moyenne, hachée fin
1   c. à soupe de farine
⅔   tasse de lait écrémé
2   c. à thé de moutarde de Dijon ou de moutarde brune préparée
1   c. à thé de jus de citron
⅛   c. à thé de cayenne
450 g (1 lb) de chair de crabe fraîche, en boîte ou décongelée, bien rincée pour éliminer les résidus de carapace ou de cartilage
1   c. à soupe de persil haché
¼   tasse de chapelure
    Écorce de citron (facultatif)

1. Allumez le grilloir. Dans une casserole épaisse, faites fondre 1 c. à soupe de **margarine** à feu modéré ; ajoutez les **oignons verts** et le **céleri** et faites-les cuire 5 minutes. Quand ils sont tendres, ajoutez la **farine** et, 3 minutes après, le **lait.** Prolongez la cuisson de 5 minutes en remuant constamment pour que la sauce soit épaisse et onctueuse.

2. Retirez du feu et incorporez la **moutarde,** le **jus de citron**, le **cayenne**, la **chair de crabe** et le **persil.** Réservez.

3. Faites fondre le reste de la margarine dans une petite casserole à feu modéré ; incorporez la **chapelure** et réservez.

4. Répartissez la préparation au crabe dans quatre coquilles saint-jacques ou quatre petits ramequins. Répartissez également la chapelure.

5. Placez les coquilles à 18-23 cm (7-9 po) du grilloir et laissez gratiner 3-4 minutes. Garnissez à volonté d'**écorce de citron.** Donne 4 portions.

Une portion :

Calories	210	Protéines	22 g
Graisses	8 g	Hydrates de carbone	10 g
		Sodium	390 mg
Graisses saturées	1 g	Sucre ajouté	0
Cholestérol	115 mg	Fibres	1 g

Cocktail de crevettes épicées

Préparation : **10 min**
et 4 h de marinage
Cuisson : **10 min**

GRAISSES SUCRE **SODIUM**

Comme ce plat se prépare à l'avance, il convient parfaitement comme entrée pour une réception. Il peut aussi servir de plat de résistance ou d'amuse-gueule.

2   c. à soupe d'huile végétale
450 g (1 lb) de crevettes décortiquées et déveinées
2   oignons verts hachés, queues réservées
2   minces tranches de gingembre frais ou ¼ c. à thé de gingembre moulu
¾   tasse de bouillon de poulet hyposodique
3   c. à soupe de ketchup hyposodique
2   c. à soupe de vinaigre de cidre
2   c. à soupe de xérès sec ou de vin blanc sec
1   c. à thé de sucre
⅛   c. à thé de cayenne
8   feuilles de laitue Iceberg ou Boston

1. Dans une poêle moyenne, réchauffez 1 c. à soupe d'**huile végétale** 1 minute à feu modérément vif. Jetez-y les **crevettes** et faites-les sauter 2 minutes en remuant. Réservez.

2. Versez dans la poêle le reste de l'huile et faites-y revenir 30 secondes les **oignons verts** et le **gingembre**. Ajoutez le **bouillon de poulet**, le **ketchup**, le **vinaigre**, le **xérès**, le **sucre** et le **cayenne** ; laissez mijoter en remuant 3 minutes.

3. Quand la sauce a épaissi, remettez les crevettes dans la poêle et prolongez la cuisson de 3 minutes. Versez le tout dans un bol, couvrez et réfrigérez 4 heures.

4. Au moment de servir, disposez les feuilles de **laitue** dans un plat et dressez les crevettes par-dessus. Hachez les queues d'oignons verts réservées et éparpillez-les sur les crevettes. Servez avec une Salade de légumes rôtis (p. 216). Donne 4 portions en plat principal.

Une portion :

Calories	199	Protéines	25 g
Graisses	10 g	Hydrates de carbone	4 g
Graisses saturées	2 g	Sodium	250 mg
Cholestérol	161 mg	Sucre ajouté	4 cal.
		Fibres	1 g

Homard à la chinoise

Préparation : **10 min**
Cuisson : **10 min**

GRAISSES SUCRE SODIUM

¼   tasse de xérès demi-doux ou de bouillon de poulet hyposodique
2   c. à soupe de sauce soja hyposodique
1   c. à soupe de fécule de maïs
⅛   c. à thé de flocons de piment rouge
1   c. à soupe d'huile d'olive
1   morceau de 2,5 cm (1 po) de gingembre frais, pelé et émincé
½   poivron rouge moyen, paré, épépiné et détaillé en morceaux de 2,5 cm (1 po)
115 g (¼ lb) de pois mange-tout frais, parés et débarrassés de leur fil, ou décongelés
115 g (¼ lb) de petits champignons, coupés en deux
½   tasse de châtaignes d'eau tranchées
450 g (1 lb) de chair de homard, coupée en gros morceaux

1. Dans un petit bol, fouettez ensemble le **xérès**, la **sauce soja**, la **fécule de maïs** et le **poivre rouge** pour composer la sauce.

2. Dans une poêle moyenne, réchauffez l'**huile d'olive** 1 minute à feu modérément vif ; jetez-y le **gingembre** et laissez-le cuire 3-4 minutes. Quand il est doré, réservez-le.

3. Dans la même poêle, faites sauter le **poivron rouge** 2 minutes ; ajoutez les **pois mange-tout**, les **champignons** et les **châtaignes** et faites sauter 2 minutes de plus ; les légumes doivent demeurer croquants.

4. Ajoutez alors la sauce au xérès, la chair de **homard** et le gingembre et laissez épaissir 2-3 minutes de plus. Servez avec du riz. Donne 4 portions.

Une portion :

Calories	194	Protéines	23 g
Graisses	5 g	Hydrates de carbone	12 g
Graisses saturées	0	Sodium	547 mg
Cholestérol	96 mg	Sucre ajouté	0
		Fibres	1 g

Plats de résistance végétariens

On sait aujourd'hui qu'un plat principal peut être élégant et substantiel sans pour autant comporter de la viande, de la volaille ou du poisson. Il suffit de combiner des haricots, des pois ou d'autres légumineuses avec des céréales de blé, de maïs ou d'orge pour que l'apport en protéines soit égal à celui de la viande. Cette section vous familiarisera avec les principes de la cuisine végétarienne, laquelle, tout en restant économique et saine, permet d'étonnantes variations.

Ragoût de lentilles minceur

Gratin de nouilles au chou

115 g (4 oz) de tagliatelles
1 c. à soupe de margarine non salée
1 oignon moyen, tranché
1 petit chou (450 g/1 lb), paré et détaillé en tranches de 6 mm (¼ po)
1 c. à thé de graine de carvi
½ c. à thé de graine de céleri
⅓ tasse de vin blanc sec ou d'eau

2 tasses de bouillon de poulet hyposodique
2 c. à soupe de farine
½ tasse de yogourt
2 c. à soupe de crème sure
2 c. à soupe de vinaigre de cidre
2 c. à soupe de parmesan râpé
2 c. à soupe de chapelure fine
¼ tasse d'amandes effilées

GRAISSES SUCRE **SODIUM**

Préparation :
10 min
Cuisson :
50 min
(presque sans intervention)

Une portion :

Calories	308
Graisses	14 g
Graisses saturées	4 g
Cholestérol	34 mg
Protéines	12 g
Hydrates de carbone	39 g
Sodium	143 mg
Sucre ajouté	0
Fibres	2 g

1. Préchauffez le four à 190℃ (375°F). Faites cuire les **tagliatelles** selon les instructions, mais en omettant le sel. Égouttez et réservez.

2. Faites fondre la **margarine** à feu modéré dans une grande casserole ; mettez-y l'**oignon** et faites revenir 5 minutes à découvert. Dès qu'il est tendre, ajoutez le **chou**, la **graine de carvi** et la **graine de céleri**. Après 1 minute, versez le **vin**, couvrez et laissez mijoter 10 minutes ou jusqu'à ce que le chou soit tendre.

3. Fouettez ensemble le **bouillon de poulet** et la **farine** ; versez dans le chou et baissez la chaleur. Laissez épaissir 2-3 minutes en remuant, à feu modérément doux. Incorporez alors le **yogourt**, la **crème sure** et le **vinaigre**, mélangez et ajoutez les tagliatelles.

4. Déposez la préparation dans un plat à four peu profond et non graissé ; recouvrez de **parmesan** et de **chapelure**. Enfournez et laissez cuire 20 minutes à découvert. Saupoudrez avec les **amandes** et prolongez la cuisson de 10-15 minutes pour que le plat soit bien gratiné. Donne 4 portions.

Haricots au four

2 c. à soupe d'huile d'arachide ou de maïs
2 oignons moyens, hachés fin
4 gousses d'ail hachées
1 petit poivron, rouge ou vert, paré, épépiné et haché fin
2 carottes moyennes, pelées et hachées fin
1 c. à soupe de gingembre frais, haché, ou ¼ c. à thé de gingembre moulu
½ c. à thé de flocons de piment rouge

2 tasses de haricots pinto, cuits et égouttés
¼ tasse de mélasse
2 c. à thé de moutarde sèche
1 c. à soupe de vinaigre de vin rouge
2 c. à thé de concentré de tomate hyposodique
¾ c. à thé de thym séché
2 lanières d'écorce d'orange
4 tranches de pumpernickel (ou autre type de pain noir)

GRAISSES SUCRE **SODIUM**

Préparation :
20 min
Cuisson :
3 heures
(presque sans intervention)

Une portion :

Calories	393
Graisses	8 g
Graisses saturées	1 g
Cholestérol	0
Protéines	14 g
Hydrates de carbone	69 g
Sodium	208 mg
Sucre ajouté	46 cal.
Fibres	9 g

1. Préchauffez le four à 160℃ (325°F). Dans une grande cocotte, réchauffez l'**huile d'arachide** 1 minute à feu modérément doux ; jetez-y les **oignons**, l'**ail**, le **poivron rouge**, les **carottes**, le **gingembre** et le **piment rouge**. Couvrez et laissez cuire 30 minutes ou jusqu'à ce que les légumes soient à point.

2. Ajoutez alors les **haricots**, la **mélasse**, la **moutarde**, le **vinaigre**, le **concentré de tomate**, le **thym** et l'**écorce d'orange**. Mouillez d'eau à hauteur.

3. Couvrez la cocotte, enfournez-la et prévoyez 2 h 30 de cuisson. Au bout de 1 heure, ajoutez de l'eau au besoin. Retirez l'écorce d'orange et servez sur des tranches de **pain noir**. Donne 4 portions.

Gratin de nouilles au chou

Pain de légumes et d'orge, sauce à l'aneth

Ce pain savoureux sert quatre personnes en plat principal, huit en entrée ;
on peut faire cuire l'orge la veille.

GRAISSES SUCRE SODIUM

Enduit végétal antiadhésif
½ tasse d'orge mondé
1 c. à soupe de margarine non salée
1 oignon moyen, haché fin
115 g (¼ lb) de champignons, hachés fin
2 courgettes moyennes (225 g/ ½ lb chacune), râpées
2 carottes moyennes, râpées

¾ tasse de cheddar râpé (90 g/3 oz)
4 gros blancs d'œufs
¼ tasse d'aneth frais, haché, ou 1 c. à thé d'aneth séché
½ c. à thé de thym séché
¾ c. à thé de zeste de citron râpé
½ tasse de yogourt partiellement écrémé

Préparation :
20 min
Cuisson :
1 h 50
(presque sans intervention)

Une portion :

Calories	280
Graisses	11 g
Graisses saturées	5 g
Cholestérol	25 mg
Protéines	14 g
Hydrates de carbone	32 g
Sodium	221 mg
Sucre ajouté	0
Fibres	2 g

1. Préchauffez le four à 180°C (350°F). Vaporisez un moule à pain d'**enduit antiadhésif**.

2. Faites cuire l'**orge** selon les instructions en omettant le sel. Quand il est à point, en 40 minutes environ, égouttez-le soigneusement.

3. Entre-temps, faites fondre la **margarine** à feu modéré dans une poêle moyenne ; faites-y revenir l'**oignon**, les **champignons**, les **courgettes** et les **carottes** en remuant pendant 5 minutes ou jusqu'à ce que l'oignon soit tendre.

4. Déposez les légumes dans un grand bol, ajoutez l'orge, le **cheddar**, les **blancs d'œufs**, la moitié de l'**aneth**, le **thym** et le **zeste de citron**. Mélangez et placez la préparation dans le moule à pain ; tapotez-le légèrement sur le comptoir pour en tasser le contenu et faire sortir les bulles d'air.

5. Couvrez de papier d'aluminium, enfournez et faites cuire 45 minutes ; découvrez et prolongez la cuisson de 25 minutes ; le pain est à point quand il est brun et se détache du moule. Posez le moule sur une grille et laissez tiédir.

6. Dans l'intervalle, incorporez le reste de l'aneth au **yogourt**. Pour servir, démoulez le pain et nappez-le de yogourt. Donne 4 portions.

Conseil : *Pour séparer un œuf sans risque, cassez-le dans un entonnoir au-dessus d'un bol ; le blanc glissera dans le bol et le jaune restera dans l'entonnoir.*

Poivrons farcis aux artichauts

4 poivrons verts moyens, parés et épépinés

115 g/4 oz d'orge ou de petits macaronis en coudes

1 boîte (255 g/9 oz) de cœurs d'artichauts

2 oignons verts, hachés fin

2 c. à soupe d'aneth frais, haché, ou de persil

115 g/4 oz de feta, rincé et émietté

¾ tasse de bouillon de poulet hyposodique

1 gros œuf

2 c. à soupe de jus de citron

⅛ c. à thé de poivre noir

GRAISSES SUCRE SODIUM

Préparation :
15 min
Cuisson :
40 min
(presque sans intervention)

Une portion :

Calories	*250*
Graisses	*9 g*
Graisses saturées	*5 g*
Cholestérol	*94 mg*
Protéines	*12 g*
Hydrates de carbone	*33 g*
Sodium	*378 mg*
Sucre ajouté	*0*
Fibres	*2 g*

1. Préchauffez le four à 190°C (375°F). Dans une grande casserole, faites cuire les **poivrons verts** à découvert 4 minutes dans de l'eau bouillante non salée. Égouttez-les en les renversant sur des serviettes de papier.

2. Faites cuire l'**orge** selon les instructions en omettant le sel. Égouttez-le ainsi que les **cœurs d'artichauts**. Pour composer la farce, mélangez ces deux ingrédients avec les **oignons verts**, l'**aneth** et la moitié du **feta**.

3. Amenez le **bouillon de poulet** à ébullition sur un feu modéré. Travaillez l'**œuf** et le **jus de citron** 5 secondes au robot ou au mixer et, pendant que l'appareil fonctionne, incorporez ⅓ tasse de bouillon de poulet et le **poivre noir**. Incorporez ensuite cette sauce à la farce.

4. Déposez les poivrons dans un plat à four ; farcissez-les et recouvrez avec le reste du feta. Versez le reste du bouillon dans le fond du plat.

5. Enfournez et laissez cuire 30 minutes à découvert en arrosant les poivrons de temps à autre. Donne 4 portions.

Moussaka végétarienne

2 c. à soupe de jus de citron

1 c. à soupe d'huile d'olive

1 aubergine moyenne (450 g/ 1 lb), non pelée, coupée en deux sur la longueur, puis en tranches de 6 mm (¼ po)

2 boîtes (213 ml/7½ oz chacune) de sauce tomate hyposodique

1 boîte (298 ml/14 oz) de tomates hyposodiques, égouttées et concassées

2 gousses d'ail hachées

¼ c. à thé chacune de flocons de piment rouge, d'origan et de basilic séchés, émiettés

⅓ tasse de chapelure fine

¼ tasse de parmesan râpé

½ tasse de ricotta partiellement écrémée

¼ tasse de mozzarella partiellement écrémée, râpée (30 g/1 oz)

GRAISSES SUCRE SODIUM

Préparation :
20 min
Cuisson :
51 min
(presque sans intervention)

Une portion :

Calories	*240*
Graisses	*10 g*
Graisses saturées	*4 g*
Cholestérol	*18 mg*
Protéines	*12 g*
Hydrates de carbone	*29 g*
Sodium	*270 mg*
Sucre ajouté	*0*
Fibres	*3 g*

1. Allumez le grilloir. Dans un petit bol, mélangez le **jus de citron** et l'**huile d'olive**. Badigeonnez-en les tranches d'**aubergine** avant de les déposer côte à côte sur une plaque antiadhésive. Faites-les griller à 12-15 cm (5-6 po) de l'élément 2 minutes et demie de chaque côté pour qu'elles soient bien dorées.

2. Réglez le thermostat du four à 180°C (350°F). Dans un bol moyen, mélangez la **sauce tomate**, les **tomates**, l'**ail**, le **piment rouge**, l'**origan** et le **basilic**. Dans un petit bol, associez la **chapelure** et le **parmesan**.

3. Déposez le tiers de la sauce dans le fond d'un plat à four moyen ; répandez-y la moitié de la chapelure, couvrez avec la moitié des tranches d'aubergine puis la moitié de la **ricotta**. Répétez l'opération ; terminez avec le tiers de sauce qui reste. Distribuez la **mozzarella** en surface, enfournez et faites cuire 45 minutes.

4. Allumez de nouveau le grilloir et placez le plat à 12-15 cm (5-6 po) de l'élément. Laissez gratiner 1 minute. Donne 4 portions.

Crêpes aux épinards, sauce tomate

Vous pouvez assembler les crêpes plusieurs heures d'avance ou préparer tout le plat et le réfrigérer ou le congeler.

¾ **tasse de farine tout usage tamisée**
1 **tasse de lait écrémé**
1 **c. à soupe d'huile végétale**
1 **gros œuf**
2 **gros blancs d'œufs**
350 **g (¾ lb) d'épinards frais, cuits, hachés et égouttés ou 1 paquet (300 g/10½ oz) d'épinards hachés surgelés, décongelés et égouttés**

1½ **tasse de fromage Cottage partiellement écrémé**
¼ **tasse de parmesan râpé**
⅛ **c. à thé de muscade**
⅛ **c. à thé de poivre noir**
1 **boîte (540 ml/19 oz) de tomates hyposodiques, concassées avec leur jus**
1 **c. à soupe de margarine non salée**
½ **c. à thé de basilic séché**

Préparation :
20 min et 2 h
de réfrigération
Cuisson :
28 min

Une portion :

Calories	310
Graisses	11 g
Graisses saturées	3 g
Cholestérol	77 mg
Protéines	24 g
Hydrates de carbone	30 g
Sodium	594 mg
Sucre ajouté	0
Fibres	3 g

Conseil : *La râpe à fromage se nettoiera beaucoup plus vite si vous la vaporisez d'enduit antiadhésif avant chaque usage.*

1. Préparez d'abord la pâte pour confectionner 12 crêpes. Déposez la **farine**, le **lait**, l'**huile végétale**, l'**œuf**, 1 **blanc d'œuf** et le tiers des **épinards** dans le bocal du mixer ou du robot. Travaillez-les 10-20 secondes. Couvrez et réfrigérez 2 heures. Couvrez et réfrigérez le reste des épinards.

2. Graissez légèrement un petit poêlon et réchauffez-le 30 secondes à feu modéré. Versez-y 3 c. à soupe de pâte et inclinez-le de tous côtés pour que la pâte s'étale. Faites cuire jusqu'à ce que les bords de la crêpe frisent et se colorent, soit 30 secondes environ. Retournez-la délicatement et faites-la cuire 10 secondes de plus pour qu'elle se colore. Posez-la sur une assiette et couvrez de papier paraffiné. Continuez ainsi en empilant les crêpes.

3. Préchauffez le four à 180°C (350°F). Pour composer la garniture, mélangez le reste des épinards, le deuxième blanc d'œuf, le **fromage Cottage,** le **parmesan**, la **muscade** et le **poivre.**

4. Déposez ¼ tasse de garniture au centre de chaque crêpe avant de l'enrouler. Placez les crêpes, ouverture dessous, côte à côte dans un plat à four légèrement graissé et faites cuire à découvert 20 minutes.

5. Entre-temps, faites mijoter les **tomates**, la **margarine** et le **basilic** 20 minutes à feu modéré dans une casserole moyenne pour que la sauce réduise. Au moment de servir, nappez-en les crêpes. Donne 4 portions.

Moussaka végétarienne

135

Coquille de couscous aux sept légumes

Épinards en couronne, sauce aux haricots blancs

900 g (2 lb) d'épinards frais, parés
et hachés, ou 2 paquets (300 g/
10½ oz chacun) d'épinards
hachés surgelés, décongelés et
égouttés
4 c. à thé d'huile d'olive
2 c. à soupe de farine
¾ tasse de lait écrémé
¼ tasse de parmesan râpé
1 gros jaune d'œuf

Enduit végétal antiadhésif
2 gros blancs d'œufs
1½ tasse de haricots blancs, cuits
et égouttés
¾ tasse d'eau
2 c. à soupe de yogourt
partiellement écrémé
1 c. à soupe de jus de citron
¼ c. à thé de sel
⅛ c. à thé de cayenne

GRAISSES SUCRE SODIUM

Préparation :
10 min
Cuisson :
36 min
(presque sans
intervention)

Une portion :

Calories	233
Graisses	9 g
Graisses saturées	2 g
Cholestérol	74 mg
Protéines	16 g
Hydrates de carbone	25 g
Sodium	382 mg
Sucre ajouté	0
Fibres	5 g

1. Préchauffez le four à 180°C (350°F). Mettez les **épinards** dans une poêle moyenne avec 2 c. à thé d'**huile d'olive.** Couvrez et faites cuire 2 minutes à feu modéré. Découvrez et prolongez la cuisson de 2 minutes en remuant pour que l'eau végétale des épinards s'évapore.

2. Dans une casserole moyenne, mélangez au fouet la **farine** et le **lait** et faites épaissir cet apprêt 4 minutes à feu modéré. Retirez du feu et incorporez le **parmesan,** le **jaune d'œuf** et les épinards.

3. Vaporisez un moule en couronne d'**enduit antiadhésif.** Fouettez les **blancs d'œufs** pour qu'ils soient fermes mais non secs. Incorporez-en le quart aux épinards, puis ajoutez le reste en pliant seulement la préparation. Faites-la passer dans le moule et lissez la surface à la spatule.

4. Enfournez et laissez cuire 25 minutes à découvert ; l'apprêt doit être ferme au toucher. Laissez refroidir le moule 5 minutes sur une grille. Avec un petit couteau, dégagez la couronne et démoulez-la dans une assiette.

5. Travaillez en purée les **haricots blancs** avec le reste de l'huile d'olive, l'**eau**, le **yogourt**, le **jus de citron**, le **sel** et le **cayenne** 15 secondes au robot ou au mixer. Réchauffez cette sauce 3-5 minutes dans une petite casserole et nappez-en la couronne d'épinards. Donne 4 portions.

Conseil : *Vous ne gaspillez pas quand vous jetez les jaunes d'œufs non utilisés. La plupart des éléments nutritifs, notamment les protéines, se trouvent dans le blanc d'œuf ; le jaune ne renferme guère que des corps gras et du cholestérol.*

Coquille de couscous aux sept légumes

Préparation : **20 min** GRAISSES SUCRE SODIUM
Cuisson : **1 h 20** (presque sans intervention)

1½ tasse de bouillon de poulet hyposodique
1 tasse de couscous ou de farine de maïs jaune
1 boîte (598 ml/19 oz) de tomates hyposodiques, concassées avec leur jus
1 oignon moyen, tranché mince
4 champignons moyens, en fines lamelles
1 petit poivron rouge ou vert paré, épépiné et taillé sur la longueur en fines lanières
1 courge moyenne (225 g/½ lb), tranchée mince
2 carottes moyennes, tranchées mince
1 tasse de bouquets de brocoli
½ tasse de pois chiches, cuits et égouttés
1½ c. à thé de basilic séché, émietté
¼ c. à thé de poivre noir

1. Préchauffez le four à 180°C (350°F). Dans une casserole moyenne, amenez le **bouillon de poulet** à ébullition sur un feu modérément vif. Retirez-le du feu, jetez-y le **couscous** et remuez sans arrêt à la fourchette ou au fouet pendant 5 minutes ou jusqu'à épaississement.

2. Pour former la coquille, graissez un bol de 2 litres (8 tasses) allant au four. Avec une cuiller de service ou avec vos mains préalablement mouillées, foncez le plat avec le couscous, jusqu'à 1,5 cm (½ po) du bord.

3. Dans une casserole moyenne, réchauffez les **tomates** à feu modérément doux ; quand elles mijotent, ajoutez l'**oignon**, les **champignons**, le **poivron rouge**, la **courge**, les **carottes**, le **brocoli**, les **pois chiches**, le **basilic** et le **poivre noir.** Couvrez et laissez mijoter 5 minutes.

4. Quand les légumes sont à point mais encore croquants, disposez-les dans la coquille de couscous ; couvrez de papier d'aluminium et laissez cuire 1 heure au four. Servez à même le plat ou laissez tiédir 15 minutes avant de démouler. Donne 4 portions.

Une portion :

Calories	292	Protéines	13 g
Graisses	3 g	Hydrates de carbone	49 g
Graisses saturées	2 g	Sodium	59 mg
Cholestérol	0	Sucre ajouté	0
		Fibres	4 g

Courgettes farcies aux épinards et à la ricotta

Préparation : **20 min** GRAISSES SUCRE SODIUM
Cuisson : **34 min**

Pour la demi-recette, employez un petit œuf.

4 courgettes moyennes (900 g/2 lb)
2 c. à thé d'huile d'olive
1 oignon moyen, haché fin
4 gousses d'ail, hachées
450 g (1 lb) d'épinards frais, parés et hachés, ou 1 paquet (300 g/10½ oz) d'épinards hachés surgelés, décongelés et égouttés
¼ c. à thé de poivre noir
⅛ c. à thé de muscade
1 tasse de ricotta partiellement écrémée
¼ tasse de parmesan râpé
1 gros œuf
2 c. à soupe de raisins secs
1 c. à soupe de noix hachées

1. Coupez les **courgettes** en deux sur la longueur. Avec une cuiller, évidez-les en gardant une coquille de 6 mm (¼ po) d'épaisseur. Placez-les dans une casserole avec de l'eau bouillante à hauteur et faites-les cuire 4 minutes environ. Quand elles sont tendres, passez-les à l'eau froide pour arrêter la cuisson puis laissez-les égoutter à l'envers.

2. Dans une poêle moyenne, réchauffez l'**huile d'olive** 1 minute à feu modéré ; jetez-y l'**oignon** et l'**ail** et faites-les revenir à découvert 5 minutes. Quand l'oignon est tendre, ajoutez les **épinards**, le **poivre** et la **muscade,** couvrez et prolongez la cuisson de 2 minutes. Découvrez et laissez cuire 2 minutes de plus pour que l'eau végétale des épinards s'évapore.

3. Retirez du feu, laissez tiédir 10 minutes et incorporez la **ricotta**, le **parmesan**, l'**œuf**, les **raisins secs** et les **noix.**

4. Portez le four à 180°C (350°F). Déposez les courgettes évidées côte à côte dans une lèche-frite et farcissez-les d'épinards. Enfournez et faites cuire 20 minutes à découvert. Donne 4 portions.

Une portion :

Calories	212	Protéines	15 g
Graisses	12 g	Hydrates de carbone	15 g
Graisses saturées	5 g	Sodium	237 mg
Cholestérol	92 mg	Sucre ajouté	0
		Fibres	3 g

Riz aux haricots noirs

1 c. à soupe d'huile végétale
1 oignon moyen, haché fin
1 petit poivron rouge, paré, épépiné et haché fin
2 gousses d'ail hachées
1¾ tasse de haricots noirs, cuits et égouttés
½ tasse de riz à longs grains

1½ tasse de bouillon de poulet hyposodique
¼ c. à thé de flocons de piment rouge
¼ c. à thé de thym séché, émietté
1 feuille de laurier
½ tasse de cheddar râpé (60 g/2 oz)

1. Dans une grande casserole, réchauffez l'**huile végétale** 1 minute à feu modéré ; faites-y revenir l'**oignon** et le **poivron rouge** 5 minutes en remuant.

2. Quand l'oignon est tendre, ajoutez l'**ail**, les **haricots noirs**, le **riz**, le **bouillon de poulet**, le **piment rouge**, le **thym** et le **laurier** et amenez au point d'ébullition. Réglez la chaleur pour que la préparation mijote doucement. Couvrez et prévoyez 20 minutes de cuisson.

3. Quand le riz est à point, retirez le laurier ; servez dans des assiettes chaudes et saupoudrez de **cheddar**. Donne 4 portions.

GRAISSES SUCRE SODIUM

Préparation :
15 min
Cuisson :
26 min
(presque sans intervention)

Une portion :

Calories	*321*
Graisses	*11 g*
Graisses saturées	*3 g*
Cholestérol	*7 mg*
Protéines	*14 g*
Hydrates de carbone	*45 g*
Sodium	*99 mg*
Sucre ajouté	*0*
Fibres	*6 g*

Ragoût de lentilles minceur

Cette recette sert huit convives, mais vous pouvez fort bien en réfrigérer ou en congeler la moitié pour l'utiliser plus tard. Si vous l'accompagnez de riz blanc ou brun, vous augmentez sa teneur en protéines de 3 g par portion.

1 tasse de lentilles sèches, lavées et triées
4 tasses de bouillon de bœuf hyposodique ou d'eau
1 oignon moyen, haché
2 gousses d'ail hachées
2 grosses côtes de céleri détaillées en dés
4 carottes moyennes, coupées en tronçons
2 boîtes (540 ml/19 oz chacune) de tomates hyposodiques, concassées avec leur jus

1 c. à thé de romarin séché
¼ c. à thé de poivre noir
2 c. à soupe de margarine non salée
8 petits oignons blancs pelés
115 g (¼ lb) de petits champignons coupés en deux
4 pommes de terre moyennes (450 g/1 lb), pelées et détaillées en gros dés

1. Dans une grande marmite, mettez les **lentilles**, le **bouillon de bœuf**, l'**oignon**, l'**ail**, le **céleri**, la moitié des **carottes**, les **tomates**, le **romarin** et le **poivre** et amenez-les au point d'ébullition à feu modéré. Réglez la chaleur pour que le ragoût mijote doucement, couvrez et laissez cuire 35 minutes.

2. Entre-temps, mettez la **margarine** dans une grande poêle et faites-y cuire le reste des carottes et les **petits oignons** 5-8 minutes à feu modérément vif, sans couvrir. Quand ils sont dorés, ajoutez les **champignons** et prolongez la cuisson de 2-3 minutes en remuant.

3. Jetez ces légumes ainsi que les **pommes de terre** dans la marmite, couvrez et prévoyez 20-25 minutes de cuisson pour que les lentilles et les pommes de terre soient à point. Servez avec du riz blanc ou brun. Donne 8 portions.

GRAISSES SUCRE SODIUM

Préparation :
20 min
Cuisson :
1 h 10
(presque sans intervention)

Une portion :

Calories	*204*
Graisses	*4 g*
Graisses saturées	*1 g*
Cholestérol	*0*
Protéines	*9 g*
Hydrates de carbone	*35 g*
Sodium	*52 mg*
Sucre ajouté	*0*
Fibres	*3 g*

Sauté de légumes au tofu

Préparation : **20 min**
Cuisson : **20 min**

GRAISSES SUCRE SODIUM

1	**tasse de riz à longs grains**
1	**c. à thé de graine de sésame**
1	**c. à soupe d'huile d'arachide ou autre**
2	**c. à thé de gingembre haché ou ¼ c. à thé de gingembre moulu**
2	**gousses d'ail hachées**
1	**oignon moyen, détaillé en tranches de 6 mm (¼ po)**
1	**côte de céleri moyenne, coupée en julienne**
2	**carottes moyennes, coupées en julienne**
1	**courgette moyenne (225 g/½ lb), détaillée en tranches de 6 mm (¼ po)**
450	**g (1 lb) de tofu ferme, détaillé en dés de 2,5 cm (1 po)**
¾	**tasse de bouillon de poulet hyposodique**
1	**c. à soupe de sauce soja hyposodique**
1	**c. à soupe de xérès ou de vin blanc sec**
2	**c. à thé de fécule de maïs**
1	**c. à thé d'huile de sésame ou d'arachide**

1. Préchauffez le four à 160℃ (325℉). Faites cuire le **riz** selon les instructions en omettant le sel.

2. Entre-temps, étalez la **graine de sésame** dans une assiette à tarte et faites-la dorer à découvert au four pendant 10 minutes en remuant fréquemment l'assiette.

3. Dans une poêle moyenne, chauffez l'**huile d'arachide** 1 minute à feu modérément vif ; faites-y revenir le **gingembre** et l'**ail** 30 secondes. Ajoutez l'**oignon**, le **céleri** et les **carottes** et, après 1 minute, la **courgette**, le **tofu**, ½ tasse de **bouillon de poulet** et la **sauce soja.** Couvrez et laissez mijoter le temps qu'il faut pour que les légumes soient à point. Retirez-les avec une écumoire et réservez-les dans un bol couvert.

4. Dans un petit bol, mélangez le reste du bouillon, le **xérès**, la **fécule** et l'**huile de sésame ;** incorporez au jus de cuisson et faites épaissir le tout à feu modéré 3 minutes en remuant.

5. Dressez le riz dans un plat et recouvrez avec les légumes. Arrosez de sauce et décorez de graine de sésame. Donne 4 portions.

Une portion :

Calories	*262*	*Protéines*	*14 g*
		Hydrates de carbone	*32 g*
Graisses	*11 g*	*Sodium*	*194 mg*
Graisses saturées	*2 g*	*Sucre ajouté*	*0*
Cholestérol	*0*	*Fibres*	*1 g*

Sauté de légumes au tofu

Courge spaghetti à l'italienne

1 **grosse courge spaghetti (1,8 kg/4 lb)**
1 **c. à soupe d'huile d'olive**
1 **oignon moyen, haché fin**
350 **g (¾ lb) de champignons tranchés**
⅓ **tasse de vin blanc sec ou d'eau**
1 **boîte (398 ml/14 oz) de sauce tomate hyposodique**
1 **boîte (540 ml/19 oz) de tomates hyposodiques, mises en purée dans leur jus**

2 **gousses d'ail hachées**
¼ **c. à thé chacune de basilic, de romarin et de thym séchés**
¼ **c. à thé de poivre noir**
3 **carottes moyennes, tranchées**
2½ **tasses de bouquets de brocoli**
1 **petite courgette (115 g/¼ lb) tranchée**
¼ **tasse de parmesan râpé**
2 **c. à soupe de persil haché**
1 **c. à soupe de graine de tournesol non salée, rôtie**

GRAISSES SUCRE SODIUM

Préparation :
20 min
Cuisson :
1 h
(presque sans intervention)

Une portion :

Calories	*345*
Graisses	*13 g*
Graisses saturées	*2 g*
Cholestérol	*3 mg*
Protéines	*13 g*
Hydrates de carbone	*54 g*
Sodium	*226 mg*
Sucre ajouté	*0*
Fibres	*3 g*

Conseil : *Le persil reste frais deux semaines si, après l'avoir lavé et asséché, vous le conservez au réfrigérateur dans un bocal à couvercle qui visse.*

1. Portez le four à 180°C (350°F). Incisez la **courge** en plusieurs endroits avec un petit couteau. Mettez-la sur une plaque et laissez-la cuire au four 1 h 15 ou jusqu'à ce qu'elle soit tendre à la fourchette. Laissez-la tiédir 15 minutes.

2. Entre-temps, chauffez l'**huile d'olive** 1 minute à feu modéré dans une casserole moyenne. Faites-y revenir l'**oignon** à découvert 5 minutes. Ajoutez les **champignons** et le **vin,** et couvrez la poêle. Après 3 minutes, incorporez la **sauce tomate,** les **tomates, l'ail,** le **basilic,** le **romarin,** le **thym** et le **poivre.** En couvrant la poêle entre chaque opération, ajoutez les **carottes** après 3 minutes, le **brocoli** après 3 autres minutes et finalement la **courgette,** qui devrait être tendre au bout de 2 minutes.

3. Coupez la courge spaghetti en deux sur la longueur et retirez-en la semence. À l'aide d'une fourchette, grattez-en la chair et déposez celle-ci dans un plat. Réchauffez les légumes au besoin et déposez-les sur la courge. Parsemez de **fromage,** de **persil** et de **graine de tournesol.** Donne 4 portions.

Courge spaghetti à l'italienne

Chili sin carne au riz

Avec une salade verte, ce chili sans viande constitue un repas complet, riche en protéines.

1	c. à soupe d'huile végétale
1	gros oignon haché
1	carotte moyenne, hachée
3	gousses d'ail hachées
1	poivron vert moyen, haché
½	tasse de lentilles sèches, lavées et triées
2	c. à thé ou davantage d'assaisonnement au chile
1	c. à thé de cumin moulu
1	feuille de laurier
⅛	c. à thé de cayenne
1	boîte (540 ml/19 oz) de tomates hyposodiques, concassées avec leur jus
½	tasse chacune de pois chiches, de haricots noirs et de haricots pinto, cuits et égouttés
¾	tasse de riz à longs grains

Préparation :
15 min
Cuisson :
51 min
(presque sans intervention)

Une portion :

Calories	411
Graisses	5 g
Graisses saturées	1 g
Cholestérol	0
Protéines	17 g
Hydrates de carbone	75 g
Sodium	52 mg
Sucre ajouté	0
Fibres	7 g

1. Dans une grande cocotte, chauffez l'**huile végétale** 1 minute à feu modérément doux ; jetez-y l'**oignon**, la **carotte**, l'**ail** et le **poivron vert**. Couvrez et laissez cuire 10 minutes ou jusqu'à ce que les légumes soient tendres.

2. Ajoutez les **lentilles**, l'**assaisonnement au chile**, le **cumin**, le **laurier**, le **cayenne** et les **tomates** ainsi qu'un peu d'eau au besoin. Couvrez et laissez mijoter 10 minutes. Ajoutez les **pois chiches**, les **haricots noirs** et les **haricots pinto**, couvrez et prolongez la cuisson de 30 minutes ou jusqu'à ce que les lentilles soient à point.

3. Entre-temps, faites cuire le **riz** selon les instructions en omettant le sel. Dressez-le dans un plat et nappez de chili. Donne 4 portions.

Curry végétarien, sauce au yogourt

Avec sa sauce fraîche au yogourt, ce cari doux constitue un repas dans un plat.

1	c. à soupe de margarine non salée
1	gros oignon, haché fin
2	gousses d'ail hachées
2	c. à thé de cari
½	c. à thé de cannelle moulue
2	tasses de bouillon de poulet hyposodique
½	tasse de riz à longs grains
1	tomate moyenne, hachée
2	carottes moyennes, en dés
1	tasse de pois chiches, cuits et égouttés
½	tasse de raisins secs
1½	t. de fleurettes de chou-fleur
1	tasse de petits pois, frais ou surgelés
1	tasse de yogourt partiellement écrémé
½	tasse de concombre râpé
⅛	c. à thé de poivre noir
2	c. à thé de jus de citron
2	c. à soupe de persil haché

Préparation :
20 min
Cuisson :
40 min
(presque sans intervention)

Une portion :

Calories	373
Graisses	8 g
Graisses saturées	2 g
Cholestérol	3 mg
Protéines	15 g
Hydrates de carbone	68 g
Sodium	99 mg
Sucre ajouté	0
Fibres	8 g

1. Dans une grande casserole, faites fondre la **margarine** à feu modéré ; faites-y revenir l'**oignon** 5 minutes à découvert. Quand il est tendre, ajoutez l'**ail**, le **cari** et la **cannelle** et cuisez 2 minutes de plus en remuant doucement.

2. Ajoutez le **bouillon de poulet**, le **riz**, la **tomate** et les **carottes**. Quand l'ébullition est prise, ajoutez les **pois chiches** et les **raisins secs**, couvrez et laissez mijoter 20 minutes. Mettez le **chou-fleur** et les **petits pois** et prolongez la cuisson de 10 minutes, toujours à couvert.

3. Pour la sauce, mélangez le **yogourt**, le **concombre** et le **poivre**.

4. Arrosez le cari de **jus de citron** et dressez-le dans un plat. Décorez de **persil**. Servez la sauce au yogourt en saucière. Donne 4 portions.

Lo Mein aux légumes

Préparation : **20 min**
Cuisson : **15 min**

GRAISSES SUCRE SODIUM

115 g (4 oz) de nouilles chinoises ou de nouilles fines aux œufs
1 c. à soupe d'huile d'arachide ou autre
3 oignons verts, hachés fin, leurs queues tranchées mince et réservées
2 gousses d'ail hachées
1 c. à thé de gingembre frais, haché ou ¼ c. à thé de gingembre moulu
2 côtes de céleri moyennes, tranchées mince
2 carottes moyennes, tranchées mince
115 g (¼ lb) de champignons, tranchés mince
1 tasse de bouillon de poulet hyposodique ou d'eau
2 tasses de bouquets de brocoli
1 c. à soupe de fécule de maïs
1 c. à soupe de sauce soja hyposodique
1 c. à soupe de xérès sec
1 c. à thé d'huile de sésame ou d'arachide
½ c. à thé de sucre
225 g (½ lb) de tofu ferme, coupé en dés

1. Faites cuire les **nouilles** selon les instructions en omettant le sel ; égouttez et réservez.

2. Dans une grande poêle, réchauffez l'**huile d'arachide** 1 minute à feu modérément vif. Faites sauter les **oignons verts**, l'**ail** et le **gingembre** 30 secondes. Ajoutez le **céleri**, les **carottes** et les **champignons** et faites-les sauter 2 minutes. Versez ½ tasse de **bouillon de poulet**, couvrez et faites étuver 3 minutes. Ajoutez le **brocoli**, faites étuver 2 minutes de plus.

3. Mettez le reste du bouillon de poulet dans un petit bol et ajoutez-lui la **fécule**, la **sauce soja**, le **xérès**, l'**huile de sésame** et le **sucre**. Jetez le mélange dans la poêle en remuant constamment et laissez cuire 4 minutes à feu modéré pour que la sauce épaississe. Ajoutez les nouilles et le **tofu**, couvrez et laissez mijoter 2 minutes pour bien réchauffer le tofu.

4. Dressez la préparation dans un plat, remuez délicatement et parsemez de queues d'oignons. Donne 4 portions.

Une portion :

Calories	260	Protéines	12 g
Graisses	10 g	Hydrates de carbone	35 g
Graisses saturées	2 g	Sodium	217 mg
Cholestérol	27 mg	Sucre ajouté	2 cal.
		Fibres	2 g

Couscous aux légumes

Préparation : **20 min**
Cuisson : **1 h** (presque sans intervention)

GRAISSES SUCRE SODIUM

3 tasses de bouquets de chou-fleur (la moitié d'un gros chou-fleur)
1 c. à soupe d'huile d'olive
1 petit oignon, haché fin
3 gousses d'ail hachées
2 boîtes (540 ml/19 oz chacune) de tomates hyposodiques, égouttées et concassées
1 bâton de cannelle
¾ c. à thé de curcuma moulu
¾ c. à thé de gingembre moulu
½ c. à thé de paprika
½ c. à thé de poivre noir
1 poivron rouge moyen, paré, épépiné et détaillé en morceaux de 2,5 cm (1 po)
1 carotte moyenne, pelée, coupée en deux sur la longueur et tranchée mince
5 pruneaux dénoyautés, hachés
1 tasse d'eau froide
1 tasse de haricots verts, coupés en deux
1 tasse de pois chiches, cuits et égouttés
1½ tasse d'eau bouillante
1 tasse de couscous ou de riz à longs grains

1. Faites cuire le **chou-fleur** dans de l'eau bouillante non salée 4 minutes environ pour qu'il reste croquant ; égouttez-le.

2. Dans une grande poêle, chauffez l'**huile d'olive** 1 minute à feu modéré ; faites-y revenir l'**oignon** et l'**ail** 5 minutes. Quand ils sont tendres, ajoutez les **tomates**, la **cannelle**, le **curcuma**, le **gingembre**, le **paprika** et le **poivre noir**, et couvrez. Après 10 minutes, ajoutez le **poivron rouge**, la **carotte**, les **pruneaux** et ½ tasse d'**eau froide**. Après 15 autres minutes, ajoutez les **haricots verts** et le chou-fleur ; mouillez avec ½ tasse d'eau froide, et laissez cuire encore 20 minutes, toujours à couvert. Ajoutez les **pois chiches** et faites cuire 5 minutes de plus.

3. Après avoir ajouté les pois chiches au ragoût, jetez l'**eau bouillante** sur le **couscous**, couvrez et laissez reposer 5 minutes. Remuez le couscous à la fourchette pour en détacher les grains et dressez-le dans un plat. Servez les légumes sur le couscous. Donne 4 portions.

Une portion :

Calories	403	Protéines	15 g
Graisses	5 g	Hydrates de carbone	68 g
Graisses saturées	1 g	Sodium	58 mg
Cholestérol	0	Sucre ajouté	0
		Fibres	8 g

Fricassée de légumes à l'espagnole

Avec ses légumes colorés, ce plat simple à préparer peut s'apprêter d'avance et se sert très bien lors d'une réception.

1	c. à soupe d'huile d'olive
1	oignon moyen, haché
1	gousse d'ail hachée
1	tomate moyenne, hachée
1	poivron moyen, rouge ou vert, paré, épépiné et haché
1	petite pomme de terre, pelée et détaillée en dés
½	c. à thé de paprika
¼	c. à thé de cayenne
1	tasse de riz à longs grains

2	tasses de bouillon de poulet hyposodique
1	courgette moyenne (225 g/ ½ lb), coupée en quatre sur la longueur et détaillée en morceaux de 7,5 cm (3 po)
2	carottes moyennes, pelées, coupées en deux sur la longueur et détaillées en morceaux de 7,5 cm (3 po)
2	tasses de petits pois, frais ou surgelés

Préparation :
20 min
Cuisson :
32 min
(presque sans intervention)

Une portion :

Calories	353
Graisses	7 g
Graisses saturées	1 g
Cholestérol	0
Protéines	12 g
Hydrates de carbone	67 g
Sodium	53 mg
Sucre ajouté	0
Fibres	4 g

1. Dans une grande casserole, réchauffez l'**huile d'olive** 1 minute à feu modéré. Faites-y revenir l'**oignon** et l'**ail** 1 minute en remuant. Ajoutez la **tomate** et le **poivron rouge** et laissez cuire 3 minutes avant d'ajouter la **pomme de terre**, le **paprika** et le **cayenne**. Prolongez la cuisson de 2 minutes.

2. Mettez le **riz** et le **bouillon de poulet** dans la casserole et amenez à ébullition ; réglez le feu pour que le plat mijote doucement, couvrez et laissez cuire 15 minutes ; le riz doit absorber tout le liquide. Ajoutez alors la **courgette**, les **carottes** et les **petits pois**, couvrez et prolongez la cuisson de 10 minutes.

3. Dressez la préparation dans un grand plat chaud. Donne 4 portions.

Ragoût de haricots blancs

Ce plat substantiel est encore plus savoureux quand vous le préparez la veille. Les haricots Great Northern ou les petits haricots blancs font aussi l'affaire.

1	c. à soupe d'huile d'olive
2	gros oignons hachés
2	gousses d'ail hachées
2	grosses côtes de céleri, hachées fin
1	boîte (540 ml/19 oz) de tomates hyposodiques, concassées avec leur jus
1	courge moyenne (225 g/½ lb), tranchée mince
1	tasse de haricots de Lima, frais ou surgelés

½	tasse de vin blanc sec ou de bouillon de poulet hyposodique
1	feuille de laurier
¾	c. à thé chacune de thym, de basilic et de marjolaine
¼	c. à thé de poivre noir
⅛	c. à thé de cayenne
2	tasses de haricots blancs, cuits et égouttés
1	c. à thé de jus de citron
2	c. à soupe de persil haché

Préparation :
15 min
Cuisson :
21 min

Une portion :

Calories	257
Graisses	5 g
Graisses saturées	1 g
Cholestérol	0
Protéines	13 g
Hydrates de carbone	44 g
Sodium	72 mg
Sucre ajouté	0
Fibres	9 g

Conseil : *Les haricots secs sont faciles à cuire et ils ont l'avantage de renfermer jusqu'à 40 fois moins de sodium que les haricots en conserve.*

1. Dans une grande cocotte, réchauffez l'**huile d'olive** 1 minute à feu modéré ; faites-y revenir les **oignons**, l'**ail** et le **céleri** 5-8 minutes à découvert.

2. Quand l'oignon est tendre, ajoutez les **tomates**, la **courge**, les **haricots de Lima**, le **vin**, le **laurier**, le **thym**, le **basilic**, la **marjolaine**, le **poivre noir** et le **cayenne**. Laissez mijoter 10-15 minutes sans couvrir.

3. Ajoutez les **haricots blancs**, remuez et prolongez la cuisson de 5 minutes.

4. Incorporez le **jus de citron** et le **persil** au moment de servir. Une petite salade verte accompagne parfaitement ce plat. Donne 4 portions.

Enchiladas au fromage

Soufflé au brocoli et au cheddar

½ c. à soupe de margarine non salée

3 c. à soupe de farine

1 tasse de lait écrémé

1 gros jaune d'œuf

¾ tasse de cheddar râpé (90 g/3 oz)

1 tasse de brocoli cuit, haché

⅛ c. à thé de cayenne

6 gros blancs d'œufs

GRAISSES SUCRE SODIUM

Préparation :
10 min
Cuisson :
35 min
(presque sans intervention)

1. Préchauffez le four à 200°C (400°F). Graissez un moule à soufflé de 6 tasses avec la **margarine.**

2. Dans une grande casserole, fouettez la **farine** et le **lait** ; amenez au point d'ébullition à feu modérément doux et faites mijoter 2 minutes en remuant.

3. Retirez la casserole du feu, incorporez immédiatement le **jaune d'œuf** au fouet ; ajoutez ensuite le **cheddar**, le **brocoli** et le **cayenne.**

4. Dans un grand bol, montez les **blancs d'œufs** en neige ferme mais non sèche. Incorporez-en le quart dans la préparation et ajoutez le reste en pliant simplement. Dressez l'apprêt dans le moule à soufflé, enfournez et faites cuire 30-35 minutes pour qu'il cuise et dore en surface. Donne 4 portions.

Une portion :

Calories	*229*
Graisses	*14 g*
Graisses saturées	*5 g*
Cholestérol	*86 mg*
Protéines	*16 g*
Hydrates de carbone	*7 g*
Sodium	*254 mg*
Sucre ajouté	*0*
Fibres	*1 g*

Enchiladas au fromage

Les tortillas au maïs du commerce s'enroulent mal. Ici, vous n'avez qu'à les plier en deux. Vous pouvez réduire cette recette de moitié.

8 tortillas au maïs de 15 cm (6 po)

1 tasse de ricotta partiellement écrémée

2 oignons verts hachés

1 c. à soupe de coriandre fraîche, hachée, ou ½ c. à thé de coriandre moulue

¾ c. à thé de cumin moulu

½ c. à thé d'assaisonnement au chile

⅛ c. à thé de cayenne

2 c. à thé de jus de citron

1 tasse de mozzarella partiellement écrémée, râpée (115 g/4 oz)

1. Préchauffez le four à 180°C (350°F). Enveloppez les **tortillas** dans du papier d'aluminium et réchauffez-les au four pour les rendre souples. Retirez-les du four et montez le thermostat à 190°C (375°F).

2. Pour composer la garniture, mélangez la **ricotta**, les **oignons verts**, la **coriandre**, le **cumin**, l'**assaisonnement au chile**, le **cayenne** et le **jus de citron**.

3. Déposez 2 c. à soupe de garniture au centre de chaque tortilla avant de la plier en deux. À l'aide d'une pelle à crêpes, déposez les tortillas en deux rangées sur une plaque légèrement graissée, en les faisant se chevaucher.

4. Couvrez de papier d'aluminium et faites cuire 20 minutes au four. Retirez le papier et parsemez la **mozzarella** sur les enchilladas. Faites cuire 5 minutes de plus pour que le fromage fonde. En les manipulant délicatement, déposez-les dans des assiettes individuelles. Donne 4 portions.

Préparation :
15 min
Cuisson :
35 min
(presque sans intervention)

Une portion :

Calories	304
Graisses	13 g
Graisses saturées	7 g
Cholestérol	41 mg
Protéines	17 g
Hydrates de carbone	30 g
Sodium	293 mg
Sucre ajouté	0
Fibres	0

Pâté de pommes de terre au fromage

Voici un excellent plat de résistance qui se prépare très bien d'avance.

5 pommes de terre moyennes, (560 g/1¼ lb), pelées

1½ tasse de fromage Cottage hyposodique et partiellement écrémé

1 gros œuf

¼ c. à thé de poivre noir
Enduit végétal antiadhésif

2 oignons verts, hachés avec leur queue

1 tasse de cheddar râpé (115 g/4 oz)

1. Mettez les **pommes de terre** dans une casserole moyenne avec de l'eau à hauteur ; couvrez et laissez cuire 20-25 minutes. Égouttez, puis détaillez-les en tranches minces.

2. Préchauffez le four à 190°C (175°F). Travaillez ensemble le **fromage Cottage**, l'**œuf** et le **poivre** 8-10 secondes au mixer ou au robot.

3. Vaporisez d'**enduit antiadhésif** un moule à tarte ou un plat à four peu profond. Déposez-y le tiers des tranches de pommes de terre ; recouvrez avec la moitié de la préparation au fromage Cottage et parsemez avec le tiers des **oignons verts** et du **cheddar**. Étalez une seconde couche de pommes de terre et le reste du fromage Cottage. Terminez avec le reste des pommes de terre, puis le reste des oignons verts et du cheddar.

4. Faites gratiner 30-40 minutes au four sans couvrir. Donne 4 portions.

Préparation :
15 min
Cuisson :
50 min
(presque sans intervention)

Une portion :

Calories	273
Graisses	10 g
Graisses saturées	7 g
Cholestérol	102 mg
Protéines	20 g
Hydrates de carbone	22 g
Sodium	207 mg
Sucre ajouté	0
Fibres	2 g

Pouding mexicain au maïs et au fromage

¾ tasse de farine de maïs jaune

3 tasses de lait écrémé

1⅓ tasse de maïs frais ou
1 boîte (341 ml/12 oz) de maïs hyposodique en grains entiers, égoutté

½ tasse de fromage Fontina râpé (60 g/2 oz)

½ tasse de fromage Monterey Jack râpé (60 g/2 oz)

2 c. à soupe de yogourt partiellement écrémé

1 boîte (113,6 ml/4 oz) de chilis verts hachés, égouttés

¼ c. à thé de sel

¼ c. à thé de poivre noir

⅛ c. à thé de cayenne

GRAISSES **SUCRE** **SODIUM**

Préparation :
6 min
Cuisson :
28 min
(presque sans intervention)

Une portion :

Calories	*322*
Graisses	*10 g*
Graisses saturées	*3 g*
Cholestérol	*33 mg*
Protéines	*18 g*
Hydrates de carbone	*41 g*
Sodium	*493 mg*
Sucre ajouté	*0*
Fibres	*1 g*

1. Préchauffez le four à 180°C (350°F). Dans un petit bol, délayez au fouet la **farine de maïs** dans 1 tasse de **lait**. Dans une casserole moyenne, chauffez le reste du lait 3 minutes à feu modéré. Quand il frémit, incorporez au fouet la farine délayée et laissez cuire 5-7 minutes en remuant.

2. Quand la préparation a épaissi, retirez la casserole du feu et incorporez le **maïs**, le **fromage Fontina**, la moitié du **fromage Monterey Jack**, le **yogourt**, les **chilis**, le **sel**, le **poivre** et le **cayenne**.

3. Déposez l'apprêt dans un plat à gratin non graissé et parsemez du reste du fromage Monterey Jack. Enfournez et faites cuire 20 minutes à découvert ou jusqu'à ce que le pouding soit ferme et doré. Donne 4 portions.

Flan aux deux fromages

Un excellent plat pour le brunch, *et qu'on peut préparer à l'avance.*

GRAISSES **SUCRE** **SODIUM**

1 c. à soupe de margarine non salée

1 petit oignon haché

1 petite côte de céleri hachée

½ petit poivron vert, paré, épépiné et haché
Enduit végétal antiadhésif

8 tranches de pain entier, de la veille, coupées en deux à la diagonale

¼ tasse de fromage suisse hyposodique, râpé (30 g/1 oz)

¼ tasse de parmesan râpé

1 gros œuf

2 gros blancs d'œufs

1½ tasse de lait écrémé

¾ c. à thé de moutarde préparée

¾ c. à thé de paprika

⅛ c. à thé de cayenne

Préparation :
20 min et 1 h de réfrigération
Cuisson :
45 min
(presque sans intervention)

Une portion :

Calories	*256*
Graisses	*10 g*
Graisses saturées	*2 g*
Cholestérol	*76 mg*
Protéines	*16 g*
Hydrates de carbone	*29 g*
Sodium	*447 mg*
Sucre ajouté	*0*
Fibres	*3 g*

1. Mettez à fondre la **margarine** à feu modéré dans une petite poêle ; faites-y revenir l'**oignon**, le **céleri** et le **poivron** 5 minutes ou jusqu'à ce que l'oignon soit tendre.

2. Entre-temps, vaporisez un moule à gratin rectangulaire d'**enduit antiadhésif** et disposez les demi-tranches de **pain** dans le fond de façon qu'elles se chevauchent.

3. Déposez la préparation aux légumes sur le pain. Parsemez de **fromage suisse** et de **parmesan.**

4. Dans un petit bol, fouettez légèrement l'**œuf** et les **blancs d'œufs.** Incorporez le **lait**, la **moutarde**, le **paprika** et le **cayenne.** Versez sur les légumes, couvrez le moule d'une pellicule de plastique ou de papier d'aluminium et réfrigérez 1-3 heures.

5. Préchauffez le four à 160°C (325°F). Retirez le moule du réfrigérateur, découvrez-le et laissez-le 15 minutes en attente. Enfournez et faites cuire 40 minutes ou jusqu'à ce que le flan soit ferme et doré. Donne 4 portions.

Frittata aux courgettes

Frittata aux courgettes

1 c. à soupe d'huile d'olive

6 oignons verts, hachés fin avec leur queue

2 gousses d'ail hachées

1 courgette moyenne (225 g/½ lb), coupée en deux sur la longueur et en tranches de 6 mm (¼ po)

1 boîte (540 ml/19 oz) de tomates hyposodiques, égouttées et concassées

¼ c. à thé de basilic séché, émietté

¼ c. à thé de thym séché, émietté

⅛ c. à thé de poivre noir

1 gros œuf

3 gros blancs d'œufs

1 tasse de mozzarella partiellement écrémée, râpée (115 g/4 oz)

Préparation :
15 min
Cuisson :
15 min

Une portion :

Calories	*173*
Graisses	*10 g*
Graisses saturées	*4 g*
Cholestérol	*85 mg*
Protéines	*13 g*
Hydrates de carbone	*10 g*
Sodium	*202 mg*
Sucre ajouté	*0*
Fibres	*2 g*

1. Préchauffez le four à 180℃ (350°F). Dans une poêle moyenne antiadhésive à poignée calorifuge, réchauffez l'**huile d'olive** 1 minute à feu modéré. Faites-y revenir les **oignons verts** 5 minutes. Quand ils sont tendres, ajoutez l'**ail**, la **courgette**, les **tomates**, le **basilic**, le **thym** et le **poivre**. Couvrez et prolongez la cuisson de 3 minutes ou jusqu'à ce que la courgette soit à point.

2. Dans un petit bol, fouettez l'**œuf** et les **blancs d'œufs**; incorporez-les aux légumes dans la poêle et saupoudrez de **mozzarella.**

3. Placez la poêle dans le four et faites cuire 5 minutes à découvert. Quand la frittata est ferme, allumez le grilloir, placez la poêle à 12-15 cm (5-6 po) de l'élément et laissez gratiner 2-3 minutes. Servez avec une salade verte, des carottes ou des fraises fraîches. Donne 4 portions.

Welsh Rabbit

1   tasse de lait écrémé
1   c. à soupe de farine
1   c. à thé de moutarde de Dijon
     ou de moutarde préparée à
     l'ancienne
½   c. à thé de sauce
     Worcestershire

3   gouttes de tabasco ou
     davantage
1   tasse de cheddar râpé
     (115 g/4 oz)
6   toasts de pain entier, coupés
     en deux à la diagonale
     Paprika au goût

GRAISSES **SUCRE** **SODIUM**

Préparation :
10 min
Cuisson :
8 min

Une portion :

Calories	*227*
Graisses	*11 g*
Graisses saturées	*6 g*
Cholestérol	*32 mg*
Protéines	*13 g*
Hydrates de carbone	*21 g*
Sodium	*432 mg*
Sucre ajouté	*0*
Fibres	*0*

1. Dans une petite casserole, mettez le **lait**, la **farine**, la **moutarde**, la **sauce Worcestershire** et le **tabasco** ; amenez à ébullition sur un feu modérément doux en mélangeant au fouet. Laissez mijoter pendant 4 minutes en remuant toujours doucement.

2. Incorporez peu à peu le **cheddar** au fouet et prolongez la cuisson de 4 minutes ; la fondue doit devenir onctueuse sans jamais bouillir.

3. Divisez les **toasts** entre 4 assiettes et nappez de fondue. Décorez de **paprika**. Donne 4 portions.

Pains pita fourrés de pois chiches

Appelé falafel *au Moyen-Orient, ce plat extrêmement nourrissant est néanmoins rapide à préparer.*

1   c. à soupe de graine de
     sésame
1½   tasse de pois chiches, cuits
     et égouttés
1   c. à thé de cumin moulu
1   c. à thé de coriandre moulue
2   gousses d'ail, coupées en deux
⅛   c. à thé de cayenne
2   c. à thé d'huile d'arachide
3   c. à soupe de jus de citron
     Enduit végétal antiadhésif

¾   tasse de yogourt
     partiellement écrémé
1   c. à soupe d'huile d'olive
1   laitue Boston moyenne
     en chiffonnade grossière
     (4 tasses)
3   tomates moyennes (450 g/
     1 lb), parées et détaillées
     en dés
4   pains pita de blé entier

GRAISSES **SUCRE** **SODIUM**

Préparation :
8 min
Cuisson :
10 min

Une portion :

Calories	*406*
Graisses	*10 g*
Graisses saturées	*2 g*
Cholestérol	*3 mg*
Protéines	*17 g*
Hydrates de carbone	*65 g*
Sodium	*419 mg*
Sucre ajouté	*0*
Fibres	*7 g*

1. Portez le four à 160°C (325°F). Faites-y rôtir la **graine de sésame** environ 10 minutes à découvert dans une assiette à tarte pour qu'elle devienne dorée.

2. Travaillez ensemble 30 secondes au mixer ou au robot les **pois chiches**, le **cumin**, la **coriandre**, l'**ail**, le **cayenne**, l'**huile d'arachide** et 2 c. à soupe de **jus de citron**. Si la préparation est sèche, ajoutez-y un peu d'eau. Façonnez-la en 8 galettes. Vaporisez une poêle moyenne d'**enduit antiadhésif** ; réchauffez-la 30 secondes à feu modéré et faites-y dorer les galettes 4 minutes de chaque côté.

3. Entre-temps, fouettez ensemble dans un grand bol le **yogourt**, l'**huile d'olive**, la graine de sésame et le reste du jus de citron. Prélevez ¼ tasse du mélange pour l'assaisonnement final ; ajoutez la **laitue** et les **tomates** au contenu du bol et remuez le tout soigneusement.

4. Au moment de servir, fendez les **pains pita** suffisamment pour introduire deux galettes dans chacun avec le quart de la salade. Au moment de servir, mouillez la garniture avec la sauce en réserve. Donne 4 portions.

Pizza santé aux haricots roses

Pizza santé aux haricots roses

1 tasse de farine de maïs jaune
1⅓ tasse d'eau froide
¼ tasse et 2 c. à soupe de parmesan râpé
1 c. à soupe d'huile d'olive
1 oignon moyen, tranché mince
1 gousse d'ail hachée
1 petit poivron vert, paré, épépiné et tranché en lanières
4 champignons moyens, en fines lamelles

¾ c. à thé de basilic séché, émietté
¾ c. à thé d'origan séché, émietté
⅛ c. à thé de poivre noir
⅔ tasse de haricots roses, pinto ou rouges, cuits et égouttés
1 tasse de mozzarella partiellement écrémée, grossièrement râpée (115 g/4 oz)
1 boîte (213 ml/7½ oz) de sauce tomate hyposodique

Préparation :
20 min
Cuisson :
31 min
(presque sans intervention)

Une portion :

Calories	346
Graisses	11 g
Graisses saturées	5 g
Cholestérol	22 mg
Protéines	14 g
Hydrates de carbone	45 g
Sodium	288 mg
Sucre ajouté	0
Fibres	3 g

1. Préchauffez le four à 190°C (375°F). Mélangez la **farine de maïs** dans un bol avec ⅔ tasse d'**eau froide.** Dans une casserole épaisse, amenez à ébullition le reste de l'eau. Ajoutez petit à petit la farine délayée et faites cuire environ 5 minutes en remuant sans arrêt à la fourchette. Quand le mélange a épaissi, retirez-le du feu et incorporez 2 c. à soupe de **parmesan.** Mouillez-vous les mains pour étaler cette pâte uniformément dans le fond d'une assiette à pizza moyenne ou sur une plaque légèrement graissée.

2. Enfournez et faites cuire 15 minutes à découvert ; la croûte doit être dorée.

3. Entre-temps, réchauffez l'**huile d'olive** 1 minute à feu modéré dans une poêle moyenne ; faites-y revenir l'**oignon**, l'**ail** et le **poivron vert** à découvert 3 minutes. Ajoutez les **champignons**, le **basilic**, l'**origan** et le **poivre noir**, couvrez et prolongez la cuisson de 5 minutes. Incorporez les **haricots** et retirez du feu.

4. Retirez la croûte du four et baissez le thermostat à 180°C (350°F). Éparpillez sur la croûte la moitié de la **mozzarella** et la moitié du parmesan qui reste. Recouvrez avec la préparation aux haricots, nappez de **sauce tomate** et parsemez du reste du fromage.

5. Enfournez et faites gratiner 10-15 minutes à découvert. Découpez en pointes. Donne 4 portions.

Conseil : *Plus les champignons sont gardés au sec, mieux ils se conservent. Ne les lavez donc qu'à la toute dernière minute.*

Barquette chaude aux légumes

1 **baguette de pain français ou italien (225 g/8 oz)**
1 **c. à soupe d'huile d'olive**
1 **gros oignon, tranché mince**
2 **carottes moyennes, pelées et tranchées mince**
½ **poivron rouge moyen, paré, épépiné et tranché mince**

1 **courgette moyenne (225 g/ ½ lb), tranchée mince**
1 **boîte (213 ml/7½ oz) de sauce tomate hyposodique**
¾ **c. à thé d'origan séché**
¼ **c. à thé de poivre noir**
115 **g (4 oz) de fromage Muenster hyposodique**

GRAISSES SUCRE SODIUM

Préparation :
10 min
Cuisson :
17 min

Une portion :

Calories	*364*
Graisses	*14 g*
Graisses saturées	*1 g*
Cholestérol	*2 mg*
Protéines	*14 g*
Hydrates de carbone	*45 g*
Sodium	*431 mg*
Sucre ajouté	*0*
Fibres	*1 g*

1. Allumez le grilloir. Coupez le **pain** en deux sur la longueur ; retirez-en toute la mie. Placez les barquettes sur une plaque, côté évidé dessus, et faites-les griller 1 minute environ à 10 cm (4 po) de l'élément.
2. Dans une poêle moyenne, réchauffez l'**huile d'olive** 1 minute à feu modéré ; faites-y revenir l'**oignon** 5 minutes à découvert. Quand il est tendre, ajoutez les **carottes**, le **poivron rouge** et la **courgette**. Couvrez et prolongez la cuisson de 8-10 minutes. Quand les carottes sont tendres, ajoutez la **sauce tomate**, l'**origan** et le **poivre noir** ; laissez mijoter 2 minutes de plus à découvert.
3. Déposez la préparation dans une des barquettes, parsemez de **fromage** et faites gratiner 1 minute à 10 cm (4 po) de l'élément. Quand le fromage est à point, dressez la barquette dans un plat, coiffez-la de la barquette vide et détaillez en 4 portions.

Pizza de blé entier aux poivrons verts

1 **sachet (5 g/¼ oz) de levure à levée rapide ou de levure sèche active**
½ **tasse d'eau tiède**
⅔ **tasse de farine tout usage tamisée**
⅔ **tasse de farine de blé entier non tamisée**
3 **c. à soupe d'huile d'olive Enduit végétal antiadhésif**
1 **petit poivron vert taillé en lanières**

1 **boîte (540 ml/19 oz) de tomates hyposodiques, égouttées et concassées**
2 **gousses d'ail hachées**
1 **c. à thé d'origan séché, émietté**
⅛ **c. à thé de flocons de piment rouge**
1 **tasse de mozzarella partiellement écrémée, râpée (115 g/4 oz)**

GRAISSES SUCRE SODIUM

Préparation :
1 h (pour que la pâte gonfle)
Cuisson :
28 min

Une portion :

Calories	*338*
Graisses	*15 g*
Graisses saturées	*2 g*
Cholestérol	*4 mg*
Protéines	*14 g*
Hydrates de carbone	*37 g*
Sodium	*51 mg*
Sucre ajouté	*0*
Fibres	*4 g*

Conseil : Contrairement à la farine blanche, la farine de blé entier rancit au bout de quelques semaines. Gardez-la au réfrigérateur dans un bocal à couvercle vissé.

1. Diluez la **levure** dans l'**eau** selon les directives du paquet. Mélangez-la dans un grand bol avec la **farine tout usage,** la **farine de blé entier** et 2 c. à soupe d'**huile d'olive.** Placez la pâte sur une surface farinée et pétrissez-la jusqu'à ce qu'elle soit lisse et élastique. Façonnez en boule, déposez dans un grand bol vaporisé d'**enduit antiadhésif** et couvrez de pellicule de plastique. Laissez la pâte lever 45 minutes dans un endroit tiède : elle doit doubler de volume.
2. Entre-temps, faites chauffer le reste de l'huile d'olive à feu modéré dans une poêle moyenne ; faites-y revenir le **poivron vert** 5 minutes en remuant. Ajoutez les **tomates**, l'**ail**, l'**origan** et les **flocons de poivre rouge** ; laissez mijoter à découvert 10 minutes ou jusqu'à léger épaississement.
3. Portez le four à 230°C (450°F). Vaporisez une assiette à pizza ou une plaque à biscuits d'enduit antiadhésif ; déposez le pâton au centre et aplatissez-le avec les mains pour former une abaisse. Étalez la garniture en laissant une marge tout autour. Parsemez de **mozzarella** et faites cuire sur la grille inférieure du four 12-15 minutes pour que la croûte soit croquante. Donne 4 portions.

Pâtes et céréales

Les pâtes et céréales sont riches en protéines, en fibres et en hydrates de carbone complexes qui sont sources d'énergie. On les emploie donc volontiers pour remplacer la viande dans un menu. La plupart des recettes de cette section, comme la Salade de pâtes au crabe (p. 162) ou le Jambalaya (p. 164), sont assez nourrissantes pour servir de plat principal ; d'autres, comme les Nouilles maison à l'allemande (p. 163), font d'excellentes entrées.

Spaghettis aux asperges et aux pacanes

Rouleaux de lasagnes

Préparation : **25 min**
Cuisson : **1 h**

GRAISSES SUCRE SODIUM

Ce plat se prépare bien la veille; il ne vous restera qu'à l'enfourner une demi-heure avant de servir.

1   c. à soupe d'huile d'olive
1   gros oignon, haché fin
1   c. à thé de basilic séché, émietté
½   c. à thé de marjolaine séchée, émiettée
1   feuille de laurier émiettée
2   gousses d'ail hachées
¾   c. à thé de poivre noir
½   poitrine de poulet (115 g/4 oz), désossée, dépouillée et hachée fin
1   boîte (540 ml/19 oz) de tomates hyposodiques, concassées avec leur jus
2   c. à soupe de concentré de tomate hyposodique
8   lasagnes ondulées (115 g/4 oz)
½   tasse de parmesan râpé
1   tasse de ricotta partiellement écrémée
225 g (½ lb) d'épinards frais, parés et hachés, ou ½ paquet de 300 g (10½ oz) d'épinards hachés surgelés, décongelés et égouttés
¼   c. à thé de macis moulu ou de muscade
¼   c. à thé de crème de tartre

1. Réchauffez l'**huile d'olive** 1 minute à feu modéré dans une poêle moyenne. Jetez-y l'**oignon**, le **basilic**, la **marjolaine**, le **laurier**, la moitié de l'**ail** et ¼ c. à thé de **poivre**; laissez cuire 5 minutes à découvert. Quand l'oignon est tendre, prélevez 2 c. à soupe du mélange et réservez.

2. Ajoutez le **poulet** haché au contenu de la poêle et réchauffez-le 3 minutes en remuant. Ajoutez les **tomates** et le **concentré de tomate** et laissez cuire à feu doux 20 minutes sans couvrir; remuez de temps à autre.

3. Entre-temps, faites cuire les **lasagnes** selon les instructions en omettant le sel. Rincez-les à l'eau froide et égouttez-les.

4. Portez le four à 190℃ (375°F) et préparez la farce. Dans un bol moyen, mélangez 5 c. à soupe de **parmesan**, la **ricotta**, les **épinards**, le **macis**, la **crème de tartre**, le reste de l'ail et du poivre, ainsi que les 2 c. à soupe d'oignons réservées à la première étape. Mélangez bien.

5. Déposez la moitié de la sauce tomate au poulet dans un plat à gratin rectangulaire non graissé. Dressez 3 c. à soupe de la farce au fromage sur les lasagnes avant de les enrouler sur elles-mêmes. Placez-les, ouverture dessous, dans le plat. Arrosez-les avec le reste de la sauce.

Rouleaux de lasagnes

6. Couvrez avec du papier d'aluminium, enfournez et laissez cuire 25 minutes. Découvrez, parsemez le reste du parmesan et laissez gratiner à découvert 5 minutes. Donne 4 portions.

Une portion :

Calories	357	
Graisses	13 g	
Graisses saturées	6 g	
Cholestérol	43 mg	

Protéines	25 g	
Hydrates de carbone	37 g	
Sodium	348 mg	
Sucre ajouté	0	
Fibres	0	

Lasagnes végétariennes

Préparation : **17 min**   GRAISSES SUCRE SODIUM
Cuisson : **1 h 10** (presque sans intervention)

*Préparez ces lasagnes la veille et faites-les
cuire à la dernière minute.*

2   **têtes d'ail**
115 g (4 oz) de lasagnes
1   **c. à soupe d'huile d'olive**
1   **oignon moyen, haché**
1   **courgette moyenne (225 g/½ lb),
      coupée en deux sur la longueur
      et tranchée mince**
225 g (½ lb) de champignons, tranchés mince
1   **tasse de petits pois, frais ou surgelés**
2   **c. à thé de jus de citron**
¼   **c. à thé de poivre noir**
1   **bocal (125 ml/4½ oz) de piment rôti, égoutté
      et détaillé en fines lanières**
1½ tasse de lait écrémé
2½ c. à soupe de farine
½   **c. à thé d'origan séché, émietté**
¼   **tasse de parmesan râpé**

1. Portez le four à 190°C (375°F). Enveloppez les gousses d'**ail** séparément dans du papier d'aluminium et faites rôtir 20 minutes au four. Laissez-les tiédir dans leur papier. Pressez les gousses entre vos doigts pour en extraire la chair ; réduisez-la en purée dans un petit bol.

2. Faites cuire les **lasagnes** selon les instructions en omettant le sel. Rincez-les à l'eau froide, puis égouttez-les.

3. Entre-temps, réchauffez l'**huile d'olive** 1 minute à feu modéré dans une poêle moyenne. Faites-y revenir l'**oignon** et la **courgette** 5 minutes sans couvrir. Quand ils sont tendres, ajoutez les **champignons** et, 3 minutes plus tard, les **petits pois**. Après 3 autres minutes de cuisson, jetez dans la poêle le **jus de citron**, le **poivre** et le **piment rôti**. Remuez et retirez du feu.

4. Dans une petite casserole, fouettez le **lait** avec la **farine** et faites épaissir 4 minutes à feu modérément doux en remuant sans arrêt. Ajoutez alors l'**origan**, le **parmesan** et la purée d'ail. Prélevez ½ tasse de cette sauce ; versez le reste dans le contenu de la poêle.

5. Dans le fond d'un plat à lasagnes non graissé, mettez une couche de nouilles en les coupant aux dimensions voulues ; gardez les retailles. Masquez avec la moitié des légumes, étalez une seconde couche de nouilles, masquez avec le reste des légumes et terminez avec les retailles de nouilles. Enfin répartissez uniformément la sauce au fromage réservée à l'étape 4.

6. Couvrez de papier d'aluminium, enfournez et laissez cuire 20 minutes ; découvrez et laissez gratiner 15 minutes de plus. Donne 4 portions.

Une portion :

Calories	310	Protéines	15 g
Graisses	6 g	Hydrates de carbone	50 g
Graisses saturées	2 g	Sodium	159 mg
Cholestérol	6 mg	Sucre ajouté	0
		Fibres	4 g

Cannellonis aux petits pois

Préparation : **15 min**   GRAISSES SUCRE SODIUM
Cuisson : **40 min** (presque sans intervention)

12   **cannellonis ou 8 manicottis**
¼   **tasse de petits pois, frais ou surgelés**
1   **tasse de ricotta partiellement écrémée**
2   **c. à soupe de raisins secs dorés**
1   **gros œuf**
1   **gros blanc d'œuf**
3   **tomates moyennes pelées, parées et hachées,
      ou 1 boîte (540 ml/19 oz) de tomates
      hyposodiques, égouttées et concassées**
3   **c. à soupe de menthe fraîche, hachée,
      ou de persil frais**
½   **c. à thé de poivre noir**
2   **c. à soupe de concentré de tomate
      hyposodique**

1. Préchauffez le four à 180°C (350°F). Faites bouillir les **cannellonis** 6 minutes à l'eau non salée : ils seront à demi cuits. Égouttez-les.

2. Amenez 2,5 cm (1 po) d'eau à ébullition dans une petite casserole. Faites-y cuire les **petits pois** 2 minutes ; égouttez-les. Mélangez-les dans un bol moyen avec la **ricotta**, les **raisins secs**, l'**œuf**, le **blanc d'œuf**, ⅓ tasse de **tomates**, 1½ c. à soupe de **menthe** et ¼ c. à thé de **poivre**. Farcissez les cannellonis avec cet apprêt.

3. Dans un petit bol, incorporez le reste des tomates, de la menthe et du poivre au **concentré de tomate**. Versez ¾ tasse de cette sauce dans le fond d'un plat à gratin non graissé ; disposez les cannellonis farcis et nappez avec le reste de la sauce. Couvrez de papier d'aluminium, enfournez et faites cuire 20 minutes. Laissez gratiner 10 minutes de plus à découvert. Donne 4 portions.

Une portion :

Calories	277	Protéines	15 g
Graisses	7 g	Hydrates de carbone	40 g
Graisses saturées	3 g	Sodium	114 mg
Cholestérol	86 mg	Sucre ajouté	0
		Fibres	2 g

Coquilles à la marinière

1 c. à soupe d'huile d'olive
1 gros oignon haché
1 gousse d'ail hachée
1 carotte moyenne, hachée fin
1 côte de céleri moyenne, hachée fin
1 petit poivron rouge paré, épépiné et haché fin
½ c. à thé chacune de basilic, de marjolaine et de romarin séchés, émiettés
¼ c. à thé de poivre noir

½ tasse de vin blanc sec
2 c. à soupe de farine
1¾ tasse de bouillon de poulet hyposodique
170 g (6 oz) de coquilles de pâtes moyennes
1 boîte (184 g/6½ oz) de thon pâle dans l'eau, égoutté et effeuillé
3 c. à soupe de parmesan râpé
1 c. à soupe de jus de citron
¼ tasse de persil haché

GRAISSES **SUCRE** **SODIUM**

Préparation :
10 min
Cuisson :
40 min

Une portion :

Calories	310
Graisses	8 g
Graisses saturées	2 g
Cholestérol	26 mg
Protéines	19 g
Hydrates de carbone	44 g
Sodium	272 mg
Sucre ajouté	0
Fibres	2 g

Conseil : *Le thon conservé dans l'eau a meilleur goût que le thon dans l'huile ; en outre, il renferme moins de 1 g de matières grasses par boîte. Le thon dans l'huile en contient environ 20 g et presque le double de calories.*

1. Réchauffez l'**huile d'olive** 1 minute à feu modéré dans une grande poêle. Jetez-y l'**oignon**, l'**ail**, la **carotte**, le **céleri**, le **poivron rouge**, le **basilic**, la **marjolaine**, le **romarin** et le **poivre**. Laissez cuire à découvert 5-8 minutes en remuant de temps à autre.

2. Quand les légumes sont à point, ajoutez le **vin** et faites bouillir 3 minutes à découvert. Déposez la **farine** dans un petit bol ; délayez-la d'abord dans un peu de **bouillon de poulet** avant d'ajouter le reste du bouillon. Versez dans la poêle et mélangez. Faites cuire 3 minutes en remuant constamment, puis baissez le feu pour que la sauce mijote doucement. Laissez-la cuire 8 minutes à découvert pour qu'elle épaississe.

3. Entre-temps, préchauffez le four à 180°C (350°F). Faites cuire les **coquilles** selon les instructions en omettant le sel. Égouttez-les et déposez-les dans un plat à gratin non graissé. Ajoutez le **thon** mais ne le mélangez pas aux pâtes.

4. Incorporez le **fromage**, le **jus de citron** et la moitié du **persil** à la sauce. Versez-la sur le thon et les pâtes et remuez délicatement. Couvrez et faites cuire 20 minutes au four. Parsemez le reste du persil. Donne 4 portions.

Macaronis aux pois chiches

Rigatonis gratinés à la mozzarella

Voici un plat de résistance substantiel si vous le servez avec une salade verte.

1	boîte (540 ml/19 oz) de tomates hyposodiques avec leur jus
1	c. à soupe d'huile d'olive
1	oignon moyen, haché fin
1	boîte (213 ml/7½ oz) de sauce tomate hyposodique
3	gousses d'ail hachées
½	c. à thé d'origan séché

1	c. à thé de basilic séché
¼	c. à thé de graine de fenouil écrasée
⅛	c. à thé de poivre noir
225	g (8 oz) de rigatonis ou de zites
1	tasse de mozzarella partiellement écrémée, râpée (115 g/4 oz)
2	c. à soupe de parmesan râpé

Préparation :
20 min
Cuisson :
45 min
(presque sans intervention)

Une portion :

Calories	376
Graisses	9 g
Graisses saturées	4 g
Cholestérol	18 mg
Protéines	17 g
Hydrates de carbone	55 g
Sodium	208 mg
Sucre ajouté	0
Fibres	3 g

Conseil : *Pour écraser la graine de fenouil et en dégager ainsi l'arôme, mettez-la dans de la pellicule de plastique et servez-vous d'un rouleau à pâte ou d'une bouteille.*

1. Préchauffez le four à 190°C (375°F). Dans un mixer ou un robot, travaillez les **tomates** en purée 10-15 secondes.
2. Réchauffez l'**huile d'olive** 1 minute à feu modéré dans une poêle moyenne ; faites-y revenir l'**oignon** à découvert 5 minutes. Quand il est tendre, ajoutez la **sauce tomate**, l'**ail**, l'**origan**, le **basilic**, la **graine de fenouil** et le **poivre**. Amenez à ébullition, puis laissez la sauce réduire à feu doux 10 minutes à découvert en remuant souvent ; elle sera légèrement épaisse.
3. Faites cuire les **rigatonis** selon les instructions en omettant le sel. Rincez-les à l'eau froide, puis égouttez-les avant de les verser dans un plat à gratin peu profond, non graissé. Couvrez de sauce ; parsemez de **mozzarella** et de **parmesan**.
4. Enfournez et faites cuire à découvert 30-35 minutes pour que la sauce bouillonne et que la surface se gratine. Laissez 5 minutes en attente avant de servir. Donne 4 portions.

Macaronis aux pois chiches

Les pois chiches en conserve contiennent beaucoup de sel ; si vous n'en trouvez pas d'hyposodiques, faites cuire des pois chiches secs selon les directives du paquet. Pour réduire de moitié cette recette, n'employez que 1 tasse de tomates et coupez de moitié les autres ingrédients.

1	c. à soupe d'huile d'olive
1	gousse d'ail hachée
1	boîte (540 ml/19 oz) de tomates hyposodiques, concassées avec leur jus
2	c. à soupe de persil haché
½	c. à thé de basilic séché

½	c. à thé d'origan séché
¼	c. à thé de poivre noir
1	tasse de pois chiches, cuits et égouttés
225	g (8 oz) de macaronis en coudes, de ditalinis ou de coquillettes

Préparation :
5 min
Cuisson :
24 min

Une portion :

Calories	339
Graisses	5 g
Graisses saturées	1 g
Cholestérol	0
Protéines	12 g
Hydrates de carbone	61 g
Sodium	22 mg
Sucre ajouté	0
Fibres	5 g

1. Réchauffez l'**huile d'olive** 30 secondes à feu modéré dans une casserole moyenne ; faites-y revenir l'**ail** 30 secondes en remuant. Ajoutez les **tomates**, le **persil**, le **basilic**, l'**origan** et le **poivre**. Amenez à ébullition, baissez le feu et laissez mijoter doucement 10 minutes, sans couvrir ; vous obtiendrez une légère réduction.
2. Ajoutez les **pois chiches** et prolongez la cuisson de 10 minutes sans couvrir.
3. Entre-temps, faites cuire les **macaronis** selon les instructions en omettant le sel ; égouttez-les et dressez-les dans un plat chaud. Nappez-les de la préparation aux pois chiches et mélangez bien. Donne 4 portions.

Macaronis au fromage

Préparation : **5 min**
Cuisson : **40 min** (presque sans intervention)

GRAISSES SUCRE SODIUM

Pour varier, ajoutez à cette recette des oignons verts ou du piment rôti haché.

170 g (6 oz) de macaronis en coudes
    ou d'autres petits macaronis
  1 c. à soupe de margarine non salée
  1 c. à thé de marjolaine séchée, émiettée
  ½ c. à thé de thym séché, émietté
    Pincée de muscade
    Pincée de paprika
  3 c. à soupe de farine
  2 tasses de lait écrémé
  1 c. à soupe de moutarde de Dijon
    ou de moutarde préparée à l'ancienne
  ½ tasse de parmesan râpé
  1 tasse de fromage Cottage partiellement
    écrémé

1. Préchauffez le four à 180°C (350°F). Faites cuire les **macaronis** selon les instructions en omettant le sel. Rincez-les à l'eau froide et égouttez-les.

2. Entre-temps, faites fondre la **margarine** à feu modéré dans une petite casserole ; jetez-y la **marjolaine**, le **thym**, la **muscade** et le **paprika** et laissez cuire 1 minute en remuant. Retirez la casserole du feu.

3. Dans un petit bol, fouettez la **farine** avec ¼ tasse de **lait**. Ajoutez encore ¼ tasse de lait toujours en fouettant. Versez ce mélange dans la casserole et ajoutez le reste du lait d'un jet continu sans cesser de fouetter. Toujours à feu modéré, amenez la préparation sous le point d'ébullition et laissez-la cuire 2 minutes en remuant sans arrêt. Quand elle a légèrement épaissi, retirez-la du feu et incorporez la **moutarde** et tout le **parmesan** moins 2 c. à soupe.

4. Versez la sauce sur les macaronis et remuez bien. Ajoutez le **fromage Cottage**, remuez et faites passer la préparation dans un plat à gratin non graissé ; parsemez du parmesan qui reste. Enfournez et laissez cuire 30 minutes à découvert pour que la sauce bouillonne et que la surface se gratine. Servez avec une salade verte. Donne 4 portions.

Une portion :

Calories	308	Protéines	15 g
Graisses	14 g	Hydrates de carbone	30 g
Graisses saturées	6 g	Sodium	122 mg
Cholestérol	28 mg	Sucre ajouté	0
		Fibres	1 g

Linguine alle vongole

Préparation : **10 min**
Cuisson : **15 min**

GRAISSES SUCRE SODIUM

La sauce peut être préparée d'avance et réchauffée au moment du service.

225 g (8 oz) de linguines ou de spaghettis
  1½ c. à soupe d'huile d'olive
  ½ petit oignon, haché fin
  6 gousses d'ail hachées
  2 c. à soupe de farine
  ¼ tasse de vin blanc sec
  ¼ tasse de jus de myes
    ou de bouillon de poulet hyposodique
  1 tasse de bouillon de poulet hyposodique
  1 boîte (142 g/5 oz) de petites palourdes,
    égouttées, rincées et égouttées de nouveau
  ¼ tasse de parmesan râpé
  2 c. à soupe de persil haché

1. Faites cuire les **linguines** selon les instructions en omettant le sel. Rincez-les à l'eau froide, égouttez et réservez.

2. Entre-temps, réchauffez l'**huile d'olive** 1 minute à feu modéré dans une poêle moyenne ; faites-y revenir l'**oignon** et l'**ail** 5 minutes sans couvrir. Quand ils sont tendres, incorporez la **farine** et, 1 minute plus tard, versez-y le **vin**. Laissez celui-ci s'évaporer 2 minutes avant d'ajouter le **jus de myes** et le **bouillon de poulet**. Prolongez la cuisson de 4 minutes en remuant. Ajoutez les **palourdes** et le **fromage**.

3. Incorporez les linguines en remuant pendant 1 minute pour bien les réchauffer. Relevez de **persil** et servez avec une salade verte et du pain croûté. Donne 4 portions.

Variantes :

Linguines, sauce rouge aux palourdes   Omettez la farine. À l'étape 2, ajoutez 1 tasse de tomates hyposodiques concassées en plus du jus de myes et du bouillon de poulet. Laissez cuire 6 minutes en remuant pour que la sauce réduise. Continuez ensuite comme ci-dessus.

Une portion :

Calories	337	Protéines	15 g
Graisses	8 g	Hydrates de carbone	49 g
Graisses saturées	2 g	Sodium	199 mg
Cholestérol	20 mg	Sucre ajouté	0
		Fibres	2 g

Linguines, sauce au thon et aux câpres

Préparation : **5 min**
Cuisson : **14 min**

GRAISSES SUCRE **SODIUM**

Si vous préférez un plat moins relevé, omettez les flocons de piment rouge. Pour 2 personnes, utilisez 1 tasse de tomates et la moitié du thon.

1 c. à soupe d'huile d'olive
1 gousse d'ail hachée
1 boîte (540 ml/19 oz) de tomates hyposodiques, concassées avec leur jus
1 c. à thé d'origan séché, émietté
¼ c. à thé de flocons de piment rouge
1 boîte (184 g/6½ oz) de thon pâle dans l'eau, égoutté et effeuillé
2 c. à soupe de câpres hachées
2 c. à soupe de persil haché
170 g (6 oz) de linguines ou de spaghettis

1. Dans une poêle moyenne, réchauffez l'**huile d'olive** 30 secondes à feu modéré ; faites-y revenir l'**ail** 30 secondes, puis ajoutez les **tomates**, l'**origan** et les **flocons de piment rouge**. Quand l'ébullition est prise, baissez le feu pour que la préparation mijote doucement pendant 7-8 minutes à découvert et que la sauce réduise.

2. Ajoutez le **thon**, les **câpres** et le **persil** et prolongez la cuisson de 5 minutes.

3. Entre-temps, faites cuire les **linguines** selon les instructions en omettant le sel ; égouttez-les et dressez-les dans un plat chaud. Versez la sauce au thon sur les pâtes et remuez. Donne 4 portions.

Variantes :

Linguines, sauce crevettes aux câpres Remplacez le thon par ¾ tasse de crevettes cuites et hachées. Vous pouvez aussi substituer du basilic frais haché (ou 1 c. à thé de basilic séché) au persil et 1 c. à thé de marjolaine à l'origan.

Une portion :

		Protéines	*17 g*
Calories	*256*	Hydrates de carbone	*38 g*
Graisses	*5 g*	Sodium	*285 mg*
Graisses saturées	*0*	Sucre ajouté	*0*
Cholestérol	*23 mg*	Fibres	*3 g*

Conseil : *Vous pouvez doubler la durée de conservation des câpres en remplaçant le liquide du bocal par du vinaigre blanc non dilué.*

Spaghettis, sauce aux épinards

Préparation : **20 min**
Cuisson : **13 min**

GRAISSES SUCRE SODIUM

Voici une version différente de la sauce italienne classique connue sous le nom de pesto.

225 g (8 oz) de spaghettis ou de linguines
1 c. à soupe d'huile d'olive
1 petit oignon, haché fin
2 gousses d'ail hachées
450 g (1 lb) d'épinards frais, parés et hachés, ou 1 paquet (300 g/10½ oz) d'épinards hachés surgelés, décongelés et bien égouttés
½ tasse de lait écrémé
½ tasse de bouillon de poulet hyposodique
¼ tasse de parmesan râpé
¼ c. à thé de poivre noir

1. Dans un grand faitout, faites cuire les **spaghettis** selon les instructions en omettant le sel.

2. Dans l'intervalle, réchauffez l'**huile d'olive** 1 minute à feu modéré dans une petite casserole épaisse ; faites-y revenir l'**oignon** et l'**ail** 5 minutes à découvert. Quand l'oignon est tendre, ajoutez les **épinards**, le **lait**, le **bouillon de poulet**, le **fromage** et le **poivre**. Amenez la sauce au point d'ébullition ; réduisez le feu et laissez-la mijoter 3 minutes à découvert pour qu'elle réduise légèrement.

3. Versez la sauce dans le gobelet du mixer ou du robot et réduisez-la en purée. Remettez-la dans la casserole et réchauffez-la à feu modéré 1 minute ou jusqu'à ce qu'elle soit sur le point de mijoter.

4. Égouttez les spaghettis et remettez-les dans le faitout. Arrosez-les de la sauce aux épinards et mélangez bien avec deux fourchettes. Dressez le plat dans une assiette chaude et servez. Donne 4 portions.

Variantes :

Spaghettis, sauce au brocoli Remplacez les épinards par 2 tasses de bouquets de brocoli hachés ou 1 paquet de 300 g (10½ oz) de brocoli surgelé, décongelé et haché.

Une portion :

		Protéines	*12 g*
Calories	*295*	Hydrates de carbone	*48 g*
Graisses	*6 g*	Sodium	*162 mg*
Graisses saturées	*1 g*	Sucre ajouté	*0*
Cholestérol	*5 mg*	Fibres	*4 g*

Croustade de linguines

Spaghettis aux asperges et aux pacanes

Cette recette se partage aisément en deux.

2	**c. à soupe de pacanes hachées**
225	**g (8 oz) de spaghettis**
340	**g (¾ lb) d'asperges parées ou 1 paquet (300 g/10½ oz) d'asperges surgelées, en tronçons de 4 cm (1½ po)**
1	**gousse d'ail écrasée**
1	**c. à soupe de margarine non salée**
115	**g (¼ lb) de champignons, tranchés mince**
1	**c. à soupe de ciboulette, fraîche ou lyophilisée**
2	**c. à thé de jus de citron**
¼	**c. à thé de sel**
¼	**c. à thé de poivre noir**
3	**c. à soupe de yogourt partiellement écrémé**

Préparation :
7 min
Cuisson :
17 min

Une portion :

Calories	*285*
Graisses	*6 g*
Graisses saturées	*1 g*
Cholestérol	*1 mg*
Protéines	*10 g*
Hydrates de carbone	*47 g*
Sodium	*146 mg*
Sucre ajouté	*0*
Fibres	*3 g*

1. Préchauffez le four à 180°C (350°F). Déposez les **pacanes** sur une plaque et faites-les rôtir 7 minutes au four pour qu'elles deviennent croquantes.

2. Faites cuire les **spaghettis** selon les instructions en omettant le sel. Égouttez-les en réservant ¼ tasse de l'eau de cuisson, puis rincez-les. Par ailleurs, jetez les **asperges** dans un grand faitout d'eau bouillante non salée et faites-les cuire environ 2 minutes pour qu'elles demeurent croquantes.

3. Frottez une grande poêle avec l'**ail**; faites-y fondre la **margarine** à feu modérément vif. Ajoutez les **champignons** et laissez-les cuire 5 minutes en remuant souvent. Ajoutez les spaghettis cuits, les asperges et l'eau de cuisson réservée, ainsi que la **ciboulette**, le **jus de citron**, le **sel** et le **poivre**; remuez avec deux fourchettes de service. Ajoutez le **yogourt** et les pacanes et réchauffez 2-3 minutes en mélangeant bien. Donne 4 portions.

Croustade de linguines

Préparation : **15 min**
Cuisson : **1 h** (presque sans intervention)

GRAISSES SUCRE SODIUM

225 g (8 oz) de linguines
1 c. à soupe d'huile d'olive
1 oignon moyen, haché fin
3 gousses d'ail hachées
¼ tasse de persil haché
1 c. à soupe de jus de citron
1½ c. à thé d'origan séché, émietté
1 c. à thé de basilic séché, émietté
¼ c. à thé de poivre blanc ou noir
½ tasse de ricotta partiellement écrémée
1 gros blanc d'œuf
¼ tasse de parmesan râpé
2 tomates moyennes (280 g/10 oz), parées et tranchées mince
¼ tasse de mozzarella partiellement écrémée, râpée (30 g/1 oz)

1. Préchauffez le four à 190°C (375°F). Graissez et enfarinez légèrement un moule rond à paroi amovible de 20 cm (8 po).
2. Faites cuire les **linguines** selon les instructions en omettant le sel. Égouttez-les, rincez-les à l'eau froide sous le robinet et égouttez-les de nouveau. Remettez-les dans le faitout.
3. Par ailleurs, réchauffez l'**huile d'olive** 1 minute à feu modéré dans un poêlon. Faites-y revenir l'**oignon** et l'**ail** 5 minutes à découvert. Quand ils sont à point, ajoutez-les aux linguines avec le **persil**, le **jus de citron**, 1 c. à thé d'**origan**, ½ c. à thé de **basilic** et le **poivre** ; remuez. Dans un petit bol, mélangez la **ricotta**, le **blanc d'œuf**, 2 c. à soupe de **parmesan** et le reste de l'origan et du basilic. Ajoutez cette préparation aux linguines et remuez bien.
4. Déposez la moitié des linguines dans le moule ; pressez-les pour qu'ils adhèrent au fond. Recouvrez avec la moitié des tranches de **tomates** et la moitié de la **mozzarella**. Répétez l'opération en utilisant le reste des linguines, des tomates et de la mozzarella. Saupoudrez le reste du **parmesan.**
5. Couvrez de papier d'aluminium, enfournez et laissez cuire environ 40 minutes pour que la préparation se raffermisse. Découvrez et prolongez la cuisson de 5 minutes. Laissez tiédir 10 minutes à la température ambiante. Dégagez la croustade en passant la lame d'un couteau tout autour. Retirez la paroi du moule et découpez la croustade en 8 pointes. Donne 4 portions.

Une portion :

Calories	353	Protéines	16 g
Graisses	9 g	Hydrates de carbone	51 g
Graisses saturées	4 g	Sodium	186 mg
Cholestérol	18 mg	Sucre ajouté	0
		Fibres	3 g

Spaghettis à la bolonaise

Préparation : **10 min**
Cuisson : **1 h 10** (presque sans intervention)

GRAISSES SUCRE SODIUM

Cette sauce substantielle vous sera utile s'il vous reste un peu de bœuf haché à utiliser. La recette donne deux fois plus de sauce qu'il n'en faut pour quatre personnes : vous pouvez congeler le reste pour l'employer plus tard.

1 c. à soupe d'huile d'olive
1 oignon moyen, haché fin
1 carotte moyenne, pelée et hachée fin
1 petite côte de céleri, hachée fin
2 gousses d'ail hachées
225 g (½ lb) de bœuf haché maigre
1,4 litre (48 oz) de tomates hyposodiques en conserve, concassées avec leur jus
2 c. à soupe de basilic frais, haché ou 1 c. à thé de basilic séché, émietté
¼ c. à thé de poivre noir
225 g (8 oz) de spaghettis fins

1. Dans une grande casserole, réchauffez l'**huile d'olive** 1 minute à feu modéré. Faites-y revenir l'**oignon**, la **carotte**, le **céleri** et l'**ail** ; laissez cuire 5 minutes en remuant constamment.
2. Quand l'oignon est tendre, ajoutez le **bœuf haché** et prolongez la cuisson de 3-5 minutes sans cesser de remuer. Ajoutez alors les **tomates**, le **basilic** et le **poivre** et laissez mijoter à feu doux 1 heure à découvert en remuant de temps à autre.
3. Quand la sauce commence à réduire et qu'il ne reste plus que 10 minutes environ de cuisson, faites cuire les **spaghettis** selon les instructions en omettant le sel ; égouttez-les et dressez-les dans un grand bol. Ajoutez la moitié de la sauce et remuez bien. Congelez le reste de la sauce. Donne 4 portions.

Une portion :

Calories	352	Protéines	14 g
Graisses	10 g	Hydrates de carbone	52 g
Graisses saturées	2 g	Sodium	51 mg
Cholestérol	10 mg	Sucre ajouté	0
		Fibres	4 g

Spaghettis au brocoli

Spaghettis au brocoli

Pour obtenir deux portions, employez une boîte de tomates de 398 ml (14 oz).

GRAISSES SUCRE SODIUM

4   tasses de bouquets de brocoli
    (1 pied moyen)
1   c. à soupe d'huile d'olive
2   gousses d'ail hachées
4   grosses tomates (900 g/2 lb),
    pelées, parées et hachées ou
    1 grosse boîte (796 ml/28 oz)
    de tomates hyposodiques,
    concassées avec leur jus

2   c. à soupe de raisins secs
    dorés, hachés
⅛   c. à thé de cayenne
1½ c. à soupe de pignons
    ou d'amandes hachées
170 g (6 oz) de spaghettis
    ou de linguines
2   c. à soupe de persil haché

Préparation :
10 min
Cuisson :
25 min

Une portion :

Calories	300
Graisses	6 g
Graisses saturées	1 g
Cholestérol	0
Protéines	13 g
Hydrates de carbone	53 g
Sodium	50 mg
Sucre ajouté	0
Fibres	3 g

1. Dans une grande casserole, faites cuire le **brocoli** 2-3 minutes dans de l'eau bouillante non salée à hauteur. Quand il est tout juste tendre, rincez-le sous le robinet d'eau froide, puis égouttez-le.

2. Dans une autre grande casserole, réchauffez l'**huile d'olive** 30 secondes à feu modérément doux. Faites y revenir l'**ail** 3 minutes à découvert. Quand il est doré, ajoutez les **tomates**, les **raisins secs** et le **cayenne** et laissez mijoter 15 minutes à découvert. Ajoutez alors les **pignons** et prolongez la cuisson de 5 minutes.

3. Dans l'intervalle, faites cuire les **spaghettis** selon les instructions en omettant le sel. Égouttez-les et dressez-les dans un grand plat de service chaud.

4. Jetez le brocoli cuit dans la sauce aux tomates ; remuez délicatement. Nappez les spaghettis de cette sauce et parsemez de **persil**. Donne 4 portions.

Fusillis aux champignons persillés

*Les fusillis sont de longs spaghettis tordus en spirales ;
les rotelles, des pâtes en forme de roues.*

½ **tasse de yogourt
partiellement écrémé**
¼ **tasse de parmesan râpé**
¼ **tasse de persil haché**
2 **c. à soupe de crème sure**
⅛ **c. à thé de poivre noir**
225 **g (8 oz) de fusillis, de rotelles
ou de spaghettis**

1 **c. à soupe d'huile d'olive**
170 **g (6 oz) de champignons,
tranchés mince**
1 **oignon jaune haché**
2 **gousses d'ail hachées**
¼ **tasse de vin blanc sec**
Bouquets de persil (facultatif)

Préparation :
30 min
Cuisson :
12 min

Une portion :

Calories	*319*
Graisses	*8 g*
Graisses saturées	*3 g*
Cholestérol	*9 mg*
Protéines	*12 g*
Hydrates de carbone	*50 g*
Sodium	*122 mg*
Sucre ajouté	*0*
Fibres	*3 g*

1. Dans un petit bol, mélangez le **yogourt**, le **parmesan**, le **persil**, la **crème sure** et le **poivre** ; couvrez et réfrigérez.

2. Dans un grand faitout, faites cuire les **fusillis** selon les instructions en omettant le sel.

3. Entre-temps, réchauffez l'**huile d'olive** 1 minute à feu modérément vif dans une petite poêle et faites-y revenir les **champignons**, l'**oignon** et l'**ail** pendant 5-7 minutes en remuant de temps à autre.

4. Quand l'oignon est à point, versez le **vin** dans la poêle et prolongez la cuisson de 1-2 minutes pour que le liquide réduise presque complètement. Ajoutez alors la préparation de yogourt au parmesan et réchauffez sans laisser bouillir : la sauce tournerait.

5. Égouttez les fusillis ; remettez-les dans le faitout en leur ajoutant la sauce aux champignons. Remuez avec deux fourchettes. Dressez les pâtes dans un plat chaud et décorez à volonté de **bouquets de persil**. Donne 4 portions.

Tagliatelles Alfredo

*Cette recette renferme moins de calories que la version classique au beurre et
à la crème ; elle n'en est pas moins savoureuse et substantielle.*

225 **g (8 oz) de tagliatelles**
¼ **tasse de ricotta partiellement
écrémée**
¼ **tasse de yogourt
partiellement écrémé**

¼ **tasse de parmesan râpé**
1 **c. à soupe de margarine non
salée**
¼ **c. à thé de poivre noir**

Préparation :
3 min
Cuisson :
8 min

Une portion :

Calories	*299*
Graisses	*8 g*
Graisses saturées	*3 g*
Cholestérol	*63 mg*
Protéines	*12 g*
Hydrates de carbone	*43 g*
Sodium	*125 mg*
Sucre ajouté	*0*
Fibres	*0*

1. Faites cuire les **tagliatelles** selon les instructions en omettant le sel. Égouttez-les et remettez-les dans le faitout.

2. Ajoutez la **ricotta**, le **yogourt**, le **parmesan**, la **margarine** et le **poivre** ; remuez bien. Dressez les tagliatelles dans un plat chaud et servez avec un légume vert ou la Salade de légumes marinés (p. 216). Donne 4 portions.

Variantes :

Tagliatelles aux champignons Faites fondre la margarine à feu modéré dans une poêle moyenne et faites-y revenir 1½ tasse de champignons tranchés 3-5 minutes en remuant. Ajoutez-les aux tagliatelles avec les autres ingrédients.

Tagliatelles à l'oignon et à l'ail Faites fondre la margarine à feu modéré dans une petite poêle. Jetez-y un gros oignon tranché et 1 gousse d'ail hachée et faites-les revenir 5 minutes sans couvrir. Quand ils sont tendres, ajoutez-les aux tagliatelles avec les autres ingrédients.

Salade de pâtes au crabe

170 g (6 oz) de vermicelles ou autres pâtes très fines

2 c. à soupe d'huile de sésame ou d'arachide

1 poivron rouge ou vert moyen, paré, épépiné et détaillé en fins bâtonnets

2 gousses d'ail hachées

3 oignons verts, tranchés mince

170 g (6 oz) de chair de crabe fraîche, surgelée et décongelée ou en boîte, débarrassée de ses fragments de carapace et de cartilage

1 petite romaine ou autre laitue (225 g/½ lb), en bouchées

2 c. à soupe de sauce soja hyposodique

2 c. à soupe de vinaigre de vin rouge

1 c. à soupe de xérès ou de vin blanc demi-sec

½ c. à thé de sucre

⅛ c. à thé de cayenne

GRAISSES **SUCRE** **SODIUM**

Préparation :
6 min
Cuisson :
10 min

Une portion :

Calories	*289*
Graisses	*9 g*
Graisses saturées	*1 g*
Cholestérol	*43 mg*
Protéines	*14 g*
Hydrates de carbone	*37 g*
Sodium	*399 mg*
Sucre ajouté	*2 cal.*
Fibres	*2 g*

1. Faites cuire les **vermicelles** selon les instructions en omettant le sel. Égouttez-les et dressez-les dans un grand bol de service.

2. Dans une poêle moyenne, réchauffez 1 c. à soupe d'**huile de sésame** 1 minute à feu modérément vif ; faites-y sauter le **poivron rouge** et l'**ail** pendant 3 minutes pour les attendrir. Ajoutez les **oignons verts** et faites sauter 30 secondes de plus.

3. Ajoutez cette préparation aux vermicelles, ainsi que la **chair de crabe** et la **romaine** ; remuez. Dans un petit bol, fouettez ensemble le reste de l'huile de sésame, la **sauce soja**, le **vinaigre**, le **xérès**, le **sucre** et le **cayenne**. Versez cette sauce sur la salade et remuez. Donne 4 portions.

Salade de pâtes au crabe

Pâtes au sésame

Cette recette et ses deux variantes font de bons plats d'accompagnement.

85 g (3 oz) de vermicelles, de capellinis ou autres pâtes fines

1½ c. à soupe de graine de sésame

2 c. à soupe de margarine non salée

⅛ c. à thé de sel

1. Faites cuire les **vermicelles** selon les instructions en omettant le sel. Égouttez-les et dressez-les dans un bol de service chaud.
2. Dans une petite poêle, faites griller la **graine de sésame** 2 minutes à feu modérément doux en remuant constamment. Quand elle est dorée, ajoutez la **margarine** et laissez-la fondre. Mélangez.
3. Jetez la graine de sésame et la margarine sur les pâtes, ajoutez le **sel** et remuez pour bien amalgamer le tout. Donne 4 portions.

Variantes :

Pâtes à la graine de pavot Faites comme ci-dessus mais remplacez la graine de sésame par 1½ c. à soupe de graine de pavot non grillée.

Pâtes aux fines herbes Faites comme ci-dessus en remplaçant la graine de sésame par 1 c. à soupe chacune de basilic, de ciboulette et de persil frais, hachés. *(Note : À défaut de basilic frais, employez 1 c. à thé de basilic séché. La ciboulette surgelée ou lyophilisée remplace la ciboulette fraîche.)*

Préparation :
1 min
Cuisson :
10 min

Une portion :

Calories	148
Graisses	8 g
Graisses saturées	2 g
Cholestérol	0
Protéines	2 g
Hydrates de carbone	17 g
Sodium	70 mg
Sucre ajouté	0
Fibres	1 g

Nouilles maison à l'allemande

Ces nouilles, appelées spätzle *en Allemagne, remplacent agréablement le riz ou les pommes de terre.*

1½ tasse de farine tout usage tamisée

¼ c. à thé de muscade

⅓ tasse de lait écrémé

¼ tasse d'eau froide

1 gros œuf

1 c. à soupe de margarine non salée

⅛ c. à thé de poivre noir

1. Mélangez dans un bol la **farine** et la **muscade.** Dans une tasse à mesurer, fouettez ensemble le **lait,** l'**eau** et l'**œuf ;** ajoutez la farine et remuez avec une cuiller de bois pour obtenir une pâte souple.
2. Dans une grande casserole, amenez à feu vif 12 tasses d'eau à ébullition. En travaillant rapidement, faites passer 3 c. à soupe de pâte à la fois, au travers d'une passoire à grands trous ou d'une râpe grossière, dans la casserole d'eau bouillante.
3. Laissez cuire 6-8 minutes en remuant fréquemment ; les pâtes doivent être fermes et avoir perdu tout goût de farine. Égouttez.
4. Dressez les nouilles dans un plat chaud ; ajoutez la **margarine** et le **poivre** et remuez. Donne 6 portions.

Variantes :

Nouilles vertes à l'allemande Jetez dans la pâte 2 c. à soupe de persil, de basilic, de ciboulette ou d'estragon haché fin et mélangez bien.

Nouilles à l'allemande avec chapelure Faites fondre 1½ c. à thé de margarine à feu doux dans une petite poêle. Ajoutez ⅓ tasse de chapelure fine et laissez rôtir en remuant. Semez sur les nouilles cuites.

Préparation :
10 min
Cuisson :
9 min

Une portion :

Calories	140
Graisses	3 g
Graisses saturées	1 g
Cholestérol	46 mg
Protéines	4 g
Hydrates de carbone	23 g
Sodium	19 mg
Sucre ajouté	0
Fibres	1 g

Linguines et riz

Préparation : **5 min**
Cuisson : **24 min** (presque sans intervention)

GRAISSES SUCRE SODIUM

Voici un plat d'accompagnement différent du riz seul, que vous égayerez de ciboulette fraîche hachée ou d'une autre herbe fine.

1	**c. à soupe de margarine non salée**
⅓	**tasse de linguines**
½	**tasse de riz à long grains**
1¼	**tasse de bouillon de poulet hyposodique**
⅛	**c. à thé de poivre noir**

1. Dans une casserole moyenne, faites fondre la **margarine** à feu modéré. Jetez-y les **linguines** et faites-les revenir 1-2 minutes en remuant. Ajoutez le **riz** et prolongez la cuisson de 3 minutes.

2. Ajoutez le **bouillon de poulet** et le **poivre,** amenez à ébullition et réglez le feu pour qu'il mijote. Couvrez et prévoyez 20 minutes de cuisson pour que le riz soit tendre. Donne 4 portions.

Une portion :

Calories	*143*	*Protéines*	*3 g*
Graisses	*4 g*	*Hydrates de carbone*	*24 g*
Graisses saturées	*1 g*	*Sodium*	*17 mg*
Cholestérol	*6 mg*	*Sucre ajouté*	*0*
		Fibres	*0*

Riz et haricots à l'italienne

Préparation : **10 min**
Cuisson : **26 min**

GRAISSES SUCRE SODIUM

⅔	**tasse de riz à longs grains (ou 1½ tasse de riz déjà cuit)**
1	**c. à soupe d'huile d'olive**
1	**gros oignon haché**
2	**gousses d'ail hachées**
3	**tomates moyennes (450 g/1 lb), pelées et hachées, ou 1 boîte (540 ml/19 oz) de tomates hyposodiques, égouttées et concassées**
2	**carottes moyennes, pelées et hachées**
1	**grosse côte de céleri hachée**
1	**c. à soupe de basilic frais, haché ou 1 c. à thé de basilic séché, émietté**
1	**c. à thé d'origan séché, émietté**
¼	**c. à thé de poivre noir**
2	**tasses de haricots, cuits et égouttés**
¼	**tasse de parmesan râpé**

1. Faites cuire le **riz** selon les instructions en omettant le sel.

2. Par ailleurs, réchauffez l'**huile d'olive** 1 minute à feu modéré dans une grande poêle et faites-y revenir l'**oignon** et l'**ail** pendant 5 minutes à découvert. Quand l'oignon est tendre, ajoutez les **tomates**, les **carottes**, le **céleri**, le **basilic**, l'**origan** et le **poivre**. Amenez à ébullition, réduisez la chaleur, couvrez et laissez mijoter 15 minutes. Ajoutez alors les **haricots,** couvrez et prolongez la cuisson de 5 minutes.

3. Incorporez le riz cuit, dressez dans un bol chaud et saupoudrez de **parmesan.** Servez avec une salade verte. Donne 4 portions.

Une portion :

Calories	*332*	*Protéines*	*13 g*
Graisses	*6 g*	*Hydrates de carbone*	*58 g*
Graisses saturées	*2 g*	*Sodium*	*128 mg*
Cholestérol	*4 mg*	*Sucre ajouté*	*0*
		Fibres	*2 g*

Jambalaya

Préparation : **20 min**
Cuisson : **30 min**

GRAISSES SUCRE SODIUM

1	**c. à soupe d'huile d'olive**
1	**petit poivron vert, paré, épépiné et haché**
1	**côte de céleri moyenne, tranchée mince**
1	**petit oignon haché**
1	**gousse d'ail hachée**
¾	**tasse de riz à longs grains**
1	**boîte (540 ml/19 oz) de tomates hyposodiques, concassées avec leur jus**
1	**tasse de bouillon de poulet hyposodique**
¼	**c. à thé de thym séché, émietté**
⅛	**c. à thé chacune de piment de la Jamaïque moulu, de clou de girofle moulu et de cayenne**
2	**tasses de blancs de poulet cuit, coupés en dés, ou de dinde cuite**

1. Réchauffez l'**huile d'olive** 1 minute à feu modéré dans une grande casserole. Faites-y revenir le **poivron**, le **céleri**, l'**oignon** et l'**ail** pendant 5 minutes en remuant souvent. Quand l'oignon est tendre, ajoutez le **riz** et faites-le rissoler 3 minutes en remuant un peu ; le riz doit se colorer.

2. Ajoutez les **tomates**, le **bouillon de poulet**, le **thym**, le **piment de la Jamaïque**, le **clou** et le **cayenne**. Amenez à ébullition, puis réduisez la chaleur et laissez mijoter 15 minutes à découvert. Ajoutez le **poulet** et laissez cuire encore 5 minutes ou jusqu'à ce que le riz soit tendre. Donne 4 portions.

Une portion :

Calories	329	Protéines	24 g
Graisses	9 g	Hydrates de carbone	36 g
Graisses saturées	2 g	Sodium	96 mg
Cholestérol	62 mg	Sucre ajouté	0
		Fibres	1 g

Conseil : *Le riz blanc « converti » est plus nourrissant que le riz blanc ordinaire. Parce qu'il est à demi cuit dans l'eau bouillante avant d'être séparé du son, il en absorbe une partie des vitamines et minéraux.*

Couronne de riz aux épinards

Préparation : **10 min**
Cuisson : **20 min**

GRAISSES SUCRE SODIUM

Avec une garniture crémeuse, comme le Welsh rabbit du pêcheur (p. 121), ce plat sert aisément quatre personnes en repas complet.

1 tasse de riz à longs grains
450 g (1 lb) d'épinards parés ou 1 paquet (300 g/10 ½ oz) d'épinards hachés surgelés
½ tasse de châtaignes d'eau, hachées fin
5 c. à thé de jus de citron
¼ c. à thé de poivre blanc ou noir
⅛ c. à thé de sel

1. Dans une petite casserole, faites cuire le **riz** selon les instructions en omettant le sel.

2. Lavez les **épinards** et déposez-les dans une casserole moyenne sans ajouter d'eau. Couvrez et faites-les tomber à feu modéré pendant 5 minutes. Retirez-les, essorez-les le plus possible et hachez-les.

3. Dans un grand bol, mélangez le riz, les épinards, les **châtaignes,** le **jus de citron,** le **poivre** et le **sel.** Tassez la préparation dans un moule en couronne légèrement graissé. Laissez reposer 1 minute avant de démouler sur un plat de service chaud. Donne 6 portions.

Variante :

Riz au persil Remplacez les épinards par 1½ tasse de persil ou de cresson haché que vous mélangerez cru au riz cuit et aux autres ingrédients à l'étape 3.

Une portion :

Calories	141	Protéines	4 g
Graisses	0	Hydrates de carbone	31 g
Graisses saturées	0	Sodium	85 mg
Cholestérol	0	Sucre ajouté	0
		Fibres	1 g

Couronne de riz aux épinards

Riz au citron et à l'aneth

Préparation : **5 min**   GRAISSES SUCRE SODIUM
Cuisson : **25 min** (presque sans intervention)

Ce riz accompagne parfaitement le poisson.

2   c. à thé de margarine non salée
1   oignon moyen, haché fin
¾   tasse de riz à longs grains
1¼ tasse de bouillon de poulet hyposodique
1   c. à soupe de zeste de citron râpé
1   c. à soupe de jus de citron
¼   c. à thé de thym séché, émietté
⅛   c. à thé de poivre noir
1   feuille de laurier
2   c. à soupe d'aneth frais, haché

1. Préchauffez le four à 180°C (350°F). Dans une casserole moyenne à poignée calorifuge, faites fondre la **margarine** à feu modéré ; faites-y revenir l'**oignon** à découvert 5 minutes. Quand il est tendre, ajoutez le **riz**, le **bouillon de poulet**, le **zeste de citron**, le **jus de citron**, le **thym**, le **poivre** et le **laurier**. Amenez à ébullition.

2. Couvrez la casserole de papier paraffiné avant de poser le couvercle. Enfournez et faites cuire 20 minutes ou jusqu'à ce que le riz soit tendre.

3. Retirez le laurier et ajoutez l'**aneth**. Donne 4 portions.

Une portion :

Calories	167	Protéines	4 g
Graisses	4 g	Hydrates de carbone	32 g
Graisses saturées	1 g	Sodium	19 mg
Cholestérol	0	Sucre ajouté	0
		Fibres	1 g

Riz aux petits pois

Préparation : **5 min**   GRAISSES SUCRE SODIUM
Cuisson : **20 min**

En Italie, ce plat s'appelle risi e bisi.

2   tasses de bouillon de poulet hyposodique
2   c. à thé de margarine non salée
1   oignon moyen, haché fin
⅔   tasse de riz à longs grains
½   tasse de petits pois frais ou surgelés
1   c. à soupe de parmesan râpé
⅛   c. à thé de poivre noir

1. Réchauffez le **bouillon de poulet** dans une petite casserole. Faites fondre la moitié de la **margarine** à feu modéré dans une poêle moyenne ; faites-y revenir l'**oignon** 5 minutes.

2. Ajoutez le **riz** et les **petits pois** et laissez rissoler 2 minutes. Versez ½ tasse de bouillon chaud dans la poêle, réduisez la chaleur à feu modérément doux et remuez jusqu'à réduction presque complète du liquide, soit 3 minutes environ. Ajoutez le reste du bouillon, demi-tasse par demi-tasse, en remuant après chaque addition jusqu'à absorption du liquide.

3. Quand le riz est tendre, retirez-le du feu et incorporez le **parmesan**, le **poivre** et le reste de la margarine. Donne 4 portions.

Une portion :

Calories	174	Protéines	5 g
Graisses	3 g	Hydrates de carbone	31 g
Graisses saturées	1 g	Sodium	51 mg
Cholestérol	2 mg	Sucre ajouté	0
		Fibres	1 g

Riz brun, sauce à la graine de pavot

Préparation : **5 min**   GRAISSES SUCRE SODIUM
Cuisson : **55 min** (presque sans intervention)

¾   tasse de riz brun
2¼ tasses d'eau ou de bouillon de poulet hyposodique
2   c. à soupe de yogourt partiellement écrémé
2   c. à soupe de crème sure
1   c. à soupe de jus de citron
1½ c. à thé de graine de pavot
⅛   c. à thé de poivre blanc ou noir
⅛   c. à thé de sel

1. Portez le four à 180°C (350°F). Étalez le **riz** dans une assiette à tarte. Mettez-le au four, sans couvrir, et laissez-le rôtir 8-10 minutes en remuant de temps à autre.

2. Faites bouillir l'**eau** à feu vif dans une casserole moyenne. Jetez-y le riz rôti, réglez le feu pour qu'il mijote doucement, couvrez et prévoyez 45 minutes de cuisson pour qu'il soit tendre et bien gonflé.

3. Dans un petit bol, mélangez le **yogourt**, la **crème sure**, le **jus de citron**, la **graine de pavot**, le **poivre** et le **sel**. Incorporez cette préparation au riz cuit et mélangez bien. Sert d'accompagnement au bœuf. Donne 4 portions.

Une portion :

Calories	152	Protéines	3 g
Graisses	6 g	Hydrates de carbone	28 g
Graisses saturées	2 g	Sodium	82 mg
Cholestérol	4 mg	Sucre ajouté	0
		Fibres	3 g

Riz brun aux asperges et aux œufs

Riz brun aux asperges et aux œufs

En accompagnement, servez la Salade d'agrumes et de cresson (p. 221).

GRAISSES SUCRE SODIUM

1	tasse de riz brun	
1	gros œuf	
1	gros blanc d'œuf	
1	c. à soupe d'eau	
¼	c. à thé de sucre	
2¼	c. à thé de sauce soja hyposodique	
	Enduit végétal antiadhésif	
150 g	(⅓ lb) d'asperges parées, détaillées en tronçons	
115 g	(¼ lb) de pois mange-tout parés	
1	c. à soupe d'huile d'arachide ou de maïs	

4	gousses d'ail hachées
1	c. à soupe de gingembre frais, haché, ou ½ c. à thé de gingembre moulu
1	poivron rouge moyen, paré, épépiné et haché
1	carotte moyenne, pelée et râpée grossièrement
2	oignons verts, hachés mince avec leur tige
8	noix de cajou ou cacahuètes rôties sans sel, hachées
2	c. à thé de vinaigre de vin blanc

Préparation :
11 min
Cuisson :
55 min
(presque sans
intervention)

Une portion :

Calories	280
Graisses	8 g
Graisses saturées	1 g
Cholestérol	69 mg
Protéines	8 g
Hydrates de carbone	45 g
Sodium	158 mg
Sucre ajouté	1 cal.
Fibres	5 g

1. Faites cuire le **riz** selon les instructions en omettant le sel ; refroidissez-le au congélateur 20 minutes.

2. Dans un petit bol, battez l'**œuf** et le **blanc d'œuf** avec l'**eau**, le **sucre** et ¼ c. à thé de **sauce soja.** Vaporisez une petite poêle d'**enduit antiadhésif,** chauffez-la 30 secondes à feu modéré et jetez-y les œufs en ramenant peu à peu vers le centre les parties coagulées du pourtour. Quand l'omelette est prise, au bout de 2 minutes environ, posez-la dans une assiette, détaillez-la en lanières de 2 cm (¾ po) de largeur et réservez.

3. Dans une grande casserole d'eau bouillante non salée, faites blanchir les **asperges** et les **pois mange-tout** 30 secondes à découvert. Rincez-les sous l'eau froide du robinet pour arrêter la cuisson ; égouttez-les et réservez.

4. Dans une grande poêle ou un wok, réchauffez l'**huile d'arachide** 1 minute à feu modérément vif ; saisissez-y l'**ail** et le **gingembre** 2 minutes en remuant pour qu'ils se colorent. Ajoutez le riz cuit, le **poivron** et la **carotte** et faites rissoler 4 minutes. Joignez au riz l'omelette, les asperges, les pois mange-tout, les **oignons verts** et les **noix.** Accordez 2 minutes de cuisson en remuant avant d'ajouter le reste de la sauce soja et le **vinaigre.** Mélangez bien et servez. Donne 4 portions.

Riz brun au cari

Riz brun au cari

Préparation : **20 min**

GRAISSES SUCRE SODIUM

Cuisson : **1 h** (presque sans intervention)

Ce riz se sert bien avec du poulet, de la dinde ou de l'agneau.

1   **c. à soupe de margarine non salée**
1   **oignon moyen, haché fin**
1   **gousse d'ail hachée**
2   **c. à soupe d'abricot séché, haché fin**
1   **c. à thé de cassonade blonde**
2   **c. à thé de cari**
¾   **tasse de riz brun**
2   **tasses d'eau**
2   **c. à soupe de jus de citron**
¼   **c. à thé de poivre noir**
¼   **c. à thé de thym séché, émietté**

1. Préchauffez le four à 200°C (400°F). Dans une cocotte en fonte, faites fondre la **margarine** à feu modéré. Jetez-y l'**oignon** et l'**ail** et faites revenir à découvert 5 minutes. Quand l'oignon est à point, ajoutez l'**abricot** et laissez cuire 3 minutes de plus en remuant de temps à autre.

2. Réduisez la chaleur à feu modérément doux, ajoutez la **cassonade** et le **cari** et prolongez la cuisson de 3-5 minutes en remuant sans arrêt pour obtenir un caramel. Versez-y le **riz** et faites-le rissoler 3-5 minutes. Par ailleurs, amenez l'**eau** à ébullition dans une petite casserole avant de l'ajouter au riz avec le **jus de citron,** le **poivre** et le **thym.**

3. Couvrez, enfournez et faites cuire 45-50 minutes pour que le riz soit tendre et le liquide complètement absorbé. Donne 4 portions.

Une portion :

Calories	178		
Graisses	4 g	Protéines	3 g
Graisses saturées	1 g	Hydrates de carbone	33 g
Cholestérol	0	Sodium	7 mg
		Sucre ajouté	8 cal.
		Fibres	3 g

Riz brun aux noix

Préparation : **5 min**

GRAISSES SUCRE SODIUM

Cuisson : **47 min** (presque sans intervention)

Voici une façon à la fois simple et inusitée de préparer le riz.

1⅓   **tasse de bouillon de poulet hyposodique ou d'eau**
½   **tasse de riz brun**
⅛   **c. à thé de poivre noir**
2   **c. à soupe de pacanes ou de noix hachées**
1½   **c. à thé de margarine non salée**

1. Dans une casserole moyenne, amenez le **bouillon de poulet** à ébullition à feu modérément vif. Jetez-y le **riz** et le **poivre** et réduisez le feu pour que la préparation mijote doucement. Couvrez et prévoyez 45 minutes de cuisson pour que le riz soit tendre.

2. Au moment de servir, ajoutez les **pacanes** et la **margarine.** Donne 4 portions.

Une portion :

Calories	153		
Graisses	7 g	Protéines	3 g
Graisses saturées	1 g	Hydrates de carbone	20 g
Cholestérol	0	Sodium	19 mg
		Sucre ajouté	0
		Fibres	2 g

Pain de riz sauvage aux carottes

Préparation : **15 min**
Cuisson : **1 h 25** (presque sans intervention)

GRAISSES SUCRE SODIUM

Cette recette donne huit portions en entrée. Réduite, elle serait moins moelleuse : congelez ce qui reste. Si vous utilisez un mélange commercial de riz sauvage et de riz à longs grains, omettez le sachet d'aromates.

- **3** tasses de bouillon de bœuf hyposodique ou d'eau
- **½** tasse de riz brun
- **½** tasse de riz sauvage ou d'un mélange de riz à longs grains et de riz sauvage
- **2** c. à soupe de margarine non salée
- **1** gros oignon, haché fin
- **2** côtes de céleri moyennes, hachées fin
- **4** carottes moyennes, pelées et râpées
- **⅓** tasse de persil haché
- **2** gros blancs d'œufs légèrement battus
- **2** c. à thé de cumin moulu
- **¼** c. à thé de poivre noir

1. Préchauffez le four à 180°C (350°F). Faites bouillir le **bouillon de bœuf** dans une grande casserole à feu modéré. Jetez-y le **riz brun** et le **riz sauvage** ; dès que l'ébullition reprend, réglez le feu pour que le bouillon frissonne. Faites cuire à découvert 15 minutes. Quand le liquide a réduit presque complètement, réglez la chaleur à feu doux, couvrez et prolongez la cuisson de 5 autres minutes.

2. Entre-temps, faites fondre la **margarine** à feu modéré dans une poêle moyenne. Jetez-y l'**oignon**, le **céleri** et les **carottes** ; laissez-les cuire 5-8 minutes à découvert.

3. Quand ils sont tendres, ajoutez-les au riz avec le **persil**, les **blancs d'œufs**, le **cumin** et le **poivre.**

4. Versez le riz dans un moule à pain légèrement graissé, enfournez et prévoyez 1 heure de cuisson. Le pain sera ferme et brun en surface.

5. Posez le moule sur une grille et laissez tiédir 15 minutes. Démoulez le pain dans un plat chaud. *(Note : Ce pain est fragile. Pour le trancher, utilisez un couteau-scie avec un mouvement de va-et-vient.)* Donne 8 portions.

Une portion :

Calories	140	Protéines	4 g
Graisses	4 g	Hydrates de carbone	24 g
Graisses saturées	1 g	Sodium	40 mg
Cholestérol	0	Sucre ajouté	0
		Fibres	1 g

Polenta à la sauce aux tomates fraîches

Préparation : **5 min**
Cuisson : **55 min** (presque sans intervention)

GRAISSES SUCRE SODIUM

La polenta est un mets italien à base de farine de maïs qu'on doit remuer sans arrêt durant la cuisson. Plus simple, notre méthode exige moins d'attention. Ce plat se sert en accompagnement.

- **5** tomates moyennes (700 g/1½ lb), pelées, parées et coupées en quatre
- **1** petit oignon, haché fin
- **1** c. à soupe de margarine non salée
- **½** c. à thé de basilic séché, émietté
- **½** c. à thé de marjolaine séchée, émiettée
- **⅛** c. à thé de poivre noir
- **⅔** tasse de farine de maïs jaune
- **2½** tasses d'eau froide
- **2** c. à soupe de parmesan râpé

1. Dans une casserole moyenne et à feu modérément doux, faites cuire les **tomates** 10 minutes à couvert en remuant de temps à autre. Quand elles sont à point, travaillez-les 1 minute au mixer ou au robot pour les réduire en purée.

2. Remettez la purée dans la casserole ; ajoutez l'**oignon**, la **margarine**, le **basilic**, la **marjolaine** et le **poivre**. Laissez mijoter la sauce à découvert 45 minutes à feu modérément doux en remuant de temps à autre pour obtenir une légère réduction.

3. Entre-temps, préparez la polenta. Dans un petit bol, délayez la **farine de maïs** dans 1 tasse d'**eau** ; réservez. Mettez 5 cm (2 po) d'eau dans le bas d'un bain-marie et amenez-la sous le point d'ébullition à feu modéré.

4. Versez la tasse et demie d'eau qui reste dans le haut du bain-marie, posez celui-ci directement sur un feu modéré et amenez à ébullition. Incorporez la farine délayée et faites-la cuire en remuant sans arrêt jusqu'au premier bouillon.

5. Réunissez les deux parties du bain-marie et laissez cuire la polenta 45 minutes en remuant de temps à autre. Dressez-la dans un bol chaud ; nappez-la de sauce et parsemez de **parmesan**. Donne 4 portions.

Une portion :

Calories	154	Protéines	4 g
Graisses	4 g	Hydrates de carbone	26 g
Graisses saturées	1 g	Sodium	60 mg
Cholestérol	2 mg	Sucre ajouté	0
		Fibres	0

Semoule cuite au four

Ce plat, que les Américains appellent Baked grits, *se sert avec le porc ou le poulet.*

GRAISSES SUCRE SODIUM

1	c. à soupe de margarine non salée	⅔	tasse de semoule d'hominy
1½	tasse de bouillon de poulet hyposodique	¼	c. à thé de sel
		1	gros œuf
1½	tasse de lait écrémé	1	gros blanc d'œuf
		⅛	c. à thé de poivre noir

1. Préchauffez le four à 180°C (350°F). Graissez un moule profond avec ½ c. à thé de **margarine.**

2. Dans une casserole moyenne, amenez le **bouillon de poulet** et 1 tasse de **lait** à ébullition sur un feu modérément vif. Incorporez la **semoule d'hominy** et le **sel**; réglez la chaleur à feu doux et prévoyez 5 minutes de cuisson en remuant constamment. Quand la bouillie a épaissi, laissez-la tiédir 5 minutes.

3. Dans une tasse à mesurer, fouettez ensemble le reste du lait, l'**œuf** et le **blanc d'œuf**; ajoutez-les à la semoule avec le **poivre** et le reste de la margarine.

4. Versez la préparation dans le moule, enfournez et faites cuire 1 heure pour que la surface soit bien dorée. Donne 4 portions.

Préparation :
5 min
Cuisson :
1 h 5
(presque sans intervention)

Une portion :

Calories	186
Graisses	*5 g*
Graisses saturées	*1 g*
Cholestérol	*70 mg*
Protéines	*9 g*
Hydrates de carbone	*26 g*
Sodium	*232 mg*
Sucre ajouté	*0*
Fibres	*0*

Kashe aux oignons et aux pâtes

Le kashe désigne un gruau de sarrasin torréfié, d'origine russe. On en trouve dans les supermarchés. Le mets dont la recette suit peut se servir comme plat principal avec un légume vert.

GRAISSES SUCRE SODIUM

1½	c. à soupe d'huile d'olive	225	g (½ lb) de champignons, tranchés mince
2	oignons moyens, coupés en deux et détaillés en tranches fines	1	tasse de kashe
		1	gros œuf légèrement battu
170	g (6 oz) de petites pâtes, papillons ou coquilles	¼	c. à thé de sel
		¼	c. à thé de poivre noir
		3	tasses d'eau chaude

1. Réchauffez l'**huile d'olive** 1 minute à feu modéré dans une grande poêle. Faites-y rissoler les **oignons** 10 minutes en remuant souvent jusqu'à ce qu'ils soient bien dorés.

2. Entre-temps, faites cuire les **pâtes** selon les instructions en omettant le sel. Rincez-les à l'eau froide, puis égouttez-les.

3. Ajoutez les **champignons** aux oignons dans la poêle et faites-les cuire 5 minutes en remuant de temps à autre pour qu'ils se colorent et perdent presque entièrement leur eau de végétation.

4. Dans un petit bol, mélangez le **kashe** et l'**œuf** de façon que chaque grain soit enrobé. Repoussez les champignons et les oignons vers les bords de la poêle pour faire de la place au kashe, portez la chaleur à feu vif et saisissez le gruau pour bien en séparer les grains, ce qui demandera environ 4 minutes.

5. Ajoutez le **sel**, le **poivre** et l'**eau chaude** et mélangez bien tout le contenu de la poêle. Baissez le feu et faites cuire 15 minutes en remuant de temps à autre. Quand le kashe est tendre, ajoutez les pâtes cuites, réchauffez et servez. Donne 4 portions.

Préparation :
10 min
Cuisson :
35 min

Une portion :

Calories	330
Graisses	*8 g*
Graisses saturées	*1 g*
Cholestérol	*69 mg*
Protéines	*11 g*
Hydrates de carbone	*55 g*
Sodium	*157 mg*
Sucre ajouté	*0*
Fibres	*3 g*

Kashe aux légumes

Ce plat accompagne parfaitement le bœuf ou le poulet.

1	**c. à soupe de margarine non salée**
1	**oignon moyen, haché**
1	**côte de céleri moyenne, hachée**
115	**g (¼ lb) de champignons, tranchés mince**
¾	**tasse de kashe**
1	**gros œuf**
1½	**tasse de bouillon de bœuf hyposodique ou d'eau**
½	**tasse de châtaignes d'eau, tranchées mince**
2	**c. à soupe de jus de citron**
½	**c. à thé de muscade**
¼	**c. à thé de poivre noir**

Préparation :
10 min
Cuisson :
16 min

Une portion :

Calories	*141*
Graisses	*5 g*
Graisses saturées	*1 g*
Cholestérol	*69 mg*
Protéines	*5 g*
Hydrates de carbone	*21 g*
Sodium	*32 mg*
Sucre ajouté	*0*
Fibres	*1 g*

1. Faites fondre la **margarine** à feu modéré dans une poêle moyenne. Jetez-y l'**oignon** et le **céleri** et faites revenir 2-3 minutes à découvert. Ajoutez les **champignons** et prolongez la cuisson de 2-3 minutes en remuant de temps à autre.

2. Avec une fourchette, fouettez le **kashe** et l'**œuf** dans un petit bol pour bien enrober tous les grains. Ajoutez le kashe au contenu de la poêle et laissez cuire 1-2 minutes en remuant sans arrêt.

3. Quand l'œuf est cuit, ajoutez le **bouillon de bœuf,** amenez à ébullition et réglez le feu pour que le liquide mijote doucement. Couvrez et laissez cuire 10 minutes : le kashe doit être tendre et le liquide complètement absorbé.

4. Ajoutez alors les **châtaignes d'eau**, le **jus de citron**, la **muscade** et le **poivre**. Dressez le plat dans un bol de service. Donne 4 portions.

Kashe aux oignons et aux pâtes

Pilaf de boulgour

Le mot turc boulgour *désigne des grains de blé concassés qui ont une agréable texture et un goût de noisette. Servez le boulgour comme vous serviriez du riz.*

1 c. à soupe de margarine non salée
1 petit oignon, haché fin
⅔ tasse de boulgour
2 tasses d'eau ou de bouillon de poulet hyposodique

1 carotte moyenne, pelée et hachée fin
1 côte de céleri moyenne, hachée fin
½ c. à thé de thym séché
⅛ c. à thé de poivre noir

1. Dans une casserole moyenne, faites fondre la **margarine** à feu modéré. Jetez-y l'**oignon** et faites-le revenir 5 minutes à découvert. Quand il est tendre, ajoutez le **boulgour** et prolongez la cuisson de 1 minute en remuant.

2. Mettez dans la casserole l'**eau**, la **carotte**, le **céleri**, le **thym** et le **poivre**. Amenez sous le point d'ébullition, puis couvrez et laissez cuire à feu doux 15 minutes ou jusqu'à absorption totale du liquide. Donne 4 portions.

GRAISSES **SUCRE** **SODIUM**

Préparation :
2 min
Cuisson :
23 min

Une portion :

Calories	*144*
Graisses	*6 g*
Graisses saturées	*1 g*
Cholestérol	*0*
Protéines	*3 g*
Hydrates de carbone	*26 g*
Sodium	*17 mg*
Sucre ajouté	*0*
Fibres	*2 g*

Poivrons rouges farcis au boulgour

½ tasse de boulgour
¾ tasse d'eau bouillante
4 poivrons rouges moyens
3 grosses tomates (280 g/ 10 oz), pelées et hachées, ou 1 tasse de tomates hyposodiques en boîte, égouttées et concassées
5 gousses d'ail hachées

½ tasse de cheddar râpé (60 g/2 oz)
4 oignons verts tranchés avec leur tige
1 c. à soupe de persil haché
¼ c. à thé de poivre noir
1 tasse de bouillon de poulet hyposodique

1. Dans un bol calorifuge, mélangez le **boulgour** et l'**eau** bouillante ; laissez tremper 30 minutes ou jusqu'à absorption du liquide.

2. Préchauffez le four à 190°C (375°F). Enlevez les calottes des **poivrons** et hachez-les. Retirez la semence et les côtes des poivrons ; gardez ceux-ci intacts. Faites-les cuire 5 minutes dans un grand faitout d'eau bouillante non salée. Quand ils sont à point, égouttez-les.

3. Mélangez le boulgour, la chair de poivron hachée, les **tomates**, l'**ail**, le **cheddar**, les **oignons verts**, le **persil**, le **poivre** et ⅓ tasse de **bouillon de poulet** dans un bol moyen. Garnissez les poivrons avec cette farce et déposez-les dans une lèchefrite non graissée. Versez le reste du bouillon de poulet dans la lèchefrite.

4. Couvrez de papier d'aluminium, enfournez et prévoyez 20 minutes de cuisson pour réchauffer la farce et attendrir les poivrons. Donne 4 portions.

Variantes :

Poivrons au boulgour, aux raisins secs et aux noix Supprimez le cheddar et ajoutez à la farce 3 c. à soupe de raisins secs et 3 c. à soupe de noix ou de pacanes hachées.

Poivrons au boulgour et aux légumes Hachez 1 petite carotte, 1 petite courgette et 1 petit concombre ; ajoutez-les à la farce en mélangeant bien. Garnissez-en généreusement les poivrons.

GRAISSES **SUCRE** **SODIUM**

Préparation :
35 min avec le trempage du boulgour
Cuisson :
25 min

Une portion :

Calories	*234*
Graisses	*10 g*
Graisses saturées	*6 g*
Cholestérol	*30 mg*
Protéines	*11 g*
Hydrates de carbone	*26 g*
Sodium	*196 mg*
Sucre ajouté	*0*
Fibres	*3 g*

Légumes

Bien qu'on les relègue souvent au second rôle, les légumes sont la source alimentaire la plus généreuse que nous offre la nature. Légumes feuillus, légumes-racines, courges fondantes, chou tendre, petits pois, haricots, autant de sources d'inspiration dans la cuisine et de joies sur la table, dont on peut puiser à satiété car les légumes, qui n'ont aucun cholestérol, sont pauvres en matières grasses et en sodium mais riches en fibres. À moins d'indication contraire, les recettes de cette section se réduisent toutes de moitié.

Ratatouille au four

Asperges à la graine de sésame

GRAISSES SUCRE SODIUM

Préparation : **15 min**
Cuisson : **9 min**

**700 g (1½ lb) d'asperges, parées et coupées
en tronçons**
1½ c. à thé de margarine non salée
1 c. à soupe de graine de sésame
1 c. à thé de sauce soja hyposodique
1 c. à thé d'huile de sésame ou d'arachide
⅛ c. à thé de poivre noir

1. Dans une poêle moyenne, amenez 2,5 cm (1 po)
   d'eau non salée à ébullition. Mettez-y les
   asperges, couvrez et laissez-les cuire 3 minutes.
   Dès qu'elles sont attendries, égouttez-les, rincez-
   les à l'eau froide pour arrêter la cuisson, puis
   égouttez-les de nouveau.

2. Dans la même poêle, faites fondre la **margarine**
   à feu modéré ; jetez-y la **graine de sésame** et
   laissez-la rissoler 3-4 minutes en remuant.

3. Quand elle est dorée, remettez les asperges
   dans la poêle, ajoutez la **sauce soja,** l'**huile de
   sésame** et le **poivre** ; faites réchauffer 1 minute
   en remuant délicatement. Donne 4 portions.

Une portion :

Calories	*57*	*Protéines*	*3 g*
Graisses	*4 g*	*Hydrates de carbone*	*4 g*
Graisses saturées	*1 g*	*Sodium*	*53 mg*
Cholestérol	*0*	*Sucre ajouté*	*0*
		Fibres	*1 g*

Variante :

Pois mange-tout aux châtaignes d'eau Remplacez les asperges par 450 g (1 lb) de pois mange-
tout que vous ferez cuire aussi 2-3 minutes.
À la graine de sésame, substituez ¼ tasse de
châtaignes d'eau tranchées très mince et jetez-
les dans la margarine fondue en même temps
que la sauce soja, l'huile de sésame et le poivre
noir. Réchauffez 1 minute, ajoutez les pois
mange-tout et faites-les chauffer encore
1 minute.

*Conseil : Pour que les asperges cuisent
uniformément, choisissez-les de même
diamètre. Cassez la partie dure des tiges,
là où elles cèdent à la pression.*

Asperges au four

GRAISSES SUCRE SODIUM

Préparation : **10 min**
Cuisson : **15 min**

**450 g (1 lb) d'asperges parées
Enduit végétal antiadhésif**
2½ c. à soupe de parmesan râpé
1½ c. à soupe de mie de pain frais, émiettée
2 c. à thé de margarine non salée

1. Portez le four à 230°C (450°F). Disposez les
   asperges dans un moule vaporisé d'**enduit antiadhésif.** Parsemez de **parmesan,** de **mie de pain**
   et de noisettes de **margarine.**

2. Enfournez à découvert et faites cuire entre
   10 et 20 minutes, selon la grosseur des asperges,
   pour que celles-ci soient tendres. Donne
   4 portions.

Une portion :

Calories	*39*	*Protéines*	*3 g*
Graisses	*2 g*	*Hydrates de carbone*	*3 g*
Graisses saturées	*1 g*	*Sodium*	*65 mg*
Cholestérol	*3 mg*	*Sucre ajouté*	*0*
		Fibres	*1 g*

Haricots verts à l'aneth

GRAISSES SUCRE SODIUM

Préparation : **10 min**
Cuisson : **10 min**

450 g (1 lb) de haricots verts parés
1½ c. à thé de margarine non salée
2 c. à thé de jus de citron
⅛ c. à thé de poivre noir
**2 c. à soupe d'aneth frais, haché
ou ½ c. à thé d'aneth séché**

1. Dans une grande casserole, amenez 2,5 cm
   (1 po) d'eau non salée à ébullition. Jetez-y les
   haricots verts, couvrez et laissez-les cuire
   6-7 minutes. Quand ils sont tendres, égouttez-
   les, rincez-les à l'eau froide pour arrêter la
   cuisson, puis égouttez-les de nouveau.

2. Dans la même casserole, faites fondre la
   margarine à feu modéré ; jetez-y les haricots
   cuits et réchauffez-les 2-3 minutes en les tournant dans la margarine. Assaisonnez de **jus**
   de **citron,** de **poivre** et d'**aneth** et remuez bien.
   Donne 4 portions.

Une portion :

Calories	*45*	*Protéines*	*2 g*
Graisses	*2 g*	*Hydrates de carbone*	*7 g*
Graisses saturées	*0*	*Sodium*	*7 mg*
Cholestérol	*0*	*Sucre ajouté*	*0*
		Fibres	*2 g*

Asperges à la graine de sésame (à gauche) et *Haricots verts au piment rôti* (à droite)

Haricots verts
au piment rôti

Préparation : **15 min**
Cuisson : **12 min**

GRAISSES SUCRE SODIUM

450 g (1 lb) de haricots verts parés
1½ c. à thé de margarine non salée
1 gousse d'ail hachée
1 bocal (125 ml/4⅖ oz) de piment rôti, égoutté
et haché
⅛ c. à thé de poivre noir
2 c. à thé de jus de citron
1 c. à soupe d'amandes effilées, rôties

1. Dans une grande casserole, amenez 2,5 cm
(1 po) d'eau non salée à ébullition. Jetez-y les
haricots verts, couvrez et laissez-les cuire
6-7 minutes. Quand ils sont tendres, égouttez-
les, rincez-les à l'eau froide, puis égouttez de
nouveau.

2. Dans une poêle antiadhésive moyenne, faites
fondre la **margarine** à feu modéré ; mettez-y
l'**ail** à revenir 1 minute. Ajoutez alors les
haricots et le **piment rôti** et réchauffez-les
3-4 minutes en remuant souvent. Quand le tout
est bien chaud, ajoutez le **poivre** et le **jus de
citron** ; parsemez d'**amandes.** Donne 4 portions.

Une portion :

Calories	60	*Protéines*	*2 g*
Graisses	*2 g*	*Hydrates de carbone*	*9 g*
Graisses saturées	*0*	*Sodium*	*12 mg*
Cholestérol	*0*	*Sucre ajouté*	*0*
		Fibres	*2 g*

Haricots verts
aux tomates-cerises

Préparation : **10 min**
Cuisson : **12 min**

GRAISSES SUCRE SODIUM

450 g (1 lb) de haricots verts parés
2 c. à thé d'huile d'olive
2 tasses de tomates-cerises
2 c. à soupe de basilic frais, haché
ou 1 c. à thé de basilic séché, émietté
1 c. à soupe de vinaigre de vin rouge
¼ c. à thé de sel (facultatif)

1. Dans une grande casserole, amenez 2,5 cm
(1 po) d'eau non salée à ébullition. Jetez-y les
haricots verts, couvrez et laissez-les cuire
6-7 minutes. Quand ils sont tendres, réservez
2 c. à soupe de l'eau de cuisson avant de les
égoutter.

2. Dans une grande poêle, réchauffez l'**huile
d'olive** 1 minute à feu modérément vif ; ajoutez
les **tomates** et faites-les cuire 2 minutes en
remuant la poêle. Quand leur peau commence
à se détacher, jetez dans la poêle le **basilic,** les
haricots et leur eau de cuisson réservée, le
vinaigre et le **sel,** s'il y a lieu. Réchauffez le
tout 2 minutes sans couvrir. Donne 4 portions.

Une portion :

Calories	62	*Protéines*	*2 g*
Graisses	*2 g*	*Hydrates de carbone*	*10 g*
Graisses saturées	*0*	*Sodium*	*10 mg*
Cholestérol	*0*	*Sucre ajouté*	*0*
		Fibres	*2 g*

Haricots de Lima nature

Préparation : **10 min**
Cuisson : **9 min**

GRAISSES SUCRE SODIUM

1   c. à soupe de margarine non salée
2   tasses de haricots de Lima (900 g/2 lb, non écossés), ou 1 paquet de 300 g (10½ oz) de haricots de Lima surgelés
1   c. à soupe de persil haché
½   c. à thé de marjolaine séchée, émiettée
⅛   c. à thé de poivre noir
2   c. à soupe de vin blanc sec ou de bouillon de poulet hyposodique

Faites fondre la **margarine** à feu modérément doux ; ajoutez les **haricots**, le **persil**, la **marjolaine**, le **poivre** et le **vin**. Couvrez et faites cuire 8-10 minutes pour que les haricots soient tendres. Donne 4 portions.

Une portion :

Calories	115	Protéines	4 g
Graisses	3 g	Hydrates de carbone	15 g
Graisses saturées	1 g	Sodium	3 mg
Cholestérol	0	Sucre ajouté	0
		Fibres	3 g

Petits haricots de Lima à la crème sure

Préparation : **15 min**
Cuisson : **13 min**

GRAISSES SUCRE SODIUM

2   tasses de petits haricots de Lima frais, (900 g/2 lb, non écossés), ou 1 paquet de 300 g (10½ oz) de petits haricots de Lima
1   c. à soupe de margarine non salée
⅛   c. à thé chacune de sel et de poivre noir
3   c. à soupe de crème sure
2   c. à soupe de yogourt partiellement écrémé
2   c. à soupe de persil haché
1   c. à thé de paprika

1. Faites cuire les **haricots** environ 12 minutes dans 2,5 cm (1 po) d'eau bouillante non salée. Quand ils sont tendres, égouttez-les.

2. Incorporez la **margarine**, le **sel**, le **poivre**, la **crème sure**, le **yogourt**, le **persil** et le **paprika**. Donne 4 portions.

Une portion :

Calories	143	Protéines	6 g
Graisses	6 g	Hydrates de carbone	17 g
Graisses saturées	2 g	Sodium	87 mg
Cholestérol	5 mg	Sucre ajouté	0
		Fibres	3 g

Haricots jaunes, sauce tomate

Préparation : **15 min**
Cuisson : **26 min**

GRAISSES SUCRE SODIUM

1   c. à soupe d'huile d'olive
1   gousse d'ail hachée
450 g (1 lb) de haricots jaunes parés
3   c. à soupe d'eau
¼   c. à thé de poivre noir
3   tomates moyennes (450 g/1 lb), pelées, parées, épépinées et hachées
2   c. à soupe de basilic frais, haché ou 1 c. à thé de basilic séché, émietté

1. Dans une grande poêle, faites chauffer l'**huile d'olive** 1 minute à feu doux ; jetez-y l'**ail**, les **haricots**, l'**eau** et le **poivre**. Couvrez et laissez cuire 15 minutes en remuant la poêle de temps à autre.

2. Ajoutez les **tomates** et le **basilic** et prolongez la cuisson de 10 minutes. Donne 4 portions.

Une portion :

Calories	107	Protéines	3 g
Graisses	3 g	Hydrates de carbone	11 g
Graisses saturées	1 g	Sodium	15 mg
Cholestérol	0	Sucre ajouté	0
		Fibres	2 g

Betteraves au four

Préparation : **5 min**
Cuisson : **1 h 5** (presque sans intervention)

GRAISSES SUCRE SODIUM

6   betteraves moyennes (700 g/1½ lb), grattées et parées
1   c. à soupe de margarine non salée
2   c. à thé d'aneth frais, haché

1. Portez le four à 200°C (400°F). Mettez les **betteraves** dans du papier d'aluminium et faites-les cuire 1 heure au four sur une plaque. Quand elles sont tendres, laissez-les tiédir puis enlevez le papier et la pelure. Détaillez-les en quartiers.

2. Dans une grande poêle, faites fondre la **margarine** à feu modéré ; jetez-y les betteraves et réchauffez-les 5 minutes. Parsemez d'**aneth**. Donne 4 portions.

Une portion :

Calories	62	Protéines	2 g
Graisses	2 g	Hydrates de carbone	0
Graisses saturées	0	Sodium	116 mg
Cholestérol	0	Sucre ajouté	0
		Fibres	1 g

Haricots jaunes, sauce tomate

Betteraves aigres-douces

Préparation : **10 min**　　GRAISSES SUCRE SODIUM
Cuisson : **37 min** (presque sans intervention)

1½ **tasse d'eau**
6 **betteraves moyennes (700 g/1½ lb), grattées**
¼ **tasse de vinaigre de cidre**
2 **c. à thé de sucre**
2 **c. à thé de fécule de maïs**
⅛ **c. à thé de clou de girofle moulu**
⅛ **c. à thé de poivre noir**

1. Dans une grande casserole, amenez l'eau à ébullition. Jetez-y les **betteraves,** couvrez et laissez-les cuire 30-35 minutes à feu modéré. Quand elles sont tendres, égouttez-les en réservant 1 tasse de l'eau de cuisson. Dès qu'elles sont tièdes, pelez-les et coupez-les en tranches de 6 mm (¼ po).
2. Dans la même casserole, versez l'eau de cuisson réservée et le **vinaigre.** Mélangez le **sucre** et la **fécule** et incorporez au liquide de la casserole. Ajoutez le **clou** et le **poivre** et faites cuire la sauce 2-3 minutes à feu modéré pour qu'elle devienne transparente et onctueuse.
3. Remettez les betteraves dans la casserole, enrobez-les de sauce et réchauffez-les 3 minutes. Donne 4 portions.

Une portion :

		Protéines	2 g
Calories	65	Hydrates de carbone	4 g
Graisses	0	Sodium	82 mg
Graisses saturées	0	Sucre ajouté	8 cal.
Cholestérol	0	Fibres	1 g

Betteraves râpées, sauce au raifort

Préparation : **20 min**　　GRAISSES SUCRE SODIUM
Cuisson : **15 min**

Ce plat parfumé se sert chaud ou froid.

4 **betteraves moyennes (450 g/1 lb), pelées et râpées**
2 **c. à soupe d'eau**
½ **tasse de yogourt partiellement écrémé**
2 **c. à soupe de raifort préparé, égoutté**
2 **c. à soupe d'aneth frais, haché ou ½ c. à thé d'aneth séché**
¼ **c. à thé de poivre noir**

1. Dans une casserole moyenne, faites cuire les **betteraves** dans l'**eau**, à couvert, 15 minutes ou jusqu'à ce qu'elles soient tendres.
2. Ajoutez le **yogourt**, le **raifort**, l'**aneth** et le **poivre**. Donne 4 portions.

Betteraves râpées,
sauce au raifort

Une portion :

		Protéines	4 g
Calories	82	Hydrates de carbone	3 g
Graisses	1 g	Sodium	126 mg
Graisses saturées	0	Sucre ajouté	0
Cholestérol	2 mg	Fibres	1 g

Brocoli au poivron

Préparation : **10 min**
Cuisson : **10 min**

GRAISSES SUCRE SODIUM

4   **c. à thé d'huile d'olive**
1   **petit oignon, haché fin**
2   **gousses d'ail hachées**
1   **c. à soupe d'eau**
4   **tasses de bouquets de brocoli (1 pied moyen)**
1   **petit poivron rouge, taillé en lanières**
1   **c. à thé d'origan séché, émietté**
    Pincée de flocons de piment rouge

1. Dans une grande poêle, faites chauffer l'**huile d'olive** 1 minute à feu modéré. Jetez-y l'**oignon**, l'**ail**, l'**eau**, le **brocoli**, le **poivron rouge**, l'**origan** et les **flocons de piment rouge**. Laissez cuire 2 minutes en remuant.

2. Couvrez, baissez la chaleur à feu doux et faites cuire 6-8 minutes en remuant souvent : le brocoli doit demeurer croquant. Donne 4 portions.

Une portion :

Calories	116	Protéines	6 g
Graisses	7 g	Hydrates de carbone	11 g
Graisses saturées	1 g	Sodium	39 mg
Cholestérol	0	Sucre ajouté	0
		Fibres	0

Brocoli au basilic

Préparation : **15 min**
Cuisson : **5 min**

GRAISSES SUCRE SODIUM

800 g   **(1¾ lb) de brocoli, détaillé en bouquets, tiges pelées et tranchées**
1½   **tasse de basilic ou de persil frais, bien tassé**
1   **gousse d'ail**
1   **c. à soupe de pignons ou de noix hachées**
1   **c. à soupe de parmesan râpé**
¼   **tasse de bouillon de poulet hyposodique**
2   **c. à thé de jus de citron**

1. Faites cuire le **brocoli** environ 4 minutes à découvert dans 2,5 cm (1 po) d'eau bouillante non salée. Dès qu'il est tendre, égouttez-le.

2. Travaillez le **basilic**, l'**ail**, les **pignons**, le **parmesan** et le **bouillon** 20 secondes au mixer. Incorporez le **jus de citron** et versez sur le brocoli. Remuez avant de servir. Donne 4 portions.

Une portion :

Calories	62	Protéines	5 g
Graisses	2 g	Hydrates de carbone	10 g
Graisses saturées	0	Sodium	53 mg
Cholestérol	1 mg	Sucre ajouté	0
		Fibres	1 g

Tomates farcies au brocoli

Préparation : **20 min**
Cuisson : **40 min** (presque sans intervention)

GRAISSES SUCRE SODIUM

Voici une bonne façon de servir des restes de brocoli.

4   **tomates moyennes**
1   **c. à thé de jus de citron**
½   **c. à soupe de margarine non salée**
1   **petit oignon haché**
½   **tasse de lait écrémé**
¼   **tasse de bouillon de poulet hyposodique**
2   **c. à soupe de farine**
2   **c. à soupe de parmesan râpé**
1½   **tasse de brocoli cuit, haché**
1   **c. à soupe de basilic frais, haché ou ½ c. à thé de basilic séché, émietté**
⅛   **c. à thé de poivre noir**
1   **gros blanc d'œuf**

1. Préchauffez le four à 190°C (375°F). Ôtez la calotte des **tomates** ; évidez-les en laissant 1,5 cm (½ po) de chair tout autour. Aspergez l'intérieur **de jus de citron** et renversez-les sur une serviette de papier pour qu'elles s'égouttent 10 minutes.

2. Dans une poêle moyenne, faites fondre la **margarine** à feu modéré ; faites-y revenir l'**oignon** 5 minutes à découvert.

3. Dans un petit bol, mélangez au fouet le **lait**, le **bouillon de poulet** et la **farine**. Versez cette liaison sur les oignons et faites cuire à découvert 3 minutes à feu modéré. Quand la sauce a épaissi, retirez du feu et incorporez le **parmesan**, le **brocoli**, le **basilic** et le **poivre** pour composer la farce.

4. Dans un petit bol, fouettez le **blanc d'œuf** jusqu'à formation de pics fermes. Incorporez-le à la farce. Garnissez les tomates en formant un petit monticule au centre.

5. Disposez les tomates dans une lèchefrite non graissée ; enfournez et faites cuire à découvert 30-35 minutes pour que la farce gonfle et soit dorée. Donne 4 portions.

Une portion :

Calories	99	Protéines	6 g
Graisses	3 g	Hydrates de carbone	14 g
Graisses saturées	1 g	Sodium	95 mg
Cholestérol	3 mg	Sucre ajouté	0
		Fibres	3 g

Choux de Bruxelles, sauce au citron

Préparation : **10 min**
Cuisson : **15 min**

GRAISSES SUCRE **SODIUM**

280 g (10 oz) de choux de Bruxelles parés
1 c. à thé de sucre
1 c. à thé de vinaigre blanc
½ tasse de bouillon de poulet hyposodique
¼ tasse de jus de citron
1¼ c. à thé de fécule de maïs délayée dans
2 c. à soupe d'eau froide
¼ c. à thé de muscade

1. Dans une grande casserole, amenez à ébullition 2,5 cm (1 po) d'eau non salée ; jetez-y les **choux de Bruxelles,** couvrez et accordez 10-12 minutes de cuisson pour qu'ils restent croquants. Égouttez-les, passez-les sous l'eau froide pour arrêter la cuisson, puis égouttez-les de nouveau.

2. Dans une casserole moyenne, faites bouillir 2 minutes le **sucre** et le **vinaigre** à feu modérément vif en remuant l'ustensile. Quand le sucre est ambré, ajoutez le **bouillon de poulet** et le **jus de citron** ; incorporez la **fécule** délayée et la **muscade.** Amenez à ébullition en remuant constamment et, 1 minute plus tard, ajoutez les choux. Remuez pour bien les enrober. Donne 4 portions.

Une portion :

Calories	47	Protéines	3 g
Graisses	0	Hydrates de carbone	10 g
Graisses saturées	0	Sodium	29 mg
Cholestérol	0	Sucre ajouté	4 cal.
		Fibres	4 g

Choux de Bruxelles, sauce moutarde

Préparation : **5 min**
Cuisson : **13 min**

GRAISSES SUCRE SODIUM

280 g (10 oz) de choux de Bruxelles parés
2 c. à thé de margarine non salée
2 c. à soupe de moutarde de Dijon
ou de moutarde préparée à l'ancienne
2 c. à soupe de bouillon de bœuf hyposodique
1 c. à thé de jus de citron
¼ c. à thé de poivre noir

1. Dans une casserole moyenne, amenez à ébullition 2,5 cm (1 po) d'eau non salée ; jetez-y les **choux de Bruxelles,** couvrez et accordez 10-12 minutes de cuisson pour qu'ils restent croquants. Égouttez-les, passez-les sous l'eau froide pour arrêter la cuisson, puis égouttez-les de nouveau.

2. Dans la même casserole, faites fondre la **margarine** à feu doux ; ajoutez la **moutarde,** le **bouillon de bœuf,** le **jus de citron** et le **poivre** ; réchauffez 1 minute. Jetez-y les choux et remuez pour bien les enrober de sauce. Donne 4 portions.

Une portion :

Calories	54	Protéines	2 g
Graisses	3 g	Hydrates de carbone	7 g
Graisses saturées	0	Sodium	239 mg
Cholestérol	0	Sucre ajouté	0
		Fibres	4 g

Chou gratiné

Préparation : **10 min**
Cuisson : **40 min** (presque sans intervention)

GRAISSES SUCRE SODIUM

1 gros chou (900 g/2 lb), paré et détaillé en 8 quartiers
1 tasse de bouillon de poulet hyposodique
¼ tasse de vin blanc sec
⅛ c. à thé de poivre noir
½ c. à soupe de margarine non salée
2 c. à soupe de chapelure fine
2 c. à soupe de parmesan râpé

1. Portez le four à 200°C (400°F). Déposez le **chou** dans une cocotte en fonte peu profonde ; jetez-y le **bouillon de poulet,** le **vin** et le **poivre.** Amenez à ébullition à découvert sur un feu modéré. Couvrez et enfournez le plat. Laissez cuire 35-40 minutes ; le chou doit être tendre.

2. Dans une petite poêle antiadhésive, faites fondre la **margarine** à feu modéré ; faites-y rissoler la **chapelure** 2 minutes en remuant.

3. Quand le chou est à point, retirez-le du four et parsemez-le de chapelure et de **parmesan.** Allumez le grilloir, placez le plat à 12-15 cm (5-6 po) de l'élément et laissez gratiner 1-2 minutes pour que la chapelure et le fromage soient bien dorés. Donne 4 portions.

Une portion :

Calories	88	Protéines	4 g
Graisses	3 g	Hydrates de carbone	13 g
Graisses saturées	1 g	Sodium	115 mg
Cholestérol	2 mg	Sucre ajouté	0
		Fibres	2 g

Chou rouge braisé aux canneberges (à gauche) et *Sauté de carottes et pommes de terre* (à droite)

Chou rouge braisé aux canneberges

Préparation : **20 min**
Cuisson : **31 min**

GRAISSES SUCRE **SODIUM**

Un mets au coloris vif, parfumé de gingembre et de clou.

- **2** c. à thé d'huile de maïs ou d'arachide
- **1** oignon moyen, haché
- **2** gousses d'ail hachées
- **1** petit chou rouge (450 g/1 lb), paré et tranché mince
- **1** tasse de canneberges
- **1** c. à soupe de vinaigre de vin rouge
- **2** c. à thé de miel
  Jus de 1 orange (½ tasse)
- **1** feuille de laurier
- **¼** c. à thé de gingembre moulu
- **⅛** c. à thé de clou de girofle moulu

1. Dans une grande poêle, faites chauffer **l'huile de maïs** 1 minute à feu modéré ; jetez-y l'**oignon** et l'**ail** et faites-les revenir 5 minutes à découvert. Quand ils sont tendres, ajoutez le **chou,** couvrez et prolongez la cuisson de 10 minutes : il doit demeurer croquant.

2. Ajoutez les **canneberges,** le **vinaigre,** le **miel,** le **jus d'orange,** le **laurier,** le **gingembre** et le **clou ;** couvrez et laissez cuire 15 minutes. Le chou sera tendre et le liquide presque entièrement évaporé. Si le chou est à point mais qu'il reste beaucoup de liquide, enlevez le couvercle et faites bouillir à feu vif pour obtenir la réduction nécessaire. Retirez le laurier. Donne 4 portions.

Une portion :

Calories	94	Protéines	2 g
Graisses	3 g	Hydrates de carbone	18 g
Graisses saturées	0	Sodium	12 mg
Cholestérol	0	Sucre ajouté	11 cal.
		Fibres	1 g

Chou au cari

Préparation : **10 min**
Cuisson : **22 min** (presque sans intervention)

GRAISSES **SUCRE** SODIUM

- **1** petit chou (450 g/1 lb)
- **1** c. à soupe de margarine non salée
- **2** c. à thé de graine de moutarde
- **2** oignons moyens, tranchés mince
- **2** c. à thé de cari
- **¼** tasse d'eau

1. Détaillez le **chou** en quartiers, enlevez le cœur et coupez chaque quartier en tranches de 3 mm (⅛ po) d'épaisseur.

2. Dans une grande poêle, faites fondre la **margarine** à feu modéré ; jetez-y la **graine de moutarde,** couvrez et laissez-la cuire 30 secondes ou jusqu'à ce qu'elle commence à éclater. Ajoutez les **oignons** et prolongez la cuisson de 5 minutes sans couvrir. Quand les oignons sont tendres, ajoutez le **cari** et, 1 minute plus tard, le chou et l'**eau.** Couvrez et laissez cuire 15 minutes en remuant de temps à autre. Le chou doit être tendre. Donne 4 portions.

Une portion :

Calories	78	Protéines	2 g
Graisses	4 g	Hydrates de carbone	10 g
Graisses saturées	1 g	Sodium	22 mg
Cholestérol	0	Sucre ajouté	0
		Fibres	2 g

Sauté de carottes et pommes de terre

Préparation : **15 min**
Cuisson : **8 min**

GRAISSES SUCRE SODIUM

1   c. à soupe d'huile de maïs
4   carottes moyennes (225 g/½ lb), pelées et détaillées en bâtonnets
½   tasse d'eau
1   grosse pomme de terre, pelée et détaillée en bâtonnets
⅛   c. à thé de poivre noir
1   c. à soupe de ciboulette fraîche, hachée, ou de persil frais

1. Dans une poêle antiadhésive moyenne, chauffez l'**huile de maïs** 1 minute à feu modérément vif. Jetez-y les **carottes** et laissez-les cuire 1 minute en remuant. Ajoutez ¼ tasse d'**eau,** couvrez et laissez cuire 3 minutes à feu modéré pour que le liquide s'évapore. Secouez la poêle de temps à autre.

2. Ajoutez la **pomme de terre** et le reste de l'eau. Couvrez et faites cuire 3 minutes ou jusqu'à évaporation de l'eau. Quand les légumes sont tendres, assaisonnez de **poivre** et parsemez de **ciboulette.** Donne 4 portions.

Une portion :

Calories	86	Protéines	1 g
Graisses	4 g	Hydrates de carbone	13 g
Graisses saturées	0	Sodium	21 mg
Cholestérol	0	Sucre ajouté	0
		Fibres	2 g

Carottes et poivron vert à la crème

Préparation : **15 min**
Cuisson : **22 min** (presque sans intervention)

GRAISSES SUCRE SODIUM

1   c. à soupe de margarine non salée
3   oignons verts hachés, leurs tiges tranchées à part
1   c. à soupe de farine
1¼   tasse d'eau froide
8   carottes moyennes (450 g/1 lb), pelées et détaillées en tranches de 6 mm (¼ po)
⅛   c. à thé de poivre noir
1   poivron vert moyen, épépiné et haché
1   c. à soupe de crème sure
1   c. à soupe de yogourt partiellement écrémé
¼   c. à thé ou davantage de jus de citron

1. Dans une poêle moyenne, faites fondre la **margarine** à feu modéré ; mettez-y les **oignons verts** à rissoler 5 minutes sans couvrir. Quand ils sont tendres, incorporez la **farine** et prolongez la cuisson de 1 minute en remuant. Ajoutez l'**eau,** amenez-la sous le point d'ébullition en remuant et laissez cuire 3 minutes.

2. Jetez les **carottes** dans la sauce et assaisonnez-la de **poivre noir ;** faites cuire le tout 8-10 minutes sans couvrir. Quand les carottes sont tendres, ajoutez le **poivron vert,** couvrez et prolongez la cuisson de 3 minutes. Incorporez la **crème sure,** le **yogourt** et le **jus de citron** et réchauffez sans laisser bouillir : la sauce tournerait. Décorez le plat avec les tiges d'oignons verts réservées. Donne 4 portions.

Une portion :

Calories	93	Protéines	2 g
Graisses	4 g	Hydrates de carbone	14 g
Graisses saturées	1 g	Sodium	41 mg
Cholestérol	2 mg	Sucre ajouté	0
		Fibres	3 g

Carottes épicées

Préparation : **20 min**
Cuisson : **11 min**

GRAISSES SUCRE SODIUM

Ces carottes ont un parfum qui met en valeur les viandes et les volailles rôties.

1   c. à soupe de margarine non salée
¾   tasse de jus d'orange
1½   c. à soupe de gingembre frais, haché ou 1 c. à thé de gingembre moulu
3   lanières d'écorce d'orange
8   carottes moyennes (450 g/1 lb), pelées et détaillées en tranches de 6 mm (¼ po)

1. Faites fondre la **margarine** dans une casserole moyenne ; jetez-y le **jus d'orange,** le **gingembre** et l'**écorce d'orange.** Amenez à ébullition.

2. Ajoutez les **carottes** et réglez la chaleur pour que le jus d'orange mijote doucement. Prolongez la cuisson à découvert de 10-12 minutes pour que tout le liquide s'évapore ; les carottes seront tendres et luisantes. Donne 4 portions.

Une portion :

Calories	92	Protéines	1 g
Graisses	3 g	Hydrates de carbone	10 g
Graisses saturées	1 g	Sodium	36 mg
Cholestérol	0	Sucre ajouté	0
		Fibres	2 g

Carottes miellées
aux cinq épices

Préparation : 15 min
Cuisson : 17 min

GRAISSES SUCRE SODIUM

- ¾ **tasse d'eau**
- 8 **carottes moyennes (450 g/1 lb), pelées et tranchées en biseau**
- 1 **bâton de cannelle**
- ¾ **c. à thé de cumin moulu**
- ½ **c. à thé de gingembre moulu**
- ¼ **c. à thé de coriandre moulue**
- ⅛ **c. à thé de cayenne**
- 2 **c. à thé de miel**
- 2 **c. à thé de jus de citron**

1. Dans une poêle moyenne, amenez l'**eau** à ébullition ; jetez-y les **carottes**, la **cannelle**, le **cumin**, le **gingembre**, la **coriandre** et le **cayenne.** Réglez le feu pour que le liquide mijote, couvrez et laissez cuire 12 minutes.
2. Découvrez, ajoutez le **miel** et le **jus de citron** puis laissez bouillir 4 minutes à feu vif ou jusqu'à ce que le liquide se soit évaporé et que les carottes soient tendres. Elles se servent chaudes ou tièdes. Donne 4 portions.

Une portion :

Calories	58	Protéines	1 g
Graisses	0	Hydrates de carbone	14 g
Graisses saturées	0	Sodium	37 mg
Cholestérol	0	Sucre ajouté	8 cal.
		Fibres	2 g

Chou-fleur épicé
aux tomates

Préparation : 18 min
Cuisson : 18 min

GRAISSES SUCRE SODIUM

Voici un légume relevé que vous préparez d'avance et réchauffez à la dernière minute.

- 1 **petit oignon haché**
- 2 **gousses d'ail**
- 1½ **c. à soupe de gingembre frais, haché ou ½ c. à thé de gingembre moulu**
- 1 **grosse tomate, parée et hachée ou 1 boîte (540 ml/19 oz) de tomates hyposodiques, égouttées et concassées**
- ¾ **c. à thé de cumin moulu**
- ¾ **c. à thé de coriandre moulue**
- ¼ **c. à thé de curcuma moulu**

Chou-fleur épicé aux tomates (à gauche) et *Carottes miellées aux cinq épices* (à droite)

⅛ c. à thé chacune de poivre noir et de cayenne

½ tasse d'eau

4 tasses de fleurs de chou-fleur (1 pied moyen)

2 c. à thé de jus de citron

2 c. à soupe de persil haché

1. Travaillez 10-15 secondes l'**oignon**, l'**ail**, le **gingembre** et les **tomates** au mixer ou au robot. Versez la purée dans une grande poêle, ajoutez le **cumin**, la **coriandre**, le **curcuma**, le **poivre noir**, le **cayenne** et l'**eau** et amenez à ébullition. Réglez le feu pour que la préparation mijote doucement et laissez-la cuire à découvert pendant 5 minutes.

2. Ajoutez le **chou-fleur**, mélangez, couvrez et prolongez la cuisson de 12 minutes. Quand le chou-fleur est tendre, incorporez le **jus de citron** et le **persil**. Donne 4 portions.

Une portion :

Calories	38	*Protéines*	*2 g*
Graisses	*0*	*Hydrates de carbone*	*8 g*
Graisses saturées	*0*	*Sodium*	*19 mg*
Cholestérol	*0*	*Sucre ajouté*	*0*
		Fibres	*3 g*

Chou-fleur en poivronade

Préparation : **15 min**

Cuisson : **15 min** (presque sans intervention)

GRAISSES SUCRE SODIUM

La poivronade peut agrémenter plusieurs légumes : la courgette, le brocoli, les haricots verts ou les pommes de terre.

2 c. à thé d'huile d'olive

1 oignon moyen, tranché mince

2 gousses d'ail hachées

2 piments doux ou poivrons rouges, parés, épépinés et détaillés en minces lanières

¾ tasse de bouillon de poulet hyposodique

4 tasses de fleurs de chou-fleur (1 pied moyen)

1 c. à soupe de persil haché

1. Dans une poêle moyenne, faites chauffer l'**huile d'olive** 1 minute à feu modérément vif. Faites-y revenir l'**oignon**, l'**ail** et les **piments** à découvert 12 minutes en remuant souvent. Quand les oignons ont pris couleur, ajoutez le **bouillon de poulet** et prolongez la cuisson de 2 minutes.

2. Divisez la préparation en deux portions et travaillez chacune 15-20 secondes au mixer ou au robot et remettez le tout dans la poêle. Gardez la poivronade au chaud sur un feu doux.

3. Dans une grande casserole, amenez 2,5 cm (1 po) d'eau non salée à ébullition ; ajoutez le **chou-fleur**, couvrez et faites cuire 8 minutes. Quand il est tendre, égouttez-le et mettez-le dans la poêle. Tournez-le dans la sauce pour bien l'enrober. Saupoudrez de **persil**. Donne 4 portions.

Une portion :

Calories	59	*Protéines*	*2 g*
Graisses	*3 g*	*Hydrates de carbone*	*8 g*
Graisses saturées	*1 g*	*Sodium*	*29 mg*
Cholestérol	*0*	*Sucre ajouté*	*0*
		Fibres	*2 g*

Pain de chou-fleur

GRAISSES SUCRE SODIUM

Préparation : **15 min**

Cuisson : **36 min**

1 petit chou-fleur (560 g/1¼ lb), paré et haché

1 gousse d'ail hachée

1½ tasse de tomates hachées ou 1 boîte (540 ml/19 oz) de tomates hyposodiques, égouttées et concassées

¼ c. à thé de gingembre moulu

⅛ c. à thé de poivre noir
    Pincée de cayenne

1½ c. à soupe de farine

½ tasse de yogourt partiellement écrémé

1½ c. à soupe de fromage suisse râpé

1. Dans une grande casserole, amenez 2,5 cm (1 po) d'eau non salée à ébullition ; jetez-y le **chou-fleur**, couvrez et laissez cuire 5 minutes pour qu'il soit tout juste attendri.

2. Préchauffez le four à 190°C (375°F). Dans une grande poêle, mélangez l'**ail**, les **tomates**, le **gingembre**, le **poivre noir**, le **cayenne** et le chou-fleur égoutté. Couvrez et laissez cuire 10 minutes à feu modéré. Quand le chou-fleur est à point, découvrez et faites bouillir à feu vif, au besoin, pour que toute l'eau s'évapore.

3. Divisez la préparation en trois portions et travaillez chacune 30 secondes au mixer ou au robot. Dans un grand bol, mélangez la **farine**, le **yogourt** et le **fromage** avec la purée de chou-fleur. Versez l'apprêt dans une assiette à tarte non graissée, enfournez et faites gratiner 20 minutes. Donne 4 portions.

Une portion :

Calories	96	*Protéines*	*7 g*
Graisses	*4 g*	*Hydrates de carbone*	*11 g*
Graisses saturées	*2 g*	*Sodium*	*61 mg*
Cholestérol	*11 mg*	*Sucre ajouté*	*0*
		Fibres	*2 g*

Chou-fleur à la polonaise

Cette recette classique, toujours agréable, est encore plus attrayante quand vous disposez de façon décorative le blanc d'œuf et le persil.

1 **chou-fleur moyen** (700 g/1½ lb)	⅛ **c. à thé de poivre noir**
1 **gros blanc d'œuf, cuit dur**	1 **c. à soupe de margarine non salée**
2 **c. à soupe de persil haché**	2 **c. à soupe de chapelure fine**

1. Dans une grande casserole, amenez 2,5 cm (1 po) d'eau non salée à ébullition. Mettez-y le **chou-fleur,** couvrez et faites-le cuire 20 minutes à feu modéré.
2. Entre-temps, hachez finement le **blanc d'œuf** cuit dur et mélangez-le au **persil** et au **poivre** dans un petit bol.
3. Dans une petite poêle, faites fondre la **margarine** à feu modéré ; ajoutez la **chapelure** et laisse-la rissoler 1-2 minutes en remuant constamment.
4. Quand le chou-fleur est à point, égouttez-le et dressez-le dans un petit plat chaud. Saupoudrez-le de blanc d'œuf et de chapelure. Donne 4 portions.

Préparation :
10 min
Cuisson :
21 min (presque sans intervention)

Une portion :

Calories	58
Graisses	3 g
Graisses saturées	1 g
Cholestérol	0
Protéines	3 g
Hydrates de carbone	6 g
Sodium	46 mg
Sucre ajouté	0
Fibres	3 g

Céleri et cœurs d'artichauts, sauce Mornay

Ce plat appétissant se prépare parfaitement d'avance. Couvrez-le et réfrigérez-le jusqu'au moment de le faire gratiner. Pour la demi-recette, employez un plat à gratin de 2 tasses.

2 **côtes de céleri moyennes, hachées**	½ **c. à thé de moutarde de Dijon ou de moutarde préparée à l'ancienne**
1 **c. à soupe de margarine non salée**	⅛ **c. à thé de poivre noir**
1 **petit oignon, haché fin**	2 **c. à soupe de parmesan râpé**
1 **c. à soupe de farine**	255 **g (9 oz) de cœurs d'artichauts en conserve**
1 **tasse de lait écrémé**	1 **c. à soupe de chapelure fine**

1. Préchauffez le four à 200°C (400°F). Dans une petite casserole, amenez à ébullition une quantité suffisante d'eau non salée pour couvrir le **céleri** ; faites cuire celui-ci à découvert environ 3 minutes pour qu'il soit tout juste attendri. Égouttez-le.
2. Dans la même casserole, confectionnez la sauce Mornay. Faites fondre la **margarine** à feu modéré ; ajoutez l'**oignon** et faites-le attendrir 5 minutes à découvert. Incorporez la **farine** et faites cuire 2 minutes à feu doux en remuant. Ajoutez le **lait,** remuez et laissez cuire la sauce 3 minutes pour qu'elle épaississe un peu. Incorporez la **moutarde**, le **poivre** et le **parmesan** et prolongez la cuisson de 5 autres minutes à feu doux en remuant constamment.
3. Égouttez les **cœurs d'artichauts.** Dressez-les avec le céleri dans un plat à gratin non graissé ; nappez-les de sauce Mornay et recouvrez de **chapelure.** Enfournez et faites cuire 15 minutes à découvert. Allumez le grilloir ; placez le plat à 12-15 cm (5-6 po) de l'élément et laissez gratiner 1-2 minutes. Donne 4 portions.

Préparation :
15 min
Cuisson :
35 min

Une portion :

Calories	103
Graisses	4 g
Graisses saturées	1 g
Cholestérol	3 mg
Protéines	5 g
Hydrates de carbone	12 g
Sodium	156 mg
Sucre ajouté	0
Fibres	2 g

Conseil : *Si vous faites cuire des cœurs d'artichauts frais, souvenez-vous qu'ils ont tendance à devenir grisâtres lorsqu'on utilise un ustensile d'aluminium ou de fonte ; préférez l'acier inoxydable, la fonte émaillée ou le verre pyrex.*

Céleri et cœurs d'artichauts, sauce Mornay (à gauche) et Ragoût de maïs et de brocoli (à droite)

Ragoût de maïs et de brocoli

1   tranche de bacon, hachée
1   petit oignon haché
1   petite pomme de terre, pelée
    et détaillée en dés
½   tasse de lait écrémé

⅛   c. à thé de poivre noir
3   tasses de bouquets de brocoli
    (1 petit pied)
1¼ tasse de maïs à grains entiers,
    frais ou surgelé

Préparation : **15 min**
Cuisson : **23 min**

Une portion :

Calories	133
Graisses	4 g
Graisses saturées	1 g
Cholestérol	4 mg
Protéines	7 g
Hydrates de carbone	21 g
Sodium	87 mg
Sucre ajouté	0
Fibres	3 g

1. Dans une grande poêle antiadhésive, mettez à cuire le **bacon** à feu doux. Au bout de 3 minutes environ, dès qu'il commence à rissoler, joignez-y l'**oignon**, couvrez la poêle et laissez cuire 5 minutes à feu modéré.

2. Ajoutez la **pomme de terre**, ¼ tasse de **lait** et le **poivre**. Couvrez et accordez 7 minutes de cuisson pour que la pomme de terre soit tendre. Ajoutez le **brocoli** et le reste du lait ; prolongez la cuisson de 5 autres minutes à découvert. Versez le **maïs** dans la poêle et réchauffez-le 3 minutes. Donne 4 portions.

Maïs et haricots de Lima

Voici une version légère du succotash américain.

⅓   tasse de bouillon de poulet
    hyposodique
1   tasse de petits haricots de
    Lima, frais ou surgelés
1   tasse de maïs à grains entiers,
    frais ou surgelé

¼   c. à thé de sucre
⅛   c. à thé de poivre noir
2   c. à soupe de crème sure

Préparation : **5 min**
Cuisson : **11 min**

Une portion :

Calories	105
Graisses	3 g
Graisses saturées	1 g
Cholestérol	3 mg
Protéines	5 g
Hydrates de carbone	18 g
Sodium	35 mg
Sucre ajouté	1 cal.
Fibres	3 g

1. Dans une petite casserole, amenez le **bouillon de poulet** à ébullition ; jetez-y les **haricots de Lima** et le **maïs**. Couvrez et laissez mijoter 8 minutes à feu modérément doux.

2. Quand les légumes sont tendres, ajoutez le **sucre** et le **poivre** et prolongez la cuisson de 2-4 minutes pour que le liquide s'évapore. Incorporez la **crème sure** et dressez le mets dans un légumier chaud. Donne 4 portions.

Flan de maïs

GRAISSES SUCRE SODIUM

Préparation : **10 min**
Cuisson : **1 h** (presque sans intervention)

*Il n'est pas conseillé de diviser cette recette.
Faites plutôt réchauffer les restes.*

1 gros œuf
1 gros blanc d'œuf
1 tasse de lait écrémé
2 c. à soupe de farine
¼ c. à thé de levure chimique
⅛ c. à thé de poivre noir
1⅓ tasse de maïs à grains entiers,
   frais ou surgelé
2 oignons verts, hachés fin avec
   leur tige
2 c. à thé de parmesan râpé
   Enduit végétal antiadhésif

1. Préchauffez le four à 180°C (350°F). Dans un bol moyen, fouettez ensemble l'**œuf**, le **blanc d'œuf**, le **lait**, la **farine**, la **levure chimique** et le **poivre**. Ajoutez le **maïs**, les **oignons verts** et le **parmesan.**

2. Déposez la préparation dans une assiette à tarte vaporisée d'**enduit antiadhésif** et placez celle-ci dans une lèchefrite ; versez de l'eau bouillante jusqu'à mi-hauteur de l'assiette.

3. Enfournez et faites cuire environ 1 heure. Un couteau inséré au centre doit en ressortir propre et le flan doit être gonflé et doré. Donne 4 portions.

Une portion :

Calories	111	Protéines	7 g
Graisses	3 g	Hydrates de carbone	16 g
Graisses saturées	1 g	Sodium	112 mg
Cholestérol	70 mg	Sucre ajouté	0
		Fibres	1 g

Ratatouille au four

GRAISSES SUCRE SODIUM

Préparation : **20 min**
Cuisson : **43 min** (presque sans intervention)

Si vous n'êtes que deux personnes, faites la recette entière et réfrigérez la moitié : la ratatouille se mange chaude ou froide.

1 petite aubergine (225 g/½ lb), non pelée,
   détaillée en dés de 2,5 cm (1 po)
1 c. à soupe de jus de citron
1 c. à soupe d'huile d'olive
1 oignon moyen, détaillé en tranches
   épaisses

1 courgette moyenne (225 g/½ lb), détaillée
   en rondelles de 1,5 cm (½ po)
⅓ tasse de vin blanc sec ou d'eau
1 grosse tomate, pelée, parée et hachée
3 gousses d'ail hachées
1 c. à soupe de concentré de tomate
   hyposodique
½ c. à thé chacune de thym, de basilic
   et de marjolaine séchés, émiettés
1 grosse feuille de laurier
⅛ c. à thé de poivre noir

1. Préchauffez le four à 180°C (350°F). Arrosez l'**aubergine** de **jus de citron** dans une passoire et laissez-la s'égoutter 15 minutes ; épongez-la.

2. Dans une grande casserole à poignée calorifuge, chauffez l'**huile d'olive** 1 minute à feu modéré ; faites-y revenir l'**oignon** 5 minutes à découvert. Quand il est tendre, ajoutez l'**aubergine** et la **courgette** et prolongez la cuisson de 3 minutes en remuant. Versez le **vin**, amenez à ébullition et laissez bouillir 1 minute avant d'ajouter la **tomate**, l'**ail**, le **concentré de tomate**, le **thym**, le **basilic**, la **marjolaine**, le **laurier** et le **poivre**. Couvrez et laissez mijoter doucement 2 minutes.

3. Enfournez la casserole et laissez cuire environ 30 minutes pour que les légumes soient à point. Retirez le laurier avant de servir. Donne 4 portions.

Une portion :

Calories	79	Protéines	2 g
Graisses	4 g	Hydrates de carbone	11 g
Graisses saturées	0	Sodium	42 mg
Cholestérol	0	Sucre ajouté	0
		Fibres	2 g

Aubergine aux tomates

GRAISSES SUCRE SODIUM

Préparation : **10 min**
Cuisson : **18 min**

1 aubergine moyenne (450 g/1 lb), non pelée,
   détaillée en rondelles de 1,5 cm (½ po)
2 petites tomates, parées et détaillées en
   tranches de 6 mm (¼ po)
1 c. à soupe d'huile d'olive
1 c. à soupe de basilic frais, haché
   ou ½ c. à thé de basilic séché, émietté
⅛ c. à thé de poivre noir

1. Portez le four à 190°C (375°F). Étalez les rondelles d'**aubergine** sur une plaque antiadhésive. Enfournez et laissez attendrir environ 15-20 minutes.

Champignons à la crème sure et à l'aneth (à gauche) et *Flan de maïs* (à droite)

2. Allumez le grilloir. Déposez une tranche de **to-mate** sur chaque tranche d'aubergine ; aspergez les tomates d'**huile d'olive** et assaisonnez-les de **basilic** et de **poivre**. Disposez la plaque à 12-15 cm (5-6 po) de l'élément et laissez gratiner 3 minutes ou jusqu'à ce que les tomates soient à point. Donne 4 portions.

Une portion :

Calories	71	Protéines	2 g
Graisses	4 g	Hydrates de carbone	10 g
Graisses saturées	0	Sodium	9 mg
Cholestérol	0	Sucre ajouté	0
		Fibres	2 g

Champignons à la crème sure et à l'aneth

GRAISSES SUCRE SODIUM

Préparation : **10 min**
Cuisson : **18 min**

Voici un plat idéal pour un buffet. Préparez-le d'avance et réfrigérez-le, mais n'ajoutez la crème sure et l'aneth qu'à la dernière minute.

½ **c. à soupe de margarine non salée**
1 **oignon moyen, haché fin**
450 **g (1 lb) de petits champignons**
¼ **tasse de vin blanc sec**

½ **tasse de bouillon de poulet hyposodique**
2 **c. à thé de fécule de maïs**
½ **c. à thé d'aneth séché**
½ **c. à thé de paprika**
2 **c. à soupe de crème sure**
2 **c. à soupe d'aneth frais, haché, ou de persil**

1. Dans une poêle moyenne, faites fondre la **margarine** à feu modéré ; faites-y revenir l'**oignon** 5 minutes à découvert. Quand il est tendre, ajoutez les **champignons.** Couvrez et laissez cuire 3 minutes. Versez le **vin** et faites bouillir 1 minute à découvert.

2. Dans un petit bol, mélangez ensemble le **bouillon de poulet**, la **fécule**, l'**aneth séché** et le **paprika.** Versez ce mélange dans la poêle et laissez mijoter 5 minutes à découvert en remuant souvent. Prolongez la cuisson de 2-3 minutes ensuite à feu vif, en remuant sans arrêt pour que la sauce réduise.

3. Baissez la chaleur à feu doux, incorporez la **crème sure** et l'**aneth frais** et réchauffez 1 minute sans laisser bouillir : la sauce tournerait. Donne 4 portions.

Une portion :

Calories	75	Protéines	3 g
Graisses	4 g	Hydrates de carbone	9 g
Graisses saturées	1 g	Sodium	17 mg
Cholestérol	3 mg	Sucre ajouté	0
		Fibres	3 g

Oignons en sauce aux raisins secs (à gauche) et *Champignons farcis* (à droite)

Champignons farcis

12	gros champignons (450 g/1 lb)		**1**	petite tomate, parée et hachée
1	c. à soupe de margarine non salée		**½**	c. à thé de marjolaine séchée, émiettée
5	oignons verts, hachés fin		**⅛**	c. à thé de poivre noir
1	côte de céleri moyenne, hachée		**½**	tasse de mie de pain blanc émiettée

Préparation :
15 min
Cuisson :
30 min (presque
sans intervention)

1. Préchauffez le four à 200°C (400°F). Essuyez les **champignons** avec un chiffon humide et retirez les pieds ; réservez les chapeaux, hachez les pieds.

2. Dans une poêle moyenne, faites fondre la **margarine** à feu modéré ; jetez-y les **oignons verts**, le **céleri** et les pieds de champignons ; laissez-les cuire 5 minutes à découvert en remuant souvent. Quand les légumes sont tendres, ajoutez les **tomates**, la **marjolaine** et le **poivre** ; couvrez et accordez encore 5 minutes de cuisson. Incorporez la **mie de pain émiettée** et retirez la poêle du feu.

3. Farcissez les chapeaux de champignons en formant un petit monticule au centre. Déposez-les côte à côte dans une plaque légèrement graissée, enfournez et laissez gratiner 20 minutes. Donne 4 portions.

Une portion :

Calories	81
Graisses	4 g
Graisses saturées	1 g
Cholestérol	0
Protéines	4 g
Hydrates de carbone	11 g
Sodium	45 mg
Sucre ajouté	0
Fibres	4 g

Oignons d'Espagne braisés

Préparation : **10 min**
Cuisson : **28 min**

2 c. à thé de margarine non salée
1 gros oignon d'Espagne (450 g/1 lb), détaillé en rondelles de 2,5 cm (1 po) d'épaisseur
1 c. à thé de farine
¼ tasse de yogourt partiellement écrémé
2 c. à thé d'aneth frais, haché
¼ c. à thé de paprika

1. Dans une grande poêle antiadhésive, faites fondre la **margarine** à feu doux ; jetez-y les rondelles d'**oignon**, couvrez et laissez-les cuire 25 minutes.
2. Quand l'oignon est tendre et transparent, ajoutez la **farine** et remuez. Incorporez, 1 minute plus tard, le **yogourt**, l'**aneth** et le **paprika**. Prolongez la cuisson de 1 minute sans laisser bouillir : la sauce tournerait. Donne 4 portions.

Une portion :

Calories	68	*Protéines*	*2 g*
Graisses	*2 g*	*Hydrates de carbone*	*10 g*
Graisses saturées	*0*	*Sodium*	*35 mg*
Cholestérol	*1 mg*	*Sucre ajouté*	*0*
		Fibres	*2 g*

Oignons en crème

Préparation : **20 min**
Cuisson : **26 min**

Enduit végétal antiadhésif
½ c. à soupe de margarine non salée
450 g (1 lb) d'oignons blancs
1 tasse de bouillon de poulet hyposodique
½ tasse de lait écrémé
2 c. à soupe de farine
¼ c. à thé chacune de marjolaine, de romarin et de sauge séchés, émiettés
⅛ c. à thé de poivre noir
1 c. à soupe de persil haché

1. Vaporisez une poêle moyenne antiadhésive d'**enduit antiadhésif** et posez-la 30 secondes sur un feu modéré. Faites fondre la **margarine** ; jetez-y les **oignons** et laissez-les rissoler 5-7 minutes en remuant.
2. Dans un petit bol, fouettez le **bouillon de poulet**, le **lait** et la **farine**. Versez cette liaison dans la poêle et ajoutez la **marjolaine**, le

romarin, la **sauge** et le **poivre**. Prolongez la cuisson de 5 minutes en remuant constamment. Dès que la sauce est onctueuse, couvrez, baissez la chaleur et laissez cuire 15 minutes à feu modérément doux en remuant de temps à autre. Quand les oignons sont à point, parsemez de **persil**. Donne 4 portions.

Une portion :

Calories	88	*Protéines*	*4 g*
Graisses	*3 g*	*Hydrates de carbone*	*15 g*
Graisses saturées	*1 g*	*Sodium*	*40 mg*
Cholestérol	*1 mg*	*Sucre ajouté*	*0*
		Fibres	*2 g*

Oignons en sauce aux raisins secs

Préparation : **20 min**
Cuisson : **32 min**

Vous pouvez réfrigérer ce plat plusieurs jours et le réchauffer juste au moment de servir.

1½ c. à thé d'huile d'olive
340 g (¾ lb) d'oignons blancs
2 gousses d'ail hachées
⅓ tasse de vin blanc sec
1 tasse de bouillon de bœuf hyposodique
2 c. à soupe de concentré de tomate hyposodique
2 c. à soupe de raisins secs
½ c. à thé de zeste d'orange râpé
¼ c. à thé de basilic séché, émietté
¼ c. à thé de thym séché, émietté
⅛ c. à thé de poivre noir

1. Dans une petite casserole, chauffez l'**huile d'olive** 1 minute à feu modéré. Faites-y revenir les **oignons** à découvert 7 minutes, en remuant souvent pour qu'ils soient bien dorés.
2. Ajoutez l'**ail**, le **vin**, le **bouillon**, le **concentré de tomate**, les **raisins secs**, le **zeste d'orange**, le **basilic**, le **thym** et le **poivre**. Quand la préparation mijote, accordez 20 minutes de cuisson à découvert en remuant souvent pour que les oignons cuisent.
3. Faites réduire la sauce 3 minutes à feu vif en remuant. Donne 4 portions.

Une portion :

Calories	79	*Protéines*	*2 g*
Graisses	*2 g*	*Hydrates de carbone*	*15 g*
Graisses saturées	*0*	*Sodium*	*17 mg*
Cholestérol	*0*	*Sucre ajouté*	*0*
		Fibres	*2 g*

Panais, carottes et pomme de terre en purée

Préparation : **20 min**
Cuisson : **30 min** (presque sans intervention)

GRAISSES SUCRE SODIUM

1½ c. à thé de margarine non salée
1 petit oignon tranché fin
2 gousses d'ail hachée
2 carottes moyennes, pelées et tranchées mince
5 panais moyens (450 g/1 lb), pelés et tranchés mince
1 feuille de laurier
1 pomme de terre moyenne, pelée et tranchée mince
1⅓ tasse de bouillon de poulet hyposodique

1. Dans une casserole moyenne, faites fondre la **margarine** à feu très doux. Jetez-y l'**oignon**, l'**ail**, les **carottes**, les **panais** et le **laurier**. Couvrez et laissez cuire 8-10 minutes.

2. Ajoutez la **pomme de terre** et le **bouillon**. Couvrez et prolongez la cuisson de 20 minutes à feu modéré. Quand la pomme de terre est à point, retirez le laurier.

3. Travaillez la préparation 10-15 secondes au mixer ou au robot pour obtenir une purée. Réchauffez au besoin. Donne 4 portions.

Une portion :

		Protéines	3 g
Calories	136	Hydrates de carbone	27 g
Graisses	4 g	Sodium	41 mg
Graisses saturées	1 g	Sucre ajouté	0
Cholestérol	0	Fibres	5 g

Panais aux pommes

Préparation : **10 min**
Cuisson : **11 min**

GRAISSES SUCRE SODIUM

Cette alliance inusitée d'un légume et d'un fruit se sert avec le porc rôti, la dinde et le poulet.

Enduit végétal antiadhésif
1 c. à soupe de margarine non salée
5 panais moyens (450 g/1 lb), pelés et tranchés mince
1 pomme acide moyenne, pelée, parée et tranchée mince
¼ tasse de jus de pomme non sucré ou d'eau
Pincée de cannelle

Vaporisez une casserole moyenne d'**enduit antiadhésif**. Mettez à fondre la **margarine** 30 secondes à feu modéré. Faites-y cuire les **panais**, la **pomme**, le **jus de pomme** et la **cannelle** 10 minutes environ, à couvert, en remuant de temps à autre. Donne 4 portions.

Une portion :

		Protéines	1 g
Calories	125	Hydrates de carbone	24 g
Graisses	3 g	Sodium	10 mg
Graisses saturées	1 g	Sucre ajouté	0
Cholestérol	0	Fibres	5 g

Petits pois à l'anglaise

Préparation : **5 min**
Cuisson : **15 min**

GRAISSES SUCRE SODIUM

½ tasse de lait écrémé
½ tasse de bouillon de poulet hyposodique
½ c. à thé de flocons de menthe
⅛ c. à thé de poivre noir
⅓ tasse de farine tout usage tamisée
¼ c. à thé de levure chimique
Pincée de sel
1 c. à thé de margarine non salée, froide
4 c. à thé d'eau glacée
1½ tasse de petits pois frais (700 g/1½ lb non écossés) ou un paquet de petits pois surgelés (350 g/12,4 oz)

1. Dans une casserole moyenne, mettez le **lait**, le **bouillon de poulet**, la **menthe** et le **poivre**, couvrez et laissez mijoter 5 minutes à feu doux.

2. Tamisez la **farine**, la **levure chimique** et le **sel** dans un petit bol. Avec les doigts ou une fourchette, incorporez à la farine la **margarine** coupée en tout petits morceaux ; le mélange ressemblera à du gruau. Ajoutez l'**eau** et mélangez à la fourchette.

3. Laissez tomber la pâte, une cuillerée à thé à la fois, dans le liquide qui mijote ; couvrez et laissez cuire 5 minutes. Ajoutez les **petits pois** et prolongez la cuisson de 5 minutes pour que la garniture soit ferme. Donne 4 portions.

Une portion :

		Protéines	5 g
Calories	104	Hydrates de carbone	17 g
Graisses	2 g	Sodium	84 mg
Graisses saturées	0	Sucre ajouté	0
Cholestérol	1 mg	Fibres	3 g

Conseil : Délaissez les margarines qui renferment de l'huile de copra. Elles contiennent quatre fois plus de graisses saturées que les autres.

Petits pois à la française

GRAISSES **SUCRE** **SODIUM**

Préparation : **15 min**
Cuisson : **15 min**

En France, on fait souvent cuire les petits pois avec de la laitue pour souligner leur saveur.

2 c. à thé de margarine non salée
3 oignons verts, tranchés mince
2½ tasses de laitue, Boston ou autre, en chiffonnade (½ pomme)
2 tasses de petits pois frais (900 g/2 lb non écossés) ou 1 paquet de 350 g (12¼ oz) de petits pois surgelés
½ c. à thé de marjolaine séchée, émiettée
¼ c. à thé de sucre
2 c. à thé de jus de citron

1. Dans une casserole moyenne, faites fondre la **margarine** à feu modéré ; faites-y revenir les **oignons verts** 5 minutes à découvert.
2. Quand ils sont tendres, ajoutez la **laitue**, remuez délicatement, couvrez et prolongez la cuisson de 4 minutes. Ajoutez alors les **petits pois**, la **marjolaine** et le **sucre** ; couvrez et faites cuire 5 minutes. Quand les petits pois sont à point, ajoutez le **jus de citron.** Donne 4 portions.

Une portion :

Calories	91	Protéines	5 g
Graisses	2 g	Hydrates de carbone	14 g
Graisses saturées	0	Sodium	8 mg
Cholestérol	0	Sucre ajouté	1 cal.
		Fibres	4 g

Purée de petits pois

GRAISSES **SUCRE** **SODIUM**

Préparation : **15 min**
Cuisson : **41 min** (presque sans intervention)

2 c. à thé de margarine non salée
2 oignons verts tranchés
1 petit oignon tranché
3 c. à soupe de pois cassés, bien rincés
1 petite pomme de terre, pelée et tranchée
½ c. à thé de flocons de menthe
¼ c. à thé de sucre
1⅓ tasse d'eau
1 tasse de petits pois frais (450 g/1 lb non écossés) ou ⅔ d'un paquet de 350 g (12¼ oz) de petits pois surgelés

1. Dans une casserole moyenne, faites fondre la **margarine** à feu modéré ; faites-y revenir les **oignons verts** et l'**oignon** 5 minutes à découvert. Quand ils sont tendres, ajoutez les **pois cassés**, la **pomme de terre**, la **menthe**, le **sucre** et 1 tasse d'**eau**. Couvrez et prolongez la cuisson de 30 minutes en remuant de temps à autre.
2. Ajoutez les **petits pois** et le reste de l'eau si les légumes semblent secs ; couvrez et faites cuire 5 minutes. Retirez du feu. Travaillez la préparation 30 secondes au robot ou au mixer pour qu'elle soit onctueuse. Donne 4 portions.

Une portion :

Calories	104	Protéines	5 g
Graisses	2 g	Hydrates de carbone	17 g
Graisses saturées	0	Sodium	30 mg
Cholestérol	0	Sucre ajouté	1 cal.
		Fibres	2 g

Panais aux pommes (à gauche) et *Petits pois à l'anglaise* (à droite)

Petits pois, orange et menthe

Préparation : **5 min**
Cuisson : **9 min**

GRAISSES SUCRE SODIUM

2 **tasses de petits pois frais (900 g/2 lb non écossés) ou 1 paquet de 350 g (12¼ oz) de petits pois surgelés**
2 **c. à thé de margarine non salée**
2 **c. à thé de zeste d'orange râpé**
1 **c. à soupe de menthe fraîche, hachée ou ½ c. à thé de flocons de menthe**
⅛ **c. à thé de poivre noir**

1. Dans une petite casserole, faites bouillir 2,5 cm (1 po) d'eau non salée. Jetez-y les **petits pois,** couvrez et laissez-les cuire 5 minutes. Quand ils sont à point, égouttez-les. Réservez.

2. Dans la même casserole, faites fondre la **margarine** à feu modérément doux ; jetez-y le **zeste,** remuez et, 1 minute plus tard, ajoutez la **menthe,** le **poivre** et les petits pois ; réchauffez 2 minutes en remuant. Donne 4 portions.

Une portion :

Calories	77	Protéines	4 g
Graisses	2 g	Hydrates de carbone	11 g
Graisses saturées	0	Sodium	3 mg
Cholestérol	0	Sucre ajouté	0
		Fibres	3 g

Pois mange-tout, carottes et poivron rouge

Préparation : **15 min**
Cuisson : **7 min**

GRAISSES SUCRE SODIUM

Les pois mange-tout donnent du relief et du panache à ce plat.

Enduit végétal antiadhésif
1 **c. à soupe de margarine non salée**
2 **carottes moyennes, taillées en bâtonnets**
1 **poivron rouge moyen, taillé en bâtonnets**
350 **g (¾ lb) de pois mange-tout, parés et effilés**
¼ **c. à thé de zeste de citron râpé**
1 **c. à thé de jus de citron**
⅛ **c. à thé de poivre noir**

1. Vaporisez une poêle moyenne d'**enduit anti-adhésif** et mettez-y à fondre la **margarine** à feu modéré. Ajoutez les **carottes** et le **poivron rouge,** couvrez la poêle et laissez cuire 3 minutes.

Pois mange-tout, carottes et poivron rouge (à gauche)
et *Poivrons grillés marinés* (à droite)

Ajoutez les **pois mange-tout,** couvrez et prolongez la cuisson de 3 minutes.

2. Incorporez le **zeste de citron,** le **jus de citron** et le **poivre noir** et servez. Donne 4 portions.

Une portion :

		Protéines	3 g
Calories	83	Hydrates de carbone	11 g
Graisses	3 g	Sodium	17 mg
Graisses saturées	1 g	Sucre ajouté	0
Cholestérol	0	Fibres	2 g

Pois mange-tout à la ciboulette

GRAISSES SUCRE SODIUM

Préparation : **10 min**
Cuisson : **3 min**

La ciboulette se marie agréablement aux pois mange-tout.

350 g (¾ lb) de pois mange-tout, parés et effilés
1 c. à soupe de margarine non salée
2 c. à thé de ciboulette fraîche, hachée ou d'oignon vert

1. Dans une grande casserole, faites bouillir 4 tasses d'eau. Jetez-y les **pois mange-tout,** couvrez et laissez cuire 1 minute. Égouttez et réservez.

2. Dans la même casserole, faites fondre la **margarine** à feu modéré ; ajoutez les mange-tout et la **ciboulette,** et remuez. Donne 4 portions.

Une portion :

		Protéines	2 g
Calories	61	Hydrates de carbone	6 g
Graisses	3 g	Sodium	37 mg
Graisses saturées	1 g	Sucre ajouté	0
Cholestérol	0	Fibres	2 g

Poivrons grillés marinés

GRAISSES SUCRE SODIUM

Préparation : **5 min** et
1 h de marinage   Cuisson : **5 min**

Servez ces poivrons avec les viandes grillées ou pour relever des sandwiches de thon, de fromage ou de poulet.

6 poivrons moyens, rouges, verts ou jaunes, ou un mélange des trois (900 g/2 lb)
1 c. à soupe d'huile d'olive
1 c. à soupe de vinaigre de vin rouge
1 gousse d'ail hachée

½ c. à thé d'origan séché, émietté
¼ c. à thé de poivre noir

1. Allumez le grilloir. Déposez les **poivrons** sur la grille, à 15 cm (6 po) de l'élément, et laissez-les griller 5-8 minutes en les tournant trois fois. La peau va se boursoufler et se calciner. Mettez les poivrons dans un sac de papier et laissez-les tiédir dans leur vapeur.

2. Retirez les tiges, la semence et la peau des poivrons au-dessus d'un petit bol pour en recueillir le jus. Détaillez-les en lanières de 1,5 cm (½ po) et déposez-les dans un plat de service. Au jus de poivron, ajoutez l'**huile,** le **vinaigre,** l'**ail,** l'**origan** et le **poivre.** Mélangez, versez sur les poivrons et laissez-les mariner 1 heure à la température ambiante. Donne 4 portions.

Une portion :

		Protéines	2 g
Calories	79	Hydrates de carbone	10 g
Graisses	4 g	Sodium	6 mg
Graisses saturées	1 g	Sucre ajouté	0
Cholestérol	0	Fibres	2 g

Poivrons sautés aux tomates

GRAISSES SUCRE SODIUM

Préparation : **15 min**
Cuisson : **21 min**

Servez ces poivrons avec des hambourgeois ou avec du poisson cuit sur le gril.

1 c. à soupe d'huile d'olive
3 poivrons rouges ou verts moyens (450 g/1 lb), parés, épépinés et détaillés en carrés de 2,5 cm (1 po)
1 gros oignon détaillé en dés de 2,5 cm (1 po)
2 tomates moyennes, pelées, parées, épépinées et hachées
2 c. à soupe de vinaigre de cidre
2 gousses d'ail hachées

1. Dans une grande poêle, chauffez l'**huile** à feu modéré 1 minute ; jetez-y les **poivrons** et l'**oignon,** couvrez et faites cuire 10 minutes.

2. Ajoutez les **tomates,** le **vinaigre** et l'**ail ;** couvrez et laissez cuire 10 minutes. Donne 4 portions.

Une portion :

		Protéines	2 g
Calories	72	Hydrates de carbone	9 g
Graisses	4 g	Sodium	8 mg
Graisses saturées	1 g	Sucre ajouté	0
Cholestérol	0	Fibres	1 g

Pommes de terre nouvelles à la danoise

Préparation : **5 min**

GRAISSES SUCRE SODIUM

Cuisson : **23 min** (presque sans intervention)

- **16** petites pommes de terre nouvelles (450 g/1 lb), non pelées
- ¼ tasse d'eau
- **2** c. à thé de cassonade blonde
- ½ c. à soupe de margarine non salée
- **1** c. à soupe d'aneth frais, haché

1. Dans une casserole moyenne, faites bouillir 3 tasses d'eau non salée. Ajoutez les **pommes de terre,** couvrez à moitié et laissez mijoter 15 minutes environ. Égouttez, laissez tiédir 10 minutes, enlevez la pelure et réservez.
2. Mettez l'**eau** et la **cassonade** dans une poêle moyenne antiadhésive sur un feu modéré et amenez à ébullition. Quand la cassonade a fondu, ajoutez la **margarine** et remuez pendant environ 1 minute pour qu'elle fonde. Ajoutez les pommes de terre et faites-les sauter 2 minutes pour les réchauffer. Parsemez d'**aneth.** Donne 4 portions.

Une portion :

Calories	111	Protéines	2 g
Graisses	2 g	Hydrates de carbone	23 g
Graisses saturées	0	Sodium	8 mg
Cholestérol	0	Sucre ajouté	8 cal.
		Fibres	2 g

Conseil : Les pommes de terre nouvelles ont plus de saveur si, après les avoir fait cuire, vous les faites sauter une minute à feu vif.

Pommes de terre en purée crémeuse

Préparation : **10 min**

GRAISSES SUCRE SODIUM

Cuisson : **15 min**

Essayez cette purée délicieuse qui contient pourtant peu de corps gras et de calories.

- **3** gousses d'ail écrasées
- **4** pommes de terre moyennes (450 g/1 lb), pelées et tranchées mince
- **1** feuille de laurier
- **1** c. à soupe de margarine non salée
- ½ tasse de babeurre
- **3** c. à soupe de yogourt partiellement écrémé

1. Dans une casserole moyenne, faites bouillir 3 tasses d'eau non salée. Jetez-y l'**ail,** les **pommes de terre** et le **laurier.** Couvrez à demi et laissez cuire 12 minutes à feu modéré. Quand les pommes de terre sont à point, égouttez, réservez 3 c. à soupe de l'eau de cuisson et jetez le laurier.
2. Mettez les pommes de terre dans un grand bol. Ajoutez la **margarine,** le **babeurre** et le **yogourt** et fouettez au mélangeur électrique. Ajoutez juste ce qu'il faut de l'eau réservée pour que la purée soit crémeuse. Donne 4 portions.

Une portion :

Calories	116	Protéines	3 g
Graisses	3 g	Hydrates de carbone	18 g
Graisses saturées	1 g	Sodium	45 mg
Cholestérol	2 mg	Sucre ajouté	0
		Fibres	2 g

Pommes de terre au cari

Préparation : **15 min**

GRAISSES SUCRE SODIUM

Cuisson : **16 min**

- **4** pommes de terre moyennes (450 g/1 lb), pelées et détaillées en dés de 2,5 cm (1 po)
- **4** c. à thé de margarine non salée
- **1** oignon moyen haché
- **1** c. à soupe de cari

1. Dans une casserole moyenne, faites bouillir 3 tasses d'eau non salée. Jetez-y les **pommes de terre,** couvrez à demi et laissez cuire à feu modéré 15 minutes.
2. Entre-temps, mettez à fondre la **margarine** à feu modéré dans une poêle moyenne ; faites-y revenir l'**oignon** 5 minutes à découvert. Quand il est à point, ajoutez le **cari** et prolongez la cuisson de 1 minute.
3. Quand les pommes de terre sont tendres, égouttez-les, ajoutez-les à la poêle et laissez-les se réchauffer 1 minute. Donne 4 portions.

Une portion :

Calories	113	Protéines	2 g
Graisses	4 g	Hydrates de carbone	18 g
Graisses saturées	1 g	Sodium	6 mg
Cholestérol	0	Sucre ajouté	0
		Fibres	2 g

Pommes de terre nouvelles à la danoise (à gauche) et *Pommes de terre au cari* (à droite)

Purée de pommes de terre au chou

Vous pouvez utiliser des restes de purée de pommes de terre et faire la recette quelques heures d'avance en réchauffant le plat avant de servir.

GRAISSES **SUCRE** **SODIUM**

4	pommes de terre moyennes (450 g/1 lb), pelées et détaillées en dés de 5 cm (2 po)

1	petit chou (450 g/1 lb), paré et tranché mince
⅓	tasse de lait écrémé
⅛	c. à thé de poivre noir

Préparation :
20 min
Cuisson :
50 min (presque sans intervention)

1. Préchauffez le four à 200°C (400°F). Dans une casserole moyenne, faites bouillir 3 tasses d'eau non salée. Jetez-y les **pommes de terre**, couvrez à demi et laissez cuire 20 minutes.

2. Dans une autre casserole moyenne, faites bouillir 1½ tasse d'eau ; ajoutez le **chou,** couvrez et laissez cuire 8 minutes à feu modéré. Quand le chou est tendre, découvrez la casserole, augmentez la chaleur à feu vif et prolongez la cuisson de 8 minutes en remuant de temps à autre pour que l'eau s'évapore. Retirez du feu et réservez.

3. Quand les pommes de terre sont à point, égouttez-les et mettez-les en purée. Incorporez le chou, le **lait** et le **poivre** et déposez la préparation dans un plat à gratin non graissé. Enfournez et faites cuire 25 minutes à découvert. Allumez le grilloir, posez le plat à 12-15 cm (5-6 po) de l'élément et laissez gratiner 1-2 minutes. Donne 4 portions.

Une portion :

Calories	102
Graisses	0
Graisses saturées	0
Cholestérol	0
Protéines	4 g
Hydrates de carbone	22 g
Sodium	36 mg
Sucre ajouté	0
Fibres	3 g

Patates douces aux pommes (à gauche) et *Pommes de terre Suzette* (à droite)

Frites au four

GRAISSES SUCRE SODIUM

Préparation : **10 min**
Cuisson : **20 min**

2 **grosses pommes de terre (450 g/1 lb), pelées et coupées en huit**
2½ **c. à thé d'huile d'olive**
1 **c. à soupe de vinaigre de malt ou de vinaigre de vin rouge**
¼ **c. à thé de sel (facultatif)**

1. Portez le four à 190°C (375°F). Déposez les morceaux de **pommes de terre** côte à côte sur une plaque ou un moule graissé. Badigeonnez-les avec 1 c. à thé d'**huile d'olive.**

2. Enfournez et faites cuire 5 minutes. Badigeonnez encore avec 1 c. à thé d'huile d'olive et prolongez la cuisson de 5 minutes. Refaites la même opération avec le reste de l'huile d'olive et prolongez la cuisson de 10 minutes.

3. Quand les pommes de terre sont cuites, dorées et croquantes, aspergez-les de **vinaigre** et de **sel,** au goût. Donne 4 portions.

Une portion :

Calories	93	*Protéines*	*2 g*
Graisses	*3 g*	*Hydrates de carbone*	*15 g*
Graisses saturées	*0*	*Sodium*	*5 mg*
Cholestérol	*0*	*Sucre ajouté*	*0*
		Fibres	*2 g*

Pommes de terre Suzette

GRAISSES SUCRE SODIUM

Préparation : **5 min**
Cuisson : **1 h** (presque sans intervention)

Cette recette peut se préparer d'avance. Gardez les pommes de terre au réfrigérateur jusqu'à la seconde cuisson.

2 **grosses pommes de terre (450 g/1 lb)**
¼ **tasse de babeurre**
1 **oignon vert, tranché mince**
1 **c. à soupe de margarine non salée**
⅛ **c. à thé de poivre noir**
1 **c. à soupe de parmesan râpé**
Pincée de paprika

1. Portez le four à 200°C (400°F). Donnez des coups de fourchette dans les **pommes de terre,** enfournez-les et laissez-les cuire 1 heure.

2. Quand elles sont tendres, retirez-les du four et laissez-les tiédir avant de les couper en deux sur la longueur. Retirez la chair en réservant les pelures évidées, mettez-la dans un petit bol, défaites-la en purée et incorporez le **babeurre,** l'**oignon vert,** la moitié de la **margarine** et le **poivre.** Remplissez les coquilles de pommes de terre avec cette purée, lissez la surface à la fourchette en guise de décoration et saupoudrez de **parmesan** et de **paprika.**

3. Déposez les pommes de terre dans un plat à gratin non graissé, parsemez-les de noisettes de margarine avec ce qui reste, enfournez et faites cuire 20 minutes à découvert. Allumez le grilloir, posez le plat à 12 cm (5 po) de l'élément et laissez gratiner 1-2 minutes. Donne 4 portions.

Une portion :

		Protéines	4 g
Calories	122	Hydrates de carbone	20 g
Graisses	3 g	Sodium	48 mg
Graisses saturées	1 g	Sucre ajouté	0
Cholestérol	2 mg	Fibres	0

Patates douces aux pommes

Préparation : **15 min** GRAISSES SUCRE SODIUM
Cuisson : **40 min** (presque sans intervention)

4 c. à thé de margarine non salée
3 patates douces moyennes (450 g/1 lb), pelées et détaillées en tranches de 6 mm (¼ po)
1 grosse pomme douce, type délicieuse, parée et tranchée mince
1 c. à soupe de cassonade blonde
   Pincée de muscade

1. Portez le four à 190°C (375°F). Enduisez une assiette à tarte de 1 c. à thé de **margarine.** Disposez les tranches de **patates** et de **pommes** en cercle en les alternant et en les faisant se chevaucher.

2. Parfumez la **cassonade** avec la **muscade ;** étalez-la sur les patates et les pommes ; répartissez-y la margarine qui reste en noisettes.

3. Couvrez de papier d'aluminium, enfournez et faites cuire 30 minutes. Découvrez et prolongez la cuisson de 10-15 minutes ou jusqu'à ce que les patates soient à point. Donne 4 portions.

Variante :

Patates douces et ananas Procédez comme ci-dessus en remplaçant la pomme par 1 tasse d'ananas frais ou en boîte, broyés. Au mélange de cassonade et muscade, ajoutez ½ c. à thé de gingembre moulu.

Une portion :

		Protéines	2 g
Calories	169	Hydrates de carbone	43 g
Graisses	4 g	Sodium	13 mg
Graisses saturées	1 g	Sucre ajouté	9 cal.
Cholestérol	0	Fibres	3 g

Patates et pommes de terre Anna

Préparation : **15 min** GRAISSES SUCRE SODIUM
Cuisson : **55 min** (presque sans intervention)

Pour deux personnes, faites la recette entière et réfrigérez ce qui reste. Vous le réchaufferez au four.

Enduit végétal antiadhésif
1 tasse de cidre
¼ c. à thé de sel
¼ c. à thé de poivre noir
⅛ c. à thé de clou de girofle moulu
1 c. à soupe de margarine non salée
2 patates douces moyennes (300 g/⅔ lb), pelées et taillées en tranches de 3 mm (⅛ po)
2 pommes de terre Idaho (340 g/¾ lb), pelées et taillées en tranches de 3 mm (⅛ po)

1. Préchauffez le four à 225°C (450°F). Vaporisez d'**enduit antiadhésif** un plat en pyrex moyen et un morceau de papier d'aluminium qui servira à le couvrir.

2. Dans une petite casserole, amenez à ébullition le **cidre**, le **sel**, le **poivre** et le **clou ;** laissez cuire à découvert 5 minutes pour que le cidre réduise de moitié. Faites fondre la **margarine** dans une autre petite casserole.

3. Dans le fond du plat en pyrex, disposez côte à côte une rangée de tranches de **patates ;** aspergez-les avec ½ c. à thé de margarine fondue et arrosez-les de 1½ c. à soupe de cidre. Disposez par-dessus une rangée de tranches de **pommes de terre.** Pressez légèrement la surface avec les mains. Continuez de la même façon ; il devrait y avoir six couches alternées de légumes.

4. Installez le papier d'aluminium de manière qu'il repose sur les légumes et les couvre complètement. Posez dessus un objet lourd. Enfournez sur la grille inférieure du four et laissez cuire 45 minutes. Posez ensuite le plat en pyrex directement dans le fond du four et prolongez la cuisson de 5 minutes pour que le fond du plat soit bien gratiné.

5. Laissez tiédir le plat 3 minutes sur une grille ; dégagez les bords avec une spatule et démoulez dans un plat chaud. Donne 4 portions.

Une portion :

		Protéines	2 g
Calories	171	Hydrates de carbone	34 g
Graisses	3 g	Sodium	149 mg
Graisses saturées	1 g	Sucre ajouté	0
Cholestérol	0	Fibres	2 g

Boulettes d'épinards en sauce tomate

Cette recette n'est pas divisible.

1 c. à soupe de margarine non salée
2 oignons moyens, hachés fin
450 g (1 lb) d'épinards parés et hachés ou 1 paquet (300 g/ 10½ oz) d'épinards hachés surgelés, décongelés et égouttés
4 gousses d'ail hachées
1 c. à soupe de chapelure fine
1 c. à thé de zeste de citron râpé

1 c. à soupe de parmesan râpé
¼ c. à thé de poivre noir
1 gros blanc d'œuf
1 boîte (213 ml/7½ oz) de sauce aux tomates hyposodique
½ tasse de bouillon de bœuf hyposodique
½ c. à thé de basilic séché, émietté
Enduit végétal antiadhésif

Préparation :
20 min et 15 min de réfrigération
Cuisson :
45 min
(presque sans intervention)

Une portion :

Calories	108
Graisses	4 g
Graisses saturées	1 g
Cholestérol	1 mg
Protéines	5 g
Hydrates de carbone	14 g
Sodium	138 mg
Sucre ajouté	0
Fibres	3 g

1. Dans une poêle moyenne, faites fondre ½ c. à soupe de **margarine** à feu modéré ; jetez-y la moitié des **oignons** et faites-les revenir 5 minutes à découvert. Quand ils sont tendres, ajoutez les **épinards** et la moitié de l'**ail**, couvrez et laissez cuire 2 minutes. Découvrez et accordez 2 autres minutes de cuisson pour que l'eau s'évapore.

2. Préchauffez le four à 180°C (350°F). Retirez les épinards du feu et ajoutez-leur la **chapelure**, le **zeste de citron**, le **parmesan**, ⅛ c. à thé de **poivre** et le **blanc d'œuf**. Façonnez la préparation en boulettes de 4 cm (1½ po) et réfrigérez celles-ci 15 minutes.

3. Dans une petite casserole, mettez à fondre le reste de la margarine à feu modéré ; jetez-y le reste des oignons et faites-les revenir à découvert 5 minutes. Quand ils sont tendres, ajoutez le reste de l'ail et du poivre ainsi que la **sauce aux tomates**, le **bouillon de bœuf** et le **basilic**. Couvrez et laissez mijoter à feu modérément doux 30 minutes en remuant de temps à autre.

4. Dans l'intervalle, vaporisez un plat à gratin d'**enduit antiadhésif**. Déposez-y les boulettes d'épinards, enfournez et faites cuire à découvert 30 minutes. Avant de servir, nappez de sauce tomate. Donne 4 portions.

Boulettes d'épinards en sauce tomate (à gauche) et *Giraumon au parmesan* (à droite)

Épinards sautés

Préparation : **20 min**
Cuisson : **10 min**

`GRAISSES` `SUCRE` `SODIUM`

1½	**c. à thé d'huile d'olive**
1	**oignon moyen, haché fin**
1	**gousse d'ail hachée**
700	**g (1½ lb) d'épinards frais, parés**
⅛	**c. à thé de poivre noir**
2	**c. à thé de jus de citron**

1. Dans une grande casserole antiadhésive, chauffez l'**huile d'olive** 1 minute à feu modéré ; faites-y revenir l'**oignon** et l'**ail** 5 minutes sans couvrir. Quand ils sont tendres, ajoutez les **épinards,** couvrez et prolongez la cuisson de 4 minutes en remuant souvent.

2. Dressez les épinards dans un plat de service chaud, ajoutez le **poivre** et le **jus de citron,** remuez et servez. Donne 4 portions.

Variante :

Épinards à la crème sure Faites rissoler l'oignon et l'ail dans 1 c. à soupe de margarine non salée plutôt que dans l'huile d'olive. Cuisez les épinards comme il est dit ci-dessus. Supprimez le jus de citron, mais ajoutez aux épinards le poivre noir, ¼ à thé de muscade fraîchement râpée, 2 c. à soupe de crème sure et 1 c. à soupe de yogourt. Mélangez bien.

Une portion :

Calories	65	*Protéines*	*4 g*
Graisses	*4 g*	*Hydrates de carbone*	*6 g*
Graisses saturées	*1 g*	*Sodium*	*98 mg*
Cholestérol	*0*	*Sucre ajouté*	*0*
		Fibres	*4 g*

Épinards braisés

Préparation : **20 min**
Cuisson : **10 min**

`GRAISSES` `SUCRE` `SODIUM`

On peut remplacer les épinards par du chou vert et des verdures de navet ou de moutarde, à condition de prolonger la cuisson de 10-15 minutes.

1	**tasse de bouillon de poulet hyposodique**
1	**petit oignon haché**
¼	**c. à thé de flocons de piment rouge**
700	**g (1½ lb) d'épinards frais, parés**
2	**c. à soupe de vinaigre de vin blanc**

1. Dans une grande casserole, amenez à petite ébullition le **bouillon de poulet** avec l'**oignon** et les **flocons de piment rouge.** Couvrez et laissez mijoter 3 minutes.

2. Ajoutez les **épinards,** couvrez et prolongez la cuisson de 5 minutes à feu modéré. Quand ils sont à point, aspergez-les de **vinaigre,** remuez et servez. Donne 4 portions.

Une portion :

Calories	35	*Protéines*	*4 g*
Graisses	*1 g*	*Hydrates de carbone*	*5 g*
Graisses saturées	*0*	*Sodium*	*102 mg*
Cholestérol	*0*	*Sucre ajouté*	*0*
		Fibres	*3 g*

Giraumon au parmesan

Préparation : **10 min**
Cuisson : **27 min**

`GRAISSES` `SUCRE` `SODIUM`

	Enduit végétal antiadhésif
1	**gros giraumon (450 g/1 lb)**
½	**c. à soupe de margarine non salée**
4	**c. à thé de parmesan râpé**
1½	**c. à soupe de chapelure fine**

1. Portez le four à 200°C (400°F). Vaporisez d'**enduit antiadhésif** un moule rectangulaire ou une plaque à biscuits. Coupez le **giraumon** en deux à l'horizontale, retirez la semence et détaillez-le en rondelles de 6 mm (¼ po) d'épaisseur. Déposez-les côte à côte dans le plat. Enfournez et laissez cuire 8 minutes ; tournez les tranches et accordez 8 autres minutes de cuisson. Retirez du four et laissez tiédir.

2. Faites fondre la **margarine** dans une petite poêle ou une petite casserole. Par ailleurs, mélangez le **parmesan** et la **chapelure** dans une assiette à tarte ou sur un morceau de papier paraffiné. Quand les tranches de giraumon ont tiédi, passez-les dans la chapelure au parmesan et tapotez-les pour bien faire adhérer la panure. Remettez les tranches dans le moule, aspergez-les de margarine fondue, enfournez et laissez gratiner 10 minutes environ. Donne 4 portions.

Une portion :

Calories	69	*Protéines*	*2 g*
Graisses	*3 g*	*Hydrates de carbone*	*11 g*
Graisses saturées	*1 g*	*Sodium*	*66 mg*
Cholestérol	*2 mg*	*Sucre ajouté*	*0*
		Fibres	*4 g*

Courge en sauce tomate

Préparation : **20 min** GRAISSES SUCRE SODIUM
Cuisson : **30 min** (presque sans intervention)

Vous pouvez remplacer la courge par du giraumon. Pour deux personnes, employez une courge de 340 g (¾ lb) et une boîte de tomates de 213 ml (7½ oz).

- ½ **c. à soupe de margarine non salée**
- 1 **oignon moyen, tranché**
- 1 **courge moyenne (800 g/1¾ lb), épépinée, pelée et détaillée en gros dés**
- 1 **boîte (398 ml/14 oz) de tomates hyposodiques avec leur jus**
- 2 **c. à thé de concentré de tomate hyposodique**
- 1 **c. à thé de zeste d'orange râpé**
- 1 **feuille de laurier**
- ½ **c. à thé d'origan séché, émietté**
- ⅛ **c. à thé de poivre noir**

1. Dans une poêle moyenne antiadhésive, mettez à fondre la **margarine** à feu modéré ; faites-y revenir l'**oignon** 5 minutes à découvert. Quand il est à point, ajoutez la **courge**, couvrez et prolongez la cuisson de 5 minutes à feu modérément doux.

2. Travaillez les **tomates** en purée au mixer ou au robot pendant 25 secondes. Versez-les dans la poêle avec le **concentré de tomate**, le **zeste**, le **laurier**, l'**origan** et le **poivre** ; couvrez et faites mijoter. Prévoyez alors 20 minutes de cuisson en remuant de temps à autre. Quand la courge est à point, ôtez le laurier et servez. Donne 4 portions.

Une portion :

		Protéines	*3 g*
Calories	119	*Hydrates de carbone*	*26 g*
Graisses	*2 g*	*Sodium*	*27 mg*
Graisses saturées	*0*	*Sucre ajouté*	*0*
Cholestérol	*0*	*Fibres*	*4 g*

Courge spaghetti, sauce aux champignons

Préparation : **15 min** GRAISSES SUCRE SODIUM
Cuisson : **20 min**

- 1 **courge spaghetti moyenne (700 g/1½ lb), coupée en deux sur la longueur et épépinée**
- 1 **c. à soupe de margarine non salée**
- 3 **oignons verts, hachés fin**
- 225 **g (½ lb) de petits champignons coupés en quatre**
- ½ **c. à thé de thym séché, émietté**
- ½ **c. à thé de marjolaine séchée, émiettée**
- ⅛ **c. à thé de poivre noir**
- ½ **tasse de bouillon de bœuf ou de poulet hyposodique**
- 1 **c. à soupe de persil haché**

1. Dans une cocotte, amenez à ébullition assez d'eau non salée pour couvrir la **courge**. Plongez-y celle-ci, côté coupé sur le dessus, couvrez et laissez cuire 20 minutes à feu modéré.

2. Entre-temps, mettez à fondre la **margarine** à feu modéré dans une poêle moyenne ; faites-y attendrir les **oignons verts** 5 minutes à découvert. Ajoutez les **champignons**, le **thym**, la **marjolaine** et le **poivre** ; couvrez et laissez cuire 5 minutes. Ajoutez le **bouillon de bœuf** et cuisez encore 5 minutes à découvert pour obtenir une réduction presque complète du liquide.

3. Quand la courge est à point, retirez-la de la cocotte, grattez-en la chair avec une fourchette et déposez celle-ci dans un plat chaud. Nappez le spaghetti végétal de sauce aux champignons, parsemez de **persil** et servez. Donne 4 portions.

Une portion :

		Protéines	*2 g*
Calories	86	*Hydrates de carbone*	*12 g*
Graisses	*4 g*	*Sodium*	*25 mg*
Graisses saturées	*1 g*	*Sucre ajouté*	*0*
Cholestérol	*0*	*Fibres*	*4 g*

Ragoût braisé de courge, maïs et tomates

Préparation : **20 min** GRAISSES SUCRE SODIUM
Cuisson : **18 min**

- **Enduit végétal antiadhésif**
- ½ **c. à soupe de margarine non salée**
- 1 **oignon moyen, tranché**
- 2 **courges jaunes moyennes (450 g/1 lb), détaillées en tranches de 2,5 cm (1 po), ou 2 courgettes**
- 3 **tomates (450 g/1 lb), pelées, parées et hachées, ou 1 boîte (540 ml/19 oz) de tomates hyposodiques, concassées avec ¼ tasse de jus**
- ½ **tasse de maïs à grains entiers, frais ou surgelé**
- ½ **c. à thé d'origan séché, émietté**
- ⅛ **c. à thé de poivre noir**
- 1 **gousse d'ail hachée**
- 1 **c. à soupe de basilic frais, haché ou de persil**

1. Vaporisez une poêle moyenne d'**enduit anti-adhésif**. Mettez à fondre la **margarine** à feu modéré ; faites-y attendrir l'**oignon** 5 minutes à découvert.

2. Quand il est à point, ajoutez la **courge**, les **tomates**, le **maïs**, l'**origan** et le **poivre**. Couvrez et laissez mijoter environ environ 10 minutes. Dès que la courge est à point, ajoutez l'**ail** et cuisez 2 autres minutes en remuant. Parsemez de **basilic**. Donne 4 portions.

Une portion :

Calories	85	Protéines	3 g
Graisses	3 g	Hydrates de carbone	15 g
Graisses saturées	0	Sodium	21 mg
Cholestérol	0	Sucre ajouté	0
		Fibres	3 g

Courge gratinée

GRAISSES SUCRE SODIUM

Préparation : **12 min**
Cuisson : **43 min** (presque sans intervention)

Si vous n'êtes que deux à partager ce plat, faites la recette entière et congelez le reste.

4 courges moyennes (900 g/2 lb), détaillées en dés de 2,5 cm (1 po)
1 oignon moyen, haché
1 c. à soupe de margarine non salée
1 gros blanc d'œuf
¾ tasse de craquelins en chapelure
⅛ c. à thé de muscade et autant de poivre noir
Enduit végétal antiadhésif

1. Préchauffez le four à 180°C (350°F). Dans une grande casserole, amenez la **courge** à ébullition dans 2,5 cm (1 po) d'eau. Ajoutez-y l'**oignon,** couvrez et laissez cuire 10 minutes.

2. Quand la courge est à point, égouttez-la ainsi que l'oignon et réduisez-les en purée grossière. Incorporez ½ c. à soupe de **margarine**, le **blanc d'œuf**, ½ tasse de **craquelins en chapelure**, la **muscade** et le **poivre**.

3. Vaporisez un plat à gratin d'**enduit antiadhésif**. Versez-y la purée de courge et lissez le dessus avec une spatule.

4. Dans une poêle moyenne, faites fondre le reste de la margarine à feu doux, ajoutez le reste des craquelins, mélangez et étalez la garniture sur la purée de courge. Enfournez et laissez gratiner à découvert 30 minutes. Donne 4 portions.

Une portion :

Calories	122	Protéines	4 g
Graisses	5 g	Hydrates de carbone	17 g
Graisses saturées	1 g	Sodium	146 mg
Cholestérol	0	Sucre ajouté	0
		Fibres	3 g

Ragoût braisé de courge, maïs et tomates (à gauche) et *Courge en sauce tomate* (à droite)

Courgettes et tomates-cerises au vinaigre

Crêpe à la courgette

Préparation : **10 min**
Cuisson : **8 min**

GRAISSES SUCRE SODIUM

1   c. à soupe d'huile d'olive
2   **courgettes moyennes (450 g/1 lb)**, détaillées en tranches de 6 mm (¼ po)
1½ tasse de petites tomates-cerises
1   gousse d'ail hachée
1   c. à soupe de vinaigre de cidre
½   c. à thé de basilic séché, émietté
⅛   c. à thé de poivre noir

1. Dans une poêle moyenne, faites chauffer l'**huile d'olive** 1 minute à feu modéré ; jetez-y les **courgettes** et laissez-les cuire à découvert 5 minutes en remuant souvent.

2. Ajoutez les **tomates-cerises**, l'**ail**, le **vinaigre**, le **basilic** et le **poivre** ; prolongez la cuisson de 2 minutes en remuant pour réchauffer les tomates. Donne 4 portions.

Une portion :

Calories	55	Protéines	2 g
Graisses	4 g	Hydrates de carbone	6 g
Graisses saturées	0	Sodium	7 mg
Cholestérol	0	Sucre ajouté	0
		Fibres	1 g

Courge en brochettes

Préparation : **5 min** et 2 h de marinage   Cuisson : **5 min**

GRAISSES SUCRE SODIUM

1   c. à soupe de sauce soja hyposodique
1   c. à soupe de vinaigre de vin rouge
1   c. à soupe d'huile de sésame ou d'huile d'arachide
2   c. à thé de miel
¼   c. à thé de gingembre moulu
⅛   c. à thé de sauce tabasco
1   **petite courgette (115 g/¼ lb)**, coupée en deux sur la longueur et détaillée en rondelles de 6 mm (¼ po)
1   **petite courge (115 g/¼ lb)**, coupée en deux sur la longueur et détaillée en rondelles de 6 mm (¼ po)
12 tomates-cerises

1. Dans un grand bol, mélangez la **sauce soja**, le **vinaigre**, l'**huile de sésame**, le **miel**, le **gingembre** et la **sauce tabasco**. Ajoutez la **courgette**, la **courge** et les **tomates-cerises**. Remuez, recou-vrez de pellicule de plastique et laissez mariner 2 heures à la température ambiante.

2. Allumez le grilloir. Avec une cuiller à fentes, faites passer les légumes de la marinade dans une grande assiette. Enfilez-les sur quatre brochettes de 25 cm (10 po) en alternant courgettes, tomates et courges.

3. Déposez les brochettes au-dessus d'une lèche-frite et badigeonnez-les de marinade. Faites-les griller 5 minutes à 20 cm (8 po) de l'élément. Tournez les brochettes deux ou trois fois, en les badigeonnant de marinade. Donne 4 portions.

Une portion :

Calories	54	Protéines	1 g
Graisses	3 g	Hydrates de carbone	6 g
Graisses saturées	0	Sodium	159 mg
Cholestérol	0	Sucre ajouté	8 cal.
		Fibres	1 g

Tomates grillées au parmesan

Crêpe à la courgette

Préparation : **20 min**
Cuisson : **13 min**

GRAISSES SUCRE SODIUM

1   **grosse courgette (340 g/¾ lb)**, râpée et essorée
1   **petite pomme de terre**, pelée, râpée et essorée
3   **oignons verts**, hachés fin
2   c. à soupe de **farine**
1   gros **œuf** légèrement battu
1   gros **blanc d'œuf**
¼   c. à thé de **poivre** noir
    Enduit végétal antiadhésif
1   c. à soupe de **margarine** non salée
1   c. à soupe de **parmesan** râpé

1. Dans un bol moyen, mélangez la **courgette**, la **pomme de terre**, les **oignons verts**, la **farine**, l'**œuf**, le **blanc d'œuf** et le **poivre**.

2. Vaporisez une poêle moyenne antiadhésive d'**enduit antiadhésif**. Faites-y fondre ½ c. à soupe de **margarine** à feu modéré ; ajoutez la préparation, lissez-la avec une spatule et faites-la cuire 6-7 minutes à découvert pour que le pourtour soit doré.

3. Couvrez la poêle avec une grande assiette et renversez la crêpe d'un mouvement vif. Remettez la poêle au feu avec la margarine qui reste, faites-y glisser la crêpe et laissez-la cuire encore 5 minutes pour qu'elle soit ferme et bien dorée. Saupoudrez de **parmesan**. Donne 4 portions.

Une portion :

Calories	103	Protéines	5 g
Graisses	5 g	Hydrates de carbone	10 g
Graisses saturées	1 g	Sodium	58 mg
Cholestérol	69 mg	Sucre ajouté	0
		Fibres	2 g

Tomates grillées au parmesan

Préparation : **10 min**
Cuisson : **3 min**

GRAISSES SUCRE SODIUM

1   c. à soupe d'**huile d'olive**
4   **tomates moyennes (600 g/1⅓ lb)**, parées et détaillées en tranches de 1,5 cm (½ po)
1   gousse d'**ail** hachée
2   c. à soupe de **persil** haché
⅛   c. à thé de **poivre** noir
2   c. à soupe de **parmesan** râpé

1. Allumez le grilloir. Enduisez une plaque à four de 1 c. à thé d'**huile d'olive**. Disposez-y les tranches de **tomates** côte à côte.

2. Dans un petit bol, mélangez le reste de l'huile, l'**ail**, le **persil** et le **poivre**. Aspergez-en les tomates et parsemez de **parmesan**.

3. Faites gratiner 3 minutes à 12 cm (5 po) de l'élément. Donne 4 portions.

Une portion :

Calories	62	Protéines	2 g
Graisses	3 g	Hydrates de carbone	7 g
Graisses saturées	0	Sodium	59 mg
Cholestérol	2 mg	Sucre ajouté	0
		Fibres	1 g

Tomates au gratin

Préparation : **10 min**
Cuisson : **32 min** (presque sans intervention)

GRAISSES SUCRE SODIUM

Ne réchauffez pas et ne réduisez pas non plus cette recette.

⅓   tasse de **chapelure** fine
½   c. à thé de **sucre**
¼   c. à thé de **basilic** séché, émietté
¼   c. à thé de **thym** séché, émietté
⅛   c. à thé de **poivre** noir
4   **tomates moyennes (600 g/1⅓ lb)**, parées et tranchées
2   **oignons verts**, hachés fin
½   c. à soupe de **margarine** non salée

1. Préchauffez le four à 180°C (350°F). Dans un petit bol, mélangez la **chapelure**, le **sucre**, le **basilic**, le **thym** et le **poivre**.

2. Dans une assiette à tarte antiadhésive, disposez le tiers des **tomates**. Garnissez avec le tiers de la chapelure assaisonnée et la moitié des **oignons verts**. Répétez l'opération ; terminez avec la chapelure.

3. Faites fondre la **margarine** dans une petite casserole ou une petite poêle ; aspergez-en le plat. Enfournez et faites cuire à découvert 30-35 minutes.

4. Quand les tomates sont à point, allumez le grilloir. Glissez l'assiette à 12 cm (5 po) de l'élément et laissez gratiner 1-2 minutes pour que la chapelure soit bien dorée. Donne 4 portions.

Une portion :

Calories	78	Protéines	3 g
Graisses	2 g	Hydrates de carbone	14 g
Graisses saturées	0	Sodium	73 mg
Cholestérol	0	Sucre ajouté	2 cal.
		Fibres	1 g

Purée de navet et de pomme de terre

GRAISSES SUCRE SODIUM

Préparation : **20 min**
Cuisson : **36 min**

Cette purée a encore plus de goût avec du rutabaga. S'il vous en reste, convertissez-la en soupe en lui ajoutant du bouillon de poulet hyposodique.

2   c. à thé de margarine non salée
1   petit oignon, tranché mince
2   gousses d'ail écrasées
1   petite pomme, type délicieuse, pelée, parée et tranchée mince
1   pomme de terre moyenne, pelée et tranchée mince
3   navets moyens (340 g/¾ lb), pelés et tranchés mince, ou 1 petit rutabaga
¼   c. à thé de gingembre moulu
    Pincée de piment de la Jamaïque
    Pincée de muscade
1⅓ tasse de bouillon de poulet hyposodique

1. Dans une grande casserole, faites fondre la **margarine** à feu modéré. Jetez-y l'**oignon** et l'**ail** et faites-les revenir 5 minutes à découvert. Quand l'oignon est tendre, ajoutez la **pomme**, la **pomme de terre**, les **navets**, le **gingembre**, le **piment de la Jamaïque**, la **muscade** et le **bouillon de poulet**. Couvrez et laissez cuire 30 minutes.
2. Travaillez la préparation en deux fois, au robot ou au mixer, en ajoutant un peu de bouillon si elle semble trop épaisse. Remettez la purée dans la casserole et réchauffez. Donne 4 portions.

Une portion :

Calories	85	Protéines	2 g
Graisses	3 g	Hydrates de carbone	14 g
Graisses saturées	1 g	Sodium	87 mg
Cholestérol	0	Sucre ajouté	0
		Fibres	3 g

Navets au miel et au citron

GRAISSES SUCRE SODIUM

Préparation : **15 min**
Cuisson : **17 min**

2   gros navets (450 g/1 lb), pelés et détaillés en dés de 1,5 cm (½ po), ou 1 rutabaga moyen
2   c. à soupe de miel
1   c. à soupe de margarine non salée
½   c. à thé de zeste de citron râpé
⅛   c. à thé de poivre blanc ou noir

1. Faites bouillir 1¼ tasse d'eau non salée à feu modéré. Jetez-y les **navets**, couvrez et laissez-les cuire 15-20 minutes. Quand ils sont tendres, égouttez-les et remettez-les dans la casserole.
2. Ajoutez le **miel**, la **margarine**, le **zeste de citron** et le **poivre**. Réchauffez à découvert 2-3 minutes à feu doux en remuant la casserole pour bien enrober les navets et les rendre luisants. Donne 4 portions.

Variante :

Navets à l'orange et au gingembre Remplacez le miel par 2 c. à soupe de marmelade d'orange et le zeste de citron par du gingembre frais, haché. Utilisez ¼ c. à thé de poivre noir fraîchement moulu au lieu du poivre blanc.

Une portion :

Calories	83	Protéines	1 g
Graisses	3 g	Hydrates de carbone	15 g
Graisses saturées	1 g	Sodium	62 mg
Cholestérol	0	Sucre ajouté	32 cal.
		Fibres	2 g

Navets hachés

GRAISSES SUCRE SODIUM

Préparation : **12 min**
Cuisson : **41 min**

1   c. à soupe de margarine non salée
1   petit oignon, haché fin
4   navets moyens (450 g/1 lb), pelés et hachés grossièrement
½   tasse de bouillon de bœuf ou de poulet hyposodique
1   c. à soupe de sucre
⅛   c. à thé de poivre noir

1. Dans une poêle moyenne, faites fondre la **margarine** à feu doux. Jetez-y l'**oignon** et faites-le revenir à découvert 10 minutes pour qu'il commence à colorer.
2. Ajoutez les **navets**, le **bouillon de bœuf**, le **sucre** et le **poivre**. Couvrez et prolongez la cuisson de 30 minutes à feu modéré pour que les navets soient à point. Donne 4 portions.

Une portion :

Calories	68	Protéines	1 g
Graisses	3 g	Hydrates de carbone	10 g
Graisses saturées	1 g	Sodium	63 mg
Cholestérol	0	Sucre ajouté	4 cal.
		Fibres	2 g

Salades et garnitures à salade

Les salades ne sont pas uniquement des plats d'été ; leurs possibilités sont immenses. Les recettes qui suivent vous étonneront par leur originalité. La plupart, comme la Salade d'épinards à l'orange (p. 215), se servent en entrée ou en accompagnement; d'autres, comme la Salade de crevettes et feta à l'aneth (p. 219), en plat principal. Toutes se réduisent de moitié. Vous trouverez ici des versions hypocaloriques des garnitures les plus appréciées: vinaigrettes à la française, à l'italienne, au fromage bleu.

Salade niçoise

Asperges vinaigrette

GRAISSES SUCRE SODIUM

Préparation : **10 min** et 2 h
de réfrigération   Cuisson : **4 min**

*Comme l'indiquent bien les variantes qui
suivent la recette, à peu près tous les légumes
peuvent mariner avec bonheur dans une
vinaigrette avant d'être apprêtés en salade.*

700 g (1½ lb) d'asperges parées
2½ c. à thé d'huile d'olive ou d'huile végétale
¾ c. à thé d'échalote, hachée fin
ou d'oignon vert
½ c. à thé de moutarde de Dijon
ou de moutarde préparée à l'ancienne
Pincée de poivre noir
1½ c. à thé de vinaigre de vin blanc
ou de vinaigre blanc

1. Dans une grande poêle, faites bouillir 2,5 cm
   (1 po) d'eau non salée. Mettez-y les **asperges**,
   couvrez et laissez-les cuire environ 3 minutes.
   Quand elles sont à point, égouttez-les, rincez-
   les sous le robinet d'eau froide pour arrêter la
   cuisson et égouttez-les de nouveau.

2. Dans un plat moyen peu profond, mélangez
   l'**huile d'olive**, l'**échalote**, la **moutarde** et le
   poivre. Ajoutez les asperges cuites et remuez
   avec soin.

3. Couvrez et réfrigérez 2-3 heures en remuant de
   temps à autre. Juste avant de servir, ajoutez
   le **vinaigre** et remuez de nouveau. Donne
   4 portions.

Variantes :

Brocoli vinaigrette Remplacez les asperges
par 2 tasses de bouquets de brocoli. Préparez la
sauce avec 2½ c. à thé d'huile d'olive ou d'huile
végétale, ½ c. à thé de zeste de citron râpé
et une pincée de poivre noir. Avant de servir,
ajoutez 1½ c. à thé de jus de citron et mélangez
bien.

Chou-fleur vinaigrette Remplacez les asperges par 2 tasses de petits bouquets de chou-
fleur. Préparez la sauce avec 2½ c. à thé d'huile
de noix, d'huile d'olive ou d'huile végétale,
2¼ c. à thé de jus d'orange et ½ c. à thé de zeste
d'orange râpé. Avant de servir, ajoutez 1½ c. à
thé de vinaigre de vin blanc et 2 c. à thé de
persil haché. Mélangez bien.

Haricots verts vinaigrette Remplacez les
asperges par 2 tasses de haricots verts parés.
Préparez la sauce avec 2½ c. à thé d'huile de
noix, d'huile d'olive ou d'huile végétale, ½ c. à
thé de thym séché et une pincée de poivre noir.
Avant de servir, ajoutez 1½ c. à thé de vinaigre
parfumé à l'estragon ou de vinaigre de vin
blanc. Mélangez bien.

Courgettes vinaigrette Remplacez les asperges par 2 tasses de courgettes détaillées en
rondelles minces. Préparez la sauce avec 2½ c.
à thé d'huile d'olive ou d'huile végétale, 1 c. à
thé de gingembre frais haché (ou ⅛ c. à thé de
gingembre moulu) et une pincée de poivre noir.
Avant de servir, ajoutez 1½ c. à thé de vinaigre
balsamique ou de vinaigre de vin blanc et
mélangez bien.

Une portion :

Calories	46	*Protéines*	*3 g*
Graisses	*3 g*	*Hydrates de carbone*	*4 g*
Graisses saturées	*0*	*Sodium*	*20 mg*
Cholestérol	*0*	*Sucre ajouté*	*0*
		Fibres	*1 g*

Salade de haricots verts et de courgette

GRAISSES SUCRE SODIUM

Préparation : **25 min** et 2 h
de réfrigération   Cuisson : **4 min**

225 g (½ lb) de haricots verts, parés et
coupés en deux
2½ c. à thé d'huile d'olive ou d'huile végétale
1 gousse d'ail hachée
½ c. à thé d'estragon séché, émietté
⅛ c. à thé de poivre noir
1 petite courgette (115 g/¼ lb), détaillée
en bâtonnets
1 petit oignon rouge, tranché mince
1½ c. à thé de vinaigre parfumé
à l'estragon

1. Faites cuire les **haricots verts** 3-4 minutes dans
   de l'eau bouillante non salée à hauteur. Quand
   ils sont à point mais encore croquants, égouttez-
   les, rincez-les sous l'eau froide pour arrêter la
   cuisson et égouttez-les de nouveau.

2. Dans un bol moyen, mélangez l'**huile d'olive**,
   l'**ail**, l'**estragon** et le **poivre.** Ajoutez les haricots
   verts, la **courgette** et l'**oignon** ; mélangez bien.
   Couvrez et réfrigérez 2-3 heures en remuant de
   temps à autre.

3. Avant de servir, ajoutez le **vinaigre** et remuez.
   Donne 4 portions.

Une portion :

Calories	50	*Protéines*	*1 g*
Graisses	*3 g*	*Hydrates de carbone*	*6 g*
Graisses saturées	*0*	*Sodium*	*4 mg*
Cholestérol	*0*	*Sucre ajouté*	*0*
		Fibres	*2 g*

Salade aux quatre haricots

Cette salade toute simple peut se préparer d'avance avec des haricots en boîte, mais elle est meilleure et renferme moins de sel si vous faites cuire les haricots vous-même.

GRAISSES **SUCRE** **SODIUM**

2 poivrons rouges moyens	**1** tasse de haricots blancs, cuits et égouttés
115 g (¼ lb) de haricots verts, parés et coupés en deux	**1** tasse de haricots rouges, cuits et égouttés
1 petit oignon rouge, coupé en deux et tranché mince	**2** c. à soupe d'huile d'olive
1 tasse de haricots noirs, cuits et égouttés	**2** c. à soupe de jus de citron
	¼ c. à thé de poivre noir
	2 c. à soupe de persil haché

Préparation :
10 min et 2 h
de réfrigération
Cuisson :
7 min

Une portion :

Calories	132
Graisses	4 g
Graisses saturées	0
Cholestérol	0
Protéines	6 g
Hydrates de carbone	19 g
Sodium	8 mg
Sucre ajouté	0
Fibres	3 g

1. Allumez le grilloir. Déposez les **poivrons rouges** sur la grille de la lèchefrite, à 15 cm (6 po) de l'élément, et faites-les griller 5-8 minutes en les tournant trois fois pour que la peau boursoufle et se calcine. Placez-les dans un sac de papier et laissez-les tiédir 5 minutes ; la peau s'enlèvera plus facilement ainsi.

2. Pelez et parez les poivrons au-dessus d'un bol pour en recueillir le jus. Jetez la semence et tranchez les poivrons en lanières de 1,5 cm (½ po).

3. Dans une petite casserole, faites cuire les **haricots verts** 2 minutes dans de l'eau bouillante non salée à hauteur. Quand ils sont à point mais encore croquants, égouttez-les, passez-les sous l'eau froide et égouttez-les à nouveau.

4. Dans un grand bol, mélangez l'**oignon**, les **haricots noirs**, les **haricots blancs** et les **haricots rouges**. Ajoutez les poivrons rouges et leur jus ainsi que les haricots verts, l'**huile d'olive**, le **jus de citron**, le **poivre** et le **persil**. Mélangez délicatement. Couvrez et réfrigérez au moins 2 heures. Donne 8 portions.

Salade aux quatre haricots

Salade de germes de haricots

Cette salade croquante a un petit parfum d'Orient. Utilisez des brisures de vrai bacon; elles ont plus de goût et moins de sodium.

GRAISSES SUCRE SODIUM

2   tasses de germes de haricots
2¾ c. à thé d'huile de sésame
    ou d'arachide
1   oignon vert haché
1   c. à thé de ketchup
    hyposodique
¾   c. à thé de brisures de bacon
1   gousse d'ail hachée

½   c. à thé de gingembre frais,
    haché, ou une pincée de
    gingembre moulu
⅛   c. à thé de sel
2   c. à soupe de piment rôti en
    bocal, haché
1½ c. à thé de jus de citron
1½ c. à thé de vinaigre de riz
    ou de vinaigre de vin blanc

Préparation:
10 min et 2 h
de réfrigération
Cuisson:
1 min

Une portion:

Calories	*53*
Graisses	*4 g*
Graisses saturées	*1 g*
Cholestérol	*1 mg*
Protéines	*2 g*
Hydrates de carbone	*4 g*
Sodium	*86 mg*
Sucre ajouté	*0*
Fibres	*2 g*

1. Déposez les **germes de haricots** dans une passoire et rincez-les 1 minute sous l'eau chaude du robinet pour les ramollir. Égouttez-les et asséchez-les entre des serviettes de papier.

2. Dans une petite casserole, mélangez l'**huile de sésame**, l'**oignon vert**, le **ketchup**, les **miettes de bacon**, l'**ail**, le **gingembre** et le **sel**; faites cuire à feu doux 1 minute en remuant. Quand la préparation mijote, retirez-la du feu.

3. Dans un bol moyen, mélangez les germes de haricots et le **piment rôti**. Ajoutez le contenu de la casserole et mélangez bien. Couvrez et réfrigérez la salade 2-3 heures en la remuant de temps à autre.

4. Avant de servir, incorporez le **jus de citron** et le **vinaigre**. Donne 4 portions.

Salade de brocoli au sésame

GRAISSES SUCRE SODIUM

1   c. à soupe de graine de sésame
700 g (1½ lb) de brocoli, détaillé
    en bouquets, tiges pelées et
    hachées grossièrement
1   c. à soupe de sauce soja
    hyposodique

2   c. à soupe de vinaigre de riz
    ou de vinaigre de vin blanc
2   c. à thé d'huile de sésame
    ou d'huile d'arachide
1   c. à thé de miel

Préparation:
10 min
Cuisson:
10 min

Une portion:

Calories	*82*
Graisses	*4 g*
Graisses saturées	*1 g*
Cholestérol	*0*
Protéines	*5 g*
Hydrates de carbone	*10 g*
Sodium	*190 mg*
Sucre ajouté	*4 cal.*
Fibres	*4 g*

1. Portez le four à 160°C (325°F). Étalez la **graine de sésame** dans une assiette à tarte, enfournez et faites griller à découvert 10 minutes en agitant souvent l'assiette. Quand la graine est dorée, réservez-la.

2. Entre-temps, faites bouillir 2 tasses d'eau non salée dans une grande casserole. Jetez-y le **brocoli,** couvrez et laissez cuire 5 minutes; il doit demeurer croquant. Égouttez-le, passez-le sous l'eau froide du robinet pour arrêter la cuisson, égouttez-le de nouveau et dressez-le dans un bol de service.

3. Mélangez la **sauce soja**, le **vinaigre**, l'**huile de sésame** et le **miel** et versez-les sur le brocoli. Mélangez. Parsemez de la graine de sésame. Donne 4 portions.

Variante:

Brocoli à l'ail et à la marjolaine   Faites cuire le brocoli selon les instructions ci-dessus; réservez 2 c. à soupe d'eau de cuisson. Mélangez 4 c. à thé d'huile d'olive, les 2 c. à soupe d'eau réservées et 2 c. à soupe de vinaigre de vin rouge. Ajoutez 1 gousse d'ail hachée, 1 c. à thé de marjolaine fraîche, hachée (ou ½ c. à thé de marjolaine séchée, émiettée), et ¼ c. à thé de poivre noir. Versez sur le brocoli et mélangez bien. Supprimez la graine de sésame.

Salade de germes de haricots

Salade de betteraves marinées

GRAISSES SUCRE SODIUM

6 **betteraves moyennes (700 g/ 1½ lb), grattées, fanes coupées à 5 cm (2 po) de la racine, ou 1 boîte (450 g/1 lb) de betteraves avec ½ tasse de jus**
½ **tasse de vinaigre de cidre**
2 **c. à thé de sucre**
2 **c. à thé de raifort préparé, égoutté**

1 **c. à thé de moutarde de Dijon ou de moutarde préparée à l'ancienne**
6 **grains de poivre noir**
4 **clous de girofle**
1 **feuille de laurier**
2 **oignons verts, hachés avec leur tige**
1 **c. à soupe d'aneth frais, haché ou de persil**

Préparation : **10 min** et 2 h de réfrigération
Cuisson : **35 min**

Une portion :

Calories	*68*
Graisses	*0*
Graisses saturées	*0*
Cholestérol	*0*
Protéines	*2 g*
Hydrates de carbone	*5 g*
Sodium	*123 mg*
Sucre ajouté	*8 cal.*
Fibres	*1 g*

1. Dans une grande casserole, faites bouillir 8 tasses d'eau non salée. Jetez-y les **betteraves** et laissez-les cuire à découvert 30-35 minutes. Quand elles sont tendres, égouttez-les en réservant ½ tasse d'eau de cuisson. Une fois tiédies, parez-les, pelez-les et détaillez-les en tranches de 6 mm (¼ po). Déposez-les dans un bol calorifuge.

2. Dans une petite casserole, amenez à ébullition à feu doux l'eau de cuisson réservée ainsi que le **vinaigre,** le **sucre,** le **raifort,** la **moutarde,** les **grains de poivre,** les **clous de girofle** et le **laurier.** Versez la préparation sur les betteraves, et laissez refroidir. Couvrez et réfrigérez au moins 2 heures.

3. Juste avant de servir, retirez le laurier et semez sur les betteraves les **oignons verts** et l'**aneth.** Mélangez. Donne 4 portions.

Variante :

Salade de carottes marinées Faites comme ci-dessus, mais remplacez les betteraves par 3 tasses (700 g/1½ lb) de carottes cuites, tranchées très mince. Dans la garniture, remplacez les 2 c. à thé de raifort par 1 c. à thé de raifort et 1 c. à thé de cari.

Conseil : *Ne jetez pas les fanes des betteraves en botte ; faites-les cuire comme des épinards. Si les betteraves sont jeunes, les fanes se mangent en salade avec de la laitue.*

Salade aigre-douce de chou rouge et de pomme

Salade aigre-douce de chou rouge et de pomme

GRAISSES SUCRE SODIUM

1 chou rouge moyen (700 g/
   1½ lb), paré et tranché mince
1 grosse pomme acide, pelée,
   parée et détaillée en dés
1 petit poivron vert, détaillé en
   fines lanières

1 petit oignon, haché fin
½ tasse de vinaigre de vin rouge
1 c. à soupe de miel
½ c. à thé de graine de carvi
⅛ c. à thé de poivre noir
⅛ c. à thé de clou moulu

Préparation : **15 min**
et 30 min de marinage
Cuisson : **1 min**

1. Dans un grand bol calorifuge, mélangez le **chou,** la **pomme,** le **poivron vert**
   et l'**oignon.**
2. Dans une petite casserole, faites cuire 1 minute à feu modéré le **vinaigre,** le
   miel, la **graine de carvi,** le **poivre noir** et le **clou moulu.** Retirez quand la
   préparation commence à bouillir.
3. Versez-la sur la salade et remuez. Laissez tiédir 30 minutes à la température
   ambiante avant de servir. Donne 4 portions.

Une portion :

Calories	77
Graisses	1 g
Graisses saturées	0
Cholestérol	0
Protéines	2 g
Hydrates de carbone	21 g
Sodium	16 mg
Sucre ajouté	16 cal.
Fibres	2 g

Salade de chou au yogourt

Une version hypocalorique du traditionnel coleslaw *américain.*

GRAISSES SUCRE SODIUM

3 c. à soupe de yogourt
   partiellement écrémé
2 c. à soupe de crème sure
¾ c. à thé de moutarde préparée
½ c. à thé de sucre
½ c. à thé de vinaigre de cidre

¼ c. à thé de graine de céleri
⅛ c. à thé de sel
⅛ c. à thé de poivre noir
1¾ tasse de chou grossièrement
   râpé
¼ tasse de carotte
   grossièrement râpée

Préparation : **15 min**
et 2 h de réfrigération

Dans un bol moyen, mélangez le **yogourt,** la **crème sure,** la **moutarde,** le
sucre, le **vinaigre,** la **graine de céleri,** le **sel** et le **poivre.** Ajoutez le **chou** et
la **carotte** et mélangez bien. Couvrez et réfrigérez 2-3 heures en remuant de
temps à autre. Donne 4 portions.

Une portion :

Calories	37
Graisses	2 g
Graisses saturées	1 g
Cholestérol	4 mg
Protéines	1 g
Hydrates de carbone	4 g
Sodium	101 mg
Sucre ajouté	2 cal.
Fibres	1 g

Salade de chou confetti

Cette salade colorée, qui allie le chou rouge, le chou vert et les poivrons, peut être facilement doublée ou triplée les jours de fête.

¼ **tasse de yogourt partiellement écrémé**

2 **c. à soupe de babeurre**

2 **c. à thé d'oignon râpé**

2 **c. à thé de moutarde préparée**

1 **c. à thé de sucre**

¼ **c. à thé de graine de carvi**

¼ **c. à thé de poivre noir**

⅛ **c. à thé d'aneth séché**

¾ **tasse de chou vert grossièrement râpé**

½ **tasse de chou rouge grossièrement râpé**

¼ **petit poivron vert, détaillé en fines lanières**

¼ **petit poivron rouge, détaillé en fines lanières**

½ **petite carotte, pelée et grossièrement râpée**

Préparation :
15 min et 2 h de réfrigération

Une portion :

Calories	30
Graisses	1 g
Graisses saturées	0
Cholestérol	1 mg
Protéines	2 g
Hydrates de carbone	5 g
Sodium	57 mg
Sucre ajouté	4 cal.
Fibres	0

Dans un grand bol, mélangez le **yogourt**, le **babeurre**, l'**oignon**, la **moutarde**, le **sucre**, la **graine de carvi**, le **poivre noir** et l'**aneth**. Ajoutez le **chou vert**, le **chou rouge**, le **poivron vert**, le **poivron rouge** et la **carotte**. Mélangez bien. Couvrez et réfrigérez 2-3 heures en remuant de temps à autre. Donne 4 portions.

Salade croquante aux carottes

Ce mélange de légumes croquants et de fines herbes constitue une salade parfaite pour l'été, surtout si vous utilisez des carottes douces de type Nancy.

5 **carottes moyennes (285 g/ 10 oz), pelées et détaillées en bâtonnets**

2½ **c. à thé d'huile d'olive ou d'huile végétale**

¼ **c. à thé de marjolaine séchée**

¼ **c. à thé de thym séché**

⅛ **c. à thé de romarin séché**

Pincée de poivre noir

½ **petite courgette, détaillée en bâtonnets**

½ **petite côte de céleri, détaillée en bâtonnets**

1 **petit piment rôti en bocal, détaillé en fines lanières**

1½ **c. à thé de jus de citron**

Préparation :
20 min et 2 h de réfrigération
Cuisson :
3 min

Une portion :

Calories	70
Graisses	3 g
Graisses saturées	0
Cholestérol	0
Protéines	1 g
Hydrates de carbone	11 g
Sodium	40 mg
Sucre ajouté	0
Fibres	1 g

1. Dans une petite casserole, faites bouillir assez d'eau salée pour couvrir les **carottes.** Jetez-y les carottes et laissez-les cuire 2-3 minutes. Égouttez-les, rincez-les sous l'eau froide du robinet puis égouttez de nouveau.

2. Dans un bol moyen, mélangez l'**huile d'olive**, la **marjolaine**, le **thym**, le **romarin** et le **poivre**. Ajoutez les carottes, la **courgette**, le **céleri** et le **piment rôti.** Mélangez, couvrez et réfrigérez 2-3 heures en remuant de temps à autre.

3. Incorporez le **jus de citron** avant de servir. Donne 4 portions.

Variantes :

Salade de topinambours Remplacez les carottes par 3-4 topinambours moyens (285 g/10 oz), pelés et détaillés en bâtonnets, et la courgette par de la courge.

Salade de haricots de Lima et de maïs Remplacez les carottes par 1 paquet (300 g/10½ oz) de haricots de Lima et la courgette par une quantité égale de maïs à grains entiers, surgelé. Tranchez le céleri à la diagonale.

Salade de maïs aux tomates-cerises

¼ **tasse de yogourt partiellement écrémé**

2 **c. à soupe de ketchup hyposodique**

1 **c. à thé de moutarde préparée**

2 **oignons verts, hachés avec leur tige**

2 **c. à soupe d'aneth frais, haché ou ½ c. à thé d'aneth séché**

2 **tasses de maïs à grains entiers, frais ou surgelé**

10 **tomates-cerises, coupées en deux**

1 **petit poivron vert, haché**

4 **grandes feuilles de laitue**

GRAISSES SUCRE SODIUM

Préparation : **12 min**
Cuisson : **3 min**

Une portion :

Calories	92
Graisses	*1 g*
Graisses saturées	0
Cholestérol	*1 mg*
Protéines	*4 g*
Hydrates de carbone	*19 g*
Sodium	*49 mg*
Sucre ajouté	0
Fibres	*2 g*

1. Dans un grand bol, mélangez le **yogourt**, le **ketchup** et la **moutarde** ; ajoutez les **oignons verts** et l'**aneth**.

2. Amenez 2 tasses d'eau non salée à ébullition dans une petite casserole ; versez-y le **maïs** et laissez-le cuire 45 secondes. Égouttez-le, rincez-le sous l'eau froide du robinet pour arrêter la cuisson puis égouttez-le de nouveau. Jetez-le dans la sauce en même temps que les **tomates** et le **poivron vert**. Remuez.

3. Déposez la salade sur une feuille de **laitue** dans chaque assiette. Donne 4 portions.

Salade de concombre à la menthe fraîche

¼ **tasse de yogourt partiellement écrémé**

1 **c. à soupe de menthe fraîche, hachée, ou ¼ c. à thé de flocons de menthe**

1 **c. à thé d'huile d'olive**

¼ **c. à thé de sucre**

⅛ **c. à thé de sel**

⅛ **c. à thé de poivre noir**

2 **gros concombres (2 tasses) pelés, coupés en deux sur la longueur, épépinés et détaillés en rondelles de 6 mm (¼ po)**

GRAISSES SUCRE **SODIUM**

Préparation : **10 min** et 2 h de réfrigération

Une portion :

Calories	40
Graisses	*1 g*
Graisses saturées	0
Cholestérol	*1 mg*
Protéines	*2 g*
Hydrates de carbone	*6 g*
Sodium	*88 mg*
Sucre ajouté	*1 cal.*
Fibres	*1 g*

Dans un bol moyen, mélangez le **yogourt**, la **menthe**, l'**huile d'olive**, le **sucre**, le **sel** et le **poivre**. Ajoutez les **concombres** et mélangez. Couvrez et réfrigérez 2-3 heures en remuant de temps à autre. Donne 4 portions.

Salade de concombre au poivron rouge

¼ **tasse de yogourt partiellement écrémé**

2 **c. à thé d'huile de sésame ou d'huile d'arachide**

¾ **c. à thé de vinaigre de cidre**

½ **c. à thé de gingembre frais, haché, ou ⅛ c. à thé de gingembre moulu**

¼ **c. à thé de cumin moulu**

¼ **c. à thé de coriandre moulue**

1 **gros concombre pelé, coupé en deux sur la longueur, épépiné et détaillé en bâtonnets**

1 **petit poivron rouge, paré, épépiné et détaillé en bâtonnets**

GRAISSES SUCRE **SODIUM**

Préparation : **10 min** et 2 h de réfrigération

Une portion :

Calories	43
Graisses	*3 g*
Graisses saturées	*1 g*
Cholestérol	*1 mg*
Protéines	*1 g*
Hydrates de carbone	*4 g*
Sodium	*15 mg*
Sucre ajouté	0
Fibres	*1 g*

Dans un bol moyen, mélangez le **yogourt**, l'**huile de sésame**, le **vinaigre**, le **gingembre**, le **cumin** et la **coriandre**. Ajoutez le **concombre** et le **poivron rouge** et mélangez. Couvrez et réfrigérez 2-3 heures en remuant de temps à autre. Donne 4 portions.

Salade de maïs aux tomates-cerises

Salade orientale aux champignons

GRAISSES SUCRE SODIUM

Préparation : **6 min**
et 2 h de marinage

2	**c. à thé de miel**
2	**c. à thé de sauce soja hyposodique**
¼	**c. à thé de gingembre moulu**
2	**c. à thé de vinaigre de vin rouge**
2	**c. à thé d'huile de sésame ou d'huile d'arachide**
1	**gousse d'ail légèrement écrasée**
225	**g (½ lb) de champignons, tranchés fin**
1	**petit poivron rouge, paré, épépiné et haché**
2	**c. à thé de coriandre fraîche, hachée ou de persil frais**
1	**c. à thé de graine de sésame rôtie (facultatif)**

1. Dans un grand bol, mélangez au fouet le **miel**, la **sauce soja**, le **gingembre**, le **vinaigre** et l'**huile de sésame**. Ajoutez l'**ail**, les **champignons** et le **poivron rouge**. Couvrez et réfrigérez 2 heures.

2. Retirez la gousse d'ail. Dressez la salade dans un plat de service et saupoudrez de **coriandre**. Décorez à volonté de **graine de sésame**.
(Note : Pour faire rôtir la graine de sésame, portez le four à 160℃ (325℉). Étalez la graine dans une assiette à tarte, enfournez à découvert et faites rôtir 10 minutes environ en remuant souvent le récipient.) Donne 4 portions.

Variante :

Salade de champignons aux germes de haricots   Omettez le poivron rouge. Ajoutez 3 oignons verts avec leur tige et ½ tasse de germes de haricots égouttés. Continuez comme ci-dessus.

Une portion :

Calories	52	*Protéines*	*2 g*
		Hydrates de carbone	*7 g*
Graisses	*3 g*	*Sodium*	*105 mg*
Graisses saturées	0	*Sucre ajouté*	*11 cal.*
Cholestérol	0	*Fibres*	*2 g*

Conseil : *Les champignons s'oxydent dès qu'on les coupe. Préparez-les de préférence à la dernière minute. S'ils doivent attendre, aspergez-les de jus de citron ou de vinaigre.*

Salade d'épinards à l'orange

Salade de pommes de terre à l'allemande

GRAISSES **SUCRE** **SODIUM**

4 **pommes de terre moyennes (450 g/1 lb)**
1 **tranche de bacon maigre**
1 **petit oignon, haché fin**
1 **poivron vert moyen, paré, épépiné et haché fin**
1 **côte de céleri moyenne, hachée fin**

½ **tasse d'eau**
⅓ **tasse de vinaigre de cidre**
1 **c. à soupe de sucre**
2 **c. à thé de farine**
¼ **c. à thé de poivre noir**
2 **gros blancs d'œufs cuits dur, hachés**
2 **c. à soupe de persil haché**

Préparation :
15 min
Cuisson :
22 min

Une portion :

Calories	115
Graisses	1 g
Graisses saturées	0
Cholestérol	1 mg
Protéines	5 g
Hydrates de carbone	23 g
Sodium	66 mg
Sucre ajouté	12 cal.
Fibres	2 g

1. Déposez les **pommes de terre** dans une casserole moyenne, couvrez-les d'eau non salée et amenez à ébullition à feu modérément vif. Couvrez et laissez cuire 20 minutes.

2. Entre-temps, faites rissoler le **bacon** 3-4 minutes à feu modéré dans une poêle moyenne. Retirez-le et épongez-le sur une serviette de papier. Émiettez-le.

3. Quand les pommes de terre sont à point, égouttez-les et laissez-les tiédir. Dès que vous pouvez les manipuler, pelez-les, détaillez-les en dés de 2 cm (¾ po) et déposez-les dans un grand bol. Ajoutez l'**oignon,** le **poivron** et le **céleri.**

4. Dans une petite casserole, mélangez l'**eau,** le **vinaigre,** le **sucre,** la **farine** et le **poivre ;** réchauffez à feu modéré en fouettant sans arrêt pendant 2-3 minutes, jusqu'à ce que la préparation atteigne le point d'ébullition.

5. Versez la sauce chaude sur la salade et remuez. Laissez tiédir avant de parsemer du bacon réservé, des **blancs d'œufs** hachés et du **persil.** Donne 4 portions.

Conseil : *Ajoutez toujours la sauce quand les pommes de terre sont encore chaudes ; elles s'imprègnent mieux de sa saveur.*

Salade d'épinards à l'orange

GRAISSES SUCRE SODIUM

Préparation : **20 min**
et 2 h de réfrigération

2 c. à thé d'huile d'olive, d'huile de noisette
ou d'huile végétale
½ c. à thé de marjolaine séchée, émiettée
Pincée de poivre noir
Pincée de muscade
½ tasse de quartiers d'orange, grossièrement
hachés
2 radis moyens, parés et tranchés mince
1 oignon vert, haché avec sa tige
225 g (½ lb) d'épinards frais, parés
1¼ c. à thé de vinaigre de riz
ou de vinaigre de vin blanc

1. Dans un bol moyen, mélangez l'**huile d'olive,**
la **marjolaine,** le **poivre** et la **muscade.** Ajoutez
l'**orange** hachée, les **radis** et l'**oignon vert.**
Mélangez bien. Couvrez et réfrigérez 2-3 heures
en remuant de temps à autre.

2. Lavez les **épinards,** essorez-les soigneusement
et déchiquetez-les en bouchées. Au moment de
servir, ajoutez-les, ainsi que le **vinaigre,** au contenu du bol et remuez. Donne 4 portions.

Une portion :

Calories	*41*	*Protéines*	*1 g*
Graisses	*2 g*	*Hydrates de carbone*	*4 g*
Graisses saturées	*0*	*Sodium*	*33 mg*
Cholestérol	*0*	*Sucre ajouté*	*0*
		Fibres	*2 g*

Salade tiède aux épinards

GRAISSES SUCRE SODIUM

Préparation : **10 min**
Cuisson : **6 min**

450 g (1 lb) d'épinards frais, parés, ou de laitue
Iceberg, de scarole ou de chicorée
1 tranche de bacon maigre
1 poivron rouge, jaune ou vert moyen, taillé
en fines lanières
1 petit oignon rouge, haché fin
1 gousse d'ail hachée
¼ tasse de vin blanc sec
¼ tasse de vinaigre de cidre
¼ c. à thé de sucre
⅛ c. à thé de poivre noir

1. Lavez les **épinards,** essorez-les soigneusement
et déchiquetez-les en bouchées. Déposez-les
dans un grand bol à salade.

2. Dans une poêle moyenne, faites rissoler le
bacon à feu modéré 3-4 minutes. Quand il est
croquant, épongez-le sur une serviette de papier.

3. Ne gardez qu'une cuillerée à soupe de graisse
de bacon dans la poêle. Jetez-y le **poivron,**
l'**oignon** et l'**ail** et laissez-les cuire 2 minutes
à feu modéré. Ajoutez le **vin,** le **vinaigre,** le
sucre et le **poivre** ; faites prendre ébullition,
réduisez le feu et laissez mijoter à découvert
1 minute.

4. Versez la garniture chaude sur les épinards
et remuez bien. Décorez avec le bacon émietté.
Donne 4 portions.

Une portion :

Calories	*71*	*Protéines*	*3 g*
Graisses	*4 g*	*Hydrates de carbone*	*5 g*
Graisses saturées	*1 g*	*Sodium*	*108 mg*
Cholestérol	*4 mg*	*Sucre ajouté*	*1 cal.*
		Fibres	*3 g*

Salade de tomates Tosca

GRAISSES SUCRE SODIUM

Préparation : **6 min**
et 2 h de réfrigération

700 g (1½ lb) de tomates, parées et détaillées
en dés de 1,5 cm (½ po)
1 petit concombre pelé, coupé en deux sur
la longueur, épépiné et détaillé en dés
de 1,5 cm (½ po)
½ petit oignon rouge, tranché mince
3 c. à soupe de vinaigre balsamique
ou de vinaigre de vin rouge
2 c. à thé d'huile d'olive
2 gousses d'ail légèrement écrasées
3 tranches de pain croûté rassis, chacune
de 2,5 cm (1 po) d'épaisseur, détaillées
en croûtons de 2,5 cm (1 po)
2 c. à soupe de basilic frais, haché
ou 1 c. à thé de basilic séché, émietté

1. Mélangez tous les ingrédients dans un grand
bol de service. Couvrez et réfrigérez 2 heures.

2. Environ 20 minutes avant de servir, retirez la
salade du réfrigérateur et enlevez l'ail. Remuez
de nouveau. Donne 4 portions.

Une portion :

Calories	*120*	*Protéines*	*4 g*
Graisses	*3 g*	*Hydrates de carbone*	*21 g*
Graisses saturées	*0*	*Sodium*	*140 mg*
Cholestérol	*0*	*Sucre ajouté*	*0*
		Fibres	*1 g*

Salade de légumes rôtis

Cette salade se sert chaude ou froide. En rôtissant, l'ail prend une douce saveur de noisette, très différente du goût de l'ail cru: n'hésitez pas à mettre toute une tête d'ail.

GRAISSES **SUCRE** **SODIUM**

1	tête d'ail entière
1	poivron vert moyen, taillé en lanières de 2,5 cm (1 po)
1	poivron rouge moyen, taillé en lanières de 2,5 cm (1 po)
1	poivron jaune moyen, taillé en lanières de 2,5 cm (1 po)
1	gros oignon, taillé en tranches de 1,5 cm (½ po)
3	c. à soupe d'huile d'olive ou d'huile végétale
1	c. à thé d'origan séché
½	c. à thé de cumin moulu
¼	c. à thé de poivre noir
1	tomate moyenne, parée et taillée en dés de 2,5 cm (1 po)
1	c. à soupe de jus de lime
2	c. à soupe de persil haché

1. Portez le four à 200°C (400°F). Détachez les gousses d'**ail** et pelez-les. Placez-les dans un moule non graissé avec le **poivron vert**, le **poivron rouge**, le **poivron jaune**, l'**oignon**, l'**huile d'olive**, l'**origan**, le **cumin** et le **poivre noir**. Mélangez soigneusement.

2. Enfournez le plat sans le couvrir et faites rôtir les légumes 15 minutes en les remuant deux ou trois fois. Ajoutez la **tomate** et prolongez la cuisson de 15 autres minutes en remuant encore deux ou trois fois.

3. Incorporez le **jus de lime**. Dressez les légumes dans un plat de service et décorez-les de **persil**. Donne 4 portions.

Préparation:
15 min
Cuisson:
30 min
(presque sans
intervention)

Une portion:

Calories	140
Graisses	11 g
Graisses saturées	1 g
Cholestérol	0
Protéines	2 g
Hydrates de carbone	11 g
Sodium	7 mg
Sucre ajouté	0
Fibres	1 g

Conseil: *Le petit ail à peau rose est le plus fort; l'ail à grosses gousses, le plus doux.*

Salade de légumes marinés

Avec de l'huile de noix, cette salade est encore plus remarquable.

GRAISSES **SUCRE** **SODIUM**

3	asperges moyennes, parées et coupées de biais en tronçons de 2,5 cm (1 po)
1	petite courge (115 g/¼ lb), détaillée de biais en tranches de 6 mm (¼ po)
½	tasse de petits bouquets de chou-fleur
1	carotte moyenne, pelée et détaillée de biais en tranches de 6 mm (¼ po)
2½	c. à thé d'huile d'olive, d'huile de noix ou d'huile végétale
1	c. à thé d'échalote, hachée fin ou d'oignon vert
½	c. à thé de thym séché Pincée de poivre noir
½	petit oignon rouge, tranché mince
1½	c. à thé de vinaigre balsamique ou de vinaigre de vin rouge

1. Dans une grande casserole, faites bouillir 8 tasses d'eau non salée. Jetez-y les **asperges**, la **courge**, le **chou-fleur** et la **carotte** et laissez-les cuire 2 minutes. Égouttez-les, rincez-les sous l'eau froide du robinet pour arrêter la cuisson puis égouttez de nouveau.

2. Dans un bol moyen, mélangez l'**huile d'olive**, l'**échalote**, le **thym** et le **poivre**. Ajoutez les légumes chauds et l'**oignon** et mélangez bien. Couvrez et réfrigérez 2-3 heures en remuant de temps à autre.

3. Au moment de servir, incorporez le **vinaigre** et mélangez. Donne 4 portions.

Préparation:
15 min et 2 h
de réfrigération
Cuisson:
12 min

Une portion:

Calories	47
Graisses	3 g
Graisses saturées	0
Cholestérol	0
Protéines	1 g
Hydrates de carbone	5 g
Sodium	9 mg
Sucre ajouté	0
Fibres	1 g

Salade de légumes marinés

Salade à la grecque

Même si cette salade comporte peu de sauce, la présence combinée de verdures, de menthe, d'olives et de fromage la rend très savoureuse.

½ **laitue romaine**

2 **tasses d'épinards parés**

2 **c. à soupe de concombre,** pelé, épépiné et haché

3 **c. à soupe de fromage Cottage** à petits grains, partiellement écrémé

2 **c. à soupe de menthe fraîche,** hachée, ou 1½ c. à thé de flocons de menthe

1 **c. à soupe de feta, rincé et émietté**

2 **olives noires moyennes,** dénoyautées et hachées fin

1 **c. à thé d'huile d'olive**

1 **c. à thé de jus de citron**

1 **gousse d'ail hachée**

⅛ **c. à thé de poivre noir**

Préparation :
20 min

Une portion :	
Calories	*35*
Graisses	*2 g*
Graisses saturées	*0*
Cholestérol	*2 mg*
Protéines	*3 g*
Hydrates de carbone	*2 g*
Sodium	*54 mg*
Sucre ajouté	*0*
Fibres	*1 g*

1. Lavez les feuilles de **romaine** et d'**épinards** et essorez-les soigneusement. Déchiquetez-les en bouchées. Placez-les dans un grand bol avec le **concombre,** le **fromage Cottage,** la **menthe** et le **feta.**

2. Pour préparer la sauce, mélangez au fouet, dans un petit bol, les **olives,** l'**huile d'olive,** le **jus de citron,** l'**ail** et le **poivre.** Versez sur la salade et remuez. Donne 4 portions.

Salade de poulet au basilic

On peut remplacer les poitrines de poulet par trois tasses de restes de poulet ou de dinde.

GRAISSES **SUCRE** **SODIUM**

2	tasses de bouillon de poulet hyposodique
2	poitrines de poulet (450 g/ 1 lb), dépouillées et désossées
¼	tasse de mayonnaise réduite en calories
¼	tasse de yogourt partiellement écrémé
½	petit oignon, haché fin

¼	tasse de basilic frais, haché, ou 1 c. à thé de basilic séché
½	c. à thé de zeste de citron, râpé fin
¼	c. à thé de poivre noir
⅛	c. à thé de sucre
6	côtes de céleri moyennes, hachées fin

Préparation :
25 min
Cuisson :
10 min

Une portion :

Calories	192
Graisses	*6 g*
Graisses saturées	*1 g*
Cholestérol	*75 mg*
Protéines	*28 g*
Hydrates de carbone	*5 g*
Sodium	*207 mg*
Sucre ajouté	*1 cal.*
Fibres	*1 g*

1. Dans une casserole moyenne, faites mijoter le **bouillon** à feu modéré. Ajoutez le **poulet**, réglez le feu pour que le liquide mijote doucement, couvrez et faites cuire 10-12 minutes ou jusqu'à ce que la chair soit ferme. Retirez du feu et laissez refroidir le poulet 10 minutes dans le bouillon. Égouttez, réservez le bouillon pour un autre usage et détaillez la viande en bouchées.

2. Dans un bol moyen, mélangez la **mayonnaise**, le **yogourt**, l'**oignon**, le **basilic**, le **zeste de citron**, le **poivre** et le **sucre**. Ajoutez le poulet et le **céleri** et remuez pour bien les enrober. Servez sur feuilles de laitue ou en sandwich comme plat principal. Donne 4 portions.

Salade niçoise

GRAISSES **SUCRE** **SODIUM**

1	pomme de terre moyenne
115	g (¼ lb) de haricots verts
1	boîte (184 g/6½ oz) de thon pâle dans l'eau, égoutté et effeuillé
1	petit oignon rouge, tranché mince
1	tomate moyenne, parée et taillée en dés de 2,5 cm (1 po)
1	poivron vert moyen, taillé en fines lanières
6	olives noires, grossièrement hachées

1	tasse de bouillon de poulet hyposodique
¼	tasse de vinaigre de vin blanc
2	c. à soupe de jus de citron
2	c. à soupe d'huile d'olive
1	gousse d'ail hachée
½	c. à thé de moutarde de Dijon ou de moutarde à l'ancienne
¼	c. à thé de poivre noir
1	anchois, haché fin (facultatif)
1	pomme de laitue, rouge ou autre
1	gros blanc d'œuf cuit dur, haché

Préparation :
20 min
Cuisson :
26 min
(presque sans intervention)

Une portion :

Calories	187
Graisses	*9 g*
Graisses saturées	*1 g*
Cholestérol	*23 mg*
Protéines	*15 g*
Hydrates de carbone	*14 g*
Sodium	*258 mg*
Sucre ajouté	*0*
Fibres	*3 g*

Conseil : Pour raviver une laitue un peu fanée, plongez les feuilles 2 minutes dans de l'eau glacée.

1. Déposez la **pomme de terre** dans une petite casserole dans de l'eau non salée à hauteur et faites prendre ébullition à feu modérément vif. Couvrez et laissez cuire 20 minutes. Quand la pomme de terre est tendre, égouttez-la et laissez-la tiédir. Dès qu'elle se laisse manipuler, pelez-la, détaillez-la en dés de 1,5 cm (½ po) et déposez-la dans un grand bol.

2. Par ailleurs, faites cuire les **haricots verts** 6-7 minutes à feu modérément vif dans de l'eau bouillante non salée à hauteur. Égouttez-les, rincez-les à l'eau froide du robinet pour arrêter la cuisson puis égouttez-les de nouveau. Détaillez-les en tronçons de 4 cm (1½ po) et ajoutez-les à la pomme de terre avec le **thon**, l'**oignon**, la **tomate**, le **poivron** et les **olives**. Remuez.

3. Dans un petit bol, mélangez au fouet le **bouillon**, le **vinaigre**, le **jus de citron**, l'**huile d'olive**, l'**ail**, la **moutarde**, le **poivre noir** et l'**anchois** s'il y a lieu. Versez la moitié de cette sauce dans le grand bol et remuez délicatement.

4. Lavez la **laitue**, essorez-la soigneusement et déchiquetez-la en bouchées. Déposez les feuilles dans une assiette et aspergez-les de 2-3 cuillerées à soupe de sauce. Dressez la salade niçoise sur la laitue et parsemez de **blanc d'œuf**. Servez le reste de la sauce en saucière. Donne 4 portions.

Salade de crevettes et feta à l'aneth

450 g (1 lb) de grosses crevettes, décortiquées et déveinées

3 oignons verts, tranchés fin avec leur tige

½ concombre moyen, pelé, épépiné et haché

1 bocal (125 ml/4⅖ oz) de piment rôti, égoutté et haché

2 c. à soupe d'aneth frais, haché, ou de persil

¼ tasse de feta, rincé et émietté (28 g/1 oz)

2 c. à soupe de jus de citron

2 c. à soupe d'huile d'olive

1 c. à soupe de vinaigre de vin blanc

1 c. à thé de moutarde de Dijon ou de moutarde à l'ancienne

1 gousse d'ail hachée

¼ c. à thé de poivre noir

GRAISSES **SUCRE** **SODIUM**

Préparation :
15 min
Cuisson :
7 min

Une portion :

Calories	*193*
Graisses	*10 g*
Graisses saturées	*2 g*
Cholestérol	*137 mg*
Protéines	*21 g*
Hydrates de carbone	*5 g*
Sodium	*320 mg*
Sucre ajouté	*0*
Fibres	*0*

1. Dans une petite casserole, amenez 4 tasses d'eau non salée à ébullition à feu modérément vif. Jetez-y les **crevettes** et laissez-les cuire 2 minutes en remuant. Quand elles sont fermes, égouttez-les, rincez-les sous l'eau froide du robinet pour arrêter la cuisson puis égouttez-les de nouveau.

2. Déposez-les dans un grand bol et ajoutez les **oignons verts**, le **concombre**, le **piment rôti**, l'**aneth** et le **feta**.

3. Dans un petit bol, mélangez au fouet le **jus de citron**, l'**huile d'olive**, le **vinaigre**, la **moutarde**, l'**ail** et le **poivre**. Versez cette sauce sur les crevettes et remuez doucement. Donne 4 portions en plat principal.

Salade de crevettes et feta à l'aneth

Salade parfumée au concombre et aux fruits

½ cantaloup moyen
1 concombre pelé, taillé en tranches de 6 mm (¼ po)
1 tasse de fraises, coupées en tranches de 6 mm (¼ po)
2 c. à soupe de jus de lime
1 c. à soupe d'huile végétale

2 c. à thé de chili piquant, haché, ou ¼ c. à thé de flocons de piment rouge
2 c. à soupe de coriandre fraîche, hachée, ou ½ c. à thé de coriandre moulue et 2 c. à soupe de persil frais, haché

GRAISSES SUCRE SODIUM

Préparation : **15 min**

Une portion :

Calories	75
Graisses	4 g
Graisses saturées	0
Cholestérol	0
Protéines	1 g
Hydrates de carbone	11 g
Sodium	11 mg
Sucre ajouté	0
Fibres	1 g

1. Avec une cuiller tire-boules, préparez 1 tasse de boules de **melon**. Mélangez-les dans un bol moyen avec le **concombre** et les **fraises**.
2. Incorporez le **jus de lime**, l'**huile végétale**, le **chili piquant** et la **coriandre** et remuez. Donne 4 portions.

Salade de fruits panachée

Avec des Muffins au son (p. 240), voici un plat de résistance pour le midi.

GRAISSES SUCRE SODIUM

1 cantaloup moyen (700 g/ 1½ lb), coupé en deux et détaillé en tranches de 6 mm (¼ po)
2 oranges navel moyennes, pelées et détaillées en dés de 1,5 cm (½ po)
2 bananes moyennes, pelées, tranchées et aspergées de 2 c. à thé de jus de citron pour prévenir l'oxydation

1 tasse de fraises tranchées
1 tasse de raisins verts sans pépins
¾ tasse de yogourt partiellement écrémé
⅓ tasse de jus d'orange
1 c. à soupe de miel
1½ c. à thé de zeste d'orange râpé
1 c. à soupe de menthe fraîche, hachée (facultatif)

Préparation : **15 min**

Une portion :

Calories	210
Graisses	2 g
Graisses saturées	1 g
Cholestérol	3 mg
Protéines	5 g
Hydrates de carbone	49 g
Sodium	40 mg
Sucre ajouté	12 cal.
Fibres	2 g

Salade d'agrumes et de cresson

1. Disposez le **melon**, les **oranges**, les **bananes**, les **fraises** et les **raisins** dans un grand plat. Couvrez d'une pellicule de plastique et réfrigérez jusqu'au moment de servir.

2. Dans un petit bol, fouettez ensemble le **yogourt**, le **jus d'orange**, le **miel**, le **zeste d'orange** et, s'il y a lieu, la **menthe**. Versez cette garniture dans un petit pot et réfrigérez. Servez en saucière. Donne 4 portions.

Salade Waldorf

GRAISSES SUCRE SODIUM

3 pommes acides moyennes, pelées, parées et détaillées en dés de 1,5 cm (½ po)
1 c. à soupe de jus de citron
1 tasse de raisins verts ou rouges sans pépins
2 côtes de céleri, hachées
2 oignons verts, hachés fin

2 c. à soupe de mayonnaise pauvre en calories
2 c. à soupe de yogourt partiellement écrémé
3 c. à soupe de jus de pomme
¼ c. à thé de graine de céleri
1 grosse botte de cresson (225 g/½ lb), sans les tiges
2 c. à soupe de noix hachées

Préparation :
20 min

Une portion :

Calories	149
Graisses	5 g
Graisses saturées	1 g
Cholestérol	4 mg
Protéines	3 g
Hydrates de carbone	26 g
Sodium	82 mg
Sucre ajouté	0
Fibres	3 g

1. Dans un grand bol, aspergez les **pommes** de **jus de citron**. Ajoutez les **raisins**, le **céleri** et les **oignons verts**. Remuez.

2. Dans un petit bol, mélangez la **mayonnaise**, le **yogourt**, le **jus de pomme** et la **graine de céleri**. Versez cette sauce sur la salade et remuez.

3. Lavez le **cresson** et essorez-le soigneusement. Disposez-le dans quatre assiettes et dressez la salade au centre. Décorez de **noix**. Donne 4 portions.

Salade d'agrumes et de cresson

GRAISSES SUCRE SODIUM

Cette salade accompagne bien les plats relevés, comme le Curry d'agneau (p. 88).

6 demi-noix de Grenoble
1 grosse botte de cresson (225 g/½ lb) sans les tiges
1 grosse laitue Bibb ou une demi-laitue Boston ou Iceberg (225 g/½ lb)
2 pamplemousses roses moyens, pelés, détaillés en quartiers et épépinés, jus réservé

2 oranges navel, pelées et détaillées en quartiers, jus réservé
1 c. à soupe de sauce chili
1 c. à soupe de vinaigre de vin rouge
2 c. à thé d'huile d'olive

Préparation :
20 min
Cuisson :
5 min

Une portion :

Calories	137
Graisses	5 g
Graisses saturées	1 g
Cholestérol	0
Protéines	4 g
Hydrates de carbone	23 g
Sodium	86 mg
Sucre ajouté	0
Fibres	2 g

1. Portez le four à 180°C (350°F). Déposez les **demi-noix** dans une assiette à tarte non graissée et faites-les rôtir 5-7 minutes. Hachez-les grossièrement.

2. Dans l'intervalle, lavez le **cresson** et la **laitue** ; essorez-les soigneusement et déchiquetez-les en bouchées. Déposez les quartiers de **pamplemousse** et d'**orange** dans un grand bol de service. Dans un petit bol, mélangez la **sauce chili**, le **vinaigre**, l'**huile d'olive**, 1 c. à soupe de jus de pamplemousse et autant de jus d'orange. Versez la garniture sur les fruits, ajoutez le cresson, la laitue et les noix et remuez. Donne 4 portions.

Gaspacho en aspic

Cet aspic de tomates s'inspire du célèbre potage espagnol. À défaut d'un moule décoratif, utilisez un petit moule à pain.

GRAISSES SUCRE SODIUM

2 tasses de jus de tomate hyposodique
1 sachet de gélatine sans saveur
2 gousses d'ail hachées
1 c. à soupe de vinaigre de vin rouge
¼ c. à thé de sauce tabasco

½ poivron vert moyen, paré, épépiné et haché
½ petit concombre, pelé, coupé en deux sur la longueur, épépiné et haché
½ petite côte de céleri hachée
2 c. à soupe d'oignon vert haché
Feuilles de laitue

Préparation :
25 min et 7 h de réfrigération
Cuisson :
2 min

Une portion :

Calories	*38*
Graisses	*0*
Graisses saturées	*0*
Cholestérol	*0*
Protéines	*3 g*
Hydrates de carbone	*8 g*
Sodium	*31 mg*
Sucre ajouté	*0*
Fibres	*0*

1. Versez 1 tasse de **jus de tomate** dans un grand bol calorifuge ; éparpillez-y la **gélatine** et laissez-la gonfler 2-3 minutes.
2. Par ailleurs, mettez le reste du jus de tomate avec l'**ail** dans une petite casserole et amenez-le à ébullition à feu modéré. Versez-le dans le bol et remuez jusqu'à ce que la gélatine soit fondue. Incorporez le **vinaigre** et le **tabasco**. Réfrigérez 1 heure-1 h 15 ; la préparation aura la consistance de blancs d'œufs non battus.
3. Ajoutez le **poivron vert**, le **concombre**, le **céleri** et les **oignons verts**. Montez la préparation dans un moule de 4 tasses, non graissé. Couvrez et réfrigérez au moins 6 heures. Au moment de servir, démoulez le gaspacho sur la **laitue** dressée dans un grand plat froid. Donne 4 portions.

Salade de chou en gelée

Le jus de pamplemousse donne du cachet à cet aspic inusité.

GRAISSES SUCRE SODIUM

2 tasses de jus de pamplemousse
1 sachet de gélatine sans saveur
2 c. à soupe de sucre
1 tasse de chou vert râpé grossièrement

½ tasse de chou rouge râpé grossièrement
¼ tasse de carotte râpée
¼ tasse de poivron vert râpé grossièrement
1½ c. à thé d'oignon râpé
Feuilles de laitue

Préparation :
25 min et 7 h de réfrigération
Cuisson :
2 min

Une portion :

Calories	*90*
Graisses	*0*
Graisses saturées	*0*
Cholestérol	*0*
Protéines	*3 g*
Hydrates de carbone	*20 g*
Sodium	*10 mg*
Sucre ajouté	*24 cal.*
Fibres	*1 g*

1. Versez 1 tasse de **jus de pamplemousse** dans un grand bol calorifuge ; éparpillez-y la **gélatine** et laissez-la gonfler 2-3 minutes.
2. Par ailleurs, mettez le reste du jus de pamplemousse et le **sucre** dans une petite casserole et amenez-les à ébullition à feu modéré, en remuant de temps à autre pour aider le sucre à fondre. Versez le jus chaud dans le bol et remuez jusqu'à ce que la gélatine soit fondue. Réfrigérez 1 heure-1 h 15 ; la préparation aura la consistance de blancs d'œufs non battus.
3. Ajoutez le **chou vert**, le **chou rouge**, la **carotte**, le **poivron vert** et l'**oignon**. Montez la préparation dans un moule de 4 tasses, non graissé. Couvrez et réfrigérez au moins 6 heures. Au moment de servir, démoulez la salade sur la **laitue** dressée dans un grand plat froid. Donne 4 portions.

Gaspacho en aspic

Aspic de poire et canneberges

Cette belle salade rouge vif montée en gelée rehaussera votre menu à l'époque des Fêtes.

GRAISSES SUCRE SODIUM

2	tasses de jus de canneberge
1	sachet de gélatine sans saveur
¼	tasse de canneberges, rincées et coupées en deux
2	c. à soupe de sucre

1	poire moyenne, pelée, parée et détaillée en dés de 2 cm (¾ po)
1	c. à soupe de pacanes grossièrement hachées Feuilles de laitue

Préparation :
20 min et 7 h
de réfrigération
Cuisson :
2 min

Une portion :

Calories	143
Graisses	1 g
Graisses saturées	0
Cholestérol	0
Protéines	2 g
Hydrates de carbone	32 g
Sodium	5 mg
Sucre ajouté	62 cal.
Fibres	1 g

1. Versez 1 tasse de **jus de canneberge** dans un grand bol calorifuge ; éparpillez-y la **gélatine** et laissez-la gonfler 2-3 minutes.

2. Par ailleurs, mettez le reste du jus de canneberge dans une petite casserole et amenez-le à ébullition à feu modéré. Versez-le dans le bol et remuez jusqu'à ce que la gélatine soit fondue. Réfrigérez 1 heure-1 h 15 ; la préparation aura la consistance de blancs d'œufs non battus.

3. Dans l'intervalle, mélangez les **canneberges** avec le **sucre** et laissez macérer au moins 30 minutes en remuant de temps à autre.

4. Avant de retirer la gelée du réfrigérateur, mettez les canneberges dans une passoire à grands trous et secouez-les pour faire tomber le sucre non fondu. Incorporez-les à la gelée en même temps que la **poire** et les **pacanes**. Montez la préparation dans un moule de 4 tasses, non graissé. Couvrez et réfrigérez au moins 6 heures. Au moment de servir, démoulez l'aspic sur la **laitue** dressée dans un grand plat froid. Donne 4 portions.

Salade au riz parfumé

Préparation : **5 min**
Cuisson : **20 min**

GRAISSES SUCRE SODIUM

L'addition de poulet permet de servir cette salade comme plat principal.

1 tasse de riz à longs grains
2 carottes moyennes, pelées et râpées grossièrement
1 concombre moyen, pelé, coupé en deux sur la longueur, épépiné et détaillé en tranches de 6 mm (¼ po)
3 oignons verts, tranchés mince
1 tasse de poulet cuit, haché
1 c. à soupe d'huile de sésame ou d'huile d'arachide
1 c. à soupe d'huile d'arachide
4 c. à thé de vinaigre de riz ou de vinaigre de vin blanc
¼ c. à thé de sucre
2 c. à soupe de coriandre fraîche, hachée, ou de persil

1. Dans une casserole moyenne, faites cuire le **riz** selon les instructions en omettant le sel. Versez-le dans un grand bol et ajoutez les **carottes**, le **concombre**, les **oignons verts** et le **poulet**. Remuez.
2. Dans un petit bol, fouettez ensemble l'**huile de sésame**, l'**huile d'arachide**, le **vinaigre** et le **sucre**. Versez la sauce sur la salade, décorez avec la **coriandre** et remuez. Donne 4 portions.

Une portion :

Calories	330	Protéines	14 g
Graisses	9 g	Hydrates de carbone	46 g
Graisses saturées	2 g	Sodium	49 mg
Cholestérol	31 mg	Sucre ajouté	1 cal.
		Fibres	1 g

Salade d'été aux pâtes

Préparation : **10 min**
Cuisson : **8 min**

GRAISSES SUCRE SODIUM

115 g (4 oz) de petites pâtes (coquillettes, macaronis coupés ou ditalinis)
4 c. à thé d'huile d'olive
¼ tasse de basilic frais, haché, ou de persil
⅛ c. à thé de poivre noir
1 petit oignon rouge, haché fin
1 concombre moyen, pelé, épépiné et haché
1 grosse tomate, parée, épépinée et détaillée en dés de 1,5 cm (½ po)

1. Dans une grande casserole, faites cuire les **pâtes** selon les instructions en omettant le sel. Égouttez, rincez à l'eau froide pour arrêter la cuisson puis égouttez de nouveau. Dressez les pâtes dans un grand bol ; ajoutez l'**huile d'olive**, le **basilic** et le **poivre** et mélangez bien.
2. Ajoutez l'**oignon**, le **concombre** et la **tomate**, et remuez. Servez à la température ambiante. Donne 4 portions.

Une portion :

Calories	164	Protéines	4 g
Graisses	5 g	Hydrates de carbone	26 g
Graisses saturées	1 g	Sodium	8 mg
Cholestérol	0	Sucre ajouté	0
		Fibres	1 g

Taboulé

Préparation : **8 min**
et 30 min de trempage

GRAISSES SUCRE SODIUM

Cette recette nous vient du Moyen-Orient.

1 tasse de boulgour
2 tasses d'eau bouillante
4 c. à thé de jus de citron
2 c. à thé d'huile d'olive
2 tomates moyennes, parées, épépinées et hachées, ou 1 tasse de tomates hyposodiques en boîte, égouttées et concassées
¼ tasse de menthe fraîche, hachée, ou 1 c. à soupe de flocons de menthe
3 c. à soupe de persil haché
½ petit oignon rouge, tranché mince
2 oignons verts, hachés fin avec leur tige
¼ c. à thé de coriandre moulue
¼ c. à thé de cumin moulu
⅛ c. à thé de sauce tabasco

1. Déposez le **boulgour** dans un grand bol calorifuge et arrosez-le de l'**eau** bouillante. Couvrez et laissez en attente 30 minutes. Égouttez.
2. Dans un autre grand bol, mettez le **jus de citron**, l'**huile d'olive**, les **tomates**, la **menthe**, le **persil**, l'**oignon rouge**, les **oignons verts**, la **coriandre**, le **cumin** et le **tabasco**. Ajoutez le boulgour et remuez. Donne 6 portions.

Une portion :

Calories	130	Protéines	3 g
Graisses	2 g	Hydrates de carbone	26 g
Graisses saturées	0	Sodium	9 mg
Cholestérol	0	Sucre ajouté	0
		Fibres	1 g

Vinaigrette à la française

Préparation : **5 min** GRAISSES SUCRE SODIUM

Cette sauce convient aux salades de verdure. Pour varier, ajoutez 1 c. à soupe d'aneth, de basilic ou de persil frais, haché (1 c. à thé si l'herbe est séchée) ou une petite gousse d'ail.

- ½ **tasse de bouillon de poulet hyposodique**
- 2 **c. à soupe d'huile d'olive**
- 1 **c. à soupe de moutarde de Dijon ou de moutarde préparée à l'ancienne**
- 1 **c. à thé de vinaigre de vin rouge**
- 1 **c. à soupe de jus de citron**

Réunissez tous les ingrédients dans un bocal de une tasse à couvercle qui visse et agitez vigoureusement. Gardez la sauce au réfrigérateur ; agitez avant chaque usage. Donne ¾ tasse.

1 cuillerée à soupe :

Calories	23	Protéines	0
Graisses	2 g	Hydrates de carbone	0
Graisses saturées	0	Sodium	40 mg
Cholestérol	0	Sucre ajouté	0
		Fibres	0

Vinaigrette à l'italienne

Préparation : **5 min** GRAISSES SUCRE SODIUM

- ½ **tasse de bouillon de poulet hyposodique**
- 1 **gousse d'ail hachée**
- 1 **c. à soupe de vinaigre de vin rouge**
- 2 **c. à soupe d'huile d'olive**
- 1 **c. à soupe de moutarde de Dijon ou de moutarde préparée à l'ancienne**
- ½ **c. à thé d'origan séché, émietté**
- ½ **c. à thé de basilic séché, émietté**
- ½ **c. à thé de paprika**
- ½ **c. à thé de poivre noir**

Réunissez tous les ingrédients dans un bocal de une tasse à couvercle qui visse et agitez vigoureusement. Gardez la sauce au réfrigérateur ; agitez avant chaque usage. Donne ¾ tasse.

1 cuillerée à soupe :

Calories	24	Protéines	0
Graisses	2 g	Hydrates de carbone	1 g
Graisses saturées	0	Sodium	39 mg
Cholestérol	0	Sucre ajouté	0
		Fibres	0

Conseil : *Les sauces maison à base d'huile se conservent 10 jours au réfrigérateur ; celles à base de yogourt, une semaine environ.*

Vinaigrette au fromage bleu

Préparation : **2 min** GRAISSES SUCRE SODIUM

- ½ **tasse de yogourt partiellement écrémé**
- ¼ **tasse de babeurre**
- ¼ **tasse de fromage bleu émietté (30 g/1 oz)**
- ½ **concombre moyen, pelé, épépiné et râpé grossièrement (½ tasse)**

Dans un bol moyen, fouettez ensemble le **yogourt** et le **babeurre**. Incorporez le **fromage** et le **concombre**. Gardez la sauce au réfrigérateur dans un contenant fermé hermétiquement. Agitez avant chaque usage. Donne 1½ tasse.

1 cuillerée à soupe :

Calories	9	Protéines	1 g
Graisses	0	Hydrates de carbone	1 g
Graisses saturées	0	Sodium	23 mg
Cholestérol	1 mg	Sucre ajouté	0
		Fibres	0

Vinaigrette rustique

Préparation : **4 min** et 6 h de réfrigération GRAISSES SUCRE SODIUM

- 4½ **c. à thé d'huile d'olive**
- 2 **c. à thé de vinaigre de cidre**
- 1 **c. à thé de sucre**
- ¼ **c. à thé de marjolaine séchée, émiettée**
- ⅛ **c. à thé de sel**
- 3 **c. à soupe de yogourt partiellement écrémé**
- ¾ **tasse de babeurre**
- 2 **c. à soupe d'oignon, haché fin**
- 1 **gousse d'ail hachée**
- 2 **c. à soupe de persil haché**

1. Dans un bol moyen, fouettez ensemble l'**huile d'olive**, le **vinaigre**, le **sucre**, la **marjolaine** et le **sel**. Incorporez le **yogourt** et le **babeurre** ; ajoutez l'**oignon**, l'**ail** et le **persil**. Couvrez et réfrigérez 6 heures pour que la sauce épaississe.

2. Avant d'utiliser la vinaigrette, fouettez-la de nouveau. Gardez ce qui reste au réfrigérateur dans un bocal fermé hermétiquement. Agitez-le bien avant chaque usage. Donne 1¼ tasse.

1 cuillerée à soupe :

Calories	16	Protéines	0
Graisses	1 g	Hydrates de carbone	1 g
Graisses saturées	0	Sodium	25 mg
Cholestérol	0	Sucre ajouté	1 cal.
		Fibres	0

Sauce crémeuse à l'ail

Préparation : **2 min**
et 6 h de réfrigération

GRAISSES SUCRE SODIUM

- **1 tasse de yogourt partiellement écrémé**
- **1½ c. à thé de moutarde de Dijon ou de moutarde préparée à l'ancienne**
- **½ c. à thé de zeste de citron finement râpé**
- **⅛ c. à thé de cayenne**
- **2 c. à soupe de persil haché**
- **2 gousses d'ail écrasées**

1. Dans un bol moyen, fouettez ensemble le **yogourt**, la **moutarde**, le **zeste de citron** et le **cayenne**. Incorporez le **persil**. Enfilez l'**ail** sur un cure-dents et mettez-le dans la sauce. Couvrez et réfrigérez 6 heures.

2. Retirez l'ail avant de servir la sauce. Gardez ce qui reste au réfrigérateur dans un bocal fermé hermétiquement. Agitez bien avant chaque usage. Donne 1 tasse.

1 cuillerée à soupe :

		Protéines	1 g
Calories	10	Hydrates de carbone	1 g
Graisses	0	Sodium	24 mg
Graisses saturées	0	Sucre ajouté	0
Cholestérol	1 mg	Fibres	0

Sauce Mille-Îles

Préparation : **3 min**

GRAISSES SUCRE SODIUM

- **1 tasse de yogourt partiellement écrémé**
- **3 c. à soupe de sauce chili**
- **2 oignons verts, hachés fin**
- **1 c. à soupe de poivron vert ou rouge en petits dés**
- **1 gros blanc d'œuf cuit dur, haché**

Dans un bol moyen, fouettez le **yogourt** et la **sauce chili**. Ajoutez les **oignons verts**, le **poivron vert** et le **blanc d'œuf**. Gardez la sauce au réfrigérateur dans un contenant fermé hermétiquement. Agitez bien avant chaque usage. Donne 1¼ tasse.

1 cuillerée à soupe :

		Protéines	1 g
Calories	11	Hydrates de carbone	2 g
Graisses	0	Sodium	45 mg
Graisses saturées	0	Sucre ajouté	0
Cholestérol	1 mg	Fibres	0

Sauce au concombre

Préparation : **5 min**

GRAISSES SUCRE SODIUM

Cette sauce convient aux salades de poulet, de fruits de mer ou de verdures mélangées.

- **1 concombre moyen, pelé, épépiné et râpé grossièrement**
- **1 tomate moyenne, pelée, parée, épépinée et hachée**
- **½ tasse de yogourt partiellement écrémé**
- **2 c. à soupe de crème sure**
- **2 c. à soupe de menthe fraîche, hachée ou 1 c. à thé de flocons de menthe émiettés**
- **2 c. à soupe de persil haché**
- **½ c. à thé de cumin moulu**

1. Déposez le **concombre** sur deux épaisseurs de serviettes de papier. Écrasez-le avec les dents d'une fourchette pour bien l'assécher. Dressez-le dans un petit bol.

2. Ajoutez la **tomate**, le **yogourt**, la **crème sure**, la **menthe**, le **persil** et le **cumin**. Mélangez. Gardez la sauce au réfrigérateur dans un bocal fermé hermétiquement. Agitez bien avant chaque usage. Donne 1½ tasse.

1 cuillerée à soupe :

		Protéines	0
Calories	8	Hydrates de carbone	1 g
Graisses	0	Sodium	5 mg
Graisses saturées	0	Sucre ajouté	0
Cholestérol	1 mg	Fibres	0

Sauce au miel

Préparation : **2 min**

GRAISSES SUCRE SODIUM

- **1 tasse de yogourt partiellement écrémé**
- **2 c. à soupe et 2 c. à thé de miel**
- **¼ c. à thé de muscade moulue**

Dans un petit bol, fouettez ensemble tous les ingrédients. Gardez la sauce au réfrigérateur dans un bocal fermé hermétiquement. Agitez bien avant chaque usage. Convient aux salades de fruits. Donne 1 tasse.

1 cuillerée à soupe :

		Protéines	1 g
Calories	20	Hydrates de carbone	4 g
Graisses	0	Sodium	10 mg
Graisses saturées	0	Sucre ajouté	37 cal.
Cholestérol	1 mg	Fibres	0

Pains

L'arôme du pain qui cuit a toujours été synonyme d'hospitalité. C'est que le pain est au cœur même de notre alimentation. Belle miche dorée et croûtée, galette ponctuée d'oignon, petits pains de blé entier ou gâteaux briochés aux fruits et aux noix, toutes les recettes réunies ici sont faciles à exécuter. Qui prétendra ensuite que la cuisine santé empêche de se régaler!

Pain de singe

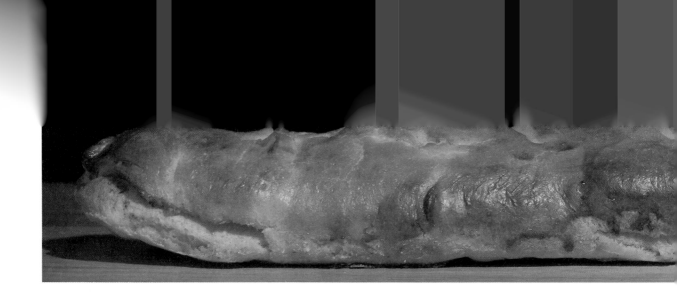

Pain croûté classique

Voici une recette de base. La cuisson du pain à la vapeur lui assure une croûte fine, luisante et croquante. Sa mie sent bon la levure et il renferme moins de sodium que les pains achetés à l'épicerie.

½ **sachet de 8 g (¼ oz) de levure sèche active**
1 **tasse d'eau tiède (41°-46°C/105°-115°F)**
3 **tasses de farine tout usage tamisée**

½ **c. à thé de sel**
Enduit végétal antiadhésif
2 **c. à soupe de farine de maïs jaune ou blanche**

1. Dans un petit bol, réunissez la **levure** et ½ tasse d'**eau.** Après 5 minutes d'attente, remuez pour dissoudre la levure.
2. Mélangez la **farine** et le **sel** dans le grand bol du mélangeur électrique. Ajoutez la levure dissoute et le reste de l'eau et travaillez la préparation jusqu'à ce que le mélange forme une boule. Ajoutez au besoin un peu de farine ou d'eau pour obtenir une pâte qui se travaille bien.
3. Déposez-la sur une planche farinée et pétrissez-la 10 minutes. Quand elle est lisse et élastique, façonnez-la en boule. Vaporisez un grand bol d'**enduit antiadhésif** et mettez-y le pâton en le tournant de tous les côtés pour bien l'enrober. Couvrez avec une serviette et laissez la pâte fermenter 1 heure dans un endroit chaud, à l'abri des courants d'air. Elle doublera de volume.
4. Dégonflez le pâton avec le poing. Couvrez et laissez fermenter une deuxième fois 45 minutes : la pâte doublera encore de volume.
5. Dégonflez de nouveau le pâton et déposez-le sur une planche farinée. Après 5 minutes d'attente, abaissez et façonnez la pâte en un saucisson d'environ 30 cm (12 po) de long. Vaporisez une grande plaque d'enduit antiadhésif et saupoudrez-la de **farine de maïs.** Déposez le pâton sur la plaque, couvrez-le d'une serviette et laissez fermenter encore 30 minutes.
6. Vers la fin de cette période, préchauffez le four à 200°C (400°F). Mettez 2,5 cm (1 po) d'eau chaude dans une lèchefrite et placez celle-ci dans le fond du four. Avec un couteau bien aiguisé, pratiquez plusieurs entailles légères en diagonale sur le pâton et badigeonnez-le d'eau. Déposez la plaque au centre du four. Aspergez d'eau les parois du four avec un vaporisateur et répétez cette opération toutes les 5 minutes durant les 15 premières minutes de cuisson. Laissez le pain cuire 30 minutes ou jusqu'à ce qu'il rende un son creux quand on le frappe. Donne 1 pain de 18 tranches.

GRAISSES **SUCRE** **SODIUM**

Préparation :
20 min et 2 h 15 de fermentation
Cuisson :
30 min

Une tranche :

Calories	*80*
Graisses	*0*
Graisses saturées	*0*
Cholestérol	*0*
Protéines	*2 g*
Hydrates de carbone	*17 g*
Sodium	*61 mg*
Sucre ajouté	*0*
Fibres	*1 g*

Conseil : *Tamisez toujours la farine tout usage si la recette le prescrit, même si l'étiquette précise que la farine est « prétamisée ». La manutention et l'expédition ont pour effet de tasser la farine et de lui enlever une grande partie de sa légèreté. Ne tamisez pas la farine de blé entier.*

Pain croûté classique

Pain de campagne

GRAISSES SUCRE SODIUM

1 sachet de 8 g (¼ oz) de levure sèche active

1½ tasse d'eau tiède (41°-46°C/105°-115°F)

4½ tasses de farine tout usage tamisée

½ c. à thé de sel

1 tasse et 1 c. à thé de farine de maïs jaune ou blanche

½ tasse de son

Enduit végétal antiadhésif

Préparation :
20 min et 28 h
de fermentation
Cuisson :
45 min

Une tranche :

Calories	125
Graisses	0
Graisses saturées	0
Cholestérol	0
Protéines	4 g
Hydrates de carbone	26 g
Sodium	56 mg
Sucre ajouté	0
Fibres	1 g

1. Dans un grand bol, réunissez la **levure** et ¾ tasse d'**eau tiède.** Après 5 minutes d'attente, remuez pour dissoudre la levure. Incorporez 1 tasse de **farine ;** couvrez le bol avec une serviette et laissez en attente à la température ambiante 24-48 heures.

2. Incorporez ¾ tasse d'eau tiède et le **sel.** Ajoutez en battant 3 tasses de farine, 1 tasse de **farine de maïs** et le **son ;** la pâte sera ferme.

3. Déposez-la sur une planche farinée et pétrissez-la 10 minutes pour qu'elle devienne lisse et élastique. Ajoutez un peu de la farine qui reste pour l'empêcher de coller à la planche s'il y a lieu.

4. Vaporisez un grand bol d'**enduit antiadhésif.** Façonnez la pâte en boule et déposez-la dans le bol en la tournant de tous les côtés pour bien l'enrober. Couvrez avec une serviette et laissez la pâte fermenter 1 heure-1 h 30 dans un endroit chaud, à l'abri des courants d'air. Elle doublera de volume.

5. Dégonflez le pâton avec le poing. Façonnez-le de nouveau en boule. Couvrez et laissez fermenter encore une fois 1 h 30 pour que la pâte double de volume.

6. Saupoudrez le reste de la farine de maïs sur une plaque à four non graissée. Dégonflez le pâton avec le poing et divisez-le en deux. Façonnez chaque moitié en boule et installez-les à 7,5 cm (3 po) l'une de l'autre sur la plaque. Couvrez et laissez fermenter 1 heure de plus, au double du volume.

7. Vers la fin de cette période, préchauffez le four à 230°C (450°F). Avec un couteau bien aiguisé, pratiquez deux entailles légères en forme de X sur chaque pâton. Enfournez, baissez le thermostat à 200°C (400°F) et faites cuire 45 minutes ou jusqu'à ce que les miches soient dorées et rendent un son creux quand on les frappe. Donne 2 pains ronds de 10 tranches chacun.

Conseil : Vous doublez la durée du pain si vous le gardez au réfrigérateur, bien enveloppé dans un sac de plastique hermétiquement fermé.

Pain au fromage Cottage

Ce pain consistant est excellent avec de la confiture.

½ **sachet de 8 g (¼ oz) de levure sèche active**
¾ **tasse de lait tiède (41°-46°C/105°-115°F)**
1 **c. à soupe de miel**
3 **tasses de farine tout usage tamisée**

½ **c. à thé de sel**
½ **tasse de fromage Cottage partiellement écrémé**
   Enduit végétal antiadhésif
1 **c. à soupe de lait**

1. Dans un petit bol, réunissez la **levure,** le **lait** tiède et le **miel.** Après 5 minutes d'attente, remuez pour dissoudre la levure.
2. Dans un grand bol, mélangez la **farine** et le **sel.** Ajoutez la levure dissoute et le **fromage Cottage** et remuez la pâte à la cuiller jusqu'à ce qu'elle forme une boule. Déposez-la sur une planche farinée et pétrissez-la 10 minutes pour qu'elle devienne lisse et élastique. Façonnez-la en boule.
3. Vaporisez un grand bol d'**enduit antiadhésif** et mettez-y le pâton en le tournant de tous les côtés pour bien l'enrober. Couvrez avec une serviette et laissez la pâte fermenter 1 heure dans un endroit chaud, à l'abri des courants d'air. Elle doublera de volume.
4. Vaporisez un moule à pain d'enduit antiadhésif. Dégonflez le pâton avec le poing, façonnez-le en pain et déposez-le dans le moule, repli dessous. Couvrez avec une serviette et laissez fermenter une deuxième fois 40 minutes : la pâte doublera presque de volume.
5. Vers la fin de cette période, portez le four à 190°C (375°F). Badigeonnez le pâton avec la cuillerée à soupe de **lait,** enfournez et faites cuire 35 minutes ou jusqu'à ce que le pain soit doré et rende un son creux quand on le frappe. Faites-le refroidir sur une grille avant de le trancher. Donne 1 pain de 16 tranches.

Variantes :

Pain au parmesan Juste avant la deuxième fermentation, incorporez à la pâte ⅓ tasse de parmesan râpé.

Pain à l'oignon et au parmesan Hachez fin 1 oignon moyen et épongez-le entre une double épaisseur de serviettes de papier. Avant la deuxième fermentation, incorporez-le à la pâte en même temps que le parmesan râpé.

Pain au parmesan et aux fines herbes Avant la deuxième fermentation, incorporez, en même temps que le parmesan râpé, ¼ tasse d'une fine herbe hachée : aneth, persil, ciboulette, basilic ou sauge.

Préparation :
20 min et 1 h 40 de fermentation
Cuisson :
35 min

Une tranche :

Calories	95
Graisses	1 g
Graisses saturées	0
Cholestérol	2 mg
Protéines	4 g
Hydrates de carbone	18 g
Sodium	76 mg
Sucre ajouté	4 cal.
Fibres	1 g

Conseil : *Combinée au lait, la levure active donne un pain de texture plus souple. Avec de l'eau, elle produit un pain plus élastique et plus croûté.*

Pain de singe

Le nom de ce pain lui vient de sa ressemblance avec le fruit du baobab appelé justement « pain de singe ». Pour servir, on détache un à un les petits pains qui le composent.

¾ **sachet de 8 g (¼ oz) de levure sèche active**
⅓ **tasse d'eau tiède (41°-46°C/105°-115°F)**
3 **tasses de farine tout usage tamisée**

1 **c. à soupe de sucre**
½ **c. à thé de sel**
⅔ **tasse de lait écrémé tiède (41°-46°C/105°-115°F)**
   Enduit végétal antiadhésif
3 **c. à soupe de margarine non salée**

Préparation :
25 min et 1 h 40 de fermentation
Cuisson :
35 min

1. Dans un petit bol, réunissez la **levure** et l'**eau.** Après 5 minutes d'attente, remuez pour dissoudre la levure. Par ailleurs, mélangez la **farine,** le **sucre** et le **sel** dans un grand bol.

2. Ajoutez la levure dissoute et le **lait** aux ingrédients secs et remuez la pâte à la cuiller jusqu'à ce qu'elle forme une boule. Ajoutez au besoin de la farine ou de l'eau. Déposez le pâton sur une planche farinée et pétrissez-le 10 minutes pour que la pâte devienne lisse et élastique. Façonnez-le en boule.

3. Vaporisez un grand bol d'**enduit antiadhésif** et mettez-y le pâton en le tournant de tous les côtés pour bien l'enrober. Couvrez avec une serviette et laissez la pâte fermenter 1 heure dans un endroit chaud, à l'abri des courants d'air. Elle doublera de volume.

4. Dégonflez le pâton avec le poing. Après 5 minutes d'attente, divisez le pâton en 24 morceaux et façonnez chacun d'eux en petite boule.

5. Vaporisez un moule rond et profond d'enduit antiadhésif. Dans une petite casserole, faites fondre la **margarine** à feu modéré et laissez-la tiédir à la température de la pièce. Plongez les petites boules de pâte dans la margarine fondue et disposez-les en trois couches dans le moule. Couvrez avec une serviette et laissez la pâte fermenter 40 minutes : elle atteindra presque le bord du moule.

6. Vers la fin de cette période, préchauffez le four à 190°C (375°F). Enfournez et faites cuire 35 minutes ou jusqu'à ce que le pain soit doré et croustillant. Retirez-le du four, déposez-le sur une grille et laissez-le tiédir 30 minutes. Démoulez-le sur une assiette mais tournez tout de suite le pain à l'endroit. Donne 24 petits pains.

Un petit pain :	
Calories	75
Graisses	*2 g*
Graisses saturées	*0*
Cholestérol	*0*
Protéines	*2 g*
Hydrates de carbone	*13 g*
Sodium	*50 mg*
Sucre ajouté	*2 cal.*
Fibres	*1 g*

Conseil : *Utilisez un thermomètre à bonbons pour vérifier la température de l'eau ou du lait. Ou laissez-en tomber une goutte sur l'intérieur de l'avant-bras : elle doit paraître tiède.*

Pain plat à l'oignon

Voici un pain riche, idéal comme goûter ou pour accompagner une soupe ou une salade.

GRAISSES SUCRE SODIUM

1	sachet de 8 g (¼ oz) de levure sèche active
1	tasse d'eau tiède (41°-46°C/105°-115°F)
2½	c. à soupe d'huile d'olive
1½	tasse de farine tout usage tamisée

¼	c. à thé de sel
	Enduit végétal antiadhésif
1	c. à thé de romarin séché, émietté
1	petit oignon rouge, tranché mince

Préparation : **20 min** et 2 h 30 de fermentation
Cuisson : **15 min**

Un carré :	
Calories	72
Graisses	*3 g*
Graisses saturées	*0*
Cholestérol	*0*
Protéines	*2 g*
Hydrates de carbone	*10 g*
Sodium	*37 mg*
Sucre ajouté	*0*
Fibres	*0*

1. Dans un grand bol, réunissez la **levure** et l'**eau.** Après 5 minutes d'attente, remuez pour dissoudre la levure.

2. Ajoutez 2 c. à soupe d'**huile d'olive,** la **farine** et le **sel** et mélangez avec une cuiller. Déposez la pâte sur une planche farinée et pétrissez-la 10 minutes pour qu'elle devienne lisse et élastique. Façonnez-la en boule.

3. Vaporisez un grand bol d'**enduit antiadhésif** et mettez-y le pâton en le tournant de tous les côtés pour bien l'enrober. Couvrez avec une serviette et laissez la pâte fermenter 2 heures dans un endroit chaud, à l'abri des courants d'air. Elle doublera de volume.

4. Enduisez un moule à gâteau roulé avec le reste de l'huile d'olive. Dégonflez le pâton avec le poing. Déposez-le dans le moule et aplatissez-le pour qu'il occupe tout le fond. Couvrez et laissez fermenter 30 minutes.

5. Vers la fin de cette période, portez le four à 200°C (400°F). Saupoudrez la pâte de **romarin.** Défaites l'**oignon** en anneaux et éparpillez-les dessus. Faites cuire 15-20 minutes ou jusqu'à ce que le pain soit doré et croustillant. Quand il est tiède, détaillez-le en carrés de 7,5 cm (3 po). Donne 15 carrés.

Pain à la courge d'hiver

1 sachet de 8 g (¼ oz) de levure sèche active	**¼** c. à thé de sel
⅓ tasse d'eau tiède (41°-46°C/105°-115°F)	**⅛** c. à thé de macis moulu
	⅛ c. à thé de clou de girofle moulu
2 c. à soupe de cassonade blonde	**½** tasse de giraumon, de courge ou de citrouille en purée
2 c. à soupe de margarine non salée	**2¾** tasses de farine tout usage tamisée
1 gros œuf légèrement battu	Enduit végétal antiadhésif
1½ c. à thé de zeste d'orange râpé	**1** gros blanc d'œuf légèrement battu
½ c. à thé de cannelle moulue	

GRAISSES SUCRE SODIUM

Préparation :
15 min et 2 h 15
de fermentation
Cuisson :
35 min

Une tranche :

Calories	108
Graisses	2 g
Graisses saturées	0
Cholestérol	17 mg
Protéines	3 g
Hydrates de carbone	19 g
Sodium	43 mg
Sucre ajouté	4 cal.
Fibres	1 g

1. Dans un grand bol, réunissez la **levure**, l'**eau** et 1 c. à soupe de **cassonade**. Après 5 minutes d'attente, remuez pour dissoudre la levure.

2. Entre-temps, faites fondre la **margarine** dans une petite casserole et laissez-la tiédir. Ajoutez-la à la levure ainsi que l'**œuf**, le **zeste d'orange**, la **cannelle**, le **sel**, le **macis**, le **clou** et la **courge** ; mélangez bien. Enfin ajoutez la **farine**, une tasse à la fois ; vous obtiendrez une pâte ferme mais non sèche.

3. Déposez la pâte sur une planche farinée et pétrissez-la vigoureusement 6-8 minutes pour qu'elle devienne lisse et élastique. Façonnez-la en boule. Vaporisez un grand bol d'**enduit antiadhésif** et mettez-y le pâton en le tournant de tous les côtés pour bien l'enrober. Couvrez avec une serviette et laissez la pâte fermenter 1 h 30 dans un endroit chaud, à l'abri des courants d'air. Elle doublera de volume.

4. Vaporisez un moule à pain d'enduit antiadhésif. Dégonflez le pâton avec le poing. Pétrissez-le 1-2 minutes, façonnez-le en pain et déposez-le dans le moule, repli dessous. Couvrez et laissez fermenter 45 minutes ; la pâte dépassera le bord du moule de 2,5 cm (1 po).

5. Vers la fin de cette période, portez le four à 190°C (375°F). Badigeonnez la pâte de **blanc d'œuf**. Enfournez et faites cuire 35-40 minutes ou jusqu'à ce que le pain soit doré et qu'il rende un son creux quand on le frappe. Donne 1 pain de 16 tranches.

Pain de blé entier aux pacanes

Ce pain rond et croustillant est excellent, grillé, au petit déjeuner.

½ sachet de 8 g (¼ oz) de levure sèche active	**½** c. à thé de sel
½ tasse de lait tiède (41°-46°C/105°-115°F)	**¼** c. à thé de poivre noir
	1 c. à soupe d'huile d'olive
4 c. à thé de miel	**½** tasse d'eau tiède
1 tasse de farine tout usage tamisée	Enduit végétal antiadhésif
2 tasses de farine de blé entier non tamisée	**3** c. à soupe de pacanes hachées
	1 c. à soupe de farine de maïs jaune ou blanche
	1 c. à soupe de lait

GRAISSES SUCRE SODIUM

Préparation :
20 min et 1 h 40
de fermentation
Cuisson :
30 min

1. Dans un grand bol, réunissez la **levure**, le **lait** et le **miel**. Après 5 minutes d'attente, remuez pour dissoudre la levure.

2. Dans un autre grand bol, mélangez la **farine tout usage**, la **farine de blé entier**, le **sel** et le **poivre**. Ajoutez l'**huile d'olive**, l'**eau** et la levure dissoute. Mélangez à la cuiller jusqu'à formation d'une boule. Déposez la pâte sur une

planche farinée et pétrissez-la 8-10 minutes pour qu'elle soit lisse et élastique. Façonnez-la en boule.

3. Vaporisez un grand bol d'**enduit antiadhésif** et mettez-y le pâton en le tournant de tous les côtés pour bien l'enrober. Couvrez avec une serviette et laissez la pâte fermenter 1 heure dans un endroit chaud, à l'abri des courants d'air. Elle doublera de volume.

4. Vers la fin de cette période, portez le four à 160°C (325°F). Étalez les **pacanes** dans une plaque à four et faites-les rôtir 8 minutes. Quand la pâte a doublé de volume, dégonflez-la avec le poing et laissez-la en attente 10 minutes. Pétrissez-la de nouveau en lui incorporant les pacanes rôties.

5. Vaporisez la plaque d'enduit antiadhésif et saupoudrez-la de **farine de maïs.** Façonnez le pâton en boule, déposez-le sur la plaque, couvrez avec une serviette et laissez-le fermenter 40 minutes. Il doublera presque de volume.

6. Vers la fin de cette période, portez le four à 180°C (350°F). Badigeonnez le pain avec le **lait.** À l'aide d'un couteau bien aiguisé, pratiquez une légère incision en forme de X sur le dessus. Faites cuire 30-35 minutes ou jusqu'à ce que le pain rende un son creux quand on le frappe. Donne 1 pain de 16 tranches.

Une tranche :	
Calories	*106*
Graisses	*2 g*
Graisses saturées	*0*
Cholestérol	*1 mg*
Protéines	*3 g*
Hydrates de carbone	*19 g*
Sodium	*73 mg*
Sucre ajouté	*5 cal.*
Fibres	*1 g*

Pain de blé entier aux pacanes

Petits pains de blé entier

Ces petits pains nourrissants se font en un tour de main. On peut même les préparer d'avance et les congeler.

| 1 | sachet de 8 g (¼ oz) de levure sèche active |
| 1 | c. à soupe de sucre |

| ¼ | tasse d'eau tiède (41°-46°C/105°-115°F) |
| ¼ | c. à thé de sel |

| ¾ | tasse de lait écrémé |
| 1½ | tasse de farine tout usage tamisée |

| 1 | gros œuf |
| ½ | tasse de farine de blé entier non tamisée |

| 3 | c. à soupe de margarine non salée, ramollie |
| | Enduit végétal antiadhésif |

Préparation :
10 min et 1 h 30
de fermentation
Cuisson :
15 min

Un petit pain :

Calories	*116*
Graisses	*4 g*
Graisses saturées	*1 g*
Cholestérol	*23 mg*
Protéines	*4 g*
Hydrates de carbone	*17 g*
Sodium	*60 mg*
Sucre ajouté	*5 cal.*
Fibres	*1 g*

1. Dans un grand bol, réunissez la **levure** et l'**eau**. Après 5 minutes d'attente, remuez pour dissoudre la levure.

2. Ajoutez le **lait**, l'**œuf**, la **margarine**, le **sucre** et le **sel** et mélangez bien à la cuiller. Incorporez la **farine tout usage** et la **farine de blé entier.** Avec une spatule, raclez les bords du bol et amassez la pâte en boule au centre. Couvrez avec une serviette et laissez fermenter 1 heure dans un endroit chaud, à l'abri des courants d'air. La pâte doublera de volume.

3. Utilisez un grand moule à muffins ou deux petits. Vaporisez 12 alvéoles de 6 cm (2½ po) d'**enduit antiadhésif**. Dégonflez la pâte et déposez-la à la cuiller dans les alvéoles en les remplissant à moitié. Couvrez avec une serviette et laissez fermenter 30 minutes.

4. Vers la fin de cette période, portez le four à 200°C (400°F). Faites cuire 15-20 minutes ou jusqu'à ce que les petits pains soient dorés. Donne 12 petits pains.

Variantes :

Petits pains de blé entier aux fines herbes Ajoutez 1½ c. à thé de basilic, d'origan, de sauge ou de thym séché aux ingrédients secs. Saupoudrez les petits pains de graine de sésame ou de pavot, au goût.

Bretzels à la graine de carvi

On peut également confectionner des petits bâtonnets avec cette recette.

1	sachet de 8 g (¼ oz) de levure sèche active
¼	c. à thé de sel
	Enduit végétal antiadhésif

| ¾ | tasse d'eau tiède (41°-46°C/105°-115°F) |
| 1 | gros blanc d'œuf battu avec 1 c. à thé d'eau |

| 2½ | tasses de farine tout usage tamisée |
| 2 | c. à soupe de graine de carvi |

Préparation :
15 min et 2 h
de fermentation
Cuisson :
10 min

1. Dans un grand bol, réunissez la **levure** et l'**eau**. Après 5 minutes d'attente, remuez pour dissoudre la levure.

2. Incorporez 1½ tasse de **farine** à la levure ; ajoutez le **sel** et mélangez avec une cuiller. Quand le mélange est lisse, ajoutez assez de farine pour obtenir une pâte ferme. Déposez-la sur une planche farinée et pétrissez-la vigoureusement 5 minutes. Façonnez-la en boule.

3. Vaporisez un grand bol d'**enduit antiadhésif** et mettez-y le pâton en le tournant de tous les côtés pour bien l'enrober. Couvrez avec une serviette et laissez la pâte fermenter 1 h 30 dans un endroit chaud, à l'abri des courants d'air. Elle doublera de volume.

4. Dégonflez le pâton avec le poing. Divisez-le en deux et détaillez chaque moitié en 6 morceaux. Avec la paume des mains, façonnez chaque morceau en un cordonnet de 45 cm (18 po). Donnez-lui la forme d'un bretzel en repliant les extrémités par-dessous. Vaporisez une plaque à biscuits d'enduit antiadhésif et déposez-y les bretzels à 2,5 cm (1 po) les uns des autres. Couvrez et laissez fermenter 30 minutes.

5. Vers la fin de cette période, portez le four à 200°C (400°F). Badigeonnez les bretzels de **blanc d'œuf** et saupoudrez-les de **graine de carvi.** Faites-les cuire 10-15 minutes ou jusqu'à ce qu'ils soient dorés. Donne 12 bretzels.

Variantes :

Bretzels en bâtonnets   Portez le four à 180°C (350°F). Détaillez la pâte en 36 morceaux et façonnez-les en cordonnets de 15-20 cm (6-8 po). Déposez-les sur la plaque en laissant 1,5 cm (½ po) entre eux, couvrez et laissez-les fermenter 30 minutes. Badigeonnez de blanc d'œuf et saupoudrez de graine de carvi. Faites cuire 20 minutes. Donne 36 bâtonnets.

Bretzels ou bâtonnets aux fines herbes   Remplacez 1 tasse de farine tout usage par une quantité égale de farine de blé entier non tamisée. Incorporez dans la pâte, en la pétrissant, ½ c. à thé de poivre noir ou 1 c. à thé de thym ou d'origan séché. Remplacez le carvi par de la graine de pavot ou de sésame.

Un bretzel :	
Calories	102
Graisses	0
Graisses saturées	0
Cholestérol	0
Protéines	3 g
Hydrates de carbone	21 g
Sodium	50 mg
Sucre ajouté	0
Fibres	1 g

Bretzels à la graine de carvi

Pain irlandais au bicarbonate de soude

Pain irlandais au bicarbonate de soude

En Irlande, la tradition veut que ce pain cuise sur un feu de tourbe.

2 tasses de farine tout usage tamisée

2 tasses de farine de blé entier non tamisée

1 c. à thé de levure chimique

1 c. à thé de bicarbonate de soude

¼ c. à thé de sel

¼ tasse de raisins dorés secs, hachés

2 c. à thé de graine de carvi

1¼- 1½ tasse de babeurre
Enduit végétal antiadhésif

Préparation :
15 min
Cuisson :
35 min

Une tranche :

Calories	124
Graisses	1 g
Graisses saturées	0
Cholestérol	1 mg
Protéines	5 g
Hydrates de carbone	26 g
Sodium	137 mg
Sucre ajouté	0
Fibres	2 g

1. Préchauffez le four à 190°C (375°F). Dans un grand bol, mélangez la **farine tout usage**, la **farine de blé entier**, la **levure chimique**, le **bicarbonate de soude** et le **sel**. Incorporez les **raisins secs** et la **graine de carvi**.

2. Ajoutez assez de **babeurre** pour obtenir une pâte ferme mais non sèche. Déposez le pâton sur une planche farinée et pétrissez-le 2-3 minutes ou jusqu'à ce que la pâte devienne lisse. Formez une miche ronde ; avec un couteau bien aiguisé, incisez la surface en forme de X.

3. Vaporisez une plaque à biscuits d'**enduit antiadhésif**. Déposez-y le pain et faites-le cuire 35-40 minutes ou jusqu'à ce que le dessous de la miche rende un son creux quand on le frappe. Donne 1 pain de 16 tranches.

Pain de maïs à l'ancienne

Les variantes qui suivent ajoutent du relief à cette recette classique.

Enduit végétal antiadhésif
1 tasse de farine de maïs jaune
¾ tasse de farine tout usage tamisée
2½ c. à thé de levure chimique
½ c. à thé de sucre
¼ c. à thé de sel
½ c. à soupe de margarine non salée
1 tasse de lait écrémé
1 gros œuf

Préparation :
10 min
Cuisson :
20 min

Un carré :

Calories	*116*
Graisses	*2 g*
Graisses saturées	*0*
Cholestérol	*31 mg*
Protéines	*4 g*
Hydrates de carbone	*21 g*
Sodium	*200 mg*
Sucre ajouté	*2 cal.*
Fibres	*0*

1. Préchauffez le four à 200℃ (400°F). Vaporisez un moule rectangulaire d'**enduit antiadhésif.**
2. Dans un bol moyen, mélangez la **farine de maïs,** la **farine tout usage,** la **levure chimique,** le **sucre** et le **sel.**
3. Faites fondre la **margarine** à feu modéré ; versez-la dans un bol et incorporez au fouet le **lait** et l'**œuf.** Ajoutez ce liquide aux ingrédients secs et remuez pour les humidifier, mais sans plus.
4. Versez la pâte dans le moule et faites cuire le pain 20 minutes ou jusqu'à ce qu'il soit spongieux et doré. Découpez-le en 9 carrés et servez-le chaud. Donne 9 portions.

Variantes :
Pain de maïs à la ciboulette   À l'étape 3, ajoutez 2 c. à soupe de ciboulette fraîche, surgelée ou lyophilisée, hachée.
Pain de maïs au chile   À l'étape 2, ajoutez 1 c. à soupe d'assaisonnement au chile.
Pain de maïs au piment jalapeno   À l'étape 3, ajoutez 2 c. à thé de piment jalapeno, haché fin.

Pain à la cuiller

Cet entremets, populaire dans le sud des États-Unis, se sert à la cuiller comme plat d'accompagnement, pour remplacer les pommes de terre.

1 tasse de lait écrémé
½ tasse d'eau
2 c. à thé de sucre
¼ c. à thé de sel
½ tasse de farine de maïs jaune ou blanche
1 gros jaune d'œuf
½ c. à thé de levure chimique
⅛ c. à thé de cayenne
3 gros blancs d'œufs
Enduit végétal antiadhésif

Préparation :
15 min
Cuisson :
30 min

Une portion :

Calories	*61*
Graisses	*2 g*
Graisses saturées	*0*
Cholestérol	*69 mg*
Protéines	*5 g*
Hydrates de carbone	*6 g*
Sodium	*260 mg*
Sucre ajouté	*8 cal.*
Fibres	*0*

1. Préchauffez le four à 190℃ (375°F). Dans une grande casserole, faites mijoter le **lait,** l'**eau,** le **sucre** et le **sel** à feu modéré. Retirez, incorporez la **farine de maïs** et remuez la pâte à la cuiller jusqu'à ce qu'elle soit épaisse et lisse.
2. Dans un petit bol, fouettez ensemble quelques secondes le **jaune d'œuf** et la **levure chimique.** Versez-les dans la casserole et ajoutez le **cayenne.** Mélangez.
3. Dans un grand bol, fouettez les **blancs d'œufs** pour qu'ils soient fermes mais non secs. Mélangez-en le quart à la pâte et incorporez le reste en pliant.
4. Vaporisez un plat à four moyen d'**enduit végétal** et versez-y la pâte. Faites cuire 30-35 minutes au four : le pain doit gonfler et dorer. Servez immédiatement. Donne 4 portions.

Pain à l'orange et aux canneberges (à gauche) et *Pain d'épice aux bananes* (à droite)

Pain d'épice aux pruneaux

Ce délicieux pain brioché se garde frais plusieurs jours.

GRAISSES SUCRE SODIUM

Enduit végétal antiadhésif
1 tasse de farine tout usage tamisée
½ tasse de farine de blé entier non tamisée
½ c. à thé de bicarbonate de soude
½ c. à thé de cannelle

¼ c. à thé de muscade
¼ c. à thé de sel
1 gros œuf
½ tasse de sucre
1 tasse de babeurre
1 c. à soupe d'huile de maïs
½ tasse de pruneaux, dénoyautés et hachés

1. Préchauffez le four à 190°C (375°F). Vaporisez un moule à pain moyen d'**enduit antiadhésif**.
2. Dans un grand bol, mélangez la **farine tout usage**, la **farine de blé entier**, le **bicarbonate de soude**, la **cannelle**, la **muscade** et le **sel**.
3. Dans un petit bol, fouettez à la fourchette l'**œuf** et le **sucre**. Incorporez le **babeurre** et l'**huile de maïs**. Ajoutez le tout aux ingrédients secs et remuez pour les humidifier, sans plus. Incorporez les **pruneaux**.
4. Versez la pâte dans le moule et faites cuire 40 minutes ou jusqu'à ce qu'un cure-dents introduit au milieu du pain en ressorte propre. Laissez tiédir le moule 5 minutes sur une grille, puis démoulez le pain et remettez-le aussitôt à l'endroit. Tranchez-le quand il est froid. Donne 1 pain de 16 tranches.

Préparation :
10 min
Cuisson :
40 min

Une tranche :

Calories	*96*
Graisses	*2 g*
Graisses saturées	*0*
Cholestérol	*18 mg*
Protéines	*2 g*
Hydrates de carbone	*19 g*
Sodium	*80 mg*
Sucre ajouté	*23 cal.*
Fibres	*1 g*

Pain d'épice aux bananes

GRAISSES SUCRE SODIUM

Avec quelques modifications mineures, vous pouvez faire deux autres excellents pains briochés avec cette recette. Tous se congèlent.

1 tasse de farine tout usage tamisée	1 c. à thé de muscade
1 tasse de farine de blé entier non tamisée	¼ tasse de margarine non salée
3 c. à soupe de sucre	2 bananes moyennes, écrasées en purée (1 tasse)
2 c. à thé de bicarbonate de soude	½ tasse de babeurre
1 c. à thé de cannelle	1 gros œuf légèrement battu
	1 c. à thé d'essence de vanille

Préparation :
10 min
Cuisson :
50 min

Une tranche :

Calories	109
Graisses	4 g
Graisses saturées	1 g
Cholestérol	17 mg
Protéines	3 g
Hydrates de carbone	17 g
Sodium	116 mg
Sucre ajouté	9 cal.
Fibres	1 g

1. Préchauffez le four à 180℃ (350°F). Graissez légèrement un moule à pain de taille moyenne.

2. Dans un grand bol, mélangez la **farine tout usage**, la **farine de blé entier**, le **sucre**, le **bicarbonate de soude**, la **cannelle** et la **muscade**.

3. Dans une petite casserole, faites fondre la **margarine** à feu modéré. Versez-la dans un petit bol et incorporez au fouet les **bananes**, le **babeurre**, l'**œuf** et la **vanille**. Ajoutez le tout aux ingrédients secs et remuez pour les humidifier, sans plus.

4. Versez la pâte dans le moule et faites cuire 50 minutes ou jusqu'à ce qu'un cure-dents introduit au milieu du pain en ressorte propre. Laissez tiédir le moule 10 minutes sur une grille avant de démouler le pain. Servez-le chaud ou à la température ambiante. Donne 1 pain de 16 tranches.

Variantes :

Pain aux carottes et au citron Supprimez la cannelle, la muscade et la banane. À l'étape 3, ajoutez 1 tasse de carottes râpées et 1½ c. à soupe de zeste de citron râpé.

Pain à l'orange et aux canneberges Supprimez la cannelle, la muscade et la banane. À l'étape 3, ajoutez 1 tasse de canneberges coupées en deux (et décongelées si elles sont surgelées) et 2 c. à soupe de zeste d'orange râpé.

Yorkshire Pudding

GRAISSES SUCRE SODIUM

Ce mets typiquement anglais, qui ressemble à une crêpe épaisse, se sert avec le rosbif.

1½ c. à soupe de margarine non salée, ramollie	½ tasse de farine tout usage tamisée
½ tasse de lait écrémé	⅛ c. à thé de sel
1 gros œuf	

Préparation :
5 min
Cuisson :
20 min

Une portion :

Calories	121
Graisses	6 g
Graisses saturées	1 g
Cholestérol	69 mg
Protéines	4 g
Hydrates de carbone	13 g
Sodium	103 mg
Sucre ajouté	0
Fibres	0

1. Portez le four à 260℃ (500°F). Enduisez un moule carré avec ½ c. à soupe de **margarine** et déposez-le dans le four pendant que vous préparez la pâte.

2. Dans un bol moyen, mélangez le **lait**, l'**œuf**, la **farine** et le **sel**. Avec un mélangeur électrique, fouettez la pâte 1 minute à grande vitesse.

3. Dans une petite casserole, faites fondre le reste de la margarine à feu modéré. Ajoutez-la à la pâte quand elle est homogène.

4. Versez la pâte dans le moule chaud et faites cuire 20 minutes à découvert pour que le *Yorkshire Pudding* soit doré et ferme. N'ouvrez pas le four durant la cuisson. Coupez en quatre et servez immédiatement. Donne 4 portions.

Biscuits au fromage à la crème

2 tasses de farine tout usage tamisée

2½ c. à thé de levure chimique

¼ c. à thé de bicarbonate de soude

¼ c. à thé de sel

3 c. à soupe de fromage à la crème, fouetté

2 c. à soupe de margarine non salée

⅔ tasse de lait écrémé
Enduit végétal antiadhésif

GRAISSES SUCRE SODIUM

Préparation :
15 min
Cuisson :
12 min

Un biscuit :

Calories	*107*
Graisses	*3 g*
Graisses saturées	*0*
Cholestérol	*3 mg*
Protéines	*3 g*
Hydrates de carbone	*17 g*
Sodium	*167 mg*
Sucre ajouté	*0*
Fibres	*1 g*

1. Préchauffez le four à 220°C (425°F). Dans un grand bol, mélangez la **farine,** la **levure chimique,** le **bicarbonate de soude** et le **sel.** Avec un coupe-pâte ou une fourchette, incorporez le **fromage** et la **margarine :** la pâte sera grumeleuse.

2. Incorporez tout le **lait** moins 1 c. à soupe à la pâte : elle sera ferme mais non sèche. Déposez-la sur une planche farinée et pétrissez 2-3 minutes pour qu'elle soit homogène. Abaissez-la à 1,5 cm (½ po) d'épaisseur ; avec un emporte-pièce de 5 cm (2 po) fariné, découpez 12 galettes rondes.

3. Vaporisez une plaque à biscuits d'**enduit antiadhésif.** Disposez-y les galettes et badigeonnez avec le lait qui reste. Faites cuire 12 minutes ou jusqu'à ce que les biscuits soient dorés. Donne 12 biscuits.

Variante :

Biscuits aux raisins de Corinthe   Ajoutez ¼ tasse de raisins de Corinthe aux ingrédients secs avant d'incorporer le lait.

Muffins classiques

Cette recette de base, très simple, s'accompagne de trois variantes qui renouvellent la saveur des muffins. Ils se congèlent tous sans problème.

Enduit végétal antiadhésif

1¾ tasse de farine tout usage tamisée

3 c. à soupe de sucre

2½ c. à thé de levure chimique

2 c. à soupe de margarine non salée

¾ tasse de lait écrémé

1 gros œuf

GRAISSES SUCRE SODIUM

Préparation :
10 min
Cuisson :
15 min

Un muffin :

Calories	*102*
Graisses	*3 g*
Graisses saturées	*0*
Cholestérol	*23 mg*
Protéines	*3 g*
Hydrates de carbone	*17 g*
Sodium	*103 mg*
Sucre ajouté	*12 cal.*
Fibres	*1 g*

1. Préchauffez le four à 200°C (400°F). Vaporisez 1 grand moule ou 2 petits moules à muffins d'**enduit antiadhésif.** *(Note : Vous pouvez supprimer l'enduit et utiliser des petites caissettes en papier.)*

2. Dans un grand bol, mélangez la **farine,** le **sucre** et la **levure chimique.**

3. Dans une petite casserole, faites fondre la **margarine** à feu modéré. Versez-la dans un bol et incorporez au fouet le **lait** et l'**œuf.** Ajoutez le tout aux ingrédients secs et remuez pour les humidifier, sans plus.

4. Versez la pâte dans les alvéoles en les remplissant à moitié. Faites cuire 15 minutes ou jusqu'à ce qu'un cure-dents introduit au milieu d'un muffin en ressorte propre. Servez-les chauds ou laissez refroidir. Donne 12 muffins.

Variantes :

Muffins épicés aux pommes   Aux ingrédients secs, ajoutez 1 c. à thé de cannelle, ¼ à thé de clou de girofle et ¼ c. à thé de piment de la Jamaïque. Aux ingrédients liquides, ajoutez ½ tasse de pomme pelée, hachée fin.

Muffins aux petits fruits   Aux ingrédients liquides, ajoutez ½ tasse de framboises ou de fraises fraîches ou surgelées à sec, coupées en deux ou en quatre.

Muffins au son   Employez 1 tasse de farine et ¾ tasse de son.

Cuisine solo ou duo

*La plupart des recettes de ce livre
se réduisent de moitié, mais celles qui suivent
ont été expressément conçues pour une ou deux
personnes. Simples et rapides à exécuter, elles
constituent un repas presque complet, avec cette
touche maison qui manque souvent aux plats
surgelés. Si vous voulez, toutefois, servir ces plats
à vos amis, qu'à cela ne tienne : les recettes
peuvent être doublées.*

Poulet Rock Cornish à l'orange et au gingembre

Potages

Bortsch éclair

Ce potage, parfait pour l'été, se sert chaud ou froid. Avec une tranche de pain noir croûté, il est suffisamment substantiel pour constituer un repas du midi. Vous pouvez remplacer le yogourt par la Crème sure santé (p. 26).

GRAISSES SUCRE SODIUM

Préparation :
5 min et 3 h
de réfrigération

1 **boîte (284 ml/10 oz) de betteraves hyposodiques avec leur jus**
1 **tasse de bouillon de bœuf hyposodique**
2 **c. à soupe de vinaigre de vin rouge**
3 **c. à soupe de yogourt partiellement écrémé**

2 **radis moyens, parés et tranchés mince**
1 **petit concombre, pelé et tranché mince**
1 **oignon vert, tranché mince avec sa tige**
1 **c. à soupe d'aneth frais, ciselé, ou ½ c. à thé d'aneth séché**

Une portion :	
Calories	75
Graisses	1 g
Graisses saturées	0
Cholestérol	1 mg
Protéines	3 g
Hydrates de carbone	15 g
Sodium	76 mg
Sucre ajouté	0
Fibres	1 g

1. Travaillez les **betteraves** avec leur jus, le **bouillon de bœuf** et le **vinaigre** 6-8 secondes au mixer ou au robot. Quand la purée est lisse, versez-la dans un petit bol en verre, couvrez de pellicule de plastique et réfrigérez 3 heures au moins.

2. Au moment de servir, versez la soupe dans deux bols et répartissez le **yogourt,** les **radis**, le **concombre**, l'**oignon vert** et l'**aneth**. Donne 2 portions.

Chaudrée crémeuse au crabe

Vous pouvez remplacer le crabe par un autre crustacé ou par des filets de poisson. Servez cette chaudrée avec une petite salade verte, comme plat principal pour deux, ou comme premier service pour quatre. La base peut se faire d'avance et se réfrigérer ; réchauffez-la lentement avant d'ajouter le crabe.

GRAISSES SUCRE SODIUM

Préparation :
15 min
Cuisson :
27 min

1 **gros oignon haché**
1 **grosse pomme de terre, pelée et hachée**
1 **côte de céleri moyenne, tranchée mince**
1 **carotte moyenne, pelée et tranchée mince**
½ **c. à thé de thym séché, émietté**
½ **c. à thé de basilic séché, émietté**

1½ **tasse d'eau**
1 **tasse de lait écrémé**
2 **c. à soupe de farine**
⅛ **c. à thé de cayenne**
225 **g (½ lb) de crabe frais, en boîte ou surgelé et décongelé, débarrassé des fragments de carapace et de cartilage**
2 **c. à soupe de persil haché (facultatif)**

Une portion :	
Calories	272
Graisses	3 g
Graisses saturées	0
Cholestérol	115 mg
Protéines	25 g
Hydrates de carbone	36 g
Sodium	309 mg
Sucre ajouté	0
Fibres	3 g

1. Dans une casserole moyenne, mélangez l'**oignon**, la **pomme de terre**, le **céleri**, la **carotte**, le **thym**, le **basilic** et l'**eau**. Amenez au point d'ébullition à feu modéré et laissez mijoter doucement 15 minutes.

2. Dans un petit bol, réunissez le **lait**, la **farine** et le **cayenne**. Incorporez-les aux légumes et, quand la préparation mijote de nouveau, faites cuire 3 minutes en remuant constamment. Ajoutez le **crabe** et prolongez la cuisson de 5 minutes. Saupoudrez de **persil** au moment de servir. Donne 2 portions.

Viandes

Bœuf sauté aux champignons et au poivron

Enduit végétal antiadhésif
1½ c. à thé d'huile végétale
170 g (6 oz) d'intérieur de ronde, coupé contre la fibre en lanières de la taille d'un doigt
1 petit oignon haché
1 petit poivron vert, paré, épépiné et détaillé sur la longueur en lanières de 6 mm (¼ po)
115 g (¼ lb) de champignons, tranchés mince

¼ c. à thé de marjolaine séchée, émiettée
¼ c. à thé de thym séché, émietté
¼ c. à thé de poivre noir
¼ tasse de vin blanc sec
½ tasse de bouillon de bœuf hyposodique
1 c. à thé de fécule de maïs délayée dans 1 c. à soupe d'eau froide

GRAISSES SUCRE SODIUM

Préparation :
15 min
Cuisson :
11 min

Une portion :

Calories	*192*
Graisses	*9 g*
Graisses saturées	*2 g*
Cholestérol	*49 mg*
Protéines	*21 g*
Hydrates de carbone	*8 g*
Sodium	*54 mg*
Sucre ajouté	*0*
Fibres	*2 g*

Conseil : *Si vous achetez un wok, optez pour l'acier au carbone plutôt que l'acier inoxydable. Il est moins cher et, ce qui plus est, il distribue mieux la chaleur et rend la cuisson plus efficace.*

1. Vaporisez une poêle antiadhésive moyenne d'**enduit antiadhésif** et posez-la sur un feu modérément vif. Réchauffez-y l'**huile végétale** 30 secondes. Ajoutez le **bœuf** et faites-le sauter 1 minute. Quand il a perdu sa teinte rosée, réservez-le dans une assiette chaude.

2. Jetez dans la poêle l'**oignon** et le **poivron** et laissez-les rissoler 1 minute. Mélangez les **champignons,** la **marjolaine,** le **thym** et le **poivre,** ajoutez-les aux légumes et faites-les sauter 3 minutes.

3. Quand les champignons sont dorés, versez le **vin** et laissez-le bouillir à feu vif 1 minute sans couvrir. Ajoutez le **bouillon de bœuf,** réglez le feu pour que la sauce mijote, couvrez et prolongez la cuisson de 3-4 minutes.

4. Dès que les légumes sont à point, incorporez la **fécule** délayée et laissez épaissir la sauce 1-2 minutes. Remettez le bœuf dans la poêle et réchauffez-le 1 minute. Donne 2 portions.

Bœuf sauté aux champignons et au poivron

Ragoût de saucisse de Pologne et de pois chiches

Vous pouvez congeler ce plat, complet en soi. Faites-le avant cuisson et prévoyez 30 ou 40 minutes de décongélation avant de l'enfourner.

GRAISSES **SUCRE** **SODIUM**

1¼	tasse de pois chiches, cuits et égouttés
1	tasse de tomates hyposodiques en boîte, égouttées et concassées
1	oignon moyen, haché
1	poivron vert moyen, paré, épépiné et haché

60	g (2 oz) de saucisse de Pologne (kielbasa) hachée
1	feuille de laurier
¼	c. à thé d'origan séché, émietté
¼	c. à thé de graine de fenouil broyée (facultatif)

Préchauffez le four à 200°C (400°F). Dans un plat à four moyen non graissé, mélangez les **pois chiches**, les **tomates**, l'**oignon**, le **poivron vert**, la **saucisse**, le **laurier**, l'**origan** et, s'il y a lieu, la **graine de fenouil**. Couvrez le plat de papier d'aluminium, enfournez et faites cuire 15 minutes. Découvrez et prolongez la cuisson de 5 minutes. Retirez le laurier. Donne 2 portions.

Préparation :
15 min
Cuisson :
20 min
(presque sans intervention)

Une portion :

Calories	*327*
Graisses	*11 g*
Graisses saturées	*3 g*
Cholestérol	*20 mg*
Protéines	*17 g*
Hydrates de carbone	*42 g*
Sodium	*279 mg*
Sucre ajouté	*0*
Fibres	*9 g*

Côtelettes de porc au riz

GRAISSES **SUCRE** **SODIUM**

4	côtelettes de porc dégraissées (450 g/1 lb)
¾	c. à thé de romarin séché, émietté
⅛	c. à thé de poivre noir Enduit végétal antiadhésif
¾	tasse de bouillon de bœuf hyposodique

¼	tasse de riz à longs grains
1	petit oignon, détaillé en 4 tranches
1	petite tomate, parée et détaillée en 4 tranches
1	petit poivron vert, paré, épépiné et détaillé en 4 rondelles

1. Préchauffez le four à 180°C (350°F). Frottez les **côtelettes de porc** des deux côtés avec ¼ c. à thé de **romarin** et le **poivre**.

2. Vaporisez une grande poêle d'**enduit antiadhésif** et posez-la 1 minute sur un feu modérément vif. Faites-y sauter les côtelettes à découvert 3-4 minutes de chaque côté.

3. Dressez les côtelettes dans un plat à four moyen non graissé ; ajoutez le **bouillon de bœuf,** le **riz** et le reste du romarin. Déposez une tranche d'**oignon,** une tranche de **tomate** et un anneau de **poivron** sur chaque côtelette. Couvrez et faites cuire environ 45 minutes. Dès que la viande est à point, servez. Donne 2 portions.

Variantes :

Suprêmes de poulet au riz   Remplacez le porc par 1 poitrine de poulet dépouillée (340 g/¾ lb).

Côtelettes d'agneau au riz   Remplacez le porc par 1 tranche d'épaule d'agneau (340 g/¾ lb) ; réduisez le bouillon de bœuf à ½ tasse et ajoutez ¼ tasse de cidre de pomme. Supprimez l'oignon, la tomate et le poivron mais ajoutez 2 pommes détaillées en fines pointes et saupoudrez la tranche d'agneau de ¼ c. à thé de cannelle et de ⅛ c. à thé de muscade.

Préparation :
10 min
Cuisson :
53 min
(presque sans intervention)

Une portion :

Calories	*267*
Graisses	*9 g*
Graisses saturées	*3 g*
Cholestérol	*54 mg*
Protéines	*19 g*
Hydrates de carbone	*26 g*
Sodium	*47 mg*
Sucre ajouté	*0*
Fibres	*1 g*

Conseil : *Ne congelez pas le porc cru. Comme on le sert bien cuit, il risque de se dessécher à la cuisson et la congélation accentue ce risque.*

Volaille

Émincé de poulet

Préparation : **5 min** `GRAISSES` `SUCRE` `SODIUM`
Cuisson : **6 min**

1   poitrine de poulet (**225 g/½ lb**) dépouillée et désossée, détaillée en deux et aplatie à **6 mm (¼ po)**
¼   c. à thé de sauge séchée, émiettée
¼   c. à thé de thym séché, émietté
4   c. à thé de farine
⅛   c. à thé de poivre noir
1   c. à soupe de margarine non salée
1   oignon vert, haché fin
¼   tasse de vin blanc sec ou de vermouth blanc
⅓   tasse de bouillon de poulet hyposodique
¼   tasse de yogourt partiellement écrémé
2   c. à soupe de crème sure
1   c. à thé ou davantage de moutarde de Dijon ou de moutarde préparée à l'ancienne
1   c. à soupe de ciboulette, fraîche, hachée, ou de persil

1. Frottez les blancs de **poulet** des deux côtés avec la **sauge** et le **thym** et détaillez-les en fines lanières. Dans une assiette, mélangez la **farine** et le **poivre**. Enrobez les lanières de poulet de ce mélange ; secouez-les pour faire tomber l'excès de farine.

2. Dans une poêle antiadhésive moyenne, faites fondre la **margarine** à feu modérément vif. Jetez-y le poulet et faites-le revenir 1-2 minutes en remuant sans arrêt. Quand il est doré, retirez-le. Mettez l'**oignon vert** dans la poêle. Quand il a rissolé 30 secondes, ajoutez le **vin** et faites-le bouillir à découvert 1 minute. Ajoutez le **bouillon** et laissez bouillir 1 autre minute.

3. Dans un petit bol, mélangez au fouet le **yogourt**, la **crème sure**, le reste de la farine et la **moutarde** ; incorporez-les au fond de cuisson dans la poêle. Faites cuire 1-2 minutes de plus à feu modéré en remuant constamment pour que la sauce épaississe. Ne la laissez pas bouillir : elle tournerait.

4. Remettez le poulet dans la poêle et réchauffez-le à découvert 1-2 minutes. Parsemez de **ciboulette** et servez avec du riz ou des pâtes. Donne 2 portions.

Une portion :

Calories	257	Protéines	29 g
		Hydrates de carbone	8 g
Graisses	11 g	Sodium	224 mg
Graisses saturées	4 g	Sucre ajouté	0
Cholestérol	74 mg	Fibres	0

Poulet et légumes à la chinoise

Préparation : **20 min** `GRAISSES` `SUCRE` `SODIUM`
Cuisson : **12 min**

1½   c. à thé d'huile de sésame ou d'huile d'arachide
1   petit oignon, tranché mince
1   gousse d'ail hachée
2   minces tranches de gingembre frais, pelées et détaillées en bâtonnets très fins, ou ½ c. à thé de gingembre moulu
½   poitrine de poulet (**115 g/¼ lb**), dépouillée et désossée, aplatie à **6 mm (¼ po)** et détaillée en fines lanières
1   carotte moyenne, pelée et détaillée de biais en tranches minces
1   c. à soupe d'eau
115   g (**¼ lb**) de pois mange-tout parés
1   c. à thé de sauce soja hyposodique
⅛   c. à thé de poivre noir

1. Dans une poêle moyenne antiadhésive, faites chauffer l'**huile de sésame** 1 minute à feu modérément vif ; jetez-y l'**oignon** et laissez-le rissoler 1 minute. Ajoutez l'**ail** et le **gingembre** et prolongez la cuisson de 1 minute.

2. Mettez le **poulet** dans la poêle et faites-le revenir 2 minutes. Quand il a perdu sa teinte rosée, ajoutez la **carotte** et l'**eau,** couvrez et prolongez la cuisson de 5 minutes en remuant de temps à autre. Quand la carotte est cuite, ajoutez les **pois mange-tout,** couvrez et faites cuire 2-3 minutes de plus. Dès que les légumes sont à point, retirez la poêle du feu.

3. Incorporez la **sauce soja** et le **poivre.** Servez sur du riz bouilli. Donne 1 portion.

Variante :

Poulet au citron et aux asperges   Remplacez l'huile de sésame par de l'huile d'olive, la carotte et les pois mange-tout par 115 g (¼ lb) d'asperges détaillées en tronçons de 2,5 cm (1 po). Supprimez le gingembre et la sauce soja mais ajoutez 1 c. à soupe de jus de citron et ½ c. à thé d'origan séché. Avant de servir, saupoudrez 2 c. à soupe de parmesan râpé. Accompagnez de nouilles.

Une portion :

Calories	288	Protéines	31 g
		Hydrates de carbone	21 g
Graisses	9 g	Sodium	308 mg
Graisses saturées	1 g	Sucre ajouté	0
Cholestérol	66 mg	Fibres	4 g

Cari de poulet aux légumes

Préparation : **20 min**
Cuisson : **20 min**

GRAISSES SUCRE SODIUM

Ce repas en un plat est exquis.

1 c. à soupe d'huile végétale
1 oignon moyen, tranché
2 c. à thé de cari
1 c. à thé de cumin moulu
2 tasses de bouquets de chou-fleur (le quart d'un petit pied)
2 tasses d'aubergine (la moitié d'une petite aubergine) non pelée, en dés
1 feuille de laurier
⅛ c. à thé ou davantage de cayenne
1 tasse de bouillon de poulet hyposodique additionné de 1 c. à soupe de farine
3 tasses de chou (½ petit chou) tranché mince
½ tasse de petits pois frais ou surgelés
2 gousses d'ail hachées
1 c. à soupe de raisins secs
1 poitrine de poulet (225 g/½ lb), dépouillée et désossée, aplatie à 6 mm (¼ po) et détaillée en fines lanières
½ tasse de yogourt partiellement écrémé
2 c. à soupe de persil haché
Jus de citron au goût

1. Dans une grande casserole, chauffez l'**huile végétale** 1 minute à feu modéré. Faites-y revenir l'**oignon** 5 minutes à découvert. Quand il est tendre, incorporez le **cari** et le **cumin** et prolongez la cuisson de 1 minute en remuant.

2. Ajoutez le **chou-fleur**, l'**aubergine**, le **laurier** et le **cayenne**. Faites cuire 1 minute en remuant. Incorporez le **bouillon** additionné de farine, couvrez et laissez mijoter 3 minutes. Ajoutez alors le **chou**, les **petits pois**, l'**ail** et les **raisins secs**, couvrez et prolongez la cuisson de 6-8 minutes.

3. Jetez le **poulet** dans la poêle et faites-le cuire 2 minutes en remuant sans arrêt. Incorporez le **yogourt**, 1 c. à soupe de **persil** et le **jus de citron**. Accordez 1-2 minutes de cuisson mais ne laissez pas bouillir le plat : la sauce tournerait. Retirez le laurier et saupoudrez de persil. Donne 2 portions.

Une portion :

Calories	397	Protéines	38 g
Graisses	11 g	Hydrates de carbone	39 g
Graisses saturées	2 g	Sodium	185 mg
		Sucre ajouté	0
Cholestérol	69 mg	Fibres	8 g

Poulet Rock Cornish à l'orange et au gingembre

Préparation : **10 min**
Cuisson : **37 min** (presque sans intervention)

GRAISSES SUCRE SODIUM

1 poulet Rock Cornish dépouillé (450-675 g/1-1½ lb)
¼ c. à thé de sauge séchée, émiettée
¼ c. à thé de romarin séché, émietté
1 gousse d'ail hachée
1 c. à thé de gingembre, frais, haché, ou ¼ c. à thé de gingembre moulu
¼ c. à thé de poivre noir
1 lanière d'écorce d'orange
1 c. à soupe d'huile d'olive
¼ tasse de jus d'orange
1 c. à soupe de miel
1 c. à soupe de vinaigre de vin rouge
2 c. à thé de moutarde de Dijon ou de moutarde préparée à l'ancienne
1 c. à thé de zeste d'orange râpé

1. Préchauffez le four à 190°C (375°F). Dégraissez parfaitement le **poulet**. Frottez-en l'intérieur avec la **sauge**, le **romarin**, l'**ail**, ½ c. à thé de **gingembre** et ⅛ c. à thé de **poivre** ; introduisez et fixez l'**écorce d'orange**.

2. Troussez le poulet et posez-le, poitrine dessus, sur la grille d'une lèchefrite ; assaisonnez de poivre et badigeonnez d'**huile d'olive**.

3. Faites-le rôtir à découvert 35-40 minutes ou jusqu'à ce que la cuisse joue dans son articulation.

4. Entre-temps, mélangez dans une petite casserole le **jus d'orange**, le **miel**, le **vinaigre**, la **moutarde** et le reste du gingembre et amenez-les à ébullition à feu modérément vif. Réglez le feu pour que le mélange mijote doucement pendant 5 minutes à découvert, en remuant souvent, jusqu'à ce qu'il devienne sirupeux.

5. Dès que le poulet est à point, posez-le sur une planche à découper et divisez-le en deux sur la longueur. Allumez le grilloir. Remettez les deux moitiés dans la lèchefrite, poitrine dessus, et nappez-les de sauce à l'orange et au miel. Mettez-les à 10-12 cm (4-5 po) de l'élément et faites griller 2-3 minutes. Quand la peau est bien dorée, parsemez le poulet de **zeste d'orange** râpé et servez. Donne 2 portions.

Une portion :

Calories	276	Protéines	24 g
Graisses	13 g	Hydrates de carbone	15 g
Graisses saturées	3 g	Sodium	193 mg
		Sucre ajouté	4 cal.
Cholestérol	72 mg	Fibres	0

*Aiguillettes de dinde
en sauce persillée*

*Aiguillettes de dinde
au xérès*

*Aiguillettes de dinde
au parmesan*

Aiguillettes de dinde en sauce persillée

1 c. à soupe de farine	1½ c. à thé d'huile d'olive
⅛ c. à thé de sel	1½ c. à thé de margarine non salée
⅛ c. à thé de poivre noir	1 c. à soupe de jus de citron
2 aiguillettes de blanc de dinde (225 g/½ lb), aplaties à 6 mm (¼ po)	1 c. à soupe de persil haché

GRAISSES **SUCRE** **SODIUM**

Préparation :
5 min
Cuisson :
4 min

1. Mélangez la **farine,** le **sel** et le **poivre** dans une assiette. Enrobez les aiguillettes de **dinde** de ce mélange en les tapotant ; secouez-les pour enlever l'excès de farine.

2. Dans une poêle moyenne antiadhésive, chauffez l'**huile d'olive** et la **margarine** 1 minute à feu modérément vif et faites-y dorer les aiguillettes 1-2 minutes de chaque côté ; épongez-les sur des serviettes de papier.

3. Baissez la chaleur à feu modéré, ajoutez le **jus de citron** et le **persil,** grattez pour dégager les sucs et remettez les aiguillettes dans la poêle ; réchauffez-les 1-2 minutes en les arrosant souvent de sauce. Donne 2 portions.

Variantes :

Aiguillettes de dinde au parmesan Faites cuire les aiguillettes comme décrit ci-dessus. Cependant, remplacez le jus de citron et le persil par 1 boîte (213 ml/7½ oz) de sauce aux tomates hyposodique, ½ c. à thé chacune d'origan, de basilic et de thym séché, émietté. Quand la sauce mijote, remettez les aiguillettes dans la poêle et réchauffez-les 1 minute. Saupoudrez chaque aiguillette de 1½ c. à thé de mozzarella partiellement écrémée, râpée et ¾ c. à thé de parmesan râpé. Couvrez la poêle et prolongez la cuisson de 1 minute, pour que le fromage fonde.

Aiguillettes de dinde au xérès Supprimez le citron et le persil, mais utilisez 1 c. à thé d'huile d'olive de plus et 115 g (¼ lb) de champignons frais, tranchés mince, que vous ferez revenir à feu modéré et à découvert 2-3 minutes. Quand ils sont dorés, ajoutez ¼ tasse de xérès sec et autant de bouillon de bœuf hyposodique. Faites bouillir à découvert 1-2 minutes jusqu'à évaporation presque complète du liquide : il doit rester une sauce brune épaisse. Déposez les aiguillettes dans la poêle, nappez-les de sauce, couvrez et réchauffez-les à feu modéré 1 minute.

Une portion :

Calories	201
Graisses	8 g
Graisses saturées	2 g
Cholestérol	70 mg
Protéines	27 g
Hydrates de carbone	4 g
Sodium	217 mg
Sucre ajouté	0
Fibres	0

Conseil : *Choisissez une poêle très lourde pour faire cuire les aiguillettes de volaille et les escalopes de veau. Comme leur temps de cuisson est très court, il est essentiel d'utiliser un ustensile qui répartit également la chaleur. Or, plus la poêle est épaisse, meilleure est la diffusion de la chaleur.*

Tortillas farcies à la dinde

2 tortillas de 15 cm (6 po)
1 c. à thé d'huile végétale
1 aiguillette de blanc de dinde (150 g/⅓ lb), aplatie à 6 mm (¼ po)
1 c. à thé de jus de lime
¼ c. à thé de sauce tabasco
2 minces tranches d'avocat pelées (facultatif)

½ tasse de laitue Iceberg déchiquetée
1 petite tomate, parée et hachée
2 minces tranches d'oignon, détaillées en rondelles (facultatif)
2 c. à soupe de yogourt partiellement écrémé

GRAISSES SUCRE SODIUM

Préparation :
15 min
Cuisson :
5 min

Une portion :

Calories	236
Graisses	7 g
Graisses saturées	1 g
Cholestérol	47 mg
Protéines	21 g
Hydrates de carbone	22 g
Sodium	82 mg
Sucre ajouté	0
Fibres	1 g

1. Portez le four à 120°C (250°F). Enveloppez les **tortillas** dans du papier d'aluminium et réchauffez-les 5 minutes au four.
2. Entre-temps, faites chauffer l'**huile végétale** 1 minute à feu vif dans une poêle moyenne. Jetez-y l'aiguillette de **dinde** et laissez-la cuire 2-3 minutes de chaque côté. Quand elle est bien rôtie, déposez-la sur une planche et détaillez-la en lanières en coupant perpendiculairement aux fibres. Réunissez dans un bol le **jus de lime** et le **tabasco** ; roulez la dinde dans cette marinade.
3. Répartissez également la dinde, l'**avocat** s'il y a lieu, la **laitue,** la **tomate** et l'**oignon** au centre des deux tortillas chaudes ; couronnez de **yogourt** et repliez la crêpe sur sa garniture. Donne 2 portions.

Poisson

Sole amandine à l'aneth

1 c. à soupe de farine
⅛ c. à thé de sel
⅛ c. à thé de poivre noir
2 filets de sole (140 g/5 oz chacun)
   Enduit végétal antiadhésif

1 c. à soupe de margarine non salée
1 c. à soupe d'aneth frais, haché, ou ¼ c. à thé d'aneth séché
2 c. à soupe d'amandes effilées

GRAISSES SUCRE SODIUM

Préparation :
5 min
Cuisson :
7 min

Une portion :

Calories	232
Graisses	12 g
Graisses saturées	2 g
Cholestérol	65 mg
Protéines	24 g
Hydrates de carbone	6 g
Sodium	243 mg
Sucre ajouté	0
Fibres	1 g

1. Mélangez la **farine**, le **sel** et le **poivre** dans une assiette ou sur du papier ciré. Enrobez-y les filets de **sole,** tapotez-les des deux côtés et secouez pour enlever l'excès de farine.
2. Vaporisez une poêle moyenne antiadhésive d'**enduit antiadhésif.** Faites-y fondre ½ c. à soupe de **margarine** à feu modéré. Jetez les filets dans la poêle et faites-les cuire 2-3 minutes de chaque côté.
3. Saupoudrez les filets d'**aneth** et réservez-les au chaud.
4. Vaporisez la poêle d'enduit antiadhésif, ajoutez le reste de la margarine et laissez-la fondre à feu modéré. Jetez-y les **amandes** et faites-les rôtir 2-3 minutes en les remuant. Distribuez-les sur les filets et servez. Donne 2 portions.

Variantes :

Sole au basilic et aux pignons Remplacez l'aneth par 1 c. à soupe de basilic frais, haché (ou ¼ c. à thé de basilic séché), et les amandes par des pignons que vous ferez rôtir comme décrit ci-dessus.

Sole au persil et à la graine de tournesol Remplacez l'aneth par 1 c. à soupe de persil frais, haché, et les amandes par une quantité équivalente de graine de tournesol que vous ferez rôtir comme décrit ci-dessus.

Filet en papillote

Filet en papillote

GRAISSES SUCRE SODIUM

Préparation : **10 min**
Cuisson : **10 min**

Tout poisson blanc convient à cette recette.

4   c. à thé de margarine non salée
1   gros filet de sole ou de vivaneau (280 g/10 oz)
2   c. à thé de jus de citron
¼   c. à thé de marjolaine séchée, émiettée
⅛   c. à thé de poivre noir
4   champignons moyens, tranchés mince
2   oignons verts, hachés fin
1   petite tomate, parée et hachée

1. Préchauffez le four à 190°C (375°F). Découpez un morceau de papier d'aluminium assez grand pour enfermer le poisson. Enduisez-le de 1 c. à thé de **margarine.** Disposez le filet de **sole** au centre ; assaisonnez-le avec le **jus de citron,** la **marjolaine** et le **poivre,** puis garnissez avec les **champignons,** les **oignons verts,** la **tomate** et le reste de la margarine détaillée en noisettes. Repliez le papier pour bien fermer la papillote.
2. Déposez-la sur une plaque, enfournez et faites cuire 10-12 minutes. Donne 2 portions.

Une portion :

Calories	208	Protéines	25 g
Graisses	9 g	Hydrates de carbone	5 g
Graisses saturées	1 g	Sodium	157 mg
Cholestérol	67 mg	Sucre ajouté	0
		Fibres	2 g

Galettes de thon

GRAISSES SUCRE SODIUM

Préparation : **10 min**
Cuisson : **7 min**

1   boîte (184 g/6½ oz) de thon émietté, égoutté
½   tasse de mie de pain entier, émiettée
1   petit oignon haché
⅓   tasse de céleri, haché fin
¼   tasse de yogourt partiellement écrémé
2   c. à soupe de ketchup hyposodique
1   c. à soupe de jus de citron
¼   c. à thé de poivre noir
    Enduit végétal antiadhésif
1   c. à thé de margarine non salée

1. Dans un bol moyen, mélangez le **thon,** la **mie de pain,** l'**oignon,** le **céleri,** le **yogourt,** le **ketchup,** le **jus de citron** et le **poivre.** Façonnez quatre galettes minces de 7 cm (3 po) de diamètre.
2. Vaporisez une poêle moyenne antiadhésive d'**enduit antiadhésif ;** ajoutez la **margarine** et faites-la fondre à feu modéré. Déposez les galettes dans la poêle et faites-les cuire 3-5 minutes de chaque côté. Servez quand elles sont bien dorées. Donne 2 portions.

Une portion :

Calories	180	Protéines	23 g
Graisses	4 g	Hydrates de carbone	14 g
Graisses saturées	1 g	Sodium	422 mg
Cholestérol	49 mg	Sucre ajouté	0
		Fibres	1 g

Plats végétariens et pâtes alimentaires

Crêpes au maïs en sauce piquante

GRAISSES SUCRE SODIUM

5 c. à soupe de farine tout usage

½ tasse de maïs à grains entiers, frais ou surgelé

⅓ tasse de lait écrémé

1 c. à soupe de farine de maïs jaune

1 c. à soupe de blanc d'œuf légèrement battu

1 petit poivron vert haché

2 tomates moyennes, parées, épépinées et hachées

1 petit oignon haché

2 gousses d'ail hachées

1 c. à thé de chili vert, frais ou en boîte, haché fin (facultatif)

2 c. à soupe de persil haché

⅓ tasse de yogourt partiellement écrémé

2 c. à soupe de crème sure

½ c. à thé d'assaisonnement au chile

½ c. à thé de cumin moulu
Enduit végétal antiadhésif

Préparation :
15 min et
30 min d'attente
Cuisson :
9 min

Une portion :

Calories	242
Graisses	5 g
Graisses saturées	2 g
Cholestérol	9 mg
Protéines	10 g
Hydrates de carbone	41 g
Sodium	92 mg
Sucre ajouté	0
Fibres	3 g

1. Dans un mixer ou un robot, travaillez ensemble 30 secondes la **farine**, ¼ tasse de **maïs**, le **lait**, la **farine de maïs** et le **blanc d'œuf**. Laissez reposer la pâte à la température ambiante 30 minutes.

2. Entre-temps, réunissez dans un bol moyen le quart de tasse de maïs restant, le **poivron vert**, les **tomates**, l'**oignon**, l'**ail**, le **chili vert** et 1 c. à soupe de **persil**. Mélangez et réservez.

3. Dans un petit bol, mélangez le **yogourt**, la **crème sure**, l'**assaisonnement au chile** et le **cumin** et réservez.

4. Portez le four à 125 °C (250 °F). Vaporisez une poêle moyenne antiadhésive d'**enduit antiadhésif** et posez-la 30 secondes sur un feu modéré. Versez-y la moitié de la pâte et inclinez la poêle de tous les côtés pour l'étaler. Faites-la cuire 2-3 minutes de chaque côté. Quand elle est bien dorée, faites-la passer dans une assiette chaude. Vaporisez de nouveau la poêle d'enduit et faites cuire la deuxième crêpe.

5. Montez le plat : divisez la préparation à la tomate en deux et nappez-en chaque crêpe ; posez sur chacune 1 c. à soupe du yogourt assaisonné. Enroulez les crêpes sur elles-mêmes et garnissez-les du reste du yogourt. Parsemez de persil. Servez avec une petite salade verte panachée. Donne 2 portions.

Conseil : Il vous faut un couteau bien aiguisé pour détacher les grains de l'épi de maïs sans perdre le jus. Un épi moyen donne environ ½ tasse de grains.

Pizza de pain croûté

GRAISSES SUCRE SODIUM

½ pain croûté de blé entier (225 g/½ lb)

1 gousse d'ail, coupée en deux

2 grosses tomates, parées et hachées

½ tasse de mozzarella râpée (60 g/2 oz)

½ c. à soupe d'huile d'olive

½ c. à thé d'origan séché, émietté

⅛ c. à thé de poivre noir

¼ tasse de parmesan râpé

Préparation :
10 min
Cuisson :
6 min

Une portion :

Calories	292
Graisses	12 g
Graisses saturées	3 g
Cholestérol	8 mg
Protéines	7 g
Hydrates de carbone	17 g
Sodium	292 mg
Sucre ajouté	0
Fibres	5 g

1. Allumez le grilloir. Coupez le **pain** en deux sur la longueur, retirez et jetez la mie. Déposez le pain, côté coupé dessus, sur une plaque à biscuits non graissée et faites-le griller 3-4 minutes à 7,5-10 cm (3-4 po) de l'élément. Quand il commence à rôtir, retirez-le et frottez-le d'**ail**.

2. Dans un petit bol, mélangez les **tomates**, la **mozzarella**, l'**huile d'olive**, l'**origan** et le **poivre**. Déposez la moitié de la préparation dans chaque demi-pain et parsemez de **parmesan**. Faites griller 3 minutes. Donne 2 portions.

Potée de pois secs

Potée de pois secs

Préparé la veille, ce ragoût sans viande acquiert de la saveur. Vous pouvez réfrigérer ce qui reste pendant deux ou trois jours ou le congeler pour un mois. Ajoutez le yogourt juste au moment de servir.

GRAISSES **SUCRE** **SODIUM**

Préparation : 10 min
Cuisson : **58 min**
(presque sans intervention)

115 g (4 oz) de doliques à œil noir secs, mis à tremper la veille

2 carottes moyennes, pelées et hachées

1 gros oignon, haché fin

2 tomates moyennes, pelées, parées et hachées

½ c. à thé de sarriette séchée, émiettée

½ c. à thé de marjolaine séchée, émiettée

¼ c. à thé de flocons de piment rouge écrasés

2 feuilles de laurier

1 bâton de cannelle

3 tasses d'eau

⅓ tasse de maïs à grains entiers, frais ou surgelé

¼ c. à thé de poivre noir

⅛ c. à thé de sel

⅔ tasse de yogourt partiellement écrémé

Une portion :

Calories	363
Graisses	3 g
Graisses saturées	1 g
Cholestérol	5 mg
Protéines	21 g
Hydrates de carbone	68 g
Sodium	257 mg
Sucre ajouté	0
Fibres	3 g

Conseil : *Si vous employez des doliques à œil noir en boîte, réchauffez-les sans plus. Ils se réduisent en purée quand on les fait trop cuire.*

1. Égouttez les **doliques** et déposez-les dans une casserole moyenne avec les **carottes**, l'**oignon**, les **tomates**, la **sarriette**, la **marjolaine**, le **piment rouge**, le **laurier** et la **cannelle**. Ajoutez l'**eau**, remuez et posez la casserole sur un feu moyennement vif. Amenez à ébullition et faites bouillir 3 minutes. Baissez le feu pour que la potée mijote, couvrez à demi et laissez cuire 50 minutes.

2. Quand les pois sont à point, ajoutez le **maïs**, le **poivre** et le **sel** et prolongez la cuisson de 5 minutes à découvert. Avant de servir, retirez le laurier et la cannelle et déposez ⅓ tasse de **yogourt** sur chaque portion. Donne 2 portions.

Coquilles aux légumes

90 g (3 oz) de pâtes en forme de coquille

2½ c. à thé d'huile d'olive

1 oignon moyen, tranché

1 gousse d'ail hachée

1 petit poivron vert, paré, épépiné et détaillé en dés de 2 cm (¾ po)

1 petite aubergine (225 g/½ lb), non pelée, détaillée en dés de 2,5 cm (1 po)

1 courgette moyenne (225 g/ ½ lb), détaillée en rondelles de 2,5 cm (1 po)

2 petites tomates, parées et détaillées en dés de 2,5 cm (1 po)

3 c. à soupe d'eau

1 feuille de laurier

½ c. à thé d'origan séché, émietté

½ c. à thé de basilic séché, émietté

⅛ c. à thé de poivre noir

3 c. à soupe de parmesan râpé

GRAISSES SUCRE SODIUM

Préparation :
15 min
Cuisson :
15 min

Une portion :

Calories	*325*
Graisses	*9 g*
Graisses saturées	*2 g*
Cholestérol	*6 mg*
Protéines	*13 g*
Hydrates de carbone	*51 g*
Sodium	*159 mg*
Sucre ajouté	*0*
Fibres	*5 g*

Conseil : *En hiver, les tomates ne sont pas à point. Pour les faire mûrir rapidement, enfermez-les dans un sac de papier brun.*

1. Faites cuire les **pâtes** selon les instructions en omettant le sel. Égouttez-les, rincez-les à l'eau froide pour arrêter la cuisson puis égouttez-les de nouveau.

2. Entre-temps, faites chauffer l'**huile d'olive** 1 minute à feu modéré dans une poêle. Jetez-y l'**oignon**, l'**ail** et le **poivron** ; laissez-les cuire 3 minutes à découvert. Quand ils sont à point, ajoutez l'**aubergine**, la **courgette**, la moitié des **tomates**, l'**eau**, le **laurier**, l'**origan**, le **basilic** et le **poivre**. Amenez à ébullition, réduisez la chaleur, couvrez et laissez mijoter 10 minutes.

3. Quand le plat est à point, ajoutez le reste des tomates, les pâtes et le **parmesan**. Remuez 1-2 minutes sur le feu pour mélanger les ingrédients et les réchauffer. Retirez le laurier avant de servir. Donne 2 portions.

Tortellinis à la jardinière

Cette recette s'accommode avec tous les légumes de votre choix, ainsi qu'avec des fruits de mer, du poulet, du piment rôti et des câpres.

140 g (5 oz) de tortellinis, coquilles, pennes ou macaronis coupés

1 carotte moyenne, pelée et tranchée mince

½ tasse de petits pois, frais ou surgelés

1 courge moyenne (225 g/½ lb), tranchée mince

1 tomate moyenne, parée, épépinée et hachée

½ c. à soupe de margarine non salée

⅛ c. à thé de poivre noir

1 c. à soupe de parmesan râpé

1 c. à soupe de ciboulette fraîche, hachée, de basilic ou de persil

GRAISSES SUCRE SODIUM

Préparation :
10 min
Cuisson :
14 min

Une portion :

Calories	*374*
Graisses	*5 g*
Graisses saturées	*1 g*
Cholestérol	*2 mg*
Protéines	*14 g*
Hydrates de carbone	*69 g*
Sodium	*71 mg*
Sucre ajouté	*0*
Fibres	*5 g*

1. Dans une grande casserole et à feu modéré, amenez à ébullition 5 tasses d'eau non salée. Jetez-y les **tortellinis** et la **carotte** ; laissez-les cuire à découvert 3 minutes. Ajoutez les **petits pois** et faites cuire 3 minutes en remuant souvent. Mettez la **courge** et prolongez la cuisson de 2 minutes en remuant. Quand pâtes et légumes sont à point, réservez ¼ tasse de l'eau de cuisson, puis égouttez-les, rincez-les à l'eau froide et égouttez-les de nouveau.

2. Dans la même casserole, mettez le liquide réservé, la **tomate** et la **margarine**. Faites chauffer à feu modéré. Ajoutez-y les pâtes et les légumes et remuez 1-2 minutes pour que tout soit bien chaud. Saupoudrez de **poivre**, de **parmesan** et de **ciboulette**. Remuez et servez. Donne 2 portions.

Linguines au thon et aux petits pois

Linguines au thon et aux petits pois

Préparation : **5 min**
Cuisson : **14 min**

`GRAISSES` `SUCRE` `SODIUM`

90 g (3 oz) de linguines ou de spaghettis
½ tasse de petits pois, frais ou surgelés
¾ tasse de lait écrémé
1 c. à soupe de farine
1 petite boîte (99 g/3½ oz) de thon pâle dans l'eau, égoutté et effeuillé
3 c. à soupe de parmesan râpé
¼ c. à thé de poivre noir

1. Faites cuire les **linguines** selon les instructions en omettant le sel. Égouttez, rincez-les à l'eau froide puis égouttez de nouveau.

2. Amenez 1 tasse d'eau non salée à ébullition dans une petite casserole. Faites-y blanchir les **petits pois** 1 minute à découvert ; égouttez-les.

3. Dans une poêle antiadhésive moyenne, fouettez le **lait** et la **farine** et faites-les cuire 2 minutes à feu modéré en remuant sans arrêt. Lorsque le lait commence à épaissir, ajoutez les petits pois. Après 30 secondes de cuisson, jetez dans la poêle les pâtes, le **thon**, le **parmesan** et le **poivre**. Remuez et laissez le plat se réchauffer 5 minutes sans bouillir. Donne 2 portions.

Une portion :

Calories	301	Protéines	23 g
Graisses	4 g	Hydrates de carbone	43 g
Graisses saturées	2 g	Sodium	339 mg
Cholestérol	32 mg	Sucre ajouté	0
		Fibres	2 g

Salades
Salade du chef

Préparation : **5 min**

`GRAISSES` `SUCRE` `SODIUM`

1 petite laitue Boston (115 g/¼ lb)
2 minces tranches de jambon hyposodique (60 g/2 oz)
2 minces tranches de blanc de dinde ou de poulet cuit (60 g/2 oz)
2 tranches de fromage suisse ou américain hyposodique (60 g/2 oz)
2 tranches minces d'oignon rouge, détaillées en rondelles
1 blanc d'œuf cuit dur, grossièrement haché
1 tomate moyenne, parée et détaillée en 8 quartiers

1. Lavez la **laitue**, essorez-la soigneusement et déchiquetez-la. Coupez le **jambon**, la **dinde** et le **fromage** en bâtonnets.

2. Partagez la laitue et l'**oignon** entre deux bols à salade ; déposez dans chacun d'eux la moitié du jambon, de la dinde et du fromage ; garnissez de **blanc d'œuf** et de quartiers de **tomate**. Servez avec 2 c. à soupe de Vinaigrette à la française (p. 225). Donne 2 portions.

Une portion :

Calories	217	Protéines	24 g
Graisses	11 g	Hydrates de carbone	7 g
Graisses saturées	0	Sodium	276 mg
Cholestérol	36 mg	Sucre ajouté	0
		Fibres	2 g

253

Salade de fruits, sauce à l'orange

Voici une ravissante salade estivale, qui peut servir de repas le midi.

GRAISSES SUCRE **SODIUM**

½ tasse de jus d'orange
2 c. à thé de miel
1½ c. à thé de vinaigre balsamique ou de jus de citron
1 c. à thé de fécule de maïs
¼ c. à thé de cari
1 tasse d'ananas frais ou en boîte, en dés de 2 cm (¾ po)
1 grosse orange navel, pelée et détaillée en dés de 2,5 cm (1 po)

2 kiwis moyens, pelés et détaillés en dés de 2 cm (¾ po)
½ tasse de bleuets frais
4 fraises moyennes, coupées en deux
1 tasse de fromage Cottage partiellement écrémé

Préparation :
20 min et
30 min de
réfrigération
Cuisson :
3 min

Une portion :

Calories	268
Graisses	1 g
Graisses saturées	0
Cholestérol	5 mg
Protéines	15 g
Hydrates de carbone	53 g
Sodium	17 mg
Sucre ajouté	21 cal.
Fibres	2 g

1. Dans une petite casserole, mélangez le **jus d'orange**, le **miel**, le **vinaigre**, la **fécule** et le **cari**. Faites cuire 3 minutes à feu modéré en remuant constamment. Quand la sauce commence à épaissir, retirez-la du feu, posez le couvercle sur la casserole et réfrigérez 30 minutes.
2. Dans un grand bol, réunissez l'**ananas**, l'**orange**, les **kiwis** et les **bleuets** ; couvrez et réfrigérez jusqu'au moment de servir.
3. Au moment de servir, jetez les **fraises** et la sauce dans le plat de fruits et remuez délicatement. Dressez la salade dans deux assiettes ; garnissez de **fromage Cottage**. Donne 2 portions.

Salade de thon au yogourt et à l'aneth

Pour préparer une seule portion, prenez une boîte de thon de 99 g (3½ oz) et coupez le reste des ingrédients de moitié.

GRAISSES SUCRE **SODIUM**

2 c. à soupe de yogourt partiellement écrémé
2 c. à soupe de mayonnaise à teneur réduite en calories
4 c. à thé d'aneth frais, ciselé, ou ½ c. à thé d'aneth séché
⅛ c. à thé de poivre noir

1 boîte (184 g/6½ oz) de thon dans l'eau, égoutté et effeuillé
½ tasse de céleri en dés
½ tasse de châtaignes d'eau, tranchées mince
1 petit oignon vert, tranché mince
4 feuilles de laitue

Préparation :
10 min

Une portion :

Calories	190
Graisses	6 g
Graisses saturées	1 g
Cholestérol	33 mg
Protéines	23 g
Hydrates de carbone	12 g
Sodium	186 mg
Sucre ajouté	0
Fibres	1 g

1. Dans un bol moyen, réunissez le **yogourt**, la **mayonnaise**, l'**aneth** et le **poivre**. Ajoutez le **thon**, le **céleri**, les **châtaignes** et l'**oignon vert**. Remuez bien.
2. Couvrez et réfrigérez 1-2 heures, si vous le désirez, avant de dresser la salade dans les feuilles de **laitue**. Donne 2 portions.

Variante :

Salade de saumon à l'aneth   Remplacez le thon par une même quantité de saumon égoutté et effeuillé. N'employez que ¼ tasse de céleri ; supprimez les châtaignes d'eau. Ajoutez ¼ tasse de poivron vert haché et 2 petits radis tranchés mince. Préparez la salade selon les instructions ci-dessus.

Petits déjeuners et casse-croûte

Une omelette ou des œufs Benedict alors qu'on surveille son taux de cholestérol? On aura tout vu! Cette section vous amènera à réussir de vrais miracles, toutes sortes de petites gâteries pauvres en gras et en sucre. Et si la boîte à lunch ne vous inspire plus, feuilletez les recettes à partir de la page 261. Le Sandwich mariné ou la Salade de petits pois et de carotte à la mozzarella, par exemple, réveilleront les appétits endormis par la routine.

Œufs brouillés Benedict

Petits déjeuners

Omelettes aux asperges et aux champignons

1 gros œuf
5 gros blancs d'œufs
1 c. à soupe de ciboulette fraîche ou lyophilisée, hachée
2 c. à soupe d'eau froide
¼ c. à thé de poivre noir
2 c. à soupe de margarine non salée

¼ tasse d'asperges, hachées fin, ou de brocoli
¼ tasse de champignons, hachés fin
¼ tasse de tomate, hachée fin
¼ tasse de persil haché

GRAISSES **SUCRE** **SODIUM**

Préparation :
5 min
Cuisson :
12 min

Une portion :

Calories	98
Graisses	7 g
Graisses saturées	1 g
Cholestérol	69 mg
Protéines	6 g
Hydrates de carbone	2 g
Sodium	83 mg
Sucre ajouté	0
Fibres	1 g

1. Dans un bol moyen, réunissez l'**œuf**, les **blancs d'œufs**, la **ciboulette**, l'**eau** et le **poivre** ; fouettez pour opérer le mélange, sans plus.

2. Faites fondre ½ c. à thé de **margarine** dans une poêle moyenne à feu modérément vif. Jetez-y le quart des **asperges** et des **champignons** et faites-les cuire 1 minute en remuant.

3. Ajoutez le quart des **œufs** (½ tasse environ) et agitez la poêle pendant 30 secondes sur le feu en remuant sans arrêt. Accordez encore 30 secondes de cuisson sans remuer. L'omelette sera prise dans le fond et sur les bords.

4. Avec une spatule, pliez l'omelette en deux ou faites-la rouler vers le bord de la poêle et tournez-la sur une assiette chaude. Préparez trois autres omelettes de la même façon. Garnissez chacune de **tomate** et de **persil.** Donne 4 portions.

Variante :

Omelette aux champignons et aux fines herbes   Supprimez les asperges et ajoutez aux œufs 1 c. à soupe d'aneth, d'origan, de basilic, de sauge, d'estragon ou de cerfeuil frais, haché (ou 1 c. à thé si les herbes sont séchées et émiettées).

Conseil : On juge de la fraîcheur d'un œuf à sa coquille. Si elle est lisse et luisante, l'œuf est vieux ; si elle est rugueuse et crayeuse, il est frais.

Omelettes aux asperges et aux champignons

Œufs brouillés Benedict

*Cette recette renferme le quart du cholestérol de la recette classique.
Mettez de la dinde ou du poulet à la place du jambon et vous réduisez de
200 mg sa teneur en sodium.*

GRAISSES **SUCRE** **SODIUM**

4   minces tranches de jambon hyposodique (115 g/¼ lb)
1   tasse de bouillon de poulet hyposodique
3   c. à soupe de margarine non salée
2   c. à soupe de farine
1   c. à soupe de jus de citron

⅛   c. à thé et une pincée de poivre noir
1   gros œuf
4   gros blancs d'œufs
2   c. à soupe de lait écrémé
2   muffins anglais ouverts
2   c. à soupe de persil haché

Préparation :
8 min
Cuisson :
10 min

Une portion :

Calories	236
Graisses	12 g
Graisses saturées	2 g
Cholestérol	82 mg
Protéines	13 g
Hydrates de carbone	18 g
Sodium	449 mg
Sucre ajouté	0
Fibres	0

1. Portez le four à 180°C (350°F). Enveloppez le **jambon** dans du papier d'aluminium et réchauffez-le au four 10 minutes. Dans une petite casserole, amenez le **bouillon de poulet** presque au point d'ébullition.

2. Dans une autre petite casserole, faites fondre 2 c. à soupe de **margarine** à feu modéré. Ajoutez la **farine** et faites cuire 2 minutes en remuant sans arrêt. Incorporez au fouet le bouillon de poulet chaud et le **jus de citron** ; amenez au point d'ébullition et faites cuire 2 minutes en remuant. Quand la sauce a épaissi, ajoutez-lui ⅛ c. à thé de **poivre.**

3. Dans un petit bol, fouettez ensemble l'**œuf,** les **blancs d'œufs,** le **lait écrémé** et la pincée de poivre. Faites fondre le reste de la margarine à feu modéré dans une poêle moyenne, jetez-y les œufs et laissez-les cuire 4-5 minutes en remuant souvent.

4. Entre-temps, faites griller les **muffins.** Sur chaque moitié, déposez une tranche de jambon et le quart des œufs brouillés ; nappez d'une cuillerée de sauce et parsemez de **persil.** Donne 4 portions.

Kedgeree

*Ce plat léger, à base de poisson, de riz et d'œufs cuits dur, est d'origine
indienne et fort populaire en Angleterre.*

GRAISSES **SUCRE** **SODIUM**

½   tasse de riz brun
1   c. à soupe de margarine non salée
1   c. à thé ou davantage de cari
1   c. à thé de farine
⅓   tasse de bouillon de poulet hyposodique

225 g (½ lb) de filets de morue ou d'aiglefin en bouchées de 1,5 cm (½ po)
¼   c. à thé de poivre noir
2   gros blancs d'œufs cuits dur, hachés fin
1   c. à soupe de persil haché

Préparation :
10 min
Cuisson :
46 min
(presque sans intervention)

Une portion :

Calories	170
Graisses	4 g
Graisses saturées	1 g
Cholestérol	24 mg
Protéines	14 g
Hydrates de carbone	19 g
Sodium	63 mg
Sucre ajouté	0
Fibres	2 g

1. Faites cuire le **riz** selon les instructions en omettant le sel.

2. Quand il est presque à point, faites fondre la **margarine** 1 minute à feu modérément doux dans une casserole moyenne. Jetez-y le **cari** et remuez. Après 1 minute de cuisson, incorporez la **farine,** puis le **bouillon de poulet.** Accordez 1-2 minutes de cuisson sans cesser de remuer.

3. Quand la sauce a épaissi, ajoutez le riz, ainsi que la **morue,** le **poivre** et tout le **blanc d'œuf** haché moins 1 c. à soupe. Remuez. Réchauffez 5 minutes à feu modérément doux sans couvrir et en agitant le mélange de temps à autre.

4. Quand le poisson est cuit et que le tout est bien chaud, présentez dans une assiette chaude et décorez avec le blanc d'œuf qui reste et le **persil.** Donne 4 portions.

Müsli

1 tasse de flocons d'avoine
à cuisson rapide
½ tasse d'abricots, de pommes
ou de pruneaux secs, hachés
ou de raisins secs entiers
1 c. à soupe de cassonade blonde
2 c. à soupe de germe de blé

2 c. à soupe d'amandes, de
pacanes ou de noisettes
grillées, hachées
1 tasse de lait écrémé
½ tasse de yogourt
partiellement écrémé
Cannelle moulue à volonté

GRAISSES SUCRE SODIUM

Préparation :
6 min

Une portion :

Calories	206
Graisses	4 g
Graisses saturées	1 g
Cholestérol	3 mg
Protéines	9 g
Hydrates de carbone	35 g
Sodium	56 mg
Sucre ajouté	9 cal.
Fibres	1 g

1. Dans un grand bol, mélangez tous les ingrédients secs. *(Note : Le müsli se garde 1 semaine dans un bocal hermétique, au frais et à l'obscurité.)*
2. Partagez le müsli entre 4 bols et arrosez-le de ¼ tasse de **lait**. Servez tout de suite si vous l'aimez croustillant ; attendez 10 minutes si vous le préférez tendre. Couronnez de **yogourt** et de **cannelle**. Donne 4 portions.

Pouding du matin aux bleuets

1 gros œuf
⅓ tasse de cassonade
1 tasse de lait écrémé
1 c. à thé chacune de cannelle
moulue, de zeste de citron
râpé et d'essence de vanille
1 pincée de muscade

6 tranches de pain entier
Enduit végétal antiadhésif
2 tasses de bleuets
½ tasse de yogourt
partiellement écrémé
(facultatif)

GRAISSES SUCRE SODIUM

Préparation :
10 min et 1 h
de réfrigération
Cuisson : **40 min**

Une portion :

Calories	160
Graisses	2 g
Graisses saturées	1 g
Cholestérol	47 mg
Protéines	5 g
Hydrates de carbone	32 g
Sodium	161 mg
Sucre ajouté	30 cal.
Fibres	3 g

1. Avec une fourchette, fouettez ensemble **l'œuf** et la **cassonade** dans un grand bol. Incorporez le **lait**, la **cannelle**, le **zeste de citron**, la **vanille** et la **muscade**. Déchiquetez le **pain** en bouchées de 1,5 cm (½ po) et ajoutez-les au mélange. Remuez. Couvrez et réfrigérez 1 heure ou du soir au matin.
2. Portez le four à 190°C (375°F). Vaporisez un moule rectangulaire peu profond d'**enduit antiadhésif**. Incorporez délicatement les **bleuets** à la pâte et versez le mélange dans le moule en l'étalant bien.
3. Enfournez et laissez cuire 40 minutes. Servez le pouding chaud en nappant chaque portion de 2 c. à soupe de **yogourt**, au goût. Donne 6 portions.

Pouding du matin aux bleuets

Carrés briochés aux framboises

Enduit végétal antiadhésif
1½ tasse de farine tout usage
 tamisée
3 c. à soupe de cassonade
1¾ c. à thé de levure chimique
¼ c. à thé de sel
3 c. à soupe de margarine non
 salée

¾ tasse de lait à 2 %
1 gros œuf légèrement battu
2 c. à thé de zeste d'orange râpé
½ c. à thé d'essence de vanille
½ tasse de framboises ou de
 bleuets frais ou surgelés à sec
2 c. à soupe de jus d'orange

GRAISSES SUCRE SODIUM

Préparation :
5 min
Cuisson :
25 min

Un carré :

Calories	148
Graisses	5 g
Graisses saturées	1 g
Cholestérol	32 mg
Protéines	3 g
Hydrates de carbone	22 g
Sodium	163 mg
Sucre ajouté	26 cal.
Fibres	1 g

1. Portez le four à 180°C (350°F). Vaporisez un moule à gâteau rectangulaire peu profond d'**enduit antiadhésif**.
2. Dans un grand bol, réunissez la **farine**, la **cassonade**, la **levure chimique** et le **sel**. Avec un coupe-pâte ou une fourchette, incorporez la **margarine** ; la pâte deviendra grumeleuse. Incorporez le **lait, l'œuf**, le **zeste d'orange** et la **vanille** et mélangez tout juste pour humidifier les ingrédients secs. Versez la pâte dans le moule.
3. Dans un petit bol, remuez ensemble les **framboises** et le **jus d'orange** et déposez-les sur la pâte. Faites cuire environ 25 minutes, jusqu'à ce que la brioche se détache des bords du moule et qu'un cure-dents inséré au centre de la pâte en ressorte propre. Découpez en 9 carrés ; servez chaud. Donne 9 carrés.

Crêpes

¾ tasse de farine tout usage
 tamisée
½ tasse de farine de blé entier
 non tamisée
4 c. à thé de cassonade blonde
2 c. à thé de levure chimique

¼ c. à thé de sel
1½ c. à soupe de margarine non
 salée
1¼ tasse de lait à 2 %
3 gros blancs d'œufs
 Enduit végétal antiadhésif

GRAISSES SUCRE SODIUM

Préparation :
5 min
Cuisson :
16 min

Une crêpe :

Calories	59
Graisses	2 g
Graisses saturées	0
Cholestérol	2 mg
Protéines	2 g
Hydrates de carbone	9 g
Sodium	107 mg
Sucre ajouté	11 cal.
Fibres	1 g

1. Dans un grand bol, réunissez la **farine tout usage**, la **farine de blé entier**, la **cassonade**, la **levure chimique** et le **sel**. Remuez et réservez.
2. Faites fondre la **margarine** à feu modéré. Dans un petit bol, mélangez-la au **lait** ; ajoutez-les aux ingrédients secs et remuez tout juste pour humidifier.
3. Dans un autre grand bol, fouettez les **blancs d'œufs** en neige ferme mais non sèche. Incorporez-les délicatement à la pâte.
4. Vaporisez une grande poêle antiadhésive d'**enduit antiadhésif** et posez-la sur un feu modéré. Quand elle est chaude, faites cuire les crêpes 2 minutes, deux à la fois, en utilisant ¼ tasse de pâte pour chacune. Quand il se forme des bulles en surface, retournez-les et prolongez la cuisson de 1 minute pour que le dessous soit doré. Donne 16 crêpes.

Variantes :

Crêpes aux fruits   Après avoir versé la pâte dans la poêle, déposez dessus une cuillerée à thé de bleuets ou de fraises ou quelques tranches de banane.

Crêpes au babeurre   Remplacez le lait par 1¼ tasse de babeurre.

Crêpes à la farine de maïs   Remplacez la farine de blé entier par de la farine de maïs jaune.

Conseil : *Les pâtes trop manipulées donnent des crêpes ou des muffins durs. Remuez-les pour associer les ingrédients secs et les ingrédients liquides, sans plus.*

Muffins à la confiture

Vous pouvez remplacer la confiture par un petit carré de fromage, un pruneau dénoyauté ou ½ c. à thé de raisins secs hachés.

GRAISSES SUCRE SODIUM

Enduit végétal antiadhésif
2 **tasses de farine tout usage non tamisée**
3 **c. à soupe de sucre**
1 **c. à thé de bicarbonate de soude**
¼ **c. à thé de sel**
¼ **tasse de margarine non salée**
1 **tasse de babeurre**
1 **gros œuf légèrement battu**
¼ **tasse de confiture de fraises ou de framboises**

1. Portez le four à 190°C (375°F). Vaporisez un grand moule à muffins ou deux petits d'**enduit antiadhésif :** il vous faut 12 alvéoles de 6 cm (2½ po) chacun. *(Note : Vous pouvez supprimer l'enduit et utiliser des petites caissettes en papier.)*
2. Dans un grand bol, mélangez la **farine**, le **sucre**, le **bicarbonate de soude** et le **sel**.
3. Faites fondre la **margarine** à feu modéré. Dans un petit bol, mélangez-la au **babeurre** et incorporez l'**œuf** en fouettant à la fourchette. Ajoutez ce liquide aux ingrédients secs pour les humidifier, sans plus.
4. Versez la moitié de la pâte dans les alvéoles. Avec le dos d'une cuiller, aménagez un petit creux et déposez-y 1 c. à thé de **confiture**. Recouvrez de pâte.
5. Enfournez et laissez cuire 20-25 minutes, jusqu'à ce que les muffins soient dorés. Servez-les chauds. Donne 12 muffins.

Préparation :
15 min
Cuisson :
20 min

Un muffin :

Calories	*149*
Graisses	*5 g*
Graisses saturées	*1 g*
Cholestérol	*24 mg*
Protéines	*3 g*
Hydrates de carbone	*23 g*
Sodium	*187 mg*
Sucre ajouté	*12 cal.*
Fibres	*1 g*

Conseil : *Les muffins cuisent mieux à la chaleur humide. Mettez de l'eau dans les alvéoles non utilisés du moule.*

Pain doré à l'orange

En France, le pain doré s'appelle pain perdu.

GRAISSES SUCRE SODIUM

2 **gros blancs d'œufs légèrement battus**
⅔ **tasse de lait écrémé**
1 **c. à soupe de zeste d'orange râpé**
1 **c. à soupe de margarine non salée**
8 **minces tranches de pain entier**

1. Dans un bol peu profond ou une assiette à tarte, mélangez les **blancs d'œufs,** le **lait** et le **zeste d'orange râpé**, sans trop insister.
2. Faites fondre le quart de la **margarine** à feu modéré dans une grande poêle antiadhésive. Portez le four à 95°C (200°F).
3. Trempez rapidement une tranche de **pain** des deux côtés dans la préparation. Déposez-la dans la poêle et faites-la cuire 3 minutes ; quand elle est dorée, tournez-la et prolongez la cuisson de 3 minutes.
4. Faites de même avec les trois autres tranches ; ajoutez de la margarine au besoin. Gardez les tranches cuites dans le four pour qu'elles ne se refroidissent pas. Donne 4 portions.

Variantes :

Pain doré à l'érable Remplacez le zeste d'orange par 1 c. à soupe de sirop d'érable.

Pain doré aux épices Remplacez le zeste d'orange par 1 c. à thé chacune de cannelle, de muscade et d'essence de vanille.

Préparation :
10 min
Cuisson :
12 min

Une portion :

Calories	*161*
Graisses	*4 g*
Graisses saturées	*1 g*
Cholestérol	*2 mg*
Protéines	*8 g*
Hydrates de carbone	*25 g*
Sodium	*289 mg*
Sucre ajouté	*0*
Fibres	*3 g*

Minipâtés à la viande

Casse-croûte

Minipâtés à la viande

Ces minipâtés doivent être gardés au réfrigérateur. Ne les laissez pas attendre plus de 2 heures à la température ambiante.

1	c. à soupe de margarine non salée	1	gros blanc d'œuf légèrement battu
2	petites carottes, pelées et hachées fin	450	g (1 lb) de dinde maigre, hachée
1	oignon moyen, haché fin	1	tasse de mie de pain blanc, émiettée (2 tranches)
½	petit poivron vert, paré, épépiné et haché fin	⅓	tasse de ketchup hyposodique
½	petit poivron rouge, paré, épépiné et haché fin	60	g (2 oz) de fromage suisse en dés de 6 mm (¼ po)
1	c. à thé de sauge séchée	¼	c. à thé de poivre noir

Préparation : **15 min**
Cuisson : **34 min**
(presque sans intervention)

Un minipâté :

Calories	135
Graisses	8 g
Graisses saturées	2 g
Cholestérol	28 mg
Protéines	11 g
Hydrates de carbone	7 g
Sodium	81 mg
Sucre ajouté	0
Fibres	0

1. Faites fondre la **margarine** à feu doux dans une casserole moyenne. Jetez-y la **carotte**, l'**oignon**, le **poivron vert**, le **poivron rouge** et la **sauge** ; couvrez et laissez cuire 8-10 minutes en remuant de temps à autre.

2. Préchauffez le four à 190°C (375°F). Dans un grand bol, mélangez le **blanc d'œuf**, la **dinde** hachée, la **mie de pain** émiettée, le **ketchup**, le **fromage** et le **poivre**. Ajoutez les légumes quand ils sont à point et mélangez bien.

3. Déposez 10 petites caissettes en papier de 6 cm (2½ po) dans les alvéoles d'un grand moule à muffins ou de deux petits. Déposez ⅓ tasse de préparation dans chaque caissette. Enfournez et laissez cuire 25-30 minutes ou jusqu'à ce que les minipâtés soient dorés et fermes sous la pression des doigts.

4. Posez le moule sur une grille et laissez refroidir 10 minutes. Couvrez le moule de pellicule de plastique et réfrigérez. Au moment de l'utilisation, démoulez les petits pâtés et enveloppez-les séparément dans de la pellicule de plastique ou du papier d'aluminium. Donne 10 minipâtés à la viande.

Conseil : *Quand vous utilisez une planche en bois, grattez-en d'abord la surface ; dans les petites stries qu'y creusent les couteaux peuvent proliférer des bactéries, source d'intoxication alimentaire.*

Pizzas-sandwiches

Bien que ces petites pizzas jumelées se mangent à la température ambiante, vous voudrez peut-être les réchauffer au four à micro-ondes, réglé à basse température (le tiers de la puissance normale).

1 **c. à thé d'huile d'olive**	½ **c. à thé de basilic séché**
1 **petit oignon haché fin**	¼ **c. à thé de thym séché**
1 **gousse d'ail hachée**	4 **muffins anglais**
½ **tasse de sauce aux tomates hyposodique**	¾ **tasse de mozzarella partiellement écrémée, râpée**
½ **c. à thé d'origan séché**	¼ **tasse de parmesan râpé**

1. Allumez le grilloir. Dans une petite casserole, chauffez l'**huile d'olive** 1 minute à feu modérément doux ; faites-y attendrir l'**oignon** et l'**ail** 2-3 minutes à découvert. Incorporez la **sauce aux tomates**, l'**origan**, le **basilic** et le **thym** ; réchauffez 2 minutes en remuant de temps à autre. Entre-temps, divisez les **muffins** en deux et faites-les griller.

2. Garnissez les demi-muffins avec la moitié de la **mozzarella**. Placez-les dans le grilloir, à 8-10 cm (3-4 po) de l'élément, et faites-les griller 1-2 minutes pour que le fromage fonde.

3. Étalez sur le fromage 1 c. à soupe de la sauce aux tomates ; répartissez par-dessus le reste de la mozzarella et le **parmesan.**

4. Remettez les demi-muffins sous le grilloir et faites-les gratiner 1-2 minutes. Réunissez-les de manière à obtenir 4 pizzas-sandwiches. Laissez-les refroidir à la température ambiante, enveloppez de pellicule de plastique ou de papier d'aluminium et réfrigérez jusqu'à l'utilisation. Donne 4 portions.

GRAISSES SUCRE SODIUM

Préparation :
15 min
Cuisson :
7 min

Une portion :

Calories	233
Graisses	7 g
Graisses saturées	3 g
Cholestérol	16 mg
Protéines	12 g
Hydrates de carbone	30 g
Sodium	489 mg
Sucre ajouté	0
Fibres	0

Petits pains pita farcis

Pour varier, utilisez du pain pita de blé entier et un fromage différent.

1 **c. à soupe de mayonnaise à basse teneur en calories**	4 **tranches (30 g/1 oz chacune) de fromage suisse, détaillées en lanières de 1,5 cm (½ po)**
1 **c. à soupe de vinaigre de vin blanc**	1 **carotte moyenne, râpée**
½ **c. à thé d'origan séché**	4 **radis, parés et tranchés mince**
¼ **c. à thé de paprika**	4 **pains pita (60 g/2 oz chacun)**
⅛ **c. à thé de poivre noir**	4 **feuilles de laitue**
	1 **tasse de germe de luzerne (facultatif)**

1. Dans un bol moyen, mélangez ensemble la **mayonnaise**, le **vinaigre**, l'**origan**, le **paprika** et le **poivre**. Incorporez le **fromage**, la **carotte** et les **radis**.

2. Ouvrez les **pains pita**. Dans chacun d'eux, insérez une **feuille de laitue**, le quart de l'apprêt précédent et le **germe de luzerne** s'il y a lieu. Enveloppez de pellicule de plastique ou de papier d'aluminium. Donne 4 portions.

Variante :

Pains pita aux champignons Remplacez les radis par une demi-côte moyenne de céleri, hachée fin. Supprimez le germe de luzerne, mais ajoutez ¼ tasse de champignons tranchés mince par pain pita.

GRAISSES SUCRE SODIUM

Préparation :
10 min

Une portion :

Calories	302
Graisses	9 g
Graisses saturées	5 g
Cholestérol	2 mg
Protéines	14 g
Hydrates de carbone	40 g
Sodium	462 mg
Sucre ajouté	0
Fibres	0

Sandwiches marinés

Sandwiches marinés

Cette recette italienne, appelée pan bagna, *prend de la saveur en marinant, en même temps que le pain boit le jus savoureux des ingrédients.*

GRAISSES SUCRE SODIUM

Préparation :
3 min
et 45 min
de marinage

8	tranches (6 mm/¼ po d'épaisseur) de pain croûté ou de blé entier
2	c. à soupe d'huile d'olive
2	gousses d'ail écrasées
2½	c. à soupe de vinaigre de vin rouge
1	oignon rouge moyen, tranché mince

8	olives noires moyennes, hachées grossièrement
2	tomates moyennes, coupées en tranches de 1,5 cm (½ po)
1	boîte (184 g/6½ oz) de thon pâle dans l'eau, égoutté et effeuillé
4	c. à soupe de basilic frais, haché, ou de persil

Une portion :

Calories	227
Graisses	10 g
Graisses saturées	1 g
Cholestérol	26 mg
Protéines	15 g
Hydrates de carbone	22 g
Sodium	375 mg
Sucre ajouté	0
Fibres	1 g

1. Préparez quatre morceaux de pellicule de plastique assez grands pour envelopper chacun un sandwich ; déposez sur chacun d'eux deux tranches de **pain.** Aspergez les huit tranches d'**huile d'olive** et frottez-les d'**ail** en jetant ce qui reste. Aspergez-les ensuite de **vinaigre.**

2. Sur une seule tranche de chaque sandwich, déposez le quart de l'**oignon,** des **olives,** des **tomates,** du **thon** et du **basilic.** Couvrez avec l'autre tranche en plaçant le côté badigeonné sur la garniture. Enveloppez les quatre sandwiches dans leur pellicule de plastique et laissez-les mariner au moins 45 minutes à la température ambiante. Réfrigérez-les ensuite, s'ils doivent attendre, jusqu'au moment de les utiliser. Donne 4 sandwiches.

Sandwiches Muffaletto

Voici, en cuisine minceur, une savoureuse version d'une recette américaine. Le sandwich Muffaletto a été ainsi nommé en l'honneur d'un personnage célèbre de la Nouvelle-Orléans. Si ces sandwiches doivent attendre plus de 2 heures à la température ambiante, réfrigérez-les.

GRAISSES **SUCRE** **SODIUM**

Préparation :
15 min
et 1 h de marinage

Une portion :

Calories	240
Graisses	7 g
Graisses saturées	3 g
Cholestérol	21 mg
Protéines	17 g
Hydrates de carbone	27 g
Sodium	609 mg
Sucre ajouté	0
Fibres	0

2 bocaux (125 ml/4²⁄₅ oz chacun) de piments rôtis, détaillés en lanières de 2,5 cm (1 po) chacune
2 c. à soupe ou davantage de chili vert haché
¼ tasse d'olives vertes moyennes, dénoyautées, égouttées et hachées fin
3 grosses côtes de céleri, hachées fin

2 gousses d'ail hachées
½ c. à thé d'origan séché, émietté
1 c. à soupe de vinaigre de vin rouge ou de vinaigre de cidre
1 pain croûté (225 g/½ lb)
114,5 g (¼ lb) de blancs de dinde cuite, tranchés mince
60 g (2 oz) de fromage suisse, tranché mince

1. Dans un bol moyen, réunissez les **piments rôtis**, le **chili vert**, les **olives**, le **céleri**, l'**ail**, l'**origan** et le **vinaigre**. Mélangez bien, couvrez et réfrigérez 1 heure.
2. Coupez le **pain** en deux sur la longueur et retirez la mie. Disposez les tranches de **dinde** et de **fromage** dans la moitié inférieure, couvrez avec la préparation précédente et posez dessus la moitié supérieure. Coupez le pain en quatre morceaux égaux, enveloppez-les dans de la pellicule de plastique ou du papier d'aluminium et réfrigérez jusqu'au moment de les mettre dans un sac isolant. Donne 4 portions.

Variante :

Muffaletto au thon   Remplacez la dinde par une boîte (184 g/6½ oz) de thon pâle dans l'eau, égoutté et effeuillé.

Conseil : Les casse-croûte se gardent mieux quand vous les réfrigérez avant de les emballer. Si c'est possible, préparez les sandwiches la veille au soir et faites-leur passer la nuit au réfrigérateur.

Crudités avec sauce trempette au beurre d'arachide

Voici un repas substantiel pour les écoliers. Les possibilités sont infinies : utilisez les fruits et les légumes que vos enfants préfèrent. Pour les adultes, employez du beurre d'arachide hyposodique et hypocalorique.

GRAISSES **SUCRE** **SODIUM**

Préparation :
10 min

Une portion :

Calories	230
Graisses	9 g
Graisses saturées	2 g
Cholestérol	0
Protéines	7 g
Hydrates de carbone	35 g
Sodium	71 mg
Sucre ajouté	0
Fibres	3 g

1 carotte moyenne, pelée et détaillée en bâtonnets
1 côte de céleri moyenne, détaillée en bâtonnets
8 pois mange-tout ou haricots verts parés
3 radis parés

½ banane moyenne
1 c. à soupe de beurre d'arachide
¼ tasse de jus de pomme non sucré
1 c. à thé de jus de citron

1. Enveloppez séparément la **carotte**, le **céleri**, les **pois mange-tout** et les **radis** dans de la pellicule de plastique ou du papier d'aluminium.
2. Travaillez la **banane**, le **beurre d'arachide**, le **jus de pomme** et le **jus de citron** 10-15 secondes au mixer ou au robot. Versez la purée dans un petit contenant de plastique, déposez de la pellicule de plastique en surface pour empêcher l'oxydation et fermez le couvercle. Réfrigérez jusqu'au moment de vous en servir. Donne 1 portion.

Salade de petits pois et de carotte à la mozzarella

Cette salade et les deux qui suivent ne renferment aucune verdure qui fane ; elles se gardent donc plusieurs jours au réfrigérateur. Emportez la quantité voulue dans un petit contenant de plastique qui ferme bien.

GRAISSES **SUCRE** **SODIUM**

1	tasse de petits pois frais ou surgelés
1	carotte moyenne, hachée
½	petite côte de céleri hachée
¼	tasse de mozzarella partiellement écrémée, détaillée en petits dés (30 g/1 oz)
2	c. à soupe et 1 c. à thé de babeurre
2	oignons verts, hachés fin
1	c. à soupe de yogourt partiellement écrémé
1½	c. à thé de mayonnaise
½	c. à thé de vinaigre balsamique ou de vinaigre de vin rouge
½	c. à thé de basilic séché
⅛	c. à thé de poivre noir
¼	c. à thé de sucre

Préparation :
10 min
Cuisson :
6 min

Une portion :

Calories	80
Graisses	3 g
Graisses saturées	1 g
Cholestérol	6 mg
Protéines	5 g
Hydrates de carbone	9 g
Sodium	68 mg
Sucre ajouté	1 cal.
Fibres	g

1. Dans une petite casserole, amenez à ébullition 2,5 cm (1 po) d'eau non salée ; jetez-y les **petits pois** et la **carotte** et laissez-les cuire 5 minutes. Égouttez-les, rincez-les à l'eau froide pour arrêter la cuisson puis égouttez de nouveau. Mettez-les dans un bol moyen avec le **céleri** et le **fromage.** Remuez.

2. Dans un petit bol, réunissez le **babeurre**, les **oignons verts**, le **yogourt**, la **mayonnaise**, le **vinaigre**, le **basilic**, le **poivre** et le **sucre.** Versez la sauce sur la salade et mélangez bien. Couvrez et réfrigérez. Donne 4 portions.

Salade de petits pois et de carotte à la mozzarella

Pâtes et brocoli en salade

1	c. à soupe d'huile de sésame ou d'huile d'arachide	225	g (8 oz) de macaronis coupés, de fusillis ou de rotelles
1½	c. à thé de vinaigre de vin rouge	1	petit poivron rouge, détaillé en lanières
1	c. à thé de marjolaine séchée	1	petit oignon, tranché mince
1	gousse d'ail hachée	60	g (2 oz) de fromage suisse détaillé en lanières
¼	c. à thé de poivre noir		
1	tasse de bouquets de brocoli	1	c. à soupe de noix hachées

GRAISSES **SUCRE** **SODIUM**

Préparation :
15 min
Cuisson :
15 min

Une portion :

Calories	309
Graisses	8 g
Graisses saturées	0
Cholestérol	0
Protéines	12 g
Hydrates de carbone	46 g
Sodium	47 mg
Sucre ajouté	0
Fibres	2 g

1. Dans un grand bol calorifuge, réunissez l'**huile de sésame**, le **vinaigre**, la **marjolaine**, l'**ail** et le **poivre noir**. Mélangez et réservez.

2. Faites cuire les bouquets de **brocoli** 3 minutes dans un grand faitout d'eau bouillante non salée ; retirez-les avec une petite passoire, secouez-les pour les égoutter et déposez-les dans la sauce.

3. Dans le même faitout, faites cuire les **macaronis** selon les instructions en omettant le sel. Égouttez-les et ajoutez-les au brocoli, en même temps que le **poivron rouge**, l'**oignon**, le **fromage** et les **noix**. Remuez, couvrez et réfrigérez jusqu'au moment de l'utilisation. Donne 4 portions.

Variantes :

Pâtes et haricots verts en salade   Remplacez le brocoli par 1 tasse de haricots verts parés, cuits 4 minutes, et les noix hachées par des amandes blanchies grillées.

Pâtes et pois mange-tout en salade   Remplacez le brocoli par 1 tasse de pois mange-tout effilés, cuits 2 minutes, et les noix hachées par de la graine de tournesol.

Salade de légumes et fromage

1	tasse de bouquets de brocoli	6	tomates-cerises coupées en deux
2	c. à thé d'huile d'olive ou de noix	½	tasse de topinambours tranchés, ou de châtaignes d'eau
1½	c. à thé de vinaigre balsamique ou de vin rouge	60	g (2 oz) de mozzarella partiellement écrémée, détaillée en dés
¾	c. à thé d'estragon séché		
⅛	c. à thé de poivre noir		
255	g (9 oz) de cœurs d'artichauts égouttés		

GRAISSES **SUCRE** **SODIUM**

Préparation :
5 min
et 6 h de
réfrigération
Cuisson :
10 min

Une portion :

Calories	109
Graisses	5 g
Graisses saturées	2 g
Cholestérol	8 mg
Protéines	7 g
Hydrates de carbone	11 g
Sodium	105 mg
Sucre ajouté	0
Fibres	0

1. Dans une petite casserole, amenez une quantité suffisante d'eau non salée à ébullition ; jetez-y le **brocoli** et faites-le cuire 3-5 minutes. Égouttez-le, rincez-le à l'eau froide pour arrêter la cuisson puis égouttez-le de nouveau.

2. Dans un grand bol, réunissez l'**huile d'olive**, le **vinaigre**, l'**estragon** et le **poivre**. Ajoutez le brocoli, les **cœurs d'artichauts**, les **tomates-cerises**, les **topinambours** et le **fromage**. Remuez, couvrez et réfrigérez au moins 6 heures avant l'utilisation. Donne 4 portions.

Boissons

Que de chimie dans les boissons édulcorées du commerce! Vous trouverez ici un répertoire varié de boissons légères et savoureuses, adaptées à toutes les saisons et toutes les occasions. En été, préparez une orangeade à l'ananas ou un punch aux canneberges. Le froid venu, passez à un chocolat chaud ou à un cidre chaud épicé. Accueillez vos amis avec un lait de poule Fiesta ou un punch au gingembre. Et le soir, détendez-vous avec une tisane aux fines herbes.

Lait de poule Fiesta

Chocolat froid

Préparation :
2 min

GRAISSES SUCRE SODIUM

Voici une boisson pour les vrais amateurs de chocolat ; elle se prépare à même le verre.

2 c. à thé de poudre de cacao pur
2 c. à thé de sucre
1 tasse de babeurre

Dans un grand verre, mélangez le **cacao** et le **sucre** ; ajoutez 2 c. à soupe de **babeurre** et remuez. Quand les grumeaux ont disparu, ajoutez le reste du babeurre, mélangez bien et servez. Donne 1 portion.

Une portion :

Calories	140	Protéines	9 g
Graisses	3 g	Hydrates de carbone	22 g
Graisses saturées	2 g	Sodium	258 mg
Cholestérol	10 mg	Sucre ajouté	32 cal.
		Fibres	0

Conseil : *Lisez l'étiquette avant d'acheter du cacao et choisissez un produit naturel, non sucré, plutôt que les mélanges chargés de sucre et d'additifs.*

Orangeade au babeurre

Préparation : **2 min**

GRAISSES SUCRE SODIUM

1 tasse de babeurre
½ tasse de jus d'orange
½ c. à thé de miel
¼ c. à thé de gingembre moulu

Fouettez ensemble 1 minute le **babeurre**, le **jus d'orange**, le **miel** et le **gingembre** au mixer ou au robot. Le mélange deviendra mousseux. Donne 1 portion.

Variante :

Babeurre à l'ananas Remplacez le jus d'orange par ½ tasse de jus d'ananas non sucré et le gingembre par ½ c. à thé de jus de lime.

Une portion :

Calories	166	Protéines	9 g
Graisses	2 g	Hydrates de carbone	28 g
Graisses saturées	1 g	Sodium	259 mg
Cholestérol	10 mg	Sucre ajouté	8 cal.
		Fibres	0

Cappuccino

Préparation : **1 min**
Cuisson : **5 min**

GRAISSES SUCRE SODIUM

6 c. à soupe de café expresso
3 tasses d'eau
½ tasse de lait écrémé évaporé
½ c. à thé d'essence de vanille
 Cannelle ou poudre de cacao pur

1. Placez le **café** dans le filtre de la cafetière. Dans une petite casserole, amenez l'**eau** à ébullition à feu modérément vif ; versez l'eau bouillante sur le café et laissez-la s'égoutter pendant 5 minutes. *(Note : On peut préparer le café expresso dans un percolateur en suivant les instructions appropriées.)*

2. Dans la même casserole, faites chauffer le **lait** 2 minutes à découvert sur un feu modéré. Ne le laissez pas bouillir.

3. Fouettez le lait et la **vanille** 1 minute au mixer à grande vitesse.

4. Quand le café est prêt, répartissez en quatre tasses et versez-y le lait mousseux. Saupoudrez de **cannelle.** Donne 4 portions.

Une portion :

Calories	31	Protéines	3 g
Graisses	0	Hydrates de carbone	5 g
Graisses saturées	0	Sodium	41 mg
Cholestérol	1 mg	Sucre ajouté	0
		Fibres	0

Chocolat chaud

Préparation : **2 min**
Cuisson : **5 min**

GRAISSES SUCRE SODIUM

Le cacao méthode hollandaise se vend un peu partout ; comme il a un parfum intense de chocolat, il en faut moins et cela diminue les calories.

½ tasse de lait écrémé
½ tasse de lait écrémé évaporé
1¼ c. à thé de sucre
1 c. à soupe de poudre de cacao hollandais
1 c. à thé d'eau

1. Dans une petite casserole, mélangez le **lait écrémé**, le **lait écrémé évaporé** et le **sucre** ; faites chauffer à découvert et à feu doux jusqu'à ce que le lait frémisse, soit environ 5 minutes.

2. Entre-temps, mélangez le **cacao** et l'**eau** en pâte épaisse dans une tasse ou un gobelet de 250 ml (8 oz).

3. Quand le lait est chaud, versez-le lentement dans la tasse en remuant. Donne 1 portion.

Variantes :

Chocolat chaud à la mexicaine Préparez comme ci-dessus, mais ajoutez ¾ c. à thé de cannelle au lait pendant qu'il chauffe.

Chocolat chaud à l'anis Préparez comme ci-dessus, mais ajoutez ⅛ c. à thé d'essence d'anis au chocolat chaud avant de servir.

Une portion :

Protéines		*15 g*	
Calories	177	*Hydrates de carbone*	*28 g*
Graisses	*1 g*	*Sodium*	*211 mg*
Graisses saturées	*1 g*	*Sucre ajouté*	*20 cal.*
Cholestérol	*8 mg*	*Fibres*	*0*

Conseil : Avec du lait écrémé évaporé plutôt que du lait entier évaporé, vous épargnez 63 calories et 8 g de graisses par demi-tasse.

Cidre chaud épicé

Préparation : **2 min**   GRAISSES SUCRE SODIUM
Cuisson : **20 min** (presque sans intervention)

5 tasses de cidre
2 bâtons de cannelle craquelés
8 piments de la Jamaïque entiers
6 clous de girofle entiers
1 morceau d'écorce d'orange de 5 cm (2 po) sur 1,5 cm (½ po)
4 minces tranches d'orange (facultatif)
4 bâtons de cannelle (facultatif)

1. Dans une petite casserole (non métallique de préférence), réunissez le **cidre,** la **cannelle,** les **piments de la Jamaïque,** les **clous** et l'**écorce d'orange.** Amenez à ébullition à feu modérément vif puis réglez la chaleur pour que le mélange mijote doucement. Couvrez et laissez cuire 15 minutes.

2. Passez le cidre dans quatre gobelets et déposez dans chacun une **tranche d'orange** et un **bâton de cannelle,** au goût. Donne 4 portions.

Une portion :

Protéines		*0*	
Calories	150	*Hydrates de carbone*	*37 g*
Graisses	*0*	*Sodium*	*10 mg*
Graisses saturées	*0*	*Sucre ajouté*	*0*
Cholestérol	*0*	*Fibres*	*0*

Limonade maison

Préparation : **5 min**   GRAISSES SUCRE SODIUM
Cuisson : **3 min**

Si vous associez cette limonade à une portion chacune des recettes de jus de pamplemousse, de lime et d'orangeade qui suivent, vous aurez un merveilleux punch capable d'étancher la soif de 16 invités.

½ tasse de sucre
2½ tasses d'eau
Écorce de 1 citron découpée en lanières de 5 cm (2 po) sur 1,5 cm (½ po)
12 cubes de glace
1 tasse de jus de citron

1. Dans une casserole moyenne, réunissez le **sucre,** l'**eau** et l'**écorce de citron.** Faites cuire 1 minute à feu modéré en remuant. Quand le sucre a fondu, augmentez la chaleur à feu modérément vif, amenez le mélange à ébullition, découvrez et prolongez la cuisson de 1 minute. Retirez du feu, couvrez et laissez tiédir à la température ambiante.

2. Passez le mélange dans un pot de 8 tasses et jetez l'écorce de citron. Ajoutez les **cubes de glace** et le **jus de citron.** Mélangez bien. Versez dans quatre grands verres. Donne 4 portions.

Variantes :

Jus de pamplemousse Procédez comme ci-dessus mais employez 1½ tasse d'eau et remplacez le jus de citron par 2 tasses de jus de pamplemousse non sucré.

Jus de lime Procédez comme ci-dessus mais employez 3 tasses d'eau et 16 cubes de glace ; remplacez l'écorce de citron par de l'écorce de lime et le jus de citron par 1 tasse de jus de lime.

Orangeade Procédez comme ci-dessus, mais employez 1½ tasse d'eau ; remplacez l'écorce de citron par de l'écorce d'orange et le jus de citron par 2⅔ tasses de jus d'orange et ½ tasse de jus de lime.

Une portion :

Protéines		*0*	
Calories	110	*Hydrates de carbone*	*29 g*
Graisses	*0*	*Sodium*	*13 mg*
Graisses saturées	*0*	*Sucre ajouté*	*96 cal.*
Cholestérol	*0*	*Fibres*	*0*

Conseil : Les citrons à écorce lisse donnent beaucoup plus de jus que les citrons spongieux à écorce rugueuse.

Punch chaud aux canneberges

Lait de poule Fiesta

Préparation : **5 min** GRAISSES SUCRE SODIUM

> *Voici un lait de poule sans graisses et à teneur réduite en calories et en cholestérol. Doublez la recette pour servir huit invités.*

340 **ml (12 oz) de lait écrémé évaporé, refroidi**
2 **c. à soupe de rhum ou de brandy ou 1 c. à thé d'essence de l'un ou de l'autre**
4 **c. à thé de sucre**
2 **gros blancs d'œufs**
  Muscade fraîchement râpée ou muscade moulue

1. Dans un bol moyen, réunissez le **lait,** le **rhum** et le **sucre.** Remuez pour que le sucre fonde.
2. Dans un autre bol moyen, fouettez les **blancs d'œufs** jusqu'à formation de pics souples et incorporez-les au lait parfumé.
3. Versez le lait de poule dans des coupes à punch rafraîchies ou des verres à vin. Saupoudrez de **muscade.** Donne 4 portions.

Une portion :

Calories	*115*	*Protéines*	*9 g*
Graisses	*0*	*Hydrates de carbone*	*15 g*
Graisses saturées	*0*	*Sodium*	*135 mg*
Cholestérol	*4 mg*	*Sucre ajouté*	*16 cal.*
		Fibres	*0*

Thé glacé au gingembre

Préparation : **2 min** GRAISSES SUCRE SODIUM
Cuisson : **4 min**

> *Voici un punch épicé qui surprend agréablement. Vous pouvez doubler ou même tripler la recette.*

4 **tasses d'eau**
8 **sachets de thé**
6 **c. à soupe de sucre**
2 **c. à soupe de gingembre frais, haché, ou 1 c. à thé de gingembre moulu**
2 **canettes de 280 ml (10 oz) de soda au gingembre**

1. Amenez l'**eau** à ébullition à feu modérément vif et versez-la dans un pot calorifuge de 4 tasses ; ajoutez le **thé,** le **sucre** et le **gingembre.** Laissez infuser 8 minutes ou au goût. Retirez et jetez les sachets de thé. Quand le thé a refroidi, réfrigérez le pot.
2. Au moment de servir, passez le thé dans un pot de 12 tasses ou un bol à punch et ajoutez le **soda au gingembre.** Servez sur glace dans de grands verres. Donne 12 portions.

Une portion :

Calories	*44*	*Protéines*	*0*
Graisses	*0*	*Hydrates de carbone*	*11 g*
Graisses saturées	*0*	*Sodium*	*8 mg*
Cholestérol	*0*	*Sucre ajouté*	*24 cal.*
		Fibres	*0*

Punch chaud aux canneberges

Préparation : **5 min**   GRAISSES SUCRE SODIUM
Cuisson : **20 min** (presque sans intervention)

Avec un cocktail aux canneberges hypocalorique, vous supprimez 25 calories par portion.

1   sachet de thé
1   tasse d'eau bouillante
1   tasse de cocktail aux canneberges
3   tasses de cidre ou de jus de pomme non sucré
1   bâton de cannelle craquelé
4   clous de girofle entiers
4   piments de la Jamaïque entiers
1   morceau d'écorce d'orange de 5 cm (2 po) sur 1,5 cm (½ po)
4   minces tranches d'orange (facultatif)
4   bâtons de cannelle (facultatif)

1. Déposez le **sachet de thé** dans un gobelet, versez l'**eau** bouillante et laissez infuser 5 minutes.
2. Dans une petite casserole (non métallique de préférence), réunissez le **cocktail aux canneberges**, le **cidre**, la **cannelle**, les **clous**, les **piments de la Jamaïque** et l'**écorce d'orange**. Amenez à ébullition à feu modérément vif. Réglez la chaleur pour que le mélange mijote, couvrez et laissez cuire 15 minutes. Retirez du feu et ajoutez le thé, sans le sachet.
3. Passez le punch dans quatre gobelets et garnissez à volonté de **tranches d'orange** et de **bâtons de cannelle**. Donne 4 portions.

Une portion :

Calories	127	Protéines	0
Graisses	0	Hydrates de carbone	26 g
Graisses saturées	0	Sodium	9 mg
Cholestérol	0	Sucre ajouté	35 cal.
		Fibres	0

Thé glacé à l'orange

Préparation : **5 min** et 12 h   GRAISSES SUCRE SODIUM
de réfrigération   Cuisson : **8 min**

2   tasses d'eau
4   sachets de thé
2   tasses de jus d'orange
2   c. à soupe de sucre
2   bâtons de cannelle craquelés
12   clous de girofle entiers
2   canettes (280 ml/10 oz chacune) de soda au gingembre glacé

1. Dans une petite casserole (non métallique de préférence), amenez l'**eau** à ébullition à feu modérément vif. Versez-la dans un pot calorifuge de 4 tasses, mettez-y les **sachets de thé** et laissez infuser 8 minutes. Quand le thé est suffisamment fort, retirez les sachets et jetez-les.
2. Versez 1 tasse de **jus d'orange** dans la même casserole et ajoutez le **sucre**, la **cannelle** et les **clous**. Amenez à ébullition, baissez le feu, couvrez et laissez mijoter 5 minutes.
3. Versez le jus d'orange chaud dans un bol ou un pot calorifuge de 8 tasses. Incorporez le reste du jus d'orange et le thé, couvrez et réfrigérez au moins 12 heures.
4. Au moment de servir, passez le punch et ajoutez le **soda au gingembre**. Donne 12 portions.

Variante :

Punch automnal au jus de pomme   Supprimez l'eau et le thé ; remplacez le jus d'orange par 4 tasses de jus de pomme non sucré et réduisez le sucre à 1 c. à soupe.

Une portion :

Calories	46	Protéines	0
Graisses	0	Hydrates de carbone	11 g
Graisses saturées	0	Sodium	7 mg
Cholestérol	0	Sucre ajouté	31 cal.
		Fibres	0

Moka frappé au chocolat

Préparation : **2 min**   GRAISSES SUCRE SODIUM

2   c. à thé de poudre de cacao pur
1   c. à thé de sucre
1   c. à thé de cristaux de café instantané
¼   tasse de lait écrémé
⅓   tasse de crème glacée à la vanille
2   cubes de glace

1. Dans un petit bol, mélangez le **cacao**, le **sucre** et le **café.** Ajoutez le **lait** lentement tout en remuant.
2. Versez la préparation dans le gobelet du mixer, ajoutez la **crème glacée** et les **cubes de glace** et fouettez 1 minute. Versez la boisson mousseuse dans un grand verre et servez. Donne 1 portion.

Une portion :

Calories	110	Protéines	5 g
Graisses	3 g	Hydrates de carbone	19 g
Graisses saturées	2 g	Sodium	67 mg
Cholestérol	7 mg	Sucre ajouté	67 cal.
		Fibres	0

Lait fouetté à la banane

Préparation : **5 min** GRAISSES SUCRE SODIUM

5 cubes de glace
⅓ tasse de lait écrémé
½ petite banane pelée et tranchée
¼ c. à thé d'essence de vanille
2 c. à thé de sucre

Déposez les **cubes de glace** et le **lait** dans le gobelet du mixer et fouettez 1 minute. Ajoutez la **banane**, la **vanille** et le **sucre** ; fouettez 1 minute de plus. Versez la boisson mousseuse dans un grand verre et servez. Donne 1 portion.

Variantes :

Lait fouetté aux fraises Procédez comme ci-dessus, mais remplacez la banane par 1 tasse de fraises équeutées et tranchées.

Lait fouetté à l'orange Procédez comme ci-dessus, mais n'employez que 3 cubes de glace et remplacez la banane par ½ tasse de jus d'orange.

Lait fouetté au chocolat Procédez comme ci-dessus, mais remplacez la banane par 2 c. à soupe de poudre de cacao pur et utilisez ½ c. à thé d'essence de vanille.

Une portion :

Calories	106	Protéines	3 g
Graisses	0	Hydrates de carbone	23 g
Graisses saturées	0	Sodium	43 mg
Cholestérol	2 mg	Sucre ajouté	32 cal.
		Fibres	1 g

Soda menthe-pamplemousse

Préparation : **5 min** GRAISSES SUCRE SODIUM

2½ tasses de jus de pamplemousse non sucré
3 c. à soupe de jus de citron
4 c. à thé de sucre
8 brindilles de menthe
1½ tasse d'eau de selz

1. Dans un pot de 6 tasses, réunissez le **jus de pamplemousse** et le **jus de citron**.

2. Déposez 1 c. à thé de **sucre** et 1 **brindille de menthe** dans quatre verres de 340 ml (12 oz). Avec le dos d'une cuiller, écrasez la menthe dans le sucre. Remplissez les verres de cubes de glace et répartissez entre eux les jus de fruits et l'**eau de selz**. Agitez vivement et ajoutez une brindille de menthe dans chaque verre. Donne 4 portions.

Une portion :

Calories	79	Protéines	1 g
Graisses	0	Hydrates de carbone	19 g
Graisses saturées	0	Sodium	4 mg
Cholestérol	0	Sucre ajouté	16 cal.
		Fibres	0

Soda-limonade au gingembre

Préparation : **5 min** GRAISSES SUCRE SODIUM

½ tasse de jus de citron
¼ tasse de jus de lime
2 tasses d'eau froide
4 c. à thé de miel
2 tasses de soda au gingembre
4 minces tranches de lime (facultatif)

1. Dans un pot de 8 tasses, mélangez le **jus de citron**, le **jus de lime**, l'**eau** et le **miel**.

2. Remplissez quatre verres de 340 ml (12 oz) de cubes de glace et répartissez entre eux les jus de fruits et le **soda au gingembre**. Agitez et décorez d'une **tranche de lime**, au goût. Donne 4 portions.

Une portion :

Calories	74	Protéines	0
Graisses	0	Hydrates de carbone	20 g
Graisses saturées	0	Sodium	15 mg
Cholestérol	0	Sucre ajouté	16 cal.
		Fibres	0

Orangeade à l'ananas

Préparation : **5 min** GRAISSES SUCRE SODIUM

1½ tasse de jus d'ananas non sucré
1½ tasse de jus d'orange
2 c. à soupe de jus de citron
1¼ tasse d'eau de selz
4 minces tranches d'orange (facultatif)

1. Dans un pot de huit tasses, réunissez le **jus d'ananas**, le **jus d'orange** et le **jus de citron**.

2. Remplissez quatre verres de 340 ml (12 oz) de cubes de glace et répartissez entre eux les jus de fruits et l'**eau de selz**. Agitez et décorez d'une **tranche d'orange**, au goût. Donne 4 portions.

Soda-limonade au gingembre (à gauche)
et *Orangeade à l'ananas* (à droite)

Une portion :

Calories	96	Protéines	1 g
Graisses	0	Hydrates de carbone	23 g
Graisses saturées	0	Sodium	3 mg
Cholestérol	0	Sucre ajouté	0
		Fibres	0

Tisane aux fines herbes

Préparation : **5 min**   GRAISSES SUCRE SODIUM
Cuisson : **5 min**

5 tasses d'eau
½ tasse de menthe fraîche, hachée, ou
       2 c. à soupe de flocons de menthe
1 c. à soupe de sauge séchée, émiettée
1 c. à soupe de verveine-citron séchée
       ou 1 c. à thé d'estragon séché
4 c. à thé de miel blond
4 c. à thé de jus de citron

4 pointes de citron (facultatif)
4 brindilles de menthe (facultatif)

1. Dans une casserole moyenne, amenez l'**eau** à ébullition à feu modérément vif. Versez l'eau bouillante dans une théière réchauffée et jetez-y la **menthe**, la **sauge** et la **verveine-citron.** Couvrez et laissez infuser 5 minutes.

2. Passez la tisane dans quatre tasses ou gobelets ; ajoutez 1 c. à thé de **miel** et 1 c. à thé de **jus de citron** dans chacun. Remuez et décorez de **citron** et de **menthe,** au goût. Donne 4 portions.

Une portion :

Calories	27	Protéines	0
Graisses	0	Hydrates de carbone	7 g
Graisses saturées	0	Sodium	2 mg
Cholestérol	0	Sucre ajouté	16 cal.
		Fibres	0

Thé glacé, pomme-menthe

Préparation : **5 min**   GRAISSES SUCRE SODIUM
Cuisson : **3 min**

2½ tasses d'eau
2   sachets de thé
½   tasse de menthe fraîche, hachée,
        ou 1 c. à soupe de flocons de menthe
1   lanière d'écorce de citron de 5 cm (2 po)
        sur 1,5 cm (½ po)
2   tasses de jus de pomme non sucré
        ou de cidre
1   c. à soupe de jus de citron
4   brindilles de menthe (facultatif)

1. Dans une casserole moyenne, amenez l'**eau** à ébullition à feu modérément vif. Versez l'eau bouillante dans une théière réchauffée et jetez-y le **thé,** la **menthe** et l'**écorce de citron.** Couvrez et laissez infuser et tiédir 20 minutes. Retirez le sachet et jetez-le.

2. Passez le thé dans un pot de 8 tasses et ajoutez le **jus de pomme** et le **jus de citron.**

3. Remplissez quatre verres de 340 ml (12 oz) de cubes de glace et répartissez entre eux le thé parfumé. Agitez et décorez de **menthe,** au goût. Donne 4 portions.

Une portion :

Calories	62	Protéines	0
Graisses	0	Hydrates de carbone	15 g
Graisses saturées	0	Sodium	8 mg
Cholestérol	0	Sucre ajouté	0
		Fibres	0

Punch aux canneberges

Préparation : **2 min**   GRAISSES SUCRE SODIUM

Cuisson : **18 min** (presque sans intervention)

L'addition de vinaigre donne à ce punch un piquant inusité qui se marie harmonieusement aux parfums des canneberges et de la pomme.

1¼   **tasse de cocktail aux canneberges**

1¼   **tasse de jus de pomme non sucré ou de cidre**

¼   **tasse de vinaigre de cidre**

1   **bâton de cannelle craquelé**

2   **clous de girofle**

2   **lanières d'écorce de citron de 5 cm (2 po) sur 1,5 cm (½ po)**

2   **tasses d'eau de selz**

4   **minces tranches d'orange (facultatif)**

1. Dans une petite casserole (non métallique de préférence), réunissez le **cocktail aux canneberges**, le **jus de pomme**, le **vinaigre**, la **cannelle**, les **clous** et l'**écorce de citron**. Amenez à ébullition à feu modérément vif. Réglez la chaleur pour que le mélange mijote, couvrez et laissez cuire 15 minutes. Retirez du feu et passez dans un pot de 8 tasses.

2. Remplissez quatre verres de 340 ml (12 oz) de cubes de glace et répartissez entre eux les jus de fruits et l'**eau de selz**. Agitez et décorez d'une **tranche d'orange**, au goût. Donne 4 portions.

Une portion :

		Protéines	0
Calories	86	Hydrates de carbone	14 g
Graisses	0	Sodium	5 mg
Graisses saturées	0	Sucre ajouté	58 cal.
Cholestérol	0	Fibres	0

Boisson au yogourt, menthe-ananas

Préparation : **1 min**   GRAISSES SUCRE SODIUM

Ce yogourt liquide est substantiel et désaltérant.

1   **boîte (227 ml/8 oz) d'ananas broyés, avec leur jus**

½   **tasse de yogourt partiellement écrémé**

½   **tasse de lait écrémé**

1   **c. à soupe de sucre**

3   **c. à soupe de menthe fraîche, hachée**

Dans un robot ou un mixer, réunissez l'**ananas**, le **yogourt**, le **lait**, le **sucre** et la **menthe** ; fouettez 1 minute ou jusqu'à ce que la purée soit lisse. Versez dans deux grands verres et servez. Donne 2 portions.

Variantes :

Yogourt aux baies rouges   Procédez comme ci-dessus mais remplacez l'ananas par 1 tasse de framboises fraîches, ou surgelées à sec et décongelées, et 1 tasse de fraises fraîches, ou de fraises surgelées à sec et décongelées. Employez ⅓ tasse de lait écrémé et supprimez la menthe.

Yogourt aux bleuets-citron   Procédez comme ci-dessus, mais remplacez l'ananas par 1 tasse de bleuets frais, ou surgelés à sec et décongelés. Employez ¾ tasse de lait écrémé et ½ c. à thé de zeste de citron, râpé très fin. Supprimez la menthe.

Une portion :

		Protéines	6 g
Calories	150	Hydrates de carbone	31 g
Graisses	1 g	Sodium	73 mg
Graisses saturées	1 g	Sucre ajouté	24 cal.
Cholestérol	5 mg	Fibres	1 g

Cocktail jardinière

Préparation : **10 min**   GRAISSES SUCRE SODIUM

3   **tomates moyennes (450 g/1 lb), pelées, parées, épépinées et hachées**

½   **poivron vert moyen, paré, épépiné et détaillé en morceaux de 2,5 cm (1 po)**

½   **petit concombre pelé, épépiné et tranché**

2   **c. à thé de jus de citron**

½   **c. à thé de raifort préparé**

2-3   **gouttes de sauce Tabasco**

5   **cubes de glace**

1. Travaillez 1 minute à grande vitesse les **tomates**, le **poivron** et le **concombre** au mixer ou au robot.

2. Ajoutez le **jus de citron**, le **raifort**, la **sauce Tabasco** et les **cubes de glace**. Fouettez 1 minute de plus. Versez la boisson mousseuse dans de grands verres et servez. Donne 4 portions.

Une portion :

		Protéines	1 g
Calories	25	Hydrates de carbone	6 g
Graisses	0	Sodium	12 mg
Graisses saturées	0	Sucre ajouté	0
Cholestérol	0	Fibres	1 g

Desserts

Profiteroles au chocolat, gâteau Forêt-Noire, meringues au chocolat: voilà quelques desserts que vous n'êtes pas obligé d'abandonner en mangeant sainement. La section qui suit vous propose également la version santé de certaines douceurs prohibées: le gâteau au fromage lime-gingembre, par exemple, avec seulement 117 calories au lieu des quelque 500 calories de la version classique. Cultivez donc votre gourmandise en toute quiétude!

Gâteau Forêt-Noire

Gâteaux et biscuits
Gâteau Forêt-Noire

Ce gâteau fait toujours grand effet. On vous en redemandera, d'autant plus que cette version renferme très peu de graisses et de calories par portion.

GRAISSES SUCRE SODIUM

6 c. à soupe de poudre de cacao hollandais non tamisée
6 c. à soupe de farine à gâteau tamisée
1 tasse et 2 c. à soupe de sucre
⅛ c. à thé de sel
8 gros blancs d'œufs
1 c. à thé de crème de tartre
1½ c. à thé d'essence de vanille
1½ boîte (398 ml/14 oz) de cerises acides dénoyautées dans l'eau, égouttées en réservant ½ tasse de jus

2 c. à soupe d'eau
1 c. à thé de gélatine sans saveur
4 c. à thé de cassonade blonde
2 c. à thé de fécule de maïs
½ c. à thé de zeste de citron râpé
⅓ tasse de crème à fouetter
4 c. à thé de sucre glace
⅓ tasse de lait écrémé évaporé, glacé
1 c. à thé de jus de citron

Préparation :
25 min
Cuisson :
27 min

Une portion :

Calories	156
Graisses	3 g
Graisses saturées	2 g
Cholestérol	9 mg
Protéines	4 g
Hydrates de carbone	30 g
Sodium	71 mg
Sucre ajouté	84 cal.
Fibres	0

Conseil : Si vous comptez garder le gâteau au réfrigérateur durant plusieurs heures, placez-le sous une cloche de verre ou sous un grand morceau de papier d'aluminium, sans serrer. Vous l'empêcherez ainsi d'absorber les odeurs des autres aliments.

1. Portez le four à 190°C (375°F). Chemisez de papier paraffiné le fond de deux moules ronds à gâteau étagé de 20 cm (8 po) de diamètre.

2. Sur du papier paraffiné, tamisez ensemble le **cacao**, la **farine**, 1 tasse de **sucre** et le **sel**.

3. Dans le grand bol du mélangeur électrique, fouettez les **blancs d'œufs** à vitesse modérée. Quand ils sont mousseux, ajoutez la **crème de tartre** et les 2 c. à soupe de sucre qui restent, une à la fois, en fouettant jusqu'à ce que les blancs forment des pics souples. Augmentez d'un cran la vitesse de malaxage, ajoutez 1 c. à thé de **vanille** et fouettez 1 minute de plus. Les blancs doivent être en neige ferme, sans devenir secs.

4. Avec une spatule en caoutchouc, incorporez délicatement les ingrédients secs aux blancs d'œufs, un tiers à la fois. Répartissez la pâte dans les deux moules.

5. Enfournez et faites cuire 20-25 minutes ou jusqu'à ce que le gâteau se détache des bords du moule et qu'un cure-dents inséré au centre de la pâte en ressorte propre. Retirez du four et laissez refroidir les moules à l'envers sur une grille. Quand les gâteaux sont tièdes, dégagez-les du moule avec une spatule métallique, renversez-les sur une surface de travail et retirez le papier paraffiné.

6. Pour préparer la garniture, déposez les **cerises** dans un bol en en gardant quelques-unes pour la décoration. Versez l'**eau** dans une petite casserole ; égrenez-y la **gélatine** et laissez-la gonfler 5 minutes. Réglez la chaleur à feu très doux et faites cuire 5 minutes en remuant. Dès que la gélatine a fondu, retirez-la du feu.

7. Dans une autre petite casserole, mélangez la **cassonade**, la **fécule de maïs** et le **zeste de citron**. Incorporez lentement au fouet le jus réservé. Amenez la préparation au point d'ébullition à feu modéré en remuant constamment ; laissez bouillir 1 minute. Retirez du feu, ajoutez les cerises et remuez pour bien les enrober.

8. Dans le petit bol du mélangeur électrique, battez la **crème** à grande vitesse jusqu'à formation de pics souples. Ajoutez le **sucre glace** et le reste de la vanille et continuez de fouetter jusqu'à obtention de pics fermes.

9. Dans un autre petit bol et avec des fouets propres, mélangez le **lait écrémé évaporé** et le **jus de citron** et battez-les à grande vitesse ; sans cesser de fouetter, ajoutez la gélatine refroidie et incorporez la crème fouettée.

10. Montez le gâteau. Déposez un des deux gâteaux sur une assiette. Étalez les cerises en couvrant bien toute la surface. Garnissez avec 1 tasse de la crème fouettée. Posez le second gâteau par-dessus. Avec une grande poche à pâtisserie munie d'une douille en étoile, dessinez des rosettes de crème fouettée sur le dessus du gâteau, le long du bord et au centre. Décorez avec les cerises réservées. Réfrigérez. Donne 12 portions.

Gâteau blanc, glace sept-minutes

Ce gâteau léger peut se préparer plusieurs jours avant d'être glacé et servi. Enveloppez-le de pellicule de plastique et gardez-le dans un endroit frais et sec.

Enduit végétal antiadhésif
1¾ tasse de farine à gâteau tamisée
2 c. à thé de levure chimique
⅛ c. à thé de sel
5 c. à soupe de margarine non salée
¾ tasse de sucre
1 c. à thé d'essence de vanille
¼ c. à thé d'essence d'amande
⅔ tasse de lait
3 gros blancs d'œufs
Glace :
¾ tasse de sucre
2 gros blancs d'œufs
½ c. à thé de crème de tartre
¼ tasse d'eau froide
2 c. à thé d'essence de vanille

1. Portez le four à 190°C (375°F). Vaporisez d'**enduit antiadhésif** un moule rond de 23 cm (9 po). Tamisez la **farine**, la **levure chimique** et le **sel** sur du papier paraffiné et réservez.

2. Dans le grand bol du mélangeur électrique, battez la **margarine** à grande vitesse ; quand elle est en pommade, ajoutez peu à peu tout le **sucre** moins 2 c. à soupe, en fouettant à vitesse réduite. Battez ensuite le mélange à grande vitesse. Quand il s'est allégé, incorporez en fouettant la **vanille** et l'**essence d'amande.**

3. Réduisez la vitesse de l'appareil et ajoutez les ingrédients secs en alternant avec le **lait.** Commencez et finissez par les ingrédients secs. Après chaque addition, ne fouettez que le temps d'opérer le mélange.

4. Dans le petit bol du mélangeur, avec des fouets propres, battez les **blancs d'œufs** à vitesse modérée. Quand ils sont mousseux, ajoutez le sucre qui reste, une cuillerée à soupe à la fois. Continuez de fouetter à vitesse modérément rapide jusqu'à ce que les blancs forment des pics souples.

5. Mélangez le quart des blancs d'œufs à la pâte, puis, avec une spatule de caoutchouc, incorporez délicatement le reste en pliant. Versez la pâte dans le moule et lissez la surface avec la spatule. Enfournez et faites cuire 25-30 minutes ou jusqu'à ce qu'un cure-dents inséré au centre du gâteau en ressorte propre.

6. Déposez le moule à l'endroit sur une grille et laissez-le tiédir 10 minutes. Démoulez le gâteau sur la grille et laissez-le refroidir 1 heure.

7. Entre-temps préparez la glace. Amenez 1 tasse d'eau à ébullition à feu modéré dans le bas d'un bain-marie. Dans le haut, mélangez le **sucre**, les **blancs d'œufs,** la **crème de tartre** et l'**eau froide.** Réunissez les deux parties et fouettez la glace 6 minutes à grande vitesse. Quand elle a épaissi, ajoutez la **vanille** et fouettez encore 1 minute ou jusqu'à ce que la glace soit assez ferme pour se tenir d'elle-même.

8. Avec un couteau, garnissez de glace le côté et le dessus du gâteau en formant des pics ici et là. Attendez 2 heures avant de servir. Donne 12 portions.

GRAISSES **SUCRE** **SODIUM**

Préparation :
15 min
Cuisson :
34 min
(presque sans intervention)

Une portion :

Calories	209
Graisses	5 g
Graisses saturées	1 g
Cholestérol	2 mg
Protéines	3 g
Hydrates de carbone	37 g
Sodium	122 mg
Sucre ajouté	96 cal.
Fibres	0

Conseil : *Lorsque le temps est humide, les glaces à base de blancs d'œufs sont plus longues à épaissir. Ne vous étonnez pas si cela vous arrive.*

Gâteau roulé au citron

Enduit végétal antiadhésif

¾ tasse de sucre granulé
⅔ tasse de farine à gâteau tamisée
6 gros blancs d'œufs
¾ c. à thé d'essence de vanille
¼ c. à thé de crème de tartre
2 c. à soupe de sucre glace

Garniture :

¼ tasse de sucre granulé
2 c. à soupe de fécule de maïs
1¼ tasse de lait écrémé évaporé
3 c. à soupe de jus de citron
1 c. à soupe de zeste de citron râpé

Préparation :
15 min
Cuisson :
23 min
(presque sans intervention)

Une portion :

Calories	187
Graisses	0
Graisses saturées	0
Cholestérol	2 mg
Protéines	6 g
Hydrates de carbone	40 g
Sodium	85 mg
Sucre ajouté	103 cal.
Fibres	0

Conseil : Quand une recette demande du « zeste » de citron ou d'orange, ne râpez que la pellicule jaune ou orange du fruit. La peau blanche, dessous, est très amère.

1. Préchauffez le four à 150°C (300°F). Vaporisez un moule à gâteau roulé d'**enduit antiadhésif**. Chemisez le fond de papier paraffiné et vaporisez-le d'enduit antiadhésif.

2. Tamisez 6 c. à soupe de **sucre** et la **farine** sur du papier paraffiné. Réservez.

3. Dans le grand bol du mélangeur électrique, battez les **blancs d'œufs,** la **vanille** et la **crème de tartre** à vitesse modérée. Quand le mélange est mousseux, ajoutez peu à peu le reste du sucre, une cuillerée à soupe à la fois, sans cesser de battre. Continuez de fouetter les blancs d'œufs à vitesse modérément rapide jusqu'à ce qu'ils forment des pics souples. *(Note : ne les fouettez pas avec excès, le gâteau serait dur.)* Tamisez un quart de la farine sur les blancs d'œufs et incorporez-la délicatement avec une spatule de caoutchouc. Répétez l'opération trois fois.

4. Avec la spatule, répartissez la pâte également dans le moule. Enfournez et faites cuire 20-25 minutes, jusqu'à ce qu'il se colore et devienne spongieux sous le doigt.

5. Dégagez le gâteau du moule avec une spatule métallique et renversez-le tout de suite sur une serviette saupoudrée de 1 c. à soupe de **sucre glace.** Enlevez le papier paraffiné et les bords croquants. Saupoudrez le gâteau avec la moitié du sucre glace qui reste et enroulez-le avec la serviette dans le sens de la longueur. Déposez-le ainsi, repli dessous, sur une grille et laissez-le refroidir 1 heure.

6. Entre-temps, préparez la garniture. Dans une petite casserole, mélangez le **sucre granulé** et la **fécule**. Incorporez le **lait** et le **jus de citron** et faites cuire 3 minutes à feu modéré en remuant sans arrêt. Quand la préparation est épaisse et transparente, retirez-la du feu et ajoutez-y le **zeste de citron.** Couvrez et laissez tiédir à la température ambiante en remuant de temps à autre.

7. Pour fourrer le gâteau, déroulez-le et retirez la serviette. Fouettez la garniture pour qu'elle soit souple et étalez-la uniformément sur le gâteau en laissant une marge de 1,5 cm (½ po) tout autour. Enroulez de nouveau le gâteau, déposez-le, repli dessous, sur une assiette rectangulaire et saupoudrez-le avec le reste du sucre glace. Employez un couteau à scie avec mouvement de va-et-vient pour détailler le roulé en tranches de 2,5 cm (1 po). Donne 8 portions.

Variante :

Roulé aux fraises Procédez comme ci-dessus. Au moment de préparer la garniture, travaillez 30 secondes au robot ou au mixer ½ tasse de fraises fraîches, ou surgelées à sec et décongelées. Dans une petite casserole, mélangez 3 c. à soupe de sucre et 2 c. à soupe de fécule de maïs. Incorporez ¾ tasse de lait écrémé évaporé, les fraises en purée et 1¼ c. à thé de jus de citron. Faites cuire 3 minutes à feu modéré : la préparation épaissira et deviendra transparente. Retirez du feu, incorporez ½ tasse de fraises tranchées mince, couvrez et laissez tiédir. Étalez la garniture, enroulez et terminez le gâteau comme décrit ci-dessus.

Gâteau roulé au citron

Meringue roulée aux framboises et aux noix

¼ **tasse de noix ou d'amandes hachées très fin**

7 **c. à soupe de sucre**

1 **c. à soupe de fécule de maïs**

4 **gros blancs d'œufs**

⅛ **c. à thé de sel**

⅛ **c. à thé de crème de tartre**

¼ **c. à thé d'essence d'amande**

¼ **tasse de confiture de framboises à teneur réduite en sucre**

GRAISSES SUCRE SODIUM

Préparation :
5 min
Cuisson :
35 min
(presque sans
intervention)

Une portion :	
Calories	115
Graisses	3 g
Graisses saturées	0
Cholestérol	0
Protéines	3 g
Hydrates de carbone	20 g
Sodium	84 mg
Sucre ajouté	56 cal.
Fibres	1 g

1. Portez le four à 140°C (275°F). Chemisez une plaque à biscuits de papier sulfurisé ou de papier d'aluminium. En prenant un moule rond de 20 cm (8 po) comme guide, dessinez-y deux cercles. D'autre part, sur du papier paraffiné, mélangez les **noix,** 1 c. à soupe de **sucre** et la **fécule.**

2. Dans le grand bol du mélangeur électrique, battez les **blancs d'œufs** et le **sel** à vitesse modérée. Quand ils sont mousseux, ajoutez la **crème de tartre** et, 1 minute plus tard, le reste du sucre, sans cesser de battre. Augmentez la vitesse de l'appareil et fouettez jusqu'à formation de pics fermes et luisants. Incorporez l'**essence d'amande** et les noix sucrées.

3. Mettez la meringue dans une poche à pâtisserie munie d'une grande douille lisse et remplissez les deux cercles tracés sur le papier chemisant la plaque. Avec une spatule, lissez le dessus des deux gâteaux, enfournez et faites cuire 35 minutes : les gâteaux seront presque croustillants mais encore un peu collants.

4. Déposez la plaque sur une grille et laissez tiédir les meringues à la température ambiante pendant 1 heure. Démoulez-les et retirez le papier sulfurisé. Déposez une meringue, côté plat dessus, dans une grande assiette ; étalez la **confiture de framboises** et recouvrez de l'autre meringue, côté arrondi dessus. Découpez en six pointes. Donne 6 portions.

Conseil : *Ne préparez pas de meringue par temps humide ou pluvieux ; elle sera molle et collante.*

Biscuits aux râpures de chocolat

Du chocolat râpé remplace ici les grains de chocolat classiques pour que les biscuits aient une teneur réduite en calories.

GRAISSES SUCRE SODIUM

1	tasse de farine tout usage tamisée
¼	tasse de farine de blé entier non tamisée
½	c. à thé de bicarbonate de soude
¼	tasse de margarine non salée
¼	tasse de sucre

¼	tasse de cassonade blonde bien tassée
1	gros œuf
1	gros blanc d'œuf
3	c. à thé d'essence de vanille
1	carré (28 g/1 oz) de chocolat mi-sucré, râpé fin

Préparation :
10 min
Cuisson :
8 min

Un biscuit :

Calories	45
Graisses	2 g
Graisses saturées	0
Cholestérol	8 mg
Protéines	1 g
Hydrates de carbone	6 g
Sodium	15 mg
Sucre ajouté	17 cal.
Fibres	0

1. Préchauffez le four à 190°C (375°F). Dans un petit bol, mélangez la **farine tout usage**, la **farine de blé entier** et le **bicarbonate de soude**.

2. Dans le grand bol du mélangeur électrique, fouettez ensemble la **margarine**, le **sucre** et la **cassonade** 2 minutes à vitesse réduite. Quand le mélange est lisse et crémeux, ajoutez en battant l'**œuf**, le **blanc d'œuf** et la **vanille**.

3. Avec une cuiller de bois, incorporez les ingrédients secs et le **chocolat** râpé.

4. Déposez la pâte par cuillerée à thé comble sur des plaques à biscuits non graissées, en laissant un intervalle de 5 cm (2 po) entre chacune. Enfournez et faites cuire 8-10 minutes. Quand les biscuits commencent à rôtir sur les bords, retirez-les et laissez-les tiédir sur des grilles. Donne 36 biscuits.

Macarons aux grains de chocolat

Vous aurez du mal à croire que ces friandises renferment si peu de calories.

GRAISSES SUCRE SODIUM

2	gros blancs d'œufs
½	tasse de sucre
1	c. à thé d'essence de vanille
3	c. à soupe de poudre de cacao pur

| ½ | tasse de grains de chocolat semi-sucré (½ paquet de 170 g/6 oz) |

Préparation :
8 min
Cuisson :
1 h
(presque sans intervention)

Un macaron :

Calories	23
Graisses	1 g
Graisses saturées	0
Cholestérol	0
Protéines	0
Hydrates de carbone	4 g
Sodium	3 mg
Sucre ajouté	10 cal.
Fibres	0

1. Portez le four à 120°C (250°F). Chemisez de papier sulfurisé ou de papier d'aluminium deux plaques à biscuits.

2. Dans le grand bol du mélangeur électrique, fouettez les **blancs d'œufs** à vitesse modérément rapide jusqu'à formation de pics fermes. Ajoutez le **sucre**, une cuillerée à soupe à la fois, puis la **vanille**. À faible vitesse, incorporez le **cacao**. Avec une spatule de caoutchouc, introduisez les **grains de chocolat**.

3. Déposez la pâte par cuillerée à thé comble sur les plaques en laissant un intervalle de 2,5 cm (1 po) entre chacune. Enfournez et faites cuire 1 heure. Éteignez le four, mais laissez-y sécher les biscuits 2 heures. Retirez-les et conservez-les dans un contenant hermétique. Donne 40 macarons.

Variante :

Macarons choco-noix Procédez comme ci-dessus, mais remplacez les grains de chocolat par ½ tasse de pacanes ou de noix grossièrement hachées ; ajoutez une pincée de cannelle et une pincée de muscade aux blancs d'œufs fouettés.

Carrés au citron

Enduit végétal antiadhésif

1 tasse et 4½ c. à thé de farine tout usage tamisée

⅓ tasse et 1 c. à soupe de sucre glace tamisé

½ c. à thé de levure chimique

¼ tasse de margarine non salée, froide, détaillée en petits morceaux

2 c. à soupe d'eau glacée

1 gros œuf

1 gros blanc d'œuf

⅔ tasse de sucre granulé

¼ tasse de jus de citron

1 c. à thé de zeste de citron râpé

⅛ c. à thé de sel

Préparation :
15 min
Cuisson :
45 min
(presque sans intervention)

Une portion :

Calories	*103*
Graisses	*3 g*
Graisses saturées	*1 g*
Cholestérol	*17 mg*
Protéines	*1 g*
Hydrates de carbone	*17 g*
Sodium	*39 mg*
Sucre ajouté	*67 cal.*
Fibres	*0*

1. Portez le four à 190°C (375°F). Vaporisez d'**enduit antiadhésif** un moule carré de 20 cm (8 po), d'une profondeur de 5 cm (2 po).

2. Dans un bol moyen, mélangez 1 tasse de **farine**, ⅓ tasse de **sucre glace** et ¼ c. à thé de **levure chimique**. À l'aide d'une fourchette ou d'un coupe-pâte, incorporez la **margarine** aux ingrédients secs : la pâte sera grumeleuse. Aspergez-la d'**eau** glacée et travaillez-la jusqu'au moment où elle forme boule entre les doigts.

3. Étalez la pâte dans le moule, enfournez et faites cuire 20 minutes.

4. Dans le petit bol du mélangeur électrique, réunissez l'**œuf**, le **blanc d'œuf**, le **sucre granulé** et le **jus de citron**. Battez environ 2 minutes à vitesse modérée pour que le mélange devienne lisse et crémeux. Incorporez alors au fouet le reste de la farine et de la levure chimique, le **zeste de citron** et le **sel**.

5. Dès que la pâte est cuite, retirez le moule du four et versez sur le gâteau la préparation précédente. Remettez le moule au four et prolongez la cuisson de 25 minutes ou jusqu'à ce que la garniture au citron soit ferme.

6. Laissez refroidir le moule 1 heure à l'endroit sur une grille. Découpez en carrés et saupoudrez la surface avec le reste du sucre glace avant de retirer les carrés du moule. Donne 16 carrés.

Macarons aux grains de chocolat

Biscuits aux flocons d'avoine

1½ tasse de flocons d'avoine
½ tasse de farine tout usage,
    tamisée
¼ tasse de cassonade blonde,
    bien tassée

½ c. à thé de cannelle moulue
⅛ c. à thé de sel
½ tasse de margarine non salée
1 c. à soupe de sirop d'érable

GRAISSES SUCRE SODIUM

Préparation :
5 min
Cuisson :
9 min

Un biscuit :

Calories	44
Graisses	2 g
Graisses saturées	0
Cholestérol	0
Protéines	1 g
Hydrates de carbone	5 g
Sodium	8 mg
Sucre ajouté	5 cal.
Fibres	0

1. Préchauffez le four à 190°C (375°F). Graissez légèrement deux plaques à biscuits. Dans un bol moyen, mélangez les **flocons d'avoine**, la **farine**, la **cassonade**, la **cannelle** et le **sel**.
2. Faites fondre la **margarine** à feu modéré. Ajoutez-la, de même que le **sirop d'érable**, aux ingrédients secs. Mélangez.
3. Déposez la pâte par cuillerée à thé sur les plaques en laissant un intervalle de 5 cm (2 po) entre les biscuits. Enfournez et faites cuire 8 minutes. Quand les biscuits sont dorés, retirez-les du four et laissez-les durcir 2 minutes sur les plaques avant de les mettre à refroidir sur des grilles. Donne 40 biscuits.

Desserts aux fruits

Gratin de pommes aux raisins secs

3 pommes à cuire pelées,
    parées et tranchées
1 c. à soupe de jus de citron
½ tasse de raisins secs
¼ tasse et 2 c. à soupe de
    cassonade brune, bien tassée

2½ c. à thé de cannelle moulue
2½ tranches de pain entier,
    finement émiettées
2 c. à soupe de margarine non
    salée

GRAISSES SUCRE SODIUM

Préparation :
15 min
Cuisson :
46 min
(presque sans
intervention)

Une portion :

Calories	138
Graisses	3 g
Graisses saturées	1 g
Cholestérol	0
Protéines	1 g
Hydrates de carbone	28 g
Sodium	43 mg
Sucre ajouté	48 cal.
Fibres	2 g

1. Préchauffez le four à 150°C (300°F). Dans un grand bol, réunissez les **pommes**, le **jus de citron**, les **raisins secs**, ¼ tasse de **cassonade** et 1½ c. à thé de **cannelle**. Déposez la préparation à la cuiller dans une assiette à tarte non graissée.
2. Préparez la garniture. Étalez les **miettes de pain** dans un moule à gâteau roulé et mettez-les à dessécher 15 minutes au four en remuant de temps à autre. Retirez-les du four et versez-les dans un petit bol. Dans une petite casserole, faites fondre la **margarine** à feu doux. Jetez-y les miettes de pain, ainsi que la cassonade et la cannelle qui restent, et mélangez bien. Réglez le thermostat du four à 190°C (375°F).
3. Répartissez la garniture sur les pommes, enfournez et faites cuire 30 minutes. *(Note : Si au bout de 10 minutes, la croûte est déjà brune, couvrez le plat de papier d'aluminium.)* Servez tiède. Donne 8 portions.

Variantes :

Gratin de pêches au gingembre Procédez comme ci-dessus mais remplacez les pommes par 4 tasses de pêches pelées, dénoyautées et tranchées, et les raisins secs par ¾ c. à thé de gingembre moulu. Déposez cette préparation dans l'assiette à tarte. Remplacez la garniture prévue par 1½ tasse de biscuits au gingembre émiettés (36 biscuits), mélangés à 1 c. à soupe de cassonade brune, ¾ c. à thé de gingembre moulu et 2 c. à soupe de margarine fondue. Étalez sur les pêches et reprenez à la fin de l'étape 2.

Gratin de bleuets au citron Faites comme ci-dessus mais remplacez les pommes par 4 tasses de bleuets et employez des raisins secs dorés. Supprimez le jus de citron et la cannelle et ajoutez 1 c. à soupe de zeste de citron râpé

Gratin de pêches au gingembre

Gratin de pommes aux raisins secs

Gratin de bleuets au citron

et 1 c. à thé de muscade moulue. Déposez cette préparation dans l'assiette à tarte. Pour la garniture, utilisez 1½ tasse de toasts melba émiettés, mélangés à 3 c. à soupe de cassonade brune, ¾ c. à thé de zeste de citron, ¾ c. à thé de muscade moulue et 2 c. à soupe de margarine fondue. Étalez sur les bleuets et reprenez à la fin de l'étape 2.

Pouding aux bleuets

GRAISSES SUCRE SODIUM

Enduit végétal antiadhésif
1½ **tasse de bleuets frais, équeutés et triés, ou surgelés à sec et décongelés**
1 **c. à soupe de Cointreau ou autre liqueur à l'orange (facultatif)**
2 **c. à soupe et 2 c. à thé de sucre granulé**

⅔ **tasse de lait écrémé**
⅓ **tasse de farine tout usage tamisée**
1 **gros œuf**
1 **c. à thé de zeste d'orange râpé**
2 **c. à thé d'essence de vanille**
¼ **c. à thé de cannelle moulue**
1 **c. à soupe de sucre glace (facultatif)**

Préparation :
8 min et
30 min d'attente
Cuisson :
1 h (sans
intervention)

Une portion :

Calories	137
Graisses	2 g
Graisses saturées	0
Cholestérol	69 mg
Protéines	4 g
Hydrates de carbone	28 g
Sodium	42 mg
Sucre ajouté	40 cal.
Fibres	2 g

1. Préchauffez le four à 180°C (350°F). Vaporisez d'**enduit antiadhésif** un plat peu profond de 6 tasses allant au four.
2. Dans un bol moyen, réunissez les **bleuets,** le **Cointreau,** s'il y a lieu, et 1 c. à thé de **sucre granulé.** Laissez reposer à découvert 30 minutes à la température ambiante.
3. Travaillez 5 secondes, au mixer ou au robot, 2 c. à soupe de sucre, le **lait,** la **farine,** l'**œuf,** le **zeste d'orange,** la **vanille** et la **cannelle.**
4. Déposez les bleuets dans le plat de cuisson, versez la pâte par-dessus et saupoudrez avec le reste du sucre granulé.
5. Enfournez et laissez cuire 1 heure ou jusqu'à ce que la pâte soit gonflée et dorée. Saupoudrez de **sucre glace,** au goût, avant de servir. Donne 4 portions.

Charlotte aux fraises

Charlotte aux fraises

Voici un dessert spectaculaire, qui contient cependant peu de calories. Vous pouvez préparer les doigts de dame une semaine d'avance et les conserver dans un contenant fermé hermétiquement.

GRAISSES SUCRE SODIUM

Préparation :
20 min et 4 h
de réfrigération
Cuisson :
12 min

Enduit végétal antiadhésif
2 gros jaunes d'œufs
¾ tasse de sucre glace tamisé
½ c. à thé d'essence de vanille
5 gros blancs d'œufs
⅛ c. à thé de sel
½ tasse de farine à gâteau tamisée
1 sachet de gélatine sans saveur
¼ tasse d'eau froide

2 tasses de fraises équeutées
1 c. à soupe de jus de citron
1 c. à soupe de kirsch ou de cassis (facultatif)
1 tasse de yogourt partiellement écrémé
½ tasse de sucre granulé super fin
12 fraises entières, équeutées

Une portion :	
Calories	166
Graisses	2 g
Graisses saturées	1 g
Cholestérol	70 mg
Protéines	6 g
Hydrates de carbone	32 g
Sodium	92 mg
Sucre ajouté	84 cal.
Fibres	1 g

1. Préchauffez le four à 160°C (325°F). Pour les doigts de dame, vaporisez deux plaques à biscuits d'**enduit antiadhésif.** Vaporisez aussi, pour la charlotte, un petit moule à pain ; chemisez le fond et les côtés de papier paraffiné.

2. Confectionnez d'abord les doigts de dame. Dans le grand bol du mélangeur électrique, fouettez les **jaunes d'œufs** à vitesse modérée. Quand ils sont épais et jaune clair, ajoutez ¼ tasse de **sucre glace,** 1 cuillerée à soupe à la fois. Faites tourner les fouets au plus rapide et battez les jaunes jusqu'à ce qu'ils aient la consistance d'une mayonnaise. Ajoutez la **vanille.**

3. Dans un bol moyen, avec des fouets propres, battez trois des **blancs d'œufs** avec le **sel** à vitesse modérée. Quand ils sont mousseux, ajoutez 2 c. à soupe du sucre glace qui reste, 1 cuillerée à soupe à la fois. Continuez de fouetter à grande vitesse jusqu'à formation de pics fermes.

4. Mélangez 2 c. à soupe de sucre glace avec la **farine.** Avec une spatule de caoutchouc, incorporez-les peu à peu aux blancs d'œufs en alternant avec les jaunes d'œufs ; commencez et terminez par les ingrédients secs.

5. Déposez la pâte dans une poche à pâtisserie munie d'une douille ordinaire de 1,5 cm (½ po) et laissez tomber des lanières de pâte de 10 cm (4 po) sur les plaques en laissant entre elles un intervalle de 5 cm (2 po). Tamisez 2 c. à soupe de sucre glace sur les doigts de dame, enfournez et faites cuire 12-15 minutes. Quand les biscuits sont jaune paille, laissez-les tiédir 5 minutes sur les plaques avant de les mettre à refroidir 30 minutes sur des grilles.

6. Déposez quelques doigts de dame dans le fond du moule à pain. Faites-en tenir d'autres debout contre les parois en coupant ce qui dépasse. Réservez les découpes.

7. Préparez maintenant la charlotte. Dans un petit bol, faites gonfler la **gélatine** 5 minutes dans l'**eau.** Posez le bol dans un plat d'eau très chaude et remuez jusqu'à ce que la gélatine soit fondue.

8. Travaillez 2 tasses de **fraises** 1 minute au mixer ou au robot. Passez-les au tamis dans un grand bol, ajoutez la gélatine fondue, le **jus de citron** et le **kirsch** s'il y a lieu. Incorporez le **yogourt.**

9. Dans le petit bol du mélangeur électrique, fouettez les deux blancs d'œufs qui restent à vitesse modérée. Quand ils sont mousseux, ajoutez le **sucre granulé super fin,** 1 cuillerée à soupe à la fois. Continuez de fouetter à grande vitesse jusqu'à ce qu'ils forment des pics fermes. Avec une spatule de caoutchouc, incorporez les blancs d'œufs à la purée de fraises, délicatement mais à fond. Déposez la préparation dans le moule à pain, préalablement tapissé de doigts de dame, lissez la surface et émiettez dessus les découpes en réserve. Couvrez d'une pellicule de plastique et réfrigérez au moins 4 heures.

10. Pour servir, mettez une assiette rectangulaire sur le moule et renversez. Décorez la charlotte avec les **fraises entières,** certaines tranchées si vous le désirez ; saupoudrez la pièce avec le sucre glace qui reste. Donne 8 portions.

Tartes, pâtisseries et poudings

Pouding aux pêches

8 pêches moyennes pelées, dénoyautées et détaillées en tranches de 1,5 cm (½ po) d'épaisseur
¼ tasse et 4 c. à thé de cassonade blonde bien tassée

½ c. à thé de cannelle moulue
⅛ c. à thé de muscade moulue
2 c. à soupe de farine
1 c. à soupe de margarine non salée ramollie

GRAISSES SUCRE SODIUM

Préparation : **10 min**
Cuisson : **30 min**

Une portion :	
Calories	149
Graisses	2 g
Graisses saturées	1 g
Cholestérol	0
Protéines	2 g
Hydrates de carbone	34 g
Sodium	4 mg
Sucre ajouté	47 cal.
Fibres	2 g

1. Portez le four à 190°C (375°F). Dans un plat à pouding ou à soufflé de 4 tasses, non graissé, déposez les **pêches** avec ¼ tasse de **cassonade,** la **cannelle** et la **muscade.** Mélangez.

2. Dans un petit bol, mélangez le reste de la cassonade avec la **farine** et la **margarine.** Étalez la préparation sur les pêches et enfournez.

3. Faites cuire 30 minutes environ. Servez le plat chaud ou froid avec de la Crème fouettée santé (p. 27) si vous le désirez. Donne 6 portions.

Tarte meringuée à la citrouille

Enduit végétal antiadhésif
1 c. à thé de margarine non salée
¼ tasse de biscuits au gingembre émiettés (6 biscuits)
½ tasse de sucre

1 tasse de lait écrémé évaporé
1¼ c. à thé de gingembre moulu
1 sachet de gélatine sans saveur
1 gros jaune d'œuf
1 boîte (450 g/1 lb) de citrouille
3 gros blancs d'œufs
¼ c. à thé de crème de tartre

GRAISSES SUCRE SODIUM

Préparation :
15 min et
8 h 20 de
réfrigération
Cuisson :
8 min

Une portion :	
Calories	*137*
Graisses	*2 g*
Graisses saturées	*1 g*
Cholestérol	*38 mg*
Protéines	*6 g*
Hydrates de carbone	*25 g*
Sodium	*92 mg*
Sucre ajouté	*55 cal.*
Fibres	*1 g*

1. Vaporisez une assiette à tarte d'**enduit antiadhésif.** Dans une petite casserole, faites fondre la **margarine** à feu doux. Retirez-la du feu et jetez-y les **miettes de biscuits au gingembre.** Mélangez. Déposez-les dans l'assiette à tarte et pressez-les pour les faire adhérer à la paroi et au fond. Réfrigérez pendant que vous préparez la garniture.

2. Dans une petite casserole, mélangez ¼ tasse de **sucre** et ¼ tasse de **lait** ; ajoutez le **gingembre** et égrenez la **gélatine** en surface. Laissez-la gonfler 5 minutes. Posez la casserole sur un feu plutôt doux et faites cuire 5-6 minutes tout en remuant. Retirez du feu quand la gélatine et le sucre sont fondus.

3. Dans un petit bol, battez le **jaune d'œuf** avec le reste du lait. Incorporez lentement la gélatine en fouettant. Remettez la préparation dans la casserole et laissez-la cuire à feu doux 2-3 minutes, en remuant sans arrêt, pour qu'elle épaississe. Ne la faites pas bouillir : elle tournerait.

4. Déposez cet apprêt dans un grand bol, ajoutez la **citrouille,** mélangez, couvrez et réfrigérez 20-30 minutes en remuant de temps à autre.

5. Dans le grand bol du mélangeur électrique, fouettez les **blancs d'œufs** avec la **crème de tartre** à vitesse modérée. Quand ils sont mousseux, ajoutez peu à peu le reste du sucre. Augmentez la vitesse d'un cran et fouettez jusqu'à formation de pics souples.

6. Avec une spatule de caoutchouc, incorporez les blancs d'œufs à la citrouille qui sera devenue, entre-temps, un peu ferme. Versez cette garniture dans l'assiette à tarte. Réfrigérez au moins 8 heures. Donne 8 portions.

Tartelettes aux bleuets et aux pêches

Les fonds en meringue se garderont une semaine dans un contenant hermétique.

3 gros blancs d'œufs
⅛ c. à thé de sel
⅛ c. à thé de crème de tartre
¾ tasse de sucre granulé super fin
½ c. à thé d'essence de vanille
1 tasse de bleuets frais ou surgelés à sec et décongelés

3 pêches moyennes pelées, dénoyautées et tranchées
1 c. à soupe de jus de citron
2 c. à thé de sucre granulé
1 c. à thé de zeste de citron râpé

GRAISSES SUCRE SODIUM

Préparation :
20 min
et 1 h de
réfrigération
Cuisson :
1 h

Une portion :	
Calories	*153*
Graisses	*0*
Graisses saturées	*0*
Cholestérol	*0*
Protéines	*2 g*
Hydrates de carbone	*37 g*
Sodium	*73 mg*
Sucre ajouté	*51 cal.*
Fibres	*1 g*

1. Portez le four à 120°C (250°F). Chemisez une plaque à biscuits de papier sulfurisé ou de papier paraffiné. En vous servant d'un emporte-pièce de 7,5 cm (3 po) comme guide, tracez-y six ronds à 5 cm (2 po) d'intervalle.

2. Dans le grand bol du mélangeur électrique, fouettez les **blancs d'œufs** et le **sel** à vitesse modérée. Quand ils sont mousseux, ajoutez la **crème de tartre** et battez jusqu'à formation de pics souples. Incorporez le **sucre granulé super fin,** 1 cuillerée à soupe à la fois, et continuez à fouetter pour obtenir des pics fermes. Ajoutez la **vanille.**

3. Mettez la pâte dans une poche à pâtisserie munie d'une douille en étoile de 6,5 mm (¼ po). Remplissez les cercles pour former des disques d'une épaisseur de 8 mm (⅓ po). Élevez une bordure de 5 cm (2 po) formée d'étoiles côte à côte.

4. Faites cuire les meringues 1 heure. Éteignez le four et laissez-les se dessécher dans le four 2-3 heures. *(Note : Vous pouvez alors ranger les meringues pour les utiliser un autre jour.*

5. Une heure avant le service, réunissez dans un bol moyen les **bleuets,** les **pêches,** le **jus de citron,** le **sucre** et le **zeste de citron.** Couvrez et réfrigérez 1 heure. Avant de servir, garnissez les tartelettes de fruits. Donne 6 portions.

Choux et éclairs

GRAISSES SUCRE SODIUM

Enduit végétal antiadhésif
1 tasse d'eau
5 c. à soupe de margarine non salée
½ tasse de farine tout usage tamisée
¼ tasse de fécule de maïs
3 gros œufs

1. Préchauffez le four à 200℃ (400℉). Vaporisez une plaque à biscuits d'**enduit antiadhésif.**

2. Dans une casserole moyenne, amenez à ébullition l'**eau** et la **margarine** à feu modérément vif. Par ailleurs, mélangez dans un petit bol la **farine** et la **fécule.** Versez-les d'un trait dans la casserole. Remuez énergiquement avec une cuiller de bois jusqu'à ce que le mélange forme une boule qui n'adhère pas aux parois. Retirez du feu et laissez tiédir 2 minutes. Ajoutez les **œufs,** un à la fois, en battant bien après chaque addition. La pâte sera lisse et luisante.

3. Pour obtenir des choux, laissez tomber la pâte par cuillerée à soupe comble sur la plaque à biscuits en laissant entre chaque un intervalle de 5 cm (2 po). Pour obtenir des éclairs, façonnez la pâte en rectangles étroits de 9 cm (3½ po) de longueur. (Cette opération est plus facile si vous utilisez la poche à pâtisserie munie d'une grosse douille lisse.)

4. Faites cuire les choux et les éclairs 10 minutes. Baissez le thermostat du four à 180℃ (350℉) et prolongez la cuisson de 25 minutes. Laissez choux et éclairs refroidir sur des grilles pendant 1 heure.

5. Pour les fourrer, coupez les choux et les éclairs en deux sur la hauteur et déposez au centre une cuillerée à soupe de Flan au chocolat (p. 289) ou d'une autre garniture à faible teneur en calories. Donne 15 pièces.

Préparation :
2 min
Cuisson :
40 min
(presque sans intervention)

Une portion :

Calories	*72*
Graisses	*5 g*
Graisses saturées	*1 g*
Cholestérol	*55 mg*
Protéines	*2 g*
Hydrates de carbone	*5 g*
Sodium	*14 mg*
Sucre ajouté	*0*
Fibres	*0*

Choux et éclairs

Gâteau au fromage lime-gingembre

Enduit végétal antiadhésif

1 c. à soupe de margarine non salée

4 toasts zwieback émiettés fin ou 3 c. à soupe de chapelure fine

½ tasse et 1 c. à thé de cassonade blonde peu tassée

1½ c. à thé de zeste de lime râpé

1 c. à thé de gingembre moulu

3 c. à soupe de jus de lime

2 sachets de gélatine sans saveur

2 tasses de ricotta partiellement écrémée

1 tasse de yogourt partiellement écrémé

½ tasse de lait écrémé

1 gros jaune d'œuf

Préparation :
10 min et 5 h de réfrigération
Cuisson :
6 min

Une portion :

Calories	117
Graisses	5 g
Graisses saturées	2 g
Cholestérol	35 mg
Protéines	7 g
Hydrates de carbone	12 g
Sodium	73 mg
Sucre ajouté	24 cal.
Fibres	0

1. Vaporisez d'**enduit antiadhésif** un moule rond de 20 cm (8 po) à fond amovible. Dans une petite casserole, faites fondre la **margarine** à feu doux. Hors du feu, jetez-y les **miettes de zwieback**, 1 c. à thé de **cassonade**, ½ c. à thé de **zeste de lime** et ¼ c. à thé de **gingembre**. Mélangez. Déposez cet apprêt dans le moule et avec les doigts, faites-le adhérer aux parois et au fond. Réfrigérez.

2. Versez le **jus de lime** dans une tasse en verre pyrex, égrenez la **gélatine** dessus et laissez-la gonfler 5 minutes. Dans une petite casserole, amenez 1 tasse d'eau à ébullition ; déposez la tasse dans l'eau qui mijote, réglez le feu à doux et remuez pendant 4 minutes ou jusqu'à ce que la gélatine soit fondue. Retirez du feu et réservez.

3. Travaillez 1 minute la **ricotta**, le **yogourt**, le reste de la cassonade et le **lait** au mixer ou au robot. Ajoutez le **jaune d'œuf**, le reste du zeste de lime et du gingembre et fouettez 1 minute de plus. Ajoutez la gélatine fondue et travaillez encore 15 secondes.

4. Déposez délicatement la garniture dans le moule en prenant soin de ne pas déranger la croûte et réfrigérez au moins 5 heures. Donne 12 portions.

Pouding aux fruits sans sucre

Voici une version sans sucre d'un pouding fameux l'été en Angleterre, puisqu'on y retrouve de nombreuses baies fraîches.

½ c. à soupe de margarine non salée

8 tranches minces de pain blanc à mie serrée, sans croûte

3 tasses de framboises fraîches ou surgelées à sec et décongelées

45 g (4 oz) d'ananas broyé, égoutté en réservant ⅓ tasse de jus

Préparation :
10 min
Cuisson :
6 min

Une portion :

Calories	172
Graisses	3 g
Graisses saturées	1 g
Cholestérol	1 mg
Protéines	4 g
Hydrates de carbone	33 g
Sodium	183 mg
Sucre ajouté	0
Fibres	5 g

1. Enduisez de **margarine** un moule de 4 tasses et chemisez le fond et les côtés avec sept tranches de **pain** en les superposant légèrement.

2. Dans une casserole moyenne et à découvert, amenez à ébullition les **framboises**, l'**ananas** et le jus réservé à feu modérément vif. Réglez la chaleur pour que la préparation mijote et laissez cuire ainsi 4 minutes.

3. Versez cet apprêt dans le moule et posez dessus la dernière tranche de pain. Couvrez d'un rond de papier paraffiné, mettez un poids par-dessus (une assiette contenant une boîte de conserve) et réfrigérez du soir au matin.

4. Pour servir, dégagez le pouding avec une spatule métallique et démoulez sur une assiette de service. Servez tel quel ou avec la Crème fouettée santé (p. 27). Donne 4 portions.

Flan au chocolat

1 carré (28 g/1 oz) de chocolat
   amer
2 tasses de lait écrémé

⅓ tasse de sucre
3 c. à soupe de fécule de maïs
1 c. à thé d'essence de vanille

GRAISSES **SUCRE** **SODIUM**

Préparation : **1 min**
et 3 h de réfrigération
Cuisson : **23 min**

1. Dans le bas du bain-marie, amenez 1 tasse d'eau à ébullition à feu modéré. Déposez le **chocolat** dans le haut. Réunissez les deux pièces et laissez fondre le chocolat 2 minutes. Incorporez 1¾ tasse de **lait** et le **sucre** ; couvrez et laissez cuire 3 minutes : le lait doit être très chaud.

2. Dans une tasse à mesurer, mélangez la **fécule** et le reste du lait, et jetez-les dans le chocolat chaud en remuant sans arrêt. Laissez cuire 1 minute sans cesser d'agiter ; la sauce épaissira et deviendra lisse. Couvrez et prolongez la cuisson de 15 minutes avant d'ajouter la **vanille.**

3. Versez la crème dans des bols, couvrez de pellicule de plastique et réfrigérez au moins 3 heures avant de servir. Donne 4 portions.

Une portion :

Calories	*168*
Graisses	*4 g*
Graisses saturées	*2 g*
Cholestérol	*2 mg*
Protéines	*5 g*
Hydrates de carbone	*30 g*
Sodium	*64 mg*
Sucre ajouté	*64 cal.*
Fibres	*0*

Pouding aux fruits sans sucre

Soufflé au citron

⅓ tasse de sucre granulé
4½ c. à thé de fécule de maïs
½ tasse de lait écrémé
1 gros jaune d'œuf
2 c. à soupe de jus de citron

1 c. à thé de zeste de citron râpé
½ c. à thé d'essence de vanille
4 gros blancs d'œufs
1 c. à soupe de sucre glace (facultatif)

GRAISSES **SUCRE** **SODIUM**

Préparation :
10 min
Cuisson :
33 min
(presque sans intervention)

Une portion :

Calories	78
Graisses	*1 g*
Graisses saturées	*0*
Cholestérol	*46 mg*
Protéines	*3 g*
Hydrates de carbone	*14 g*
Sodium	*47 mg*
Sucre ajouté	*38 cal.*
Fibres	*0*

1. Préchauffez le four à 180°C (350°F). Dans une petite casserole, mélangez le **sucre** et la **fécule** ; incorporez lentement le **lait**. Amenez au point d'ébullition en 2 minutes à feu modéré en remuant ; quand la préparation bouille, prolongez la cuisson de 30 secondes en remuant. Retirez du feu.

2. Incorporez 2 cuillerées à soupe du mélange précédent au **jaune d'œuf** avant de le jeter ainsi délayé dans la casserole en remuant sans arrêt. Ajoutez le **jus de citron**, le **zeste de citron** et la **vanille**. Mélangez bien. Versez la préparation dans un bol moyen calorifuge et laissez-la tiédir 1 heure en remuant de temps à autre pour éviter la formation d'une peau en surface.

3. Dans un grand bol, fouettez les **blancs d'œufs** à vitesse assez grande. Quand ils forment des pics souples, introduisez-les avec une spatule de caoutchouc dans la crème au citron. Versez dans un moule à soufflé de 4 tasses. Faites cuire à découvert 30-35 minutes. Saupoudrez de **sucre glace** tamisé s'il y a lieu et servez immédiatement. Donne 6 portions.

Variante :

Soufflé à l'orange Procédez comme ci-dessus mais remplacez le jus de citron par du Grand Marnier ou une autre liqueur à l'orange et le zeste de citron par 1½ c. à thé de zeste d'orange. Supprimez la vanille.

Desserts glacés et sauces

Glace aux pêches fraîches

½ tasse de sucre
1 tasse d'eau
3 tasses de pêches pelées et tranchées (4 grosses pêches)

2 c. à soupe de jus de citron ou de lime

GRAISSES **SUCRE** **SODIUM**

Préparation :
20 min et
11 h de réfrigération
Cuisson :
5 min

Une portion :

Calories	51
Graisses	*0*
Graisses saturées	*0*
Cholestérol	*0*
Protéines	*0*
Hydrates de carbone	*13 g*
Sodium	*1 mg*
Sucre ajouté	*32 cal.*
Fibres	*0*

1. Dans une petite casserole, mélangez le **sucre** et l'**eau** et faites-les cuire 5 minutes à feu doux sans couvrir. Quand le sucre est fondu, laissez refroidir le sirop 30 minutes. Couvrez et réfrigérez 4 heures.

2. Travaillez les **pêches** 1 minute au mixer ou au robot. Ajoutez le sirop et le **jus de citron** et fouettez encore 30 secondes.

3. Versez dans une sorbetière et suivez les instructions ; sautez ensuite à l'étape 5. À défaut de sorbetière, versez la crème dans un moule et congelez-la 3 heures.

4. Retirez le moule du congélateur. Concassez la glace et mettez-la dans le grand bol du mélangeur. Fouettez à grande vitesse.

5. Quand la préparation est lisse et crémeuse, versez-la dans un contenant de 8 tasses et congelez-la au moins 4 heures avant de servir. Donne 12 portions.

Variante :

Glace au melon Procédez comme ci-dessus mais remplacez les pêches par 3 tasses de cantaloup ou de melon d'eau, pelé, épépiné et concassé.

Parfait croquant choco-framboises

Parfait croquant choco-framboises

Préparation : **20 min** GRAISSES SUCRE SODIUM
et 2 h de réfrigération

Ce parfait est agréablement piquant et croquant ; si vous surveillez vos calories, remplacez le sucre par un édulcorant artificiel.

2 tasses de framboises fraîches ou surgelées à sec et décongelées
2 c. à soupe de sucre ou 1 sachet d'édulcorant (au goût)
2 tasses de yogourt partiellement écrémé
2 c. à soupe de poudre de cacao pur
4 c. à thé de germe de blé
4 brindilles de menthe (facultatif)

1. Dans un bol moyen, mélangez les **framboises** et 1 c. à soupe de **sucre.**
2. Dans un autre bol moyen, mélangez le **yogourt,** le **cacao** et le sucre qui reste ; fouettez jusqu'à ce que la crème soit lisse et onctueuse.
3. Utilisez quatre coupes à parfait de 225 ml (8 oz) chacune et versez dans chacune ¼ tasse de crème au yogourt. Déposez-y ¼ tasse de framboises et garnissez avec ½ c. à thé de **germe de blé.** Recommencez l'opération trois fois ; terminez avec le yogourt. Réfrigérez 2-3 heures avant de servir. Décorez de **menthe**, au goût. Donne 4 portions.

Une portion :

		Protéines	*5 g*
Calories	*106*	*Hydrates de carbone*	*20 g*
Graisses	*2 g*	*Sodium*	*40 mg*
Graisses saturées	*1 g*	*Sucre ajouté*	*24 cal.*
Cholestérol	*3 mg*	*Fibres*	*3 g*

Yogourt glacé

Préparation : **20 min**
et 5 h de réfrigération

GRAISSES **SUCRE** **SODIUM**

1 **c. à thé de gélatine sans saveur**
¼ **tasse de lait écrémé**
3 **tasses de petits fruits, bleuets, framboises ou fraises, frais ou surgelés à sec et décongelés**
2 **c. à soupe de sucre ou 2 sachets d'édulcorant**
2 **c. à thé de jus de citron**
⅔ **tasse de yogourt partiellement écrémé**

1. Dans un bol calorifuge, faites gonfler la **gélatine** dans le **lait** 5 minutes ; déposez le bol dans un plat d'eau très chaude et remuez.

2. Travaillez les **baies** et le **sucre** au robot 60 secondes ; passez la purée au tamis dans un bol moyen et incorporez le **jus de citron,** le **yogourt** et la gélatine fondue.

3. Versez la préparation dans une sorbetière ou un bac à cubes de glace, couvrez de pellicule de plastique et congelez environ 1 heure et demie. Travaillez le yogourt partiellement congelé 1 minute au robot. Quand il est lisse, remettez-le dans le bac et congelez 4 heures de plus pour qu'il soit ferme. Donne 4 portions.

Une portion :

Calories	117	Protéines	4 g
Graisses	1 g	Hydrates de carbone	25 g
Graisses saturées	0	Sodium	42 mg
Cholestérol	3 mg	Sucre ajouté	24 cal.
		Fibres	3 g

Sauce au citron

Préparation : **5 min**
Cuisson : **3 min**

GRAISSES **SUCRE** **SODIUM**

½ **tasse de sucre**
2 **c. à soupe de fécule de maïs**
1¼ **tasse d'eau**
¼ **tasse de jus de citron**
½ **c. à thé de zeste de citron râpé**

1. Dans une petite casserole, mélangez le **sucre** et la **fécule ;** au fouet incorporez peu à peu l'**eau** et le **jus de citron.** Couvrez et amenez à ébullition à feu modéré ; réduisez la chaleur et faites cuire 2-3 minutes, en remuant sans arrêt, pour que la sauce devienne épaisse et transparente.

2. Retirez du feu, laissez tiédir et incorporez le **zeste de citron.** Se garde 1 semaine au réfrigérateur dans un contenant bien fermé. Donne 1½ tasse.

Variantes :

Sauce citron-raisins secs Ajoutez, à la fin, 2 c. à soupe de raisins secs.

Sauce à l'orange Procédez comme ci-dessus, mais remplacez l'eau et le jus de citron par 1½ tasse de jus d'orange, et le zeste de citron par du zeste d'orange.

Sauce au gingembre frais Déposez 1 c. à soupe de gingembre frais haché dans 1½ tasse d'eau bouillante. Laissez tiédir et utilisez cette eau à la place de celle mentionnée dans la recette. Employez seulement 1 c. à thé de jus de citron et ¼ c. à thé de zeste de citron.

Une cuillerée à soupe :

Calories	19	Protéines	0
Graisses	0	Hydrates de carbone	5 g
Graisses saturées	0	Sodium	1 mg
Cholestérol	0	Sucre ajouté	4 cal.
		Fibres	0

Sauce au chocolat

Préparation : **3 min**
Cuisson : **3 min**

GRAISSES **SUCRE** **SODIUM**

2 **c. à soupe de sucre**
1 **c. à soupe de fécule de maïs**
½ **tasse de lait écrémé**
½ **tasse de lait écrémé évaporé**
1 **carré (28 g/1 oz) de chocolat mi-sucré râpé**
½ **c. à thé d'essence de vanille**

1. Dans une petite casserole, mélangez le **sucre** et la **fécule ;** ajoutez peu à peu le **lait écrémé** et le **lait écrémé évaporé.** Mélangez. Posez la casserole sur un feu modéré et laissez cuire 3-5 minutes en remuant sans arrêt.

2. Quand la sauce est épaisse et crémeuse, versez-la dans un petit bol et ajoutez le **chocolat** et la **vanille.** Remuez pour faire fondre le chocolat et laissez tiédir avant de servir. Donne 1 tasse.

Variantes :

Sauce moka Procédez comme ci-dessus, mais ajoutez 2 c. à thé de cristaux de café instantané au sucre et à la fécule.

Sauce choco-orange Procédez comme ci-dessus, mais incorporez 1 c. à thé de zeste d'orange râpé fin en même temps que la vanille.

Une cuillerée à soupe :

Calories	26	Protéines	1 g
Graisses	1 g	Hydrates de carbone	4 g
Graisses saturées	0	Sodium	13 mg
Cholestérol	0	Sucre ajouté	7 cal.
		Fibres	0

Index

Les recettes en caractères **gras** *sont pauvres en matières grasses, en sel et en sucre.*

*Les recettes en caractères **gras** sont pauvres en matières grasses, en sel et en sucre.*

Photocomposition : Alphatext/Quebecor Inc.
Impression : Pierre Des Marais Inc.
Reliure : Imprimerie Coopérative Harpell